UCHRONIE

(L'UTOPIE DANS L'HISTOIRE)

ESQUISSE HISTORIQUE APOCRYPHE

DU DÉVELOPPEMENT DE LA CIVILISATION EUROPÉENNE

TEL QU'IL N'A PAS ÉTÉ, TEL QU'IL AURAIT PU ÊTRE

> O frati, dissi, che per cento milia
> Perigli siete giunti all' occidente,
> . . . .
> Non vogliate negar l'esperienza,
> Diretro al sol, del mondo senza gente.
> Considerate la vostra semenza.
> Fatti non foste a viver come bruti,
> Ma per seguir virtute e conoscenza.
>
> Dante, *Inferno*, c. XXVI.

PARIS

BUREAU DE LA CRITIQUE PHILOSOPHIQUE

54, RUE DE SEINE, 54

1876

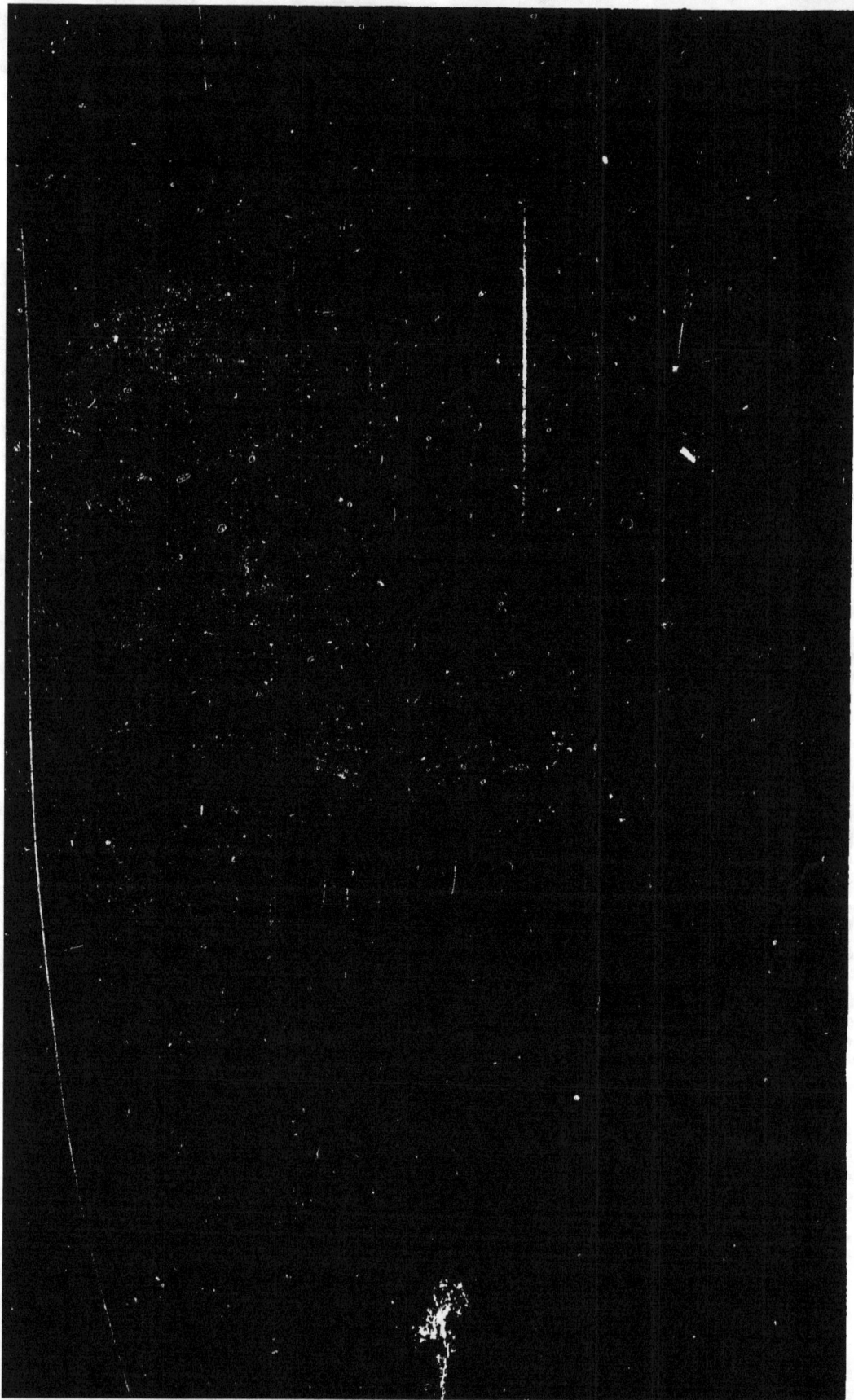

UCHRONIE

(L'UTOPIE DANS L'HISTOIRE)

2072

PARIS. — IMPRIMERIE DE É. MARTINET, RUE MIGNON, 2

UCHRONIE

(L'UTOPIE DANS L'HISTOIRE)

ESQUISSE HISTORIQUE APOCRYPHE

DU DÉVELOPPEMENT DE LA CIVILISATION EUROPÉENNE

TEL QU'IL N'A PAS ÉTÉ, TEL QU'IL AURAIT PU ÊTRE

> O frati, dissi, che per cento milia
> Perigli siete giunti all' occidente,
> . . . .
> Non vogliate negar l'esperienza,
> Diretro al sol, del mondo senza gente.
> Considerate la vostra semenza.
> Fatti non foste a viver come bruti,
> Ma per seguir virtute e conoscenza.
>
> Dante, *Inferno*, c. XXVI.

PARIS

BUREAU DE LA CRITIQUE PHILOSOPHIQUE

54, RUE DE SEINE, 54

1876

UCHRONIE

L'UTOPIE DANS L'HISTOIRE

HISTOIRE DE LA CIVILISATION EUROPÉENNE, TELLE QU'ELLE N'A PAS ÉTÉ,
TELLE QU'ELLE AURAIT PU ÊTRE

AVANT-PROPOS DE L'ÉDITEUR

Le manuscrit latin du curieux ouvrage que nous donnons au public porte ce simple titre : UCHRONIA. La suite, en français, d'une autre main que le corps du livre, nous désigne comme l'auteur un moine de l'ordre des Frères Prêcheurs, dont la famille et la patrie ne sont point indiquées, mais qui serait mort à Rome, dans la première année du XVIIᵉ siècle, victime de l'inquisition romaine, un peu après Giordano Bruno. Les caractères extérieurs du manuscrit, que son possesseur actuel a pu apprécier très-compétemment, confirment cette date, et donnent celle du commencement du XVIIIᵉ au morceau le plus récent de la suite dont nous venons de parler. La première partie

a

de cet appendice explique l'origine de l'ouvrage, et la manière dont il vint aux mains d'un réformé, de famille française, établie en Hollande, qui nous raconte son histoire et les aventures de son père. L'ouvrage en lui-même suppose chez l'auteur une instruction libre et étendue, des notions en bien des choses de science, très-épurées pour son temps, et des sentiments plus rares encore. C'est le seul motif que nous puissions admettre d'en suspecter l'authenticité, mais ce motif suffit d'autant moins, que les idées de ce moine, extraordinaires en 1600, paraîtront encore étranges à la plupart de nos lecteurs.

Il s'agit de l'histoire d'un certain moyen âge occidental que l'auteur fait commencer vers le premier siècle de notre ère et finir dès le quatrième, puis d'une certaine histoire moderne occidentale qui s'étend du cinquième au neuvième. Mais cette histoire, mêlée de faits réels et d'événements imaginaires, est en somme de pure fantaisie, et la conclusion de ce livre singulier s'éloigne on ne peut plus de la triste vérité. L'écrivain compose une *uchronie*, utopie des temps passés. Il écrit l'histoire, non telle qu'elle fut, mais telle qu'elle aurait pu être, à ce qu'il croit, et il ne nous avertit ni de ses erreurs volontaires, ni de son but. Arrivé au terme seulement, il pose la liberté morale de l'homme, en guise de fondement et de réalité sérieuse de son œuvre, mais sans quitter la fiction; car, supposant alors que certains personnages eussent pris d'autres résolutions qu'ils n'ont fait il y a quinze cents ans, et ces résolutions-là sont celles qu'ils ont véritablement prises, il montre en peu de mots les conséquences de leurs actes, il fait pressentir toute la suite des calamités possibles, interminables, qui en seraient sorties; et ces calamités sont celles qu'ont éprouvées nos pères et qui pèsent sur nous encore. On verra que l'un des auteurs de l'appendice a insisté, peut-être un peu lourdement, sur cet aperçu des faits réels. Le moine, auteur de l'*Uchronie*, ne laisse ses passions s'y trahir qu'un moment. Partout ailleurs, vous diriez une sorte de Swedenborg de l'histoire. Visionnaire qui rêve le passé, il s'exprime avec la même assurance que ferait l'historien le plus sage et le plus attentif à expliquer la série philosophique des événements.

La publication de ce manuscrit eût été impossible il y a deux siècles ou plus. Ce n'est pas que les institutions aristocratiques ou monarchiques y soient attaquées violemment; la généralité du point de vue et l'élévation de la pensée éloignaient tout danger à cet égard. Ce n'est pas non plus que la religion catholique s'y trouve outragée : elle n'y est seulement point discutée. Mais supposer que le christianisme aurait pu ne pas triompher ancienne-

ment dans l'Occident, s'établir dans l'Orient seul, et ne
rentrer en Europe que tard, après qu'il aurait abandonné
sincèrement ses vues dominatrices; se faire un idéal de
l'histoire, où le progrès des sociétés et l'organisation
définitive des nations d'élite, entièrement dus à la philosophie et au développement des mœurs politiques, n'as-
sureraient aux religions que le droit des associations
libres, limitées les unes par les autres et par la préroga-
tive morale d'un état rationnel, voilà ce qui aurait fait
suspecter à bon droit la piété et les intentions des dépositaires d'un ouvrage de ce genre, s'ils avaient osé le
divulguer. Le soupçon sur pareille matière menait alors
fort loin, en tout pays, comme chacun sait. Au surplus
l'un de ces dépositaires qui nous a laissé son témoignage
anonyme à la fin du manuscrit, et qui nous a dévoilé ingénument les dispositions de son âme, ne croyait pas que
les hommes de son temps fussent en état de participer
utilement à ce qui était sa propre vie intellectuelle; il
n'espérait même rien de nos aïeux, rien de nous, postérité déjà reculée. Le *livre*, comme il l'appelle, lui venait
de son père, et il le destinait à ses enfants, comme une
nourriture de famille qui les fortifierait en secret.

D'autres raisons s'opposaient à la publication du
manuscrit pendant le dix-huitième siècle, ou du moins

l'eussent rendue inopportune. Ce siècle, qu'on a nommé siècle de la philosophie, fut bien plutôt celui de la vulgarisation des procédés rationnels, et de l'app ication pratique de la raison à toutes choses. La spéculation proprement dite y est faible, et cela doit être, parce que plus forte, plus élevée, plus désintéressée, elle eût éloigné trop souvent le penseur de ses préoccupations actuelles, humaines, pratiques, politiques. Ce siècle est en quelque sorte le premier de l'*humanité* depuis dix-huit cents ans; je veux dire qu'on y voit l'humanité s'y prendre elle-même pour objet, raisonner sur soi, travailler sur soi, compter sur soi, viser à s'organiser et à se conduire par soi et pour soi. Ce siècle est donc aussi le siècle de l'histoire, caractère qui nous frapperait en lui plus qu'il ne fait, si nous-mêmes nous n'étions pas historiens et antiquaires en tout, à tout propos, et si j'ose dire à tout prix. En effet, l'une des grandes conditions de la possession de l'humanité par elle-même est la connaissance exacte de son passé, dégagé des nuages de la fable, affranchi du prestige des fausses origines divines, des commandements célestes apocryphes, et de ces traditions de droit surhumain, parfois inhumain, qui serrent, arrêtent, enchaînent, étouffent les âmes, fondent la servitude. C'est ainsi que l'enfant devenant homme, doit, pour se connaître, connaître aussi son enfance, et en re-

prendre possession comme d'une partie de sa conscience,
mais en éclairant les fantômes dont son imagination, in-
formée par des mensonges de nourrice, a pu être obsédée.
On avait écrit l'histoire avant le dix-huitième siècle, mais
les grands esprits du siècle précédent la dédaignaient
d'ordinaire, car ils la croyaient tenue de conserver par le
mensonge les liens qui attachent le peuple aux puissances
spirituelles et temporelles. Ils ne songeaient pas qu'avec
les fières spéculations, leur unique ressource, ils se réduisaient au rôle d'esclaves déguisés en maîtres, au sein des
toutes-puissantes habitudes, prêtes à régner le lendemain comme la veille des *saturnales* de la pensée pure ;
et que, s'ils s'affranchissaient vraiment par la force du
génie, mais seuls, et encore n'était-ce point sans s'exposer
aux persécutions et aux supplices, la triste humanité continuait sa route loin d'eux, les maudissait même, aveuglée
qu'elle était, et serrée dans les liens de sa fausse histoire
et de ses traditions puériles. Aussi prenaient-ils souvent
le parti de mépriser le vulgaire (*odi profanum...*), tandis
qu'il aurait fallu le convoquer d'abord au *mystère* de la
connaissance des faits humains, au réel spectacle des
événements du monde, et faire ainsi qu'il n'y eût plus de
mystères, plus de profanes à écarter. La grande, l'irrécusable révélatrice est l'histoire. L'histoire, écrite au
seizième et au dix-septième siècle par des chroniqueurs

confinés à leur temps et à leurs passions, ou par des politiques ou des dévots, qui respectaient et consacraient de leur mieux le mensonge convenu, l'histoire fut enfin conçue au dix-huitième comme une science dont l'objet est d'apprendre aux hommes ce qu'ils ont été, ce qu'ils se sont faits, sans hypothèse, sans postulat d'origine; d'opposer au respect des traditions la critique des traditions, et par là de rendre aux esprits et aux cœurs la libre disposition d'eux-mêmes, et aux sociétés leur autonomie, cette fois réfléchie et savante.

Il est de la nature d'une science de supposer et de chercher des lois nécessaires, et il est de la nature des faits, dans les sciences mathématiques et physiques, d'être des faits nécessaires. Une science qui se fonde, et qui n'est pas exempte d'erreurs, tend naturellement à se modeler sur les sciences déjà connues de genre différent; et comme il y a deux parts dans l'histoire, une pour la critique des événements comme vrais ou probables, une autre pour la recherche de leurs lois de production et d'enchaînement, il ne faut pas s'étonner si l'esprit des historiens qui ont traité cette dernière a été de considérer, non pas seulement la liberté humaine comme astreinte à se mouvoir entre des limites que lui tracent certaines fins que l'humanité ne pourrait s'empêcher d'atteindre tôt ou tard, mais encore tous les actes humains comme déterminés par leurs précédents, et tous les événements écrits d'avance dans nous ne savons quels décrets éternels. En apparence, les écrivains du dix-huitième siècle en France, et Condorcet lui-même, ne furent pas décidément enclins à ce point de vue fataliste : c'est que, préoccupés avant tout de leur lutte contre les traditions d'intolérance, de superstition et de barbarie, obligés de stigmatiser les crimes historiques, ils auraient eu mauvaise grâce à proclamer la nécessité des institutions et des actes dont ils niaient hautement la légitimité morale. Quand il nous arrive de nous indigner contre un grand coupable, et de le condamner en face, allons-nous lui dire, est-ce le moment de penser nous-mêmes qu'après tout il n'a fait que ce qu'il pouvait faire, et que nous voyons en lui un agent rationnellement irréprochable ? Mais perçons la surface des livres, laissons la satire du passé, interrogeons les pures doctrines des auteurs, demandons à ceux-ci, à Voltaire tout le premier, ce qu'ils pensent de la liberté morale de l'homme, s'ils y croient : la pratique et la conscience agissante ont répondu oui ; les théories disent constamment non. Les philosophies, comme les théologies de tous les temps, à de bien rares exceptions près, quoique importantes, ont penché à l'affirmation d'une nécessité universelle. Le dix-huitième siècle a fait comme ses devanciers. Autrement, qu'aurait-il donc laissé à faire au vingtième ? Si les hommes avaient cru fermement et dogmatiquement en leur liberté à une époque quelconque, au lieu de s'approcher d'y croire très-lentement et imperceptiblement, par un progrès qui est peut-être l'essence du progrès même, dès cette époque la face du monde aurait été brusquement changée.

Notre apocryphe se serait donc vu accueillir, au siècle dernier, comme un maladroit qui vient jeter le trouble dans un parti uni, discipliné, résolu à ne point se laisser détourner de son œuvre. Ces mêmes hommes qui faisaient la guerre à Paul et à Constantin, alliance avec Celse et Julien, se seraient sentis quelque peu scandalisés à l'apparition d'une histoire imaginaire, destinée à poser comme une vérité philosophique et de conscience, plus haute que l'histoire même, *la réelle possibilité que la suite des événements, depuis l'empereur Nerva jusqu'à l'empereur Charlemagne, eût été radicalement différente de ce qu'elle a été par le fait.* Il ne leur convenait pas de pousser si loin l'enquête; car il fallait, en ce cas, ou abandonner définitivement la conviction acquise de la nécessité morale; et ils auraient cru perdre terre, aller à la dérive jusque dans une théologie anthropomorphique usant de l'hypothèse ainsi accordée du libre arbitre; ou, appelés de force à voir les conséquences du déterminisme historique, avouer la légitimité supérieure, à titre de nécessité, des actes mêmes qu'ils entendaient bien condamner, l'utilité des égorgements et des bûchers, la vérité des erreurs et des mensonges. On a justifié tout cela depuis eux, nous le savons, mais le cœur leur en aurait levé.

Quoi qu'il en soit, l'œuvre historique du dernier siècle était de réformer l'histoire des faits réels, et non d'imaginer celle des faits possibles; de critiquer nos origines et non de les feindre changées; de substituer à la fable reçue d'une église ou d'une monarchie sacrée, la teneur exacte et l'esprit positif des événements dont les hommes furent les auteurs ou les victimes; enfin, de ruiner l'autorité des traditions de fanatisme et de superstition; à cet effet, de professer avant tout un profond respect pour la réalité, un inviolable attachement pour la méthode qui la constate avec rigueur, quelle qu'elle soit.

Cette œuvre s'est continuée jusqu'à notre temps, mais avec des tendances plus fatalistes, quelquefois obscures, souvent avouées, et, par suite, en réagissant contre les jugements portés par nos prédécesseurs. La réaction a été religieuse et philosophique : nous avons profité de quelques erreurs de logique et de métaphysique, bien excusables chez nos pères, pour restaurer à l'encontre de leur mémoire plusieurs des idolâtries dont ils avaient eu tant de peine à s'affranchir; et nous en sommes venus, dans la carrière des réhabilitations, jusqu'à trouver une justice à rendre à tous les dogmes, une explication à proposer pour des théories contradictoires. Nous avons appris à les admirer toutes, chacune sous le bon point de vue, puis à les mélanger comme des ingrédients utiles, à de certaines doses; enfin nous avons conclu de tant de recherches, si intelligentes, si impartiales, non pas au vrai pour le vrai, parce qu'il est vrai, mais à l'avantageux, au convenable, au prudent; incapables que nous semblons être désormais de toute croyance ingénue et de tout franc effort de raison. La réaction a été artistique : nous avons abandonné le culte du rationnel dans les arts, pour nous engouer du fantatisque et de l'étonnant, que nous avons qualifié de poétique. Nous avons demandé des prodiges, on nous a rendu les miracles : le *miracle* des voûtes gothiques a remis en faveur celui des sacrements, et des créations épiscopales et monacales, et tout le cortége tant gracieux que bouffon des revenants de la légende dorée. Nous avons trouvé toutes ces choses très-belles, touchantes, consolantes, peu à peu presque vraisemblables; elles nous ont acheminés, de miracle en miracle, à la divinité d'une vierge et à l'infaillibilité d'un lama. Sommes-nous au bout seulement? Et tout cela pour avoir pris d'abord en pitié

les pauvres philosophes, dont la raideur ne s'humanisait
point avec la poésie de la fable!

À la vérité, les beautés védiques, bouddhiques, drui-
diques et autres sont venues en concurrence des beautés
du moyen âge. Les doctrines et les engouements devraient
se compenser. Malheureusement il y en a une qui tire
un avantage incomparable à la fois des habitudes populaires et des intérêts oligarchiques toujours groupés autour d'elle. Celle-là profite seule de toute la réaction que
le déterminisme historique conduit contre la philosophie et
contre la raison. Ainsi, étant donné le préjugé de la nécessité, tout le nœud de cette réaction est dans le culte de l'histoire; et comment pourrait-il en être autrement? Nous
venons de voir que la philosophie, la religion et les arts
avaient eux-mêmes réagi en se transformant de manière
à n'être avant tout que de l'histoire. Les historiens ont
pris à tâche de vivre de la vie du passé : ils ont tout
compris, le mal comme le bien, les nécessités du mal, les
excuses du crime, mieux encore, son indispensable utilité. Ils se seraient crus gens peu intelligents, esprits
étroits, philistins, s'ils avaient pensé qu'en Perse on pût
être autre chose que Persan. Ils ont donc épousé les
préjugés de chaque époque, à une seule illusion près,
que les témoins ont coutume de se faire au moment :

l'illusion d'imaginer que la chose même qui arrive pourrait n'arriver pas comme elle arrive. Des penseurs encore plus hardis, formant de faits et d'hypothèses déguisées la chaîne et la trame entières de l'histoire, et lisant dans le passé l'avenir, ont fixé le sort de l'humanité future. Par malheur, ces grands écrivains, ces illustres professeurs et ces constructeurs du destin, que nous avons applaudis dans la naïveté de notre jeunesse, ces hommes à l'esprit démesurément ouvert, savaient on ne peut mieux pourquoi chaque événement était ce qu'il avait dû être, y compris l'événement d'hier; mais ils ne savaient pas pourquoi, et comment et quel serait, même en gros, celui de demain. Cette inexplicable lacune de leur méthode de prévision les a mis dans la triste alternative de se prosterner devant le présent, qui fut pour eux l'objet d'une négation ou d'une improbation anticipée quand il était futur; ou de condamner des faits actuels, inévitables suivant eux, dont ils sont obligés de présenter la justification sitôt qu'ils les trouvent inscrits dans le passé. Chacun sait comment de fâcheux déboires éprouvés par cette philosophie de l'histoire a ruiné le crédit de nos professeurs et faux prophètes, avant même que nous fussions plongés dans les derniers malheurs où leur science tâche vainement de se reconnaître.

Toutefois l'esprit du fatalisme historique est vaincu,

mais ne se rend pas. Dans l'état actuel d'opiniâtreté des doctrines et de délâbrement des idées, nous avons pensé que l'*Uchronie* d'un moine du XVIe siècle pourrait n'être pas un complet anachronisme parmi nous. Ce n'est pas que nous nous fassions la moindre illusion. Nous n'ignorons ni la puissance des habitudes intellectuelles, ni la difficulté de faire bien accueillir des hommes la responsabilité que leur apporterait la croyance en l'efficacité de leurs volontés libres, au lieu de la commode placidité de l'optimisme : ce ne serait rien moins que la rénovation définitive du genre humain, l'avénement d'un *nouvel homme*, mieux nommé que celui dont nul n'a encore vu la face, le nouvel homme de l'Évangile. L'Uchronie n'aspire pas si haut. Mettons qu'elle ne soit pas vraiment un *signe des temps*, un tout petit commencement de quelque chose de grand; n'y voyons qu'une conviction, une direction d'esprit toute personnelle, aujourd'hui comme il y a trois siècles. Examinons alors ce fait curieux. Puisse-t-il nous faire penser. C'est tout au moins une mise en demeure adressée aux partisans nouveaux, sérieux, trop peu résolus peut-être, d'une liberté humaine, réelle dans le passé qu'elle a fait et qu'elle aurait pu ne pas faire, et grosse d'un immense avenir, dont sa propre affirmation doit être le point capital.

L'éditeur demande pardon au lecteur pour cette ambitieuse préface, si peu convenable à la modestie de son état. Mais puisqu'il a tant fait que de s'élever dans ces hauts parages, au lieu d'annoncer une simple curiosité littéraire, il croit au-dessous de lui-même et de son public d'entrer dans les détails dont un archéologue peut s'enquérir au sujet du manuscrit et de sa traduction. Il s'est attaché à la pensée, cela suffit. Que les antiquaires viennent donc consulter et vérifier le texte; il regrettera peu d'avoir à leur en refuser la communication (1), parce qu'il fait peu de cas des antiquités comme telles. Le latin n'est rien, la paléographie n'est rien ici; la pensée est tout; la voici en français à l'adresse de tous ceux qui lisent. En profite qui peut.

Le sous-titre que nous avons adopté, après bien des tâtonnements : *Histoire de la civilisation européenne telle qu'elle n'a pas été, telle qu'elle aurait pu être*, indique l'objet moral du livre, non le sujet proprement dit, ni l'hypothèse qui en fait le nœud. Il était difficile de faire mieux que d'énoncer en termes généraux la pensée neuve et le genre insolite. Nous venons d'expliquer comment doit se comprendre le développement de cette pensée. Quant à l'ordre à adopter,

---

(1) Le propriétaire actuel du manuscrit s'en montre fort jaloux, et refuse d'ailleurs d'être nommé. Nous blâmons cette détermination, mais nous devons la respecter.

nous croyons devoir placer en tête de l'ouvrage la partie de l'appendice final où se trouve exposé tout ce que nous savons de l'origine et des premières aventures du livre d'Uchronie. La seconde et la troisième partie du même appendice nous ont paru offrir une bonne conclusion pour l'ensemble de notre publication et nous les avons laissées pour la fin.

UCHRONIE

APPENDICE SANS TITRE

PAR UN AUTEUR DU XVIIe SIÈCLE

POUVANT SERVIR DE PRÉFACE

A MES ENFANTS.

Cet écrit m'a été transmis par mon père, et je vous le lègue, mes enfants, il vous confirmera mes leçons en vous apprenant à juger les temps passés, à connaître le vice des passions qu'ils vous ont transmises, et celui des opinions desquelles nos contemporains ont le plus coutume de disputer. Je désire que vous soyez affranchis de ces liens de la manière que je l'ai été moi-même.

Mon père, dont vous vous rappelez le visage triste et l'inaltérable douceur, fut longtemps pour son fils une énigme imposante. Il y avait un secret dans sa vie : on aurait dû le soupçonner; on ne le soupçonnait pas pourtant, et je l'ignorais comme les autres. Les mêmes conséquences peuvent s'expliquer de bien des manières, et le parti le plus simple est souvent de ne se les point expliquer; c'est aussi le plus sûr. J'aurais cherché longtemps et fait beaucoup de suppositions sans découvrir le secret de mon père.

Il était établi à Amsterdam, et il y occupait, quand je naquis,

1

un emploi modeste au service de la banque qu'on venait d'instituer (1). On savait qu'il était Français de sa naissance, mais personne n'aurait pu dire à la suite de quelles traverses il avait quitté son pays, ni pourquoi sa connaissance du monde, qu'il ne pouvait pas toujours s'empêcher de laisser paraître, était tant au-dessus de son état, non plus que par quelle bonne fortune un étranger, un inconnu comme lui, avait obtenu la confiance de l'un des quatre magistrats vérificateurs. Il vivait dans la solitude, à cela près de quelques visites rares et longues, faites à ce magistrat, qui lui témoignait une considération particulière. Nulles instances n'avaient réussi à lui faire accepter une place qui comportât une application moins mécanique de l'esprit, et qui donnât un plus digne emploi au caractère qu'on imaginait de son génie. Il suivait avec une exactitude scrupuleuse les exercices religieux de notre culte réformé, sans se permettre jamais une observation, un raisonnement, une comparaison, un mot quel qu'il fût, d'où l'on pût inférer que les devoirs de la religion parussent à ses yeux d'une autre nature que ceux de la tenue des livres. Vous auriez pu croire, à voir son attitude, qu'il n'existait point de culte au monde hormis le sien, point de divisions de conscience entre les États de l'Europe et entre les citoyens mêmes de ces États. Une telle absence de chaleur d'âme, en matière des choses dites du ciel, ne déplaît point aux pasteurs et plaît beaucoup aux magistrats.

Mais cette espèce de vacuité et de néant de mon père, à l'endroit des sentiments religieux, semblait fort étrange dans sa famille. Ma mère, zélée réformée, n'avait jamais obtenu ni surpris de la part de son époux l'expression d'une pensée qui ne fût point publique et comme officielle, ou de répulsion à l'égard du catholicisme, ou de préférence pour l'une des Églises réformées, ou enfin sur ce que nous devons à Dieu, à ce qu'elle-même croyait, indépendamment de ce que la naissance nous incline et de ce que le magistrat nous oblige à confesser et à pratiquer. En sorte qu'il y avait là une plaie secrète de l'amour conjugal; et ce mal entre eux ne fut jamais guéri, car la religion plus passionnée

(1) Année de la fondation : 1609.

d'une part que de l'autre met une fâcheuse séparation d'esprit entre les sexes.

Moi aussi j'étais frappé, dès mon enfance, de la froideur avec laquelle mon père surveillait mon éducation religieuse, et de la direction de morale appelée mondaine que je sentais dans ses préoccupations habituelles. Le respect extraordinaire que sa tendresse grave et la fermeté douce de son caractère toujours serein m'inspiraient pour lui, obtinrent sur moi tout l'effet qu'ils devaient avoir à ce moment. Je regardai donc les enseignements de ma mère et du ministre de notre communion comme des leçons de convenances publiques, ou quelque chose d'approchant, sans bien m'en rendre compte, ni sans en rien témoigner, et je ne sentis pas pour lors l'aiguillon du prosélytisme religieux. Cet état de tranquillité ne devait pas durer.

Aux premiers feux de ma jeunesse, encore que retardés grâce à d'heureuses habitudes de famille, des semences de fanatisme commencèrent à germer dans mon âme. Apparemment ce qui avait transpiré jusqu'à moi du monde et peut-être mon sang avaient dû les y déposer. Une ardeur inquiète, qui ne trouvait point son objet naturel et ne pouvait dès lors se satisfaire, me porta vers ces songes d'une autre vie dont l'obsession conduit les hommes à se former un enfer de celle-ci. Car ils promènent la torche sur la terre, en voulant forcer leurs semblables à penser comme eux, afin de *se sauver* comme eux; et sinon, à accepter le combat contre eux, jusqu'à la mort, jusqu'au supplice que la foi du plus fort réserve à l'obstination du plus faible. C'est assez dire que la grâce prétendue qui m'envahissait, la sainte fureur de dogmatiser et de persécuter, cette rage d'assurer ce qu'on ne peut savoir, de multiplier les dogmes et d'anéantir quiconque ne les affirme point, ce mal sacré devait difficilement s'arrêter avant de m'avoir conduit jusqu'au catholicisme. Ce n'est pas que les réformés n'eussent donné des exemples terribles du zèle sanguinaire pour Dieu, mais l'organisation de l'Église catholique me semblait tout autrement puissante pour le bien forcé des âmes; et le dogme aussi me paraissait, dans cette église, avoir quelque chose de plus plein, de plus résolu et comme de plus scientifique dans l'anti-science.

Je traduis exactement mes pensées de ce temps, quoique en des termes que j'eusse estimés blasphématoires. Au reste, j'omets quelques circonstances qui m'avaient mis en rapport avec un émissaire papiste, adroit et convaincu, si bien que j'avais ouvert sérieusement l'oreille à ses leçons.

Aux seconds symptômes du mal dont les premiers l'avaient réjouie, ma mère commença à s'affecter, et mon père, pour la seule fois à mes yeux, se montra profondément troublé, plus troublé même que le cas ne semblait le comporter, ce qui est beaucoup. J'éprouvai alors le plus grand étonnement qui me fût réservé en ma vie, et voici comment. Quelques jours après qu'il eût repris son calme habituel, votre grand-père vint m'éveiller pendant la nuit, s'empara de mon chevet dans l'obscurité, me parla jusqu'au jour sans me laisser la parole; et il en fut de même les nuits suivantes.

Je compris depuis qu'il avait voulu s'établir fortement dans mon imagination ébranlée, me tenir dans l'état passif que secondait ma vénération pour sa personne, jusqu'à ce qu'il fût parvenu à faire naître en moi des passions intellectuelles, jointes à des impressions domestiques d'un ordre tout nouveau.

Il me dit d'abord qu'il ne me demandait point ma confiance, parce qu'il n'en avait nul besoin, sachant mieux que moi-même tout ce qui se passait en moi. Au contraire, c'était lui qui m'apportait la sienne et qui entendait me faire juge de sa vie et de ses pensées. Mais je devais pour cela me laisser instruire des faits et consentir à le suivre avec condescendance au point où il voulait conduire mes réflexions. Après cela je serais libre, libre de m'abandonner à la commune fougue des appétences religieuses... en portant toutefois le théâtre de mes ardeurs le plus loin possible de la maison paternelle... jusqu'à ce qu'elles fussent éteintes ou calmées... si les hasards de la vie me permettaient ce retour.

N'allez pas croire là-dessus que mon père entreprit la satire des sentiments religieux, ni du christianisme et de ses sectes. Mais « que sais-tu, me disait-il, qu'as-tu vu, qu'as-tu étudié? où sont tes veilles? où prends-tu ta morale? de quel droit voudrais-tu imposer aux hommes les convictions que tu cherches encore, la

croyance qu'il te plaira te donner demain? Car tu n'as point encore une foi sincère, et déjà tu songes à répandre par séduction
ou par violence les dogmes dont tu es décidé à te procurer la
certitude à tout prix. L'unité religieuse des âmes te semble le premier des biens, et tu accuses la réforme qui a brisé cette unité
d'aller elle-même en se dispersant et se divisant sans fin. Est-ce
donc un vrai bien celui que la tyrannie seule assure et que la
sainte liberté des consciences fait perdre, celui que la guerre et les
bûchers affermissent, celui que la paix et la charité rendent inutile?
Mais je veux que ta foi, je dis la tienne, se puisse arrêter inflexiblement, malgré la mobilité naturelle de ton cœur, fait apparemment comme celui des autres; cette foi sera-t-elle nécessaire au
genre humain parce que tu te l'es faite, ou qu'elle te vient de
quelques-uns qui n'étaient pas plus autorisés que toi quand ils
l'affirmèrent les premiers? Dieu a parlé à ceux-là, diras-tu? Dieu
a parlé et parle tous les jours à beaucoup d'autres, si tu veux les
en croire, et les choses qu'il leur a dites ne s'accordent point.
C'est que ce sont eux qui pensent l'entendre, ce sont eux qui le
comprennent et qui le traduisent, ce sont eux qui le font parler,
ce sont eux qui parlent pour lui. »

Ce qui me confondit, ce fut la sagacité, la force des réflexions
de mon père, et surtout cette hauteur et cette froideur passionnée
du ton qu'il prit pour me tracer le tableau de mes sentiments, de
mes peines et de mes ardeurs, de tout ce grand tumulte de mon
âme dont j'étais fort éloigné de me rendre compte. J'avais beau
résister intérieurement et refuser de me voir dans le miroir qui
m'était mis durement en face, il fallait bon gré mal gré que je me
reconnusse aux moindres traits. L'odieux du portrait me soulevait
seul contre sa vérité; encore me sentais-je fléchir, en même temps
que j'étais pénétré d'une curiosité tendre et respectueuse, quand
mon père me disait : « Je te juge de bien haut, mon fils, et je
» t'humilie. Mais à mon tour je m'humilierai devant toi; je te
» dirai ma vie, et tu sauras que je ne te connais si bien que parce
» que je me suis connu. Il est juste pourtant que je te parle d'abord
» de ce qui est d'intérêt commun, et que je t'informe d'un certain
» nombre de vérités que tu ignores. Nos personnes viendront après.

» Tu te crois peut-être bien savant parce qu'on t'a appris ce
» que l'esprit reçoit et rembourse en monnaie courante des écoles.
» Mais que de choses qu'on ne veut pas ou qu'on n'ose pas dire, et
» que les purs amateurs du vrai découvrent dans les parages infré-
» quentés! Combien d'autres qui frapperaient la vue grossière
» d'un qui n'aurait point le parti pris de détourner les yeux en les
» rencontrant! L'histoire tout entière et les idées des cinq zones
» du monde semblent ne pas exister pour nos petites sociétés
» chrétiennes, habituées à ne regarder qu'elles-mêmes et à tout
» dédaigner hors du cercle de leurs petites discussions théologi-
» ques. Je t'apprendrai l'histoire et je te raconterai les voyages.
» J'agrandirai l'univers à ta vue, et avec l'univers ton âme. Le
» temps est venu où je devais te mettre en face de bien des con-
» naissances que les petits enfants eux-mêmes posséderont peut-
» être un jour, mais dont on trouve aujourd'hui du danger, entre
» hommes, entre amis, à se transmettre l'esprit, ou à se faire
» apercevoir les plus simples conséquences.

» Commence par élever tes yeux au-dessus du point de l'espace
» où nous sommes placés », continua mon père, et il m'exposa
rapidement les vérités de l'ordre du monde, alors nouvelles,
et qui circulaient avec peine entre quelques savants : la doctrine de Copernic, les découvertes de Kepler, celles de Galilée,
ce grand homme qu'il me peignit à genoux devant le tribunal de
la Sainte Inquisition, au moment même où il me parlait (1).
Puis il me montra la contrariété des notions grossières du peuple
hébreu et du véritable système de l'univers, dont je pus, grâce à
quelque instruction que j'avais reçue dans les mathématiques,
comprendre la grandeur et la force. Une nuit entière se passa
dans ces communications que j'accueillis avidement, car la vérité
et la nouveauté apportaient à mon esprit un aliment que je cher-
chais naguère dans l'obscurité des dogmes antiques.

« Élève tes yeux au-dessus de l'horizon de nos religions de
» Hollande et des pays circonvoisins. » Cette fois mon père m'offrit le tableau des religions de la terre, et forçant mon esprit à

---

(1) Cet événement est de l'année 1633.   (*Note de l'éditeur.*)

l'impartialité, me montra chez les grandes nations de l'Orient des mystères profonds, quelquefois barbares, quelquefois touchants, presque toujours du genre de ceux que nous adorons, seulement appuyés sur d'autres légendes et sur d'autres miracles. Voulons-nous les entendre grossièrement, n'y voir que sottise, puérilité, mensonges? appliquons alors ce mode d'interprétation facile à nos propres traditions; pourquoi pas? les peuples étrangers et lointains ne s'en font point faute, car ils nous jugent aussi. Voulons-nous au contraire pénétrer jusqu'à l'essence de nos dogmes abstrus, ne les croire absurdes qu'en apparence? Alors traitons avec la même justice tous ces systèmes de trinités, d'incarnations et d'eucharisties, dont la spéculation orientale a été prodigue. J'ignore quels livres, quels voyageurs avaient instruit mon père sur les opinions de tant de nations dont nous n'avons pas les livres sacrés; mais j'ai lieu de croire qu'il puisait principalement dans les récits oraux de quelques missionnaires jésuites, parce que la place où il avait été autrefois lui avait permis de recueillir de la bouche de certains, des renseignements, des conjectures, des doutes, qu'on se garde de publier. Son intelligence fort exercée et en éveil avait aussi mis à profit les relations confuses apportées par les marchands hollandais. Quoi qu'il en soit, je conçus pour la première fois que les peuples avaient pu se faire des religions comme la nôtre et nous une religion comme les leurs. Mon père acheva cette fois la veillée par une estimation approchante des nombres d'hommes attachés aux diverses croyances qui existent sur la terre (1).

« Considère les dogmes du christianisme, avant le moment où
» l'Église a tout enfermé sous son autorité. Informe-toi de leurs
» origines. Envisage-les en soi, non point dans l'unité factice et
» dans l'invariabilité prétendue qui est le *postulatum* des théolo-
» giens, mais dans la suite des événements de l'histoire, des débats
» de la philosophie, des luttes de la politique et des intrigues du
» clergé; car l'histoire des *variations*, pour parler comme cet

---

(1) Nous retranchons ici un passage assez long pour lequel nous pouvons aujourd'hui renvoyer les lecteurs à la seconde partie de la *Profession de foi du vicaire savoyard*, de J.-J. Rousseau.   (*Note de l'éditeur.*)

» évêque, n'a pas commencé de notre temps; elle s'est reprise et
» continuée après quelques siècles d'une fixité apparente qui était
» le produit de la violence. » Ici vint se placer un abrégé des
annales ecclésiastiques, des hérésies, des conciles, et de ces révolutions de l'Église qu'on a ramenées à la soi-disant orthodoxie
par une méthode aisée, en qualifiant d'orthodoxe chaque opinion
qui triomphait à l'issue de chaque lutte.

« Regarde enfin la morale de l'Église, je veux dire celle qui
» paraît dans sa conduite et dans la conduite des princes qui l'ont
» servie ou qui se sont servis d'elle, depuis Constantin jusqu'à
» Philippe II; connais les maximes qu'on te recommandera et les
» actes qui te seront proposés pour modèles. » Je ne pus m'empêcher de frémir, de demander grâce à l'interminable tableau des
persécutions, des supplices à cause de la foi, et des crimes d'État
des rois et des pontifes, durant plus de mille ans de la loi
d'amour, desquels mon père semblait avoir composé les *éphémé-
rides* lugubres : il était vraiment la vivante chronique des égare-
ments de la religion. Arrivé à notre temps, il me montrait le
système de l'intolérance théologique, également puissant sur les
esprits des princes et sur ceux des particuliers, les gouvernant
jusque dans le moment où ils se pensaient devenus libres, quelle
contradiction! et donnant le signal de plusieurs guerres horribles,
commandant des assassinats et des massacres. Tant les exemples
fournis par une politique cruelle et par la soi-disant orthodoxie
conservent de force dans l'affranchissement même et sur les
cœurs de ceux qu'on appelle hérétiques et qui veulent avoir leurs
hérétiques aussi!

Après ce préambule, dont je ne saurais, mes enfants, vous
transmettre que le squelette, mais auquel je joindrai quelques
notes sur les points historiques qui y sont touchés (1), mon père

---

(1) Ces notes ne seraient pas aujourd'hui même entièrement superflues : elles
consistent principalement en tableaux chronologiques des dogmes et des crimes
qui se rattachent à leur établissement ou à leur destruction. Il y a aussi une
statistique des victimes. Mais nous avons craint la répétition et le double emploi, parce que l'auteur reproduit les mêmes traits, et d'une manière bien plus
vive, dans la partie de son écrit qu'on trouvera à la fin du volume.

                                                      (*Note de l'éditeur.*)

en vint à l'histoire de sa vie, que j'attendais avec impatience. La voici renfermée dans ses points principaux, car je ne me sens pas capable de vous la traduire avec autant de force en la rapportant toute de mémoire, que je peux le faire en l'abrégeant. L'éloquence des faits est grande.

« En l'année 1572, j'avais deux ans, me dit mon père. Le 24 août, mes parents furent massacrés à Paris pour avoir voulu défendre un huguenot réfugié dans leur maison. Ils étaient cependant catholiques. Leurs biens furent acquis à leurs assassins, et moi je fus élevé par charité dans un couvent, et instruit dans les principes qui avaient causé leur mort. Je fis honneur à mon éducation.

» J'étais moine et encore imberbe, quand je fis mes premières armes à la journée des Barricades. Dévoré de toutes les passions de la Ligue, je crus quelque temps que la chimère du franc gouvernement ecclésiastique allait devenir une réalité grâce à l'Espagne, à la compagnie de Jésus et à la farouche piété du peuple et des étudiants. La jeunesse croit volontiers que les grandes choses sont réservées à son temps, et que la pure vérité a son siége là même où son orgueil, joint avec son amour du bien public, imagine trouver l'universelle réponse à ses doutes et à ses désirs. Ma foi de ligueur se tourna en une rage lors du siége de Paris, mais fit place à l'abattement quand je vis réussir la conversion du roi de Navarre, et finalement au désespoir, pendant cette année décisive qui vit l'édit de Nantes, la paix avec l'Espagne, la mort de Philippe II. J'avais déjà vingt-huit ans. Les tentatives d'assassinat sur le roi Henri IV me semblèrent des rébellions tardives d'un parti qui restait puissant dans la république, mais dont les hautes vues étaient ajournées de force, principalement devant les progrès des sceptiques et des *politiques*. Les livres de ces derniers, j'entends les livres de philosophie et de morale, et nommément les *Essais* de Michel de Montaigne, que je lus à cette époque, apportèrent du trouble dans mes esprits. J'espérai trouver un remède au dégoût qui m'accablait en France, et aux doutes dont j'éprouvais la première atteinte, et je partis pour aller trouver la foi catholique dans son centre, afin de m'y régénérer si je le pouvais. Les recommandations de mon passé, et le zèle dont j'avais encore toutes les apparences, me valurent à Rome une place importante et confidentielle, celle de confesseur des accusés du saint office. L'expérience des intrigues romaines, l'étalage de vice des cardinaux, leur incrédulité peu déguisée et les mœurs mondaines du clergé de tous les étages, me forcèrent à bien des réflexions, comme autrefois Luther, mais avec cette différence de moi chétif au grand hérésiarque, que ma foi dans le catholicisme n'y put résister. J'appris d'ailleurs, au cours de mes fonctions, avec quelle ardeur le monde entrait dans de nouveaux chemins et quelle espèce de nouveaux ennemis s'élevaient jusque du sein des mathématiques contre l'Église. Un inquisiteur seul peut savoir tout ce que le siècle passé a produit en secret pour l'entière subversion de la religion, s'il fût venu à se répandre. Ce grand effort est étouffé. Pour combien de temps encore ? Il nous en est demeuré certaine ardeur qu'on voit pour les sciences, avec la défense de toucher, sinon très-délicatement, les points réservés à la théologie; mais il est certain que les articles permis tiennent aux articles défendus par mille liens qui se découvrent inévitablement chaque jour.

» Je dois dire aussi qu'environ le même temps, j'avais donné accès en mon esprit aux deux principaux adversaires de la foi : les lettres anciennes, avec l'histoire, et les sciences nouvellement agrandies. La discipline claustrale et puis les passions du ligueur m'avaient tant enchaîné à la vie du corps artificiel qui est l'Église, que ce fut pour moi une sorte de renaissance, mieux nommée que celle du baptême, de lire en ce temps Homère, Sophocle, Platon et le véritable Aristote, encore que ce ne pût être jamais que dans le latin; et Virgile, Cicéron, Tite-Live, Plutarque, Tacite; car je m'appris à regarder l'humanité d'un œil nouveau, et moi-même à me sentir autrement homme. Je reculai, par le souvenir des lettres conservées, jusqu'à ces républiques où, sans messe ni moines, on était des hommes non plus déchus que les nôtres, mais affranchis d'esclavage spirituel plus que ceux qui s'appellent chrétiens. A l'égard des sciences, la doctrine de Philolaüs, restaurée par Copernic, me fit entrer en quelque façon dans l'immensité de la nature, et bientôt la construction factice de la foi me parut une prison pour l'esprit, sombre, étroite et suffocante, de laquelle je trouvais les plans imaginaires imités dans la réalité par ceux des architectes de l'Inquisition.

» Je vis périr sur le bûcher, à ce moment, un hérétique, homme fort savant, mais exagérateur imprudent, que j'avais entendu deux ans auparavant soutenir le mouvement de la terre jusque dans les prisons de Venise. Ce moine, car il l'était comme moi, avait couru le monde, méprisant les liens de notre ordre, prêchant de tous côtés certain Dieu un et tout, qu'il n'avait point l'art d'accommoder selon le goût des théologiens. Je n'aimais point sa théologie, car elle me semblait ne sortir de l'étroit sentier des dogmes chrétiens et judaïques que pour s'engager dans les routes décevantes où se sont égarés jadis les prêtres égyptiens et les bracmanes ; mais j'admirais la force de son génie et celle de son audace, et j'aimais sa candeur, car il en avait, quoique affectant des allures de provocation. Sans le libertinage qu'il étalait, on l'aurait comparé à ces sujets pleins d'enthousiasme qui fondèrent des religions dont ils n'imaginèrent jamais les suites. Je le vis donc brûler, j'étais là, je l'entendis quand il accabla ses juges de cette parole, mais qui n'était peut-être pas si véritable qu'il la pensait être en ce qui les concernait : « Vous tremblez, vous qui me condamnez, mais moi je n'ai pas peur. » Au surplus, je demeurai étranger non-seulement à la procédure, où ma place ne m'appelait jamais, mais encore aux longues tortures et à l'éxécution de la victime (1).

» Je me sentais chaque jour plus pénétré de la *tristesse qui n'est pas selon Dieu*, de cette *tristesse du monde qui produit la mort de l'âme*, dans la définitive contradiction des nouveaux sentiments où j'étais et de mon office : ministre de colère ou de grâce d'un Dieu duquel je ne savais plus bien si je devais accorder même l'existence, vis-à-vis de malheureux que j'abusais, dans quel cas plus indignement, je l'ignore, soit qu'ils y crussent eux-mêmes ou qu'ils n'y crussent pas ! Et vivre de ce rôle odieux ! manger le pain de ce

(1) Il s'agit évidemment ici du philosophe Giordano Bruno, brûlé à Rome en 1600.   (*Note de l'éditeur.*)

mensonge! Fallait-il donc fuir? Mais où, comment, avec quelles ressources? Fallait-il me déclarer, affronter une mort cruelle? Je ne sais si j'aurais eu ce courage, n'étant soutenu ni par l'ardeur philosophique de Brunus, ni par la haine où m'a semblé prendre son principal mobile, quelques années après, le malheureux Jules César un autre de mes confrères (1), ni par les plans de réformes dans l'État, desquels un troisième dominicain, le père Campanella, a retiré vingt-sept ans de cachot et ses membres disloqués.

» Il arriva que je fus appelé à assister dans sa prison le supérieur d'un notable couvent de notre ordre, vieillard presque octogénaire qu'on avait longtemps soupçonné d'indifférence secrète plutôt que d'impiété formelle et, comme l'on dit, malicieuse. Il n'avait donc été signalé que faiblement à la congrégation du saint office, lorsque tout d'un coup ses proches ennemis, les gens de la cabale fanatique de son couvent, servis par le hasard d'une maladie et d'une syncope, surent s'emparer d'un manuscrit terrible, tout entier de sa main, qui le perdait irrémissiblement. Dans cet ouvrage, maintenant détruit, mais dont la lecture me fut permise, le père Antapire (c'était le nom d'auteur que le manuscrit portait, nom forgé selon le gout du temps), soutenait par une suite d'arguments fort serrés les propositions que voici :

1° Que le problème de l'origine des choses, ainsi que de leur cause, est insoluble non de fait seulement, mais établi tel par démonstration, encore que toutes les choses du monde aient eu, par nécessité logique, des commencements d'être dans le temps;

2° Que la conception d'un être qui aurait toujours existé et toujours pensé à tous les moments supposables, en remontant une chaîne de durées sans commencement, implique contradiction;

3° Que rien d'infini, en aucun genre sujet au nombre, ne saurait être donné actuellement, mais que l'idée de l'infini en choses numérables est simplement une idée de la possibilité abstraite de compter;

---

(1) Lucilio Vanini, brûlé en 1619, par arrêt du parlement de Toulouse. Ce passage nous le présente comme dominicain, ce qui n'était pas avéré jusqu'à ce jour. Il prenait habituellement les noms sous lesquels on le désigne ici.

(*Note de l'éditeur.*)

4° Que l'intelligence humaine s'applique seulement aux choses en tant que relatives entre elles, étant elle-même toute formée d'éléments qui expriment des relations, en sorte que l'être absolu et tout ce qu'on entend par la perfection métaphysique est, selon la droite raison, le nom d'une idée impossible et contradictoire (1).

» Si de semblables thèses avaient eu l'accompagnement ordinaire, et non sans une suffisante apparence de bonne foi, de la formule à l'usage des savants qui veulent désarmer la tyrannie ecclésiastique; si le père Antapire, après avoir fait sur la théologie l'épreuve de la raison, avait ensuite humilié la raison à genoux dans la poussière; s'il s'était écrié : «O Dieu, vos secrets sont impénétrables! » notre raison n'a de force que pour se détruire elle-même et nous » courber devant vous, anéantis! nous adorons vos mystères sur la » foi de vos envoyés, et nous croyons vos envoyés d'autant plus » que, parlant contre la raison, leurs arguments et leurs succès » sont des miracles, » les théologiens de l'école auraient levé les épaules, et nombre de frères mendiants auraient célébré la piété du bon père. Mais, loin de là, l'auteur, poursuivant sa pointe jusqu'au bout, prétendait trouver la satisfaction triomphante de la raison dans les bornes que la raison se pose à elle-même, et se déclarait le vrai antipode du pyrrhonien. Il n'admettait pas que

_____

(1) Le texte latin est rapporté en marge du manuscrit :

1° Rerum omnium originis atque causæ indagationem rem obtinere non posse omnino : non facto scilicet tantum, sed ipsa vi demonstrationis impossibilitatem arguentis; quanquam res omnes initia essendi in tempore habuisse fateri cogimur ex necessitate consecutionis inexpugnata ;

2° Conceptum entis cujuslibet cui tum existentiæ tum cogitationis aliquæ modi, in seipsis dividui, necnon in quocumque temporis a parte ante momento statuendi, tribuere velimus, involvere contradictionem;

3° Nihil infinitum, in ullo rerum per essentiam numerabilium ordine, reipsa et actu dari posse; sed hujusmodi infiniti ideam realem, cum de rebus quas numeri in seipsis regunt agitur, nihil esse aliud nisi numerandi cujusdam abstractæ possibilitatis idea;

4° Intellectum humanum rebus intelligibilibus applicari posse quatenus ab aliqua relatione sumptis, seu προς τι constitutis; ipsumque intelligendi formam ex elementis aliquam rationem involventium totam et ubique conflari; ita ut ens absolutum, alias metaphysicæ perfectionis dicta attributa, nihil nisi impossibilis atque contradictoriæ ideæ nomina, secundum rectam rationem dici debeantur.

la foi pût rien là contre, parce que, disait-il, la foi est une fonction indispensable et vraiment excellente, laquelle nous sert à décider touchant telles choses que la raison estime être du nombre des possibles, à savoir dans les cas où l'inaction ne serait pas raisonnable ; mais c'est l'excès de la sottise humaine de croire que la foi a charge de nous certifier les impossibilités logiques. Enfin le père Antapire ne voyait pas de quelle utilité il peut être pour nous de nous guinder à toute force à connaître ce qui n'est point connaissable ; car de prétendre déterminer ce qui enveloppe de tous les côtés notre être, c'est-à-dire la cause première, la nature du tout et la dernière des fins du monde, n'est-ce pas se vouloir consoler de l'ignorance nécessaire par l'extravagance gratuite ?

» Les théologiens aperçurent le comble de la malice et du venin dans un certain parallèle que l'auteur instituait entre les religions qui crurent plusieurs dieux et les dogmes chrétiens ; non pas que la religion fût le sujet de son livre, mais seulement pour donner un exemple de sa méthode. Les Grecs et les Romains ont reçu dans leurs croyances des divinités de chair et d'os, s'il plaît de le dire ainsi. Mais pour cela même ces dieux et déesses : un Mercure, une Vénus, une Minerve, un Jupiter leur véritable père, une Junon leur marâtre, étaient, selon le P. Antapire, des personnages d'une existence encore que fort douteuse, si l'on n'en accueillait les traditions, au moins dont l'entendement n'avait point à se plaindre. De fait, il n'y avait à reprocher à nuls d'entre eux de ce qu'on n'en pouvait saisir sans contradiction les essences. La religion du Christ a conservé quelque chose de cela, puisqu'elle a ses saints, et par-dessus eux des êtres de nature angélique qu'elle assure être éminemment réels et vivants, créés comme nous. Mais quand les chrétiens spéculent Dieu même en son essence, il en est tout autrement : là ils croient suivre une science particulière, la théologie, et par la voie de cette science échapper à l'arbitraire des fictions de la mythologie. Mais à parler équitablement, c'est tout le contraire d'un vrai savoir. Quel rapport imaginer entre *notre Père qui est dans le ciel, entre le Fils qui mourut pour nous et qui est assis à la droite de son Père*, et une essence antérieure au temps,

que l'espace n'enserre point, et en laquelle une pensée sans dis-
distinction ni origine n'eût éternellement aucun autre objet que
soi-même ? Ils parlent d'un être hors duquel il ne subsiste rien, et
dont les œuvres sont néanmoins différentes de lui. Il est un, il
est immuable ; et il nous crée et nous connaît, ce qui ne se peut
faire sans modifications en lui. Pour comble, il nous a donné la
liberté de faire ce qu'il sait de toute certitude que nous ne ferons
pas, et de ne point faire ce qu'il est inévitable que nous ferons. Ces
dogmes se sont infiltrés d'une certaine métaphysique fort ancienne
en la religion ; mais ils seraient mieux nommés des centons agencés
de dires contradictoires, en sorte que, selon la raison, il serait en-
joint de les rejeter à celui-là même qui ne refuserait pas de prêter
une ombre de possibilité jusques aux pures fantaisies des plus
extravagants mythologues.

» Le père Antapire justifiait son nom de guerre en philosophie (1) par des raisonnements curieux qu'il avait très-industrieu-
sement composés sur l'idée de l'infini. Il ramenait cette idée à
celles de l'indétermination et de la possibilité, et ne lui concédait
nulle autre valeur pour la connaissance humaine. Il tirait de là
cette conséquence que l'infini ne saurait être lui-même substance
ni se prendre jamais pour attribut dénotant quelque chose d'actuel.
Toutefois il se gardait fort de cette opinion commune des sectes qui
se réclament d'Épicure ou même d'Aristote, lesquelles soutiennent
que la conception de ce qui est sans borne est un effet de la sensation de ce qui est borné. Suivant lui, les conceptions négatives
généralissimes, telles que l'idée de la négation même, ou du néant ;
l'idée de l'être pur, qui n'en diffère point, celles de l'absolu, de
l'indéterminé et autres semblables sont au nombre des traits caractéristiques de la fonction intellective, dont elles expriment éminemment le pouvoir abstractif. De l'usage de ces pures conceptions, et de la liberté que nous avons de diriger et de modifier
nos pensées, leurs objets en nous, leurs effets propres, il montrait
comment nous tirons l'idée du possible, laquelle n'existe pas si

---

(1) Anti apeiron. L'*apeiron* est l'infini des philosophes grecs, moins en vénéra-
ration chez eux que parmi les philosophes modernes. (*Note de l'éditeur.*)

distinctement chez les animaux; puis l'idée du possible indéfini; et de celle-ci, appliquée à la numération abstraite ou concrète, comment nous composons l'essence qu'on prétend de l'*infini de quantité*.

» Puis, s'attaquant corps à corps à cette imagination qu'il disait tenir à l'espèce d'illusion propre au pouvoir humain de marquer les genres par des signes, que l'on croit par après être ceux de choses autres que ces mêmes genres, il montrait par syllogismes comment le philosophe réaliste assurant l'existence d'un tel infini en acte peut être contraint d'avouer une contradiction *in terminis*, laquelle toutefois il a coutume de déguiser, en alléguant que cela qu'il lui plaît à lui-même de dire, il ne le comprend point.

» Le livre manuscrit du P. Antapire a été brûlé par l'ordre de l'Inquisition, sans qu'il ait été possible d'en tirer aucune copie; et c'est une perte fort touchante; car tout semble se préparer pour une certaine grande rénovation de la philosophie, laquelle sera la suite de la rénovation des sciences (1); et l'on doit craindre que les errements de la scolastique contre lesquels elle sera dirigée, n'y conservent encore une trop forte part. Je connais surtout ici un jeune gentilhomme français, singulier habitant d'Amsterdam (2) que je suis fondé à croire capable de changer plusieurs des idées de nos plus habiles gens, quand il voudra leur faire connaître sa méthode pour les découvertes; et par la suite il pourrait arriver que le train du monde s'en ressentît au delà de ce que nos marchands estimeraient possible. Mais quand je vois ce génie fléchir lui-même sous l'autorité d'Augustin ou d'Anselme, je regrette amèrement que je n'aie à lui opposer que l'imparfaite mémoire des raisonnements d'un homme que je n'ose nommer. Je ne suis à ses

(1) Ce bon caissier d'Amsterdam qui suivait depuis trente ou quarante ans le progrès des sciences positives, et qui ne faisait encore qu'espérer la réforme philosophique, de cela seul en savait plus long que les auteurs modernes qui ont soutenu la thèse de la dépendance des travaux ou découvertes scientifiques par rapport aux systèmes métaphysiques.   (*Note de l'éditeur.*)

(2) Il ne peut être question ici que de René Descartes, qui habitait la Hollande depuis 1629, et dont le célèbre *Discours de la méthode pour bien conduire sa raison et chercher la vérité dans les sciences*, parut en 1637, imprimé à Leyde.   (*Note de l'éditeur.*)

yeux qu'un pauvre comptable, son compatriote, que parfois il
écoute, mais de qui les paroles ne sont pas de tel poids qu'elles
méritent toute son attention. S'il savait ma vie, estimerait-il seulement quelque chose un obscur fanatique de 1590, devenu un
obscur libertin de 1630.

» J'y reviens, à cette triste histoire de ma vie, car j'ai hâte
d'échapper à des souvenirs lugubres. Le prisonnier fit de moi son
disciple; le pénitent confessa son confesseur, dont il avait aisément surpris la faiblesse. Quel! enseignement! il devint mon
consolateur, lui, cet homme dévoué à un supplice infamant,
après des tortures atroces, consolateur d'un misérable de la robe
de ses juges et de ses bourreaux! Il fit pénétrer en moi deux
grandes vérités, dont la méditation et la pratique me rendirent la
paix de la conscience, jusques au sein du désespoir que me causait toujours le spectacle de ce monde : l'une de ces vérités :
que la pensée de l'homme est libre de soi, dans le mouvement
des motifs ou passions qui inclinent la croyance, aussi bien qu'elle
est incoercible à l'égard des puissances extérieures.

» J'appris de là à rejeter par un acte viril ce pesant fardeau des
traditions mensongères, des préjugés, des habitudes qui cour-
baient mon âme, au lieu de vouloir justifier ma lâcheté par la
force des choses, ou d'attribuer, comme certains le font, mes déchirements intérieurs aux combats de la grâce et du démon dans
un cœur qui s'abandonne et que doit entraîner la puissance d'un
vainqueur. De ce jour j'examinai sans aucune prévention la foi de
mon enfance et je la renonçai. Je jugeai que je faisais en la sacrifiant l'auto-da-fé profond, l'acte de foi clairvoyante qui délivre;
au lieu qu'on a donné ce nom qui doit nous être abominable à
l'assassinat commis par la foi qui s'aveugle.

» L'autre vérité, c'est celle que les théologiens ont dite, mais
non point qu'ils ont comprise : que Dieu nous est incompréhensible; c'est à savoir que de lui nous ne pouvons rien connaître, hormis que nous portons dans notre cœur un clair sentiment qu'il
nous est commandé de bien faire, et que notre entendement nous
engage par sa nature à imaginer que toutes choses ont origine en
un premier bien et souverain, et que toutes pareillement tendent

2

au bien pour leur état dernier, nonobstant le mal qui paraît. Il pourrait donc y avoir des fins de félicité pour les créatures qui gémissent en ce monde et aspirent à un monde à venir, et, qui sait? pour celles-là aussi que nous voyons enchaînées maintenant, sous l'empire des basses perceptions. Peut-être est-ce là toute la vérité renfermée dans ce système fameux des métempsycoses. A tout le moins peut-on croire en une certaine condition future réservée aux personnes qui ont pleine et parfaite conscience de leur être et destinée, puisque celles-là ne feraient ainsi que tenir de la même nature qui leur fit don de leurs pensées et de leurs désirs la satisfaction convenable à ces mêmes puissances de vie, comme elles se montrent, et puisqu'il existe une harmonie des appétits et des fins dans toute cette nature, au témoignage des plus savants en elle.

» Voilà ce que mon maître pensait et ce que j'appris de son enseignement; et je crus encore à son instar en l'existence de personnes supérieures à toutes les autres, et auxquelles conviendrait le nom de *Dieux*, si nous consultions l'usage des religions, de préférence aux abstractions et songes creux des philosophes. Mais nous ignorons tout de ces Dieux, jusques à leur façon d'être par nombre ou unité. Si quelqu'un se veut feindre des rapports de sa personne propre avec de telles personnes, celui-là embrasse une religion; mais ce sont croyances qu'on ne se donne volontiers qu'en la compagnie des peuples entiers ou en celle des âges, et il est fort malaisé qu'un qui a pu se soustraire, en choses de cette nature, à certaine foi ancienne, ait la simplicité qu'il faut avec l'ardeur pour se lier solidement à une toute nouvelle. Il nous reste donc la philosophie. Celle de mon maître n'accepte point que la connaissance du premier principe divin nous appartienne, ni que celle que les théologiens nous ont forgée soit rien de plus qu'athéisme caché; en sorte que je demeure libre de croire en un Dieu vivant, n'étant point tenu au respect des billevesées solennelles du temps qui est tout entier avant qu'il s'écoule, et de l'espace où ne sont nulles parties, et de l'être inaffecté en ses affections mêmes, duquel le connaître s'étend où il n'y a rien à connaître. Ce sont fantaisies destructives de vrai savoir et rêveries

de faux mystiques, bonnes en leur appareil de pédanterie pour
river les chaînes dont se chargent à l'envi les générations des philosophes.

» Ce maître qui me fut vite cher, mais combien, hélas! ses fortes
leçons devaient être abrégées! dédaigna de pallier ses véritables
sentiments devant ses juges. Il leur dit qu'un remords le poignait
de ce qu'il n'avait point voué sa vie passée à rendre témoignage
à ce qu'il savait être de la vérité; que toutefois ce remords allait
s'adoucir par le martyre dont la bassesse d'une condition toute
renfermée ne le défendait pas jusqu'au bout. C'était même trop
d'honneur pour lui, le sacrifice étant nul à son âge, disait-il. Pour
moi je n'étais point à la hauteur de ce courage, car mon âme n'a
jamais eu la trempe de la sienne. Je descendis jusques à lui parler
d'une rétractation comme d'une voie ouverte à sauver du moins ses
jours; je le conjurai de vivre, lui représentant qu'au milieu du
débordement de la folie humaine, le sage s'abstient et renonce;
que l'innocent, quand il est entouré d'ennemis, peut se cacher et
mentir; et qu'enfin, contre la violence triomphante, le bon droit est
excusable de recourir, pour défendre ce qui lui reste, à l'arme de
la ruse. Il me répondit par des conseils, ou plutôt par des ordres
touchant ce que j'avais à faire moi-même. Il exigea que je l'aban-
donnasse dès avant le jour du supplice, que je prisse la fuite
pour aller vivre en un lieu de liberté, y professant la religion
réformée pour sauvegarde et protestation contre le fanatisme
papiste; et en vue d'une postérité plus heureuse il voulut me
confier le testament de sa pensée. C'était un nouveau livre qu'il
avait eu la force d'écrire en peu de mois dans sa prison, grâce
aux priviléges que j'avais pu lui procurer. Au surplus, le vieillard
fut inébranlable à toutes instances de partager mes chances de
salut, ce qui eût été en les diminuant. Il aurait, je le crois, refusé
même un salut certain, non comme Socrate, afin d'obéir aux lois
(les lois de l'Église!), mais parce qu'il succombait déjà, sentant
l'approche des tortures que ses aveux ne lui pouvaient éviter
jusqu'à la fin, à ce vertige de l'esprit qui se communique aux sens
chez les martyrs et les met comme en extase.

» Au jour qu'il me fixa résolûment, voulant se réserver le temps de connaître le succès de ma fuite, je quittai la prison, plus pâle que je ne laissais la victime dévouée. J'emportais sous mon vêtement de prêtre un livre contre l'institution temporelle de l'Église, le plus étonnant, le plus terrible au sacerdoce que jamais homme ait songé d'écrire. Ce livre, mon fils, vous mériterez peutêtre un jour d'en avoir connaissance, puisque je vois que manifestement la confession de votre père vous touche et que vous ne devrez point vous arrêter là. En attendant, il doit demeurer profondément caché, car il est contraire à une partie des choses que nous tenons encore dans la religion de laquelle je fais profession en ce pays. Une suite d'accidents que je puis dire heureux y favorisèrent ma fuite, et j'y trouvai le repos sous l'égide des lois civiles. Le P. Antapire a été consumé vivant sur le bûcher, au Champ des Vaches, ancien forum des orateurs romains, le 23ᵉ de juillet de l'an 1601. »

FIN DE LA PREMIÈRE PARTIE DE L'APPENDICE DU LIVRE D'UCHRONIE,
SERVANT DE PRÉFACE.

UCHRONIA

PREMIER TABLEAU

Invasion de l'Occident par les doctrines orientales. — Les dissidents du monde romain. — Crise de la Judée. — Les chrétiens.

Dès la haute antiquité, les nations de l'Orient obéirent à des prêtres ou à des rois absolus. Sur les confins de l'Orient et d'un Occident barbare ou inconnu, vers le commencement de notre ère (1), les races helléniques et italiques (2) montrèrent des dispositions différentes. Ces peuples favorisés de l'esprit et de la nature, les Grecs, les Italiens, ignorèrent le pouvoir des prêtres ou le subordonnèrent aux intérêts civils. Au lieu de grandes monarchies, ils eurent des cités libres et furent les inventeurs de la *Loi*, cette abstraction destinée à devenir une des grandes réalités

(1) En avançant dans la lecture de l'Uchronie, on voit aisément que l'ère adoptée par l'auteur est celle des olympiades. Pour une esquisse à grands traits, où les minuties chronologiques seraient de trop, cette ère se confond sensiblement avec celle de la fondation de Rome. D'après cela, en remarquant que la première année de l'ère chrétienne est la 777e des olympiades, on passe grossièrement des dates de l'uchronie à celles du calendrier grégorien, en retranchant huit siècles des dates qui surpassent ce nombre d'années, et, au contraire, en retranchant de huit siècles les dates dont le nombre d'années est moindre. Ainsi le VIIe siècle de l'uchronie est le Ier avant Jésus-Christ, et le IXe de l'uchronie est notre Ier après Jésus-Christ. Ceci dit pour éclaircissement, l'éditeur aura soin de faire suivre les dates uchroniennes par nos dates vulgaires, en notes, afin de ramener les premières à notre calendrier et d'épargner tout calcul au lecteur. *(Note de l'éditeur.)*

(2) Il ne faut attacher à ces noms aucune valeur ethnographique. L'auteur ne paraît nulle part se préoccuper de ce que nous appelons la race. On ne saurait d'ailleurs attendre autre chose du temps où il vivait. *(Note de l'éditeur.)*

des établissements humains. La personne civile et politique n'obtint pas, il est vrai, dans leurs républiques toute
l'indépendance qu'on eût souhaitée, et que l'état de guerre
entre les nations rendait impossible; mais la somme de
libertés que permettait la sûreté de l'État vis-à-vis des
étrangers, le citoyen la gagna et la conserva à travers beaucoup de vicissitudes. L'asservissement des foules dans la
plus brute ignorance qui se puisse imaginer fit place
à de beaux systèmes d'éducation destinés à élever chaque
citoyen à toute sa valeur virile. Les femmes passèrent de
l'état d'esclaves à celui de mères de famille, leur dignité
s'accrut, leur influence commença. Tandis que les théocraties de l'Orient livraient leurs sujets à la fièvre des hallu-
cinations religieuses, ou les laissaient croupir dans un amas
de superstitions malsaines, les peuples nouveaux organi-
sèrent des cultes simples qui étaient des devoirs et des fêtes
de famille et de cité, plus encore que de religion. De libres
mystères, dénués de toute signification et de toute action
politiques, furent ouverts aux esprits qui ne se contentaient
pas du lot de la commune croyance.

Au reste, ces hommes si émancipés (1) pensèrent comme
ils vivaient, et ne craignirent pas de regarder le ciel en face.
De nombreuses écoles spéculatives tentèrent de déterminer
les principes et les éléments des choses par la force naturelle

---

(1) Devons-nous prendre ce mot émancipé dans un sens relatif, et l'auteur
pensait-il que les Grecs, par exemple, étaient des échappés des monarchies ou
théocraties de l'Orient ? — Dans l'état actuel des connaissances, il nous paraît
plus probable que les familles auxquelles fut dû le développement occidental,
s'étaient tenues de tout temps hors de la sphère des grandes civilisations orientales, soit que leur situation géographique les eût protégées dans certaines
contrées montagneuses, soit qu'à l'époque où elles émigrèrent, le régime et
le culte patriarcal n'eussent pas encore disparu de la plus grande partie de
l'Asie. On ne peut guère douter non plus aujourd'hui qu'un polythéisme naturel
n'ait précédé en tous lieux les dogmes panthéistes, de même que les villages
sont antérieurs aux empires, et la liberté plus ancienne que l'esclavage. On
verra plus loin l'auteur admettre cette dernière opinion.   (*Note de l'éditeur.*)

du génie, jusqu'à ce que, lassées à la poursuite du problème impossible de la nature universelle et de l'origine première, elles fissent un retour sur elles-mêmes et entreprissent de sonder la conscience et de créer des méthodes : direction nouvelle qui marque mieux que jamais le caractère humaniste de la civilisation grecque. Pendant ce temps, les sciences abstraites s'organisaient, ces instruments futurs de tant de découvertes ; les sciences d'observation naissaient ; la poésie et les arts plastiques atteignaient la perfection. Telles furent, en un petit coin du monde, loin des grandes puissances politiques et sacerdotales de cet âge, les conséquences d'une seule institution spontanée : l'égalité civile d'un certain nombre d'hommes libres distribués en groupes nationaux.

Celui qui comparera les mœurs de l'Orient avec celles de notre antiquité occidentale apercevra une autre grande différence. Le travail, d'un côté, méprisé et exclusivement servile, de l'autre, devient l'objet d'un commencement de considération morale, quand l'existence de la *petite propriété* (1) l'impose à des hommes que l'on respecte. Sans doute, le citoyen grec ou romain est avant tout un guerrier, et il n'en pouvait être autrement, mais il est souvent aussi un cultivateur. A Athènes, il est quelquefois un commerçant, un marchand, un artisan même ; et on se tromperait en regardant comme un paradoxe tout à fait isolé la préférence que Diogène le cynique accordait au conducteur d'ânes sur le général d'armée.

Mais toutes les choses du monde ne sont qu'action et réaction, parce que les idées directrices des événements procèdent ainsi elles-mêmes, chez l'individu et chez les nations,

---

(1) Le traducteur a rendu *ager modicus* par *petite propriété*. Plus loin il s'est permis de rendre *itus* et *reditus* par *action* et *réaction*, etc. Mais on peut dire que notre auteur a créé lui-même le mot *humaniste*, car il a grécisé son latin pour se procurer l'adjectif *anthropinus*. (*Note de l'éditeur.*)

et parce que les peuples, que différentes pensées gouvernent, luttent sans cesse pour s'influencer ou se faire violence. Et, quand ils ne se combattent plus, s'ils se connaissent, c'est qu'ils s'imitent. On n'a point encore vu jusqu'ici, dans cette malheureuse humanité dévorée de la passion de soumettre ou de se soumettre, les relations entre peuples, non plus qu'entre personnes, se régler sérieusement sur la reconnaissance de la liberté (1). En effet, la propre maxime de la guerre étant : *imposer ma volonté, anéantir la volonté d'autrui*, il est clair que la paix ne saurait subsister pour des États ni pour des concitoyens, tant que certains d'entre eux se refusent à respecter la liberté chez les autres, ou à l'exercer eux-mêmes, et ne voient point d'alternative entre obéir et commander. Les hommes libres, eux aussi, sont alors dans la nécessité de se faire craindre, et quelquefois de se faire obéir; voilà pourquoi les Grecs et les Romains, alors même que leurs principes d'égalité et de liberté eussent été sans mélange d'exclusion et d'oppression, c'est-à-dire d'injustice, et il s'en fallait bien, se seraient encore vus obligés d'être les maîtres pour n'être pas les esclaves. Ils furent les maîtres, en effet, jusqu'au moment où, eux-mêmes surmontés par le flot de l'ancienne servitude (dont ils n'étaient pas d'ailleurs sans avoir une source intérieure profonde, dans l'une de leurs grandes institutions, qu'il est superflu de nommer) et se sentant submerger, ils entendirent une grande voix du côté de l'Orient qui criait : « Courbez la tête et adorez. » Que firent-ils alors et qu'advint-il du monde ? C'est ce que nous avons à raconter.

(1) Ce reproche à l'humanité n'est peut-être plus aussi juste qu'il l'était. Pourtant, quiconque veut être assuré de rester libre doit avoir toujours *de quoi se faire craindre*. Ceci n'est pas seulement vrai entre peuples, mais encore dans les sociétés les plus restreintes. Le progrès consiste à substituer à la force brutale la force morale, et à faire que celle-ci puisse engendrer l'autre au besoin.

(*Note de l'éditeur.*)

La première injonction vint à la Grèce avant son déclin, et dans le temps du plus grand éclat de son principe : ordre de livrer *la terre et l'eau*, et de se prosterner aux pieds du Grand Roi. Elle fut victorieuse à Marathon, à Salamine, à Platée. Ce fut une lutte héroïque, une gloire sans pareille dans l'histoire des hommes. Puis, cette Grèce divisée, qui se livrait misérablement aux jeux de la force entre ses propres cités, céda à l'ascendant militaire d'un monarque du Nord, d'une nation disciplinée, dont les mœurs étaient encore les siennes, mais non la liberté. Alexandre, généralissime des Grecs, porta la guerre en Orient. C'est ainsi qu'après la défense vint la conquête; avec la conquête, les généraux, les maîtres et les rois : c'est dans l'ordre. La conquête eut encore un autre effet fatal, immense. L'Orient fut soumis mais non transformé; l'Occident fut pris de l'ivresse orientale. Les Macédoniens murmuraient d'abord en baisant la terre devant le Fils de Jupiter, ensuite ils épousaient des Persanes. Les successeurs d'Alexandre trouvèrent des sujets obéissants et entretinrent des bandes stipendiées de soldats à peu près sans patrie, avec lesquelles ils pesèrent sur les villes grecques ou se les assujettirent. Enfin la décadence commença et fut rapide. Il peut être vrai que les destinées humaines, s'il en est de générales, comportent des rapports continuels et en réclament de plus en plus intimes entre les hommes de toute origine et de toute doctrine. Ce n'en est pas moins un mal certain et fait pour attrister le philosophe, que ces cataclysmes moraux qui réalisent une fusion nécessaire au prix de l'anéantissement des créations partielles où la vérité et la beauté resplendissaient dans l'œuvre des nations privilégiées.

Cet âge intellectuel qui se décèle par les suites de la conquête d'Alexandre, et dont le moment le plus fort est aux premiers siècles de l'empire romain, nous l'appellerons *moyen âge*, comme ayant été l'intermédiaire de la liberté

antique et de la liberté moderne, des mœurs et des sciences
de la Gréco-Rome et des nôtres. L'âge moyen, l'âge de fusion de la Grèce et de l'Orient est déjà déclaré pour un œil
clairvoyant, à l'époque où les Grecs, qui, ignorant les
temps et les lieux de leur enfance, avaient développé spontanément l'esprit de leurs institutions et de leurs croyances
originaires, essayent de remonter aux doctrines profondes
qu'ils croient avoir oubliées, considèrent l'Orient comme la
source des vérités sublimes et de toute sagesse, et s'efforcent,
à l'aide de traditions suppléées, d'analogies puériles, d'éty-
mologies ridicules, d'identifier leurs divinités civiles et
leurs mythes riants avec les dieux substantiels, les sombres
croyances et les dangereux arcanes des races vouées à
l'adoration et à la vie contemplative. Les philosophes
eux-mêmes cèdent quelquefois au courant de la réaction, bien que les plus puissants chefs d'école, Aristote,
Zénon, Épicure, Pyrrhon, tous, excepté peut-être Platon,
construisent des doctrines essentiellement grecques, appelées à donner encore force et durée à l'esprit humaniste.
Mais le platonisme, quand il ne passe point aux sceptiques,
penche à la mysticité, et orientalise de bonne heure et de
plus en plus. Grâce aux rapports pacifiques établis entre les
peuples, au commerce, à la facilité des voyages et à la curiosité proverbiale des Grecs, l'Égypte, la Perse, l'Inde, ap-
portent au sourd travail des intelligences de nombreux éléments dont la perte de tant de livres ne nous permet de
connaître l'importance que par les résultats obtenus. Un esprit différent de tous les autres, à beaucoup d'égards, l'esprit hébreu, se jette à son tour dans l'universelle fusion,
quand une colonie entière de Juifs s'établit dans la principale des villes fondées par Alexandre, dans celle-là même
qui porte encore son nom.

Le moyen âge n'eût été qu'une ère locale, restreinte à

quelques contrées de la langue grecque. Mais, déjà universalisé par l'effet des communications et des fondations dues à la conquête du *généralissime des Grecs*, il devint une ère de l'Occident tout entier, grâce à la conquête plus stable et plus étendue des armes romaines. La Grèce avait organisé dans son sein des républiques plus ou moins démocratiques, même communistes ou à peu près pour un temps; mais elle-même ne fut jamais qu'une grande république fédérative, anarchique, aux guerres civiles perpétuelles, et dont les forces se neutralisaient. La discipline et l'unité firent toujours défaut à ce corps admirable dont toutes les parties, jusqu'aux moindres et aux moins illustres, eurent trop de vigueur pour supporter une tête unique. Ces parties, à leur tour, ces petites républiques furent livrées à de continuels déchirements et manquèrent de tout esprit de suite dans leurs entreprises : effet naturel de l'excès de développement des personnalités, dans un temps où, plus que jamais, il eût fallu de la force, et pour la force, l'union, et pour l'union, des sacrifices. Rome, au contraire, se distingua par la solidité de ses traditions d'État, pendant les cinq siècles de durée de ses institutions républicaines. Son aristocratie, élevée pour la politique et pour la guerre, privée de la distraction des arts et des sciences, étrangère à toute pensée capable de l'affaiblir, développa les qualités sans rivales d'une étonnante persévérance. La distribution des terres conquises multiplia les familles et les soldats. Des lois fortes, dont le peuple romain eut le génie, lui donnèrent, malgré de nombreuses crises politiques, où les citoyens trempaient leur vigueur, cette sécurité des possessions et des transactions nécessaire dans un État, surtout vaste et toujours croissant. Le respect systématique, et toutefois naturel en sa source, des mœurs et des institutions religieuses ou même civiles des provinces, la protection administrative et

la paix, bien que chèrement payées, assurèrent la fidélité
des races une fois assujetties (1). Et ce fut ainsi que ce
grand peuple vainquit ses voisins, puis surmonta l'énergie
militaire du commerce de Carthage, puis soumit la Grèce
elle-même en l'admirant et en l'étudiant, puis enfin et l'Hispanie, et la Gaule, et tout l'Orient riverain de la Méditerranée. Cela fait, ce fut au conquérant de craindre la conquête.

Ce conquérant s'était déjà bien transformé. Non qu'un général ou un proconsul eût rien à perdre pour lui ou pour la
patrie à parler grec, à aimer les arts, à discuter avec les philosophes : rien de ce qui ennoblit, instruit et civilise l'homme
ne saurait lui nuire. Ce n'est pas même le progrès du *luxe*
dans la cité qui perdit la cité. Les anciens qui ont cru cela
auraient cherché la cause du mal dans le plus innocent de
ses symptômes, s'ils n'avaient aperçu dans ce fait de luxe que
la portée et le sens qui nous sont familiers. Mais quand les
suites des grandes guerres eurent donné à la plaie de l'esclavage une extension démesurée; quand l'agriculture libre
eut disparu; quand le soldat cessa d'être un propriétaire et
ne se connut plus comme citoyen; quand le citoyen eut
cessé de vivre de son travail; quand l'affranchi, c'est-à-dire
l'étranger, l'homme de toutes idées et de toutes mœurs,
tint une place importante dans le peuple; quand le gouverneur de province opprima la province pour s'enrichir, et
s'instruisit à gouverner le monde suivant les coutumes qu'il
voyait prévaloir dans le monde, en Orient surtout; quand
les suffrages s'achetèrent en grand sur le forum; quand la
popularité s'obtint par des actes qui exigeaient trop de puissance entre les mains d'un seul; enfin quand des généraux

(1) On trouvera que notre auteur fait preuve d'une rare perspicacité en énu-
mérant, avec sa concision ordinaire, une bonne partie de ce que les publicistes
modernes ont trouvé de raisons pour expliquer le développement de la puissance
romaine.   (*Note de l'éditeur.*)

en rivalité se trouvèrent à la tête de légions affidées, aux
mœurs rapaces, à l'esprit exclusivement militaire; quand
tous ces effets sortirent d'une cause unique, la conquête, il
est clair que Rome ne fut plus Rome. D'une république
désormais sans citoyens il ne resta que ces trois choses :
un organisme militaire, un système d'administration dont
les traditions se transmettaient dans une certaine classe, un
prestige immense. C'était assez pour la durée d'une république, romaine de nom, mais la monarchie était fatale, et
la libre communication de toutes les parties de l'Empire,
dans une paix intérieure perpétuelle, allait commencer l'ère
du moyen âge romain.

Il y eut donc des sujets et des princes. Mais il n'y eut
point de religion régnante, uniforme, dogmatique, absolue.
S'en formerait-il une, soit par l'ascendant des empereurs,
soit par le mouvement spontané des populations ignorantes,
à la suite d'un prédicateur enthousiaste, afin que s'achevât
la ressemblance de l'empire romain et des anciens empires
du monde? Telle était évidemment la question capitale des
ixe et xe siècles des civilisations libres (1).

Il y eut des sujets et des princes. Néanmoins, les empereurs, si nous exceptons ceux que saisit le vertige des hautes
cimes, durent se sentir habituellement observés et obligés
par le jugement d'une classe d'hommes qui continuaient de
penser, qui spéculaient du moins sur les actes politiques,
depuis qu'ils étaient réduits à l'impuissance d'agir. Les titres
des fonctions anciennes, accumulés sur la personne du
prince, lui rappelaient que le pouvoir est une charge publique. Ce sénat, que les historiens nomment volontiers une
ombre, était l'ombre de quelque chose de grand et qui imposait encore. Enfin, la philosophie et les notions morales

----

(1) i^{er} et iie de l'ère chrétienne.   (*Note de l'éditeur.*)

dont tant d'esprits étaient pénétrés, ne pouvaient pas être absolument étrangères aux chefs de l'État. Peut-être même, un jour, se réaliserait le rêve de Platon : la philosophie sur le trône. Pour toutes ces raisons, l'empire romain était encore loin des errements de l'Orient, et il était permis de concevoir de sérieuses espérances de salut.

Il n'y eut point de religion régnante. Ce n'est pas que les Gréco-Romains ne crussent à l'unité de la religion ; tout au contraire, c'est qu'ils y croyaient. Lorsque, abordant par la conquête une contrée nouvelle, ils y trouvaient des dieux de tels noms et de tels attributs, leur première pensée était de chercher lesquels de leurs propres dieux étaient ces dieux-là, et il était rare que le problème ainsi posé manquât de solution. Et lorsqu'ils venaient à rencontrer des symboles décidément différents de ceux des autres cultes à eux connus, ils y respectaient l'application des principes communs à toutes les religions : une tradition ancienne, une possibilité morale, une liberté de croire, un appui que chaque peuple distinct est porté à chercher dans certaines puissances supérieures et protectrices. En réunissant ce peuple à cette sorte de fédération civile et religieuse qu'elle organisait sous son hégémonie après que la conquête politique était accomplie, Rome se reconnaissait des dieux nouveaux, que leurs anciens du Panthéon ne jalousaient point. De là une tolérance parfaite, mais qui pourtant devait trouver des bornes dans l'intolérance d'autrui. Les dieux de Rome ne pouvaient décemment accueillir ceux qui entraient pour les chasser de la maison (1).

---

(1) Les gens bien élevés reçoivent volontiers dans leur compagnie toutes sortes d'opinions qu'ils ne partagent point, à plus forte raison les convictions honorables. Mais s'il arrivait qu'une de ces dernières usât de violence envers ses hôtes, on la prierait de quitter la place ; et si elle disait : *c'est à vous d'en sortir... la maison m'appartient,* les gens bien élevés enverraient chercher monsieur l'exempt. *(Note de l'éditeur.)*

Les divinités exclusives, les sacerdoces à prosélytisme farouche étaient mal venus à se plaindre en se trouvant exclus du bénéfice commun.

Il ne peut exister que trois systèmes logiques de rapports entre l'État et les Églises : 1° l'État les ignore toutes ; 2° l'État les reçoit toutes, sans leur imposer d'autres conditions que celles qui sont inhérentes à sa constitution générale et aux lois civiles ; 3° l'État fait son choix, s'identifie avec l'une d'elles et persécute les autres, afin de les anéantir. Les systèmes intermédiaires sont de fâcheux compromis, à la fois injustifiables devant la raison, dangereux par les conséquences de la lutte sourde qu'ils supposent, incapables de concilier des prétentions, toujours contradictoires de leur nature. Le troisième système, celui de l'intolérance, appartient aux États théocratiques ; il supprime la liberté des personnes en ce qu'elle a peut-être de plus intime, le droit de croire ou de nier les opinions incertaines, le droit de douter, le droit de chercher : une liberté qui fait presque toute la démarcation de l'homme et de la nature. Pendant que notre *salut* terrestre est assuré, grâce à la tyrannie politique, il veut aussi que notre salut céleste soit assuré par la tyrannie religieuse, et il ignore que notre premier salut, en tout genre, est de décider de nous-mêmes, selon la conscience que nous avons de ce que nous devons être. Le second système, ou système romain (1), s'il était appliqué rigoureusement, et s'il s'étendait non-seulement aux divers cultes nationaux, reçus et consacrés dans la métropole de plusieurs nations, mais encore aux opinions ou pratiques religieuses de divers

---

(1) Il y a quelque chose de sublime dans l'abstraction spéculative de l'auteur, qui, en donnant le nom de système romain à la tolérance du paganisme, ignore volontairement l'existence d'un système romain bien différent, et retranche de l'histoire, avec la froideur d'un opérateur, cette institution théocratique dont il a le bûcher devant les yeux, lui qui sait qu'il doit y monter.

(*Note de l'éditeur.*)

citoyens dans une même cité, en sorte qu'il fût licite à un homme, à une secte quelconque d'avoir ses dieux, sans nul égard aux dieux voisins, arriverait à se confondre avec le système que nous avons nommé le premier et qui est un des caractères du monde moderne (1). En effet, que l'État ignore les formes du sentiment religieux, comme étrangères à lui-même et à sa fonction, ou qu'il les accepte sans discernement, le fait est le même : les acceptant toutes, il ne peut se revêtir d'aucune ; les ignorant, il ne peut en exclure aucune ; dans l'un comme dans l'autre cas, il ne saurait faire autrement que d'en soumettre l'expression publique aux lois générales de la civilisation qui sont les siennes. Mais, historiquement, le système romain ne put atteindre à cet absolu ; il ne fut pas la conséquence d'un principe clairement aperçu, mais le simple résultat des circonstances du syncrétisme impérial ; et il ne tarda pas à se voir battu en brèche par tout ce que le monde contenait de fanatiques, prêts à tout entreprendre et à tout souffrir pour introniser une croyance sur les ruines de toutes les autres.

Ainsi les empereurs eurent à opter entre deux tendances : celle qui consacrait également tous les dieux proposés d'une religion, multiple de sa nature, le polythéisme ; celle qui aurait substitué à tous les mythes libres une de ces doctrines exclusives dont le polythéisme primitif de l'Orient avait depuis longtemps subi l'invasion, une doctrine fondée sur la conception d'un principe unique et vivant de l'univers, révélé aux hommes par la voie de l'incarnation, par exemple. La politique vit volontiers au jour la journée.

_____

(1) Du monde uchronique, bien entendu, c'est à peine si nous entrevoyons cette modernité dans un avenir lointain, nous hommes du XIXᵉ siècle ; et le moyen âge, qui, pour l'auteur, est le temps de la lutte du principe de tolérance et du principe théocratique, fut au contraire l'ère du triomphe et de la domination d'une église et d'un sacerdoce. (*Note de l'éditeur.*)

D'ailleurs, les empereurs ne durent pas avoir, dès le commencement, la conscience nette de la situation religieuse et d'un parti décisif à prendre pour la lutte prochaine. Leur choix n'en était pas moins fait instinctivement et d'avance. D'abord ils appartenaient aux classes lettrées de l'empire, et, en cette qualité, quoique la science acquise de leur temps les laissât parfaitement crédules à l'endroit des forces naturelles déifiées et de toutes les superstitions accessoires du paganisme, ils n'éprouvaient pas le besoin de remplacer une croyance oblitérée par une foi plus jeune qui, n'étant pas traditionnelle, devait paraître aussi inutile qu'arbitraire. Ensuite, semblables à tous ceux qui ont autorité, ils devaient craindre les innovations. C'est en conservant purement et simplement ce qui est que les politiques empiriques croient tenir la route la plus sûre, diminuer le travail, éviter l'imprévu et se créer le moins de difficultés possibles. Une autre cause détermina la marche suivie dans les premiers temps de l'empire : nous voulons parler de la haine que le peuple de Rome portait à une grande institution orientale, la royauté, et à son symbole, la couronne. Les maîtres du monde, comme on les appelle, ceux mêmes qui ont laissé un renom de folie, craignirent de porter ce signe qui intime aux sujets l'ordre de l'adoration et des génuflexions rampantes (1). Si malgré leur orgueil ils résistèrent à la tentation d'importer les coutumes orientales à Rome, sur un point où leur grandeur semblait intéressée, ils ne purent évidemment que bannir les idées de même provenance là où elles se présentaient de manière à leur faire ombrage, avec un sacerdoce ambitieux, par exemple, ou sous la forme de mystères qui inquiétaient la police de l'empire.

(1) Ils ajournèrent leurs apothéoses, leur vie durant, en sorte que leurs sujets furent libres jusqu'à un certain point de destiner leurs statues au Capitole ou leurs corps à l'égout. (*Note de l'éditeur.*)

Ainsi s'explique aisément la proscription de certaines superstitions étrangères aux anciens usages, de certains cultes
d'un caractère sombre ou trop enthousiaste, enfin, d'une
religion profondément sacerdotale, comme le druidisme,
et du dieu d'un peuple intolérant et fanatique comme le
peuple juif.

Cette politique précéda même les empereurs, à l'égard
de la religion égyptienne que les anciens nous disent avoir
été intolérante. Les temples d'Isis et de Sérapis furent renversés à plusieurs reprises, dès le vi° siècle; un consul prit
la hache pour donner l'exemple et s'exposer à la colère
céleste en portant les premiers coups. Les bacchanales, qui
n'étaient pas indigènes en Italie, et dont l'introduction y
causait le désordre d'un fanatisme simulé, en furent bannies.
L'ordre de quitter Rome et l'Italie en dix jours fut intimé
aux faiseurs d'horoscopes, qui apportaient d'Assyrie, avec
de nouvelles superstitions, de nouveaux moyens d'exploiter
la crédulité publique. Sous le règne d'Octavius Cæsar, on
remarqua l'approbation donnée par le prince à son petit-fils
qui, passant près de Jérusalem, s'était refusé, contre l'usage
romain, à sacrifier selon le rite étranger. C'est que ce rite
eût été dans ce cas le rite juif, ennemi de tous les autres.
Mais le premier acte éclatant de répression des religions
hostiles à la civilisation gréco-romaine eut lieu sous Tibérius
Cæsar. Par décret du sénat, les personnes infectées de superstitions égyptiaques et judaïques furent obligées de brûler
leurs costumes de religion, avec les ustensiles à usage du
culte. Tous durent abjurer leurs rites *profanes* ou quitter
l'Italie, et quatre mille d'entre eux, de la classe des affranchis, jeunes encore, furent enrôlés pour aller servir à l'extirpation du brigandage, sous le climat meurtrier de la
Sardaigne.

Il ne faut pas s'arrêter ici à la confusion faite entre le

culte des Juifs, celui des Égyptiens et d'autres encore peut-être. Jamais les polices n'ont porté une attention bien scrupuleuse ou bien savante à définir ce qu'elles proscrivent, en fait de dogmes ou d'idées. Mais cette mesure nous montre à quel point s'étaient déjà multipliés les dissidents du monde romain. C'est le nom que nous donnons à tous les sectaires qui tendaient à substituer à la diversité religieuse un dogme absolu, soutenu au besoin par une théocratie.

Sous le même Tiberius, commença a persécution contre la religion druidique, déjà interdite par Octavius Augustus, mais seulement aux citoyens romains. Claudius s'en proposa l'extermination totale, et l'atteignit, principalement pour la Gaule. Le druidisme était, de tous les systèmes dogmatiques, un des plus propres à fanatiser les hommes, à cause de sa formule étonnamment positive de l'immortalité des personnes; et ce n'est point ceci qu'on peut lui imputer à mal; mais il pratiquait d'abominables sacrifices, il formait une corporation sacerdotale, puissante, envahissante; et sans doute il devenait prosélytique, de persécuteur qu'il avait été (1), puisqu'il fallut défendre aux Gaulois citoyens, c'est-à-dire aux plus amis de Rome, de s'y affilier. Le gouvernement de Claudius persécuta chez les druides une doctrine politique et sacerdotale inhérente à ce corps, sans doute aussi des pratiques de culte que toute l'antiquité civilisée avait appris à abhorrer, mais non la foi religieuse en elle-même. Et en effet cet empereur forma le projet d'introduire les mystères d'Éleusis à Rome. Cette pensée, réalisée dans la suite par Hadrianus, était d'un esprit qui se rendait compte d'une grave lacune du paganisme vulgaire,

---

(1) Les Gaulois s'étaient signalés dans leurs expéditions militaires, en Grèce notamment, par la haine et le mépris des croyances d'autrui. Ils pillaient et brûlaient les temples, tout comme le Grand-Roi, et sans doute pour le même motif de religion.   (*Note de l'éditeur.*)

et qui cherchait à la combler, sans sortir des traditions gréco-romaines, sans contrainte d'ailleurs, mais en ouvrant aux âmes religieuses une source libre de foi, avec l'accompagnement d'un culte éclatant dont la beauté et la pureté n'ont été contestées de personne. Les mystères d'Éleusis étaient peu théologiques, au rapport de Cicéro. L'enseignement positif de l'immortalité en formait l'essence. C'est dire qu'ils renfermaient tout ce qu'on pouvait regretter de grand et de vraiment religieux dans le druidisme condamné.

Peu d'années après l'extermination des druides, l'opposition religieuse et nationale de la Judée au monde romain parvint à son tour à la crise finale. Arrêtons-nous un instant pour nous expliquer la cause des terribles événements qui se précipitèrent pendant la première moitié du IXᵉ siècle (1).

Cette très-petite, mais éminemment prolifique et travailleuse nation des Juifs, avait fait preuve d'une rare valeur morale, d'un esprit sérieux, d'une persévérance admirable, au milieu des excès et des révolutions de l'Orient. Placée comme la Grèce à l'extrémité occidentale des grands empires, elle se distingua, comme la Grèce et comme l'ancienne Rome, par l'importance que prirent chez elle les principes de personnalité et de famille, nonobstant les rois qu'elle se donna et la théocratie d'où elle sortait, et à laquelle elle tendait toujours à revenir. En religion, quoique sous l'empire d'une révélation primitive, elle fit preuve d'une liberté extraordinaire d'inspiration : l'indépendance est visible chez ses prophètes, dont la succession est un phénomène unique dans l'histoire, aussi bien que celle des législateurs civils dans les tribus hellènes et italiotes. Son organisation économique fut on ne peut plus favorable au développement du peuple et à la liberté des personnes, puisque la petite pro-

(1) C'est-à-dire pendant le premier de l'ère chrétienne.

(*Note de l'éditeur.*)

priété en fut la base, et cela tout d'abord jusqu'à son extrème et rigoureuse conception : la loi agraire. Ce dernier système, accidentel dans les républiques grecques et romaine, s'éleva en Judée à la hauteur d'une institution idéale et destinée à la perpétuité. Que si la force des choses l'emporta constamment sur la *Loi* à cet égard, il est certain du moins que ni les rois, malgré leur faste, ni le sacerdoce, tel qu'il était constitué, ne bannirent du sol de la Judée la petite propriété, ni des cœurs de ses habitants la liberté et les vertus militaires qui en sont la suite.

Le Dieu des Juifs semble au premier abord différer profondément des divinités grecques. Son unité nous frappe. Remarquons cependant que sa nature n'étant point définie métaphysiquement, on ne saurait dire qu'elle exclut toute pluralité possible de natures semblables; et, de fait, le vulgaire hébreu, en dépit du *sum qui sum* (formule poétique à laquelle on a trouvé plus tard une valeur logique), s'est souvent représenté le protecteur d'Israël comme un Dieu solitaire et *jaloux*, son Dieu, plutôt que comme un être dont l'existence était incompatible avec celles des puissances protectrices des autres nationalités. Mais attachons-nous à ce dogme de l'unité, qui prévalut incontestablement dans l'esprit des auteurs des écritures sacrées, et finit par prévaloir aussi dans le peuple. Il ne s'agit point de l'unité, *perfection métaphysique*, sur laquelle les philosophes ont accumulé des propriétés contradictoires; il s'agit d'une individualité parfaitement anthropomorphique, d'une personne capable de passions et de volonté, qui a fait l'homme et qui l'a détruit, qui a traité avec Abraham et qui, l'esprit constamment tendu à la direction du peuple hébreu, récompense ou punit temporellement ses actes successifs avec amour, avec justice, avec colère, en promettant à sa fidélité la domination future de tous les royaumes et la jouissance perpétuelle de la paix et de tous les biens de la terre. Cette théologie offrait, à côté de certains inconvénients très-graves pour le développement de la civilisation chez les Juifs, des avantages du premier ordre, et les mêmes que présentait l'anthropomorphisme plus varié de l'Olympe. L'obstacle aux progrès de la pensée, le voici : il résulte précisément de la simplicité et de la supériorité apparente de la croyance israélite: Le peuple hébreu conserva sa foi en un Dieu caché, que ne compromettait aucune de ces constructions mythologiques que l'imagination élève et que la raison ébranle, et qui lui fournissait une explication unique et générale de l'ordre du monde, sans avoir recours à des machines ou instruments intermédiaires quelconques. De là, la pauvreté des arts et la nullité des sciences, chez ce peuple à la fois dépourvu de symboles et accoutumé à se rendre compte de toutes choses par un seul mot magique : Dieu. Au contraire, les Grecs trouvèrent dans la poétique multiplicité des personnes divines, et de leurs attributs, une matière admirablement appropriée aux créations de l'art; et comme ils ne purent manquer de remarquer de bonne heure l'incompatibilité des lois physiques avec la personnification des forces naturelles, qui était le fond de leur théologie, ils virent leur foi s'affaiblir ou se transformer, et tournèrent leur génie à la spéculation philosophique et à l'organisation des sciences. Quant aux avantages du pur anthropomorphisme juif, comparé aux fables cosmogoniques de l'Inde ou de l'Égypte, il est facile aussi de les résumer en peu de mots : l'esprit fataliste, cause principale de l'engourdissement des peuples, est combattu par la croyance à l'arbitraire divin, premier initiateur des choses, puis à la liberté des individus, auxquels une volonté souveraine prescrit des lois non coactives; la conscience morale s'épure, la justice s'élève : elle tend même à devenir indépendante du dogme; l'abîme de la contemplation panthéiste est fermé; et la personne grandit, quand elle envisage un dieu fait à son image, un monde fait pour les personnes.

La Judée n'eut pas seulement à soutenir contre les grands empires une lutte analogue à celle de la Grèce contre les rois de Perse, lutte qui, fut loin de tourner toujours à son avantage, mais, enfin, où sa nationalité ne périt point, et de laquelle son dogme sortit sans autre sacrifice que d'avoir permis l'entrée à certaines croyances de la religion des mages; elle eut encore pour proches voisins et ennemis de tous les jours des peuples aux mœurs infâmes, aux cultes dissolus ou atroces, dont la contagion quelquefois la gagna, mais contre lesquels elle exerça le plus souvent cette réaction farouche qui compose presque toute son histoire morale. Soutenues, entraînées par la *Loi* et par les *Prophètes*, les tribus israélites *combattirent leurs combats* avec une admirable énergie et une triste férocité, compagne ordinaire de l'énergie, dans l'agrégat des passions humaines déployées pour la guerre, surtout quand Dieu commande les bataillons. C'est là que cette nation méritante, peu aimable, plus que tout malheureuse, contracta le vice du fanatisme et l'habitude des massacres religieux, maladie qui resta endémique chez elle, au milieu de la paix romaine et de la tolérance mutuelle des peuples. Le même état moral qui avait été une condition de vie pour le petit peuple de Jéhovah, au milieu des Chananéens, devint une cause de mort pour la Judée, royaume protégé des Romains, ou province du grand peuple de la terre.

Autrefois contents de la possession incertaine et disputée de la terre Promise, les Juifs semblaient en être venus, sous leurs prophètes, à rêver une plus haute récompense de leurs luttes : la domination de la terre; car de résister à conquérir, si la résistance est heureuse, le passage est naturel. Un Messie, un Christ du Seigneur, devait apporter au

monde la paix universelle sous l'égide de Jérusalem. Une
transformation semblable s'opéra dans le sentiment religieux qui, de résistant qu'il avait été, tendit à se faire prosélytique. Cette dernière disposition devait surtout se révéler à une époque où le simple bon sens disait que Jérusalem
ne supplanterait pas Rome par l'épée. Dès lors le peuple
dut se diviser entre les fauteurs du fanatisme antique et les
initiateurs d'un prosélytisme tout nouveau. En même temps,
des troubles sanglants éclatèrent, pour une cause ou pour
une autre, en Judée et dans les villes nombreuses des autres
provinces orientales où les Juifs avaient des établissements,
d'Alexandrie à Babylone. Le monde entier tourna les yeux
vers un drame dont le fanatisme aveugle amena bientôt la
péripétie; mais bientôt aussi s'étendirent sans mesure les
progrès d'un prosélytisme plus clairvoyant, qui modifiait sa
matière en raison même de ses succès.

Une difficulté très-grave entre les Juifs et leurs maîtres
reconnus fut l'admission des représentations figurées à Jérusalem et dans le temple, car les aigles mêmes étaient des
abominations idolâtriques, aux yeux de ce peuple dont le
sanctuaire vide (1), quand il fut ouvert, étonna si fort
l'armée de Pompéius. Tout ce que ce sujet et d'autres semblables amenèrent d'émeutes ou de négociations sous Tiberius, Caïus et Claudius dût achever de convaincre l'opinion
romaine qu'elle se trouvait aux prises avec une nation *ennemie du genre humain* (2), c'est-à-dire, car c'est le sens
du mot dès lors consacré, une nation dont la conscience ne
peut absolument tolérer les croyances et les usages des au-

---

(1) *Nulla intus Deum effigie*, dit Tacite, *vacuam sedem, et inania arcana.* (*Hist.* v, 9.) (*Note de l'éditeur.*)

(2) *Adversus omnes alios hostile odium*, ibid., v. 5; et ailleurs, en parlant des chrétiens, qui sont confondus avec les juifs dans plusieurs passages : *Odio generis humani convicti.* (Ann. xv, 44.) (*Note de l'éditeur.*)

tres. Aussi, lorsque Domitius Nero eut à résoudre une question de juridiction politique, touchant la dépendance de Jérusalem, il suivit la raison d'État et se prononça contre les Juifs, qu'il avait jusque-là traités favorablement, comme protégés de Poppœa Augusta et compatriotes du comédien Aliturus. A la nouvelle que Jérusalem ressortirait dorénavant à la province de Syrie, tout ce qu'il y avait de Juifs en Orient entra en combustion. Ceux de la Palestine, insurgés, chassèrent le gouverneur romain, et ce ne fut partout que brigandages, trahisons, massacres, dévouements sublimes : ce mélange sans nom de grandeur et de bassesse, d'ambition et de sacrifice, d'exploits, de vertus et de forfaits, qui caractérise les guerres civiles et religieuses. Les Romains furent témoins de spectacles inconnus parmi eux; ils virent le fanatisme éteindre tous les sentiments humains, et purent écrire, en racontant la guerre de Judée, que tout circoncis apprenait d'abord à se dépouiller de la patrie, et à compter pour rien pères, frères, enfants (1). La vérité de ce jugement devint de plus en plus sensible, quand la circoncision elle-même fut abandonnée, dans l'intérêt de la propagation de la foi ci-devant judaïque.

Vespasianus, nommé au commandement des forces romaines et alliées contre les Juifs, succéda bientôt aux successeurs éphémères de l'empereur Lucius Néro. Son fils Titus assiégea et prit Jérusalem : défense héroïque, attaque difficile et furieuse, assaut suivi d'effroyables horreurs, un peuple égorgé, un heureux triomphateur, Rome en fête; ainsi vont les choses, ainsi se gouverne le genre humain.

Toutefois Rome tendait toujours à rentrer dans les lois ordinaires de sa politique de conquête, auxquelles elle

---

(1) Tacite, *Hist.* v, 5.   (*Note de l'éditeur.*)

venait de déroger si violemment. Une fois déjà, Claudius avait permis aux Juifs de rétablir les fortifications de Jérusalem, abattues par Pompéius. Soixante ans après le triomphe de Titus, Hadrianus, administrateur entendu, voyageur perpétuel de son empire, grand constructeur de monuments, et connu par sa bienveillance à l'endroit de toutes les sectes religieuses, crut que le temps était venu où la ville des Hébreux pouvait être reconstruite. Mais en leur rendant la *ville* et non la *cité*, en la leur ouvrant sans la leur livrer, il exalta leurs espérances et ne les satisfit pas. Un frémissement courut au travers du peuple dispersé, de Judée en Afrique et en Asie, d'Afrique et d'Asie en Judée. Les courages se montèrent par des prophéties ; un messie s'offrit, du nom de *Fils de l'Étoile* (Barcochebas) ; l'enthousiasme lui fit une armée. Ainsi, nouvelle explosion, nouveaux massacres, nouveaux désastres, nouvelle et dernière conquête. Cette fois, Jérusalem eut des temples de Vénus et d'Adonis, et des pourceaux sculptés sur les portes de ville. Elle perdit jusqu'à son nom, que les Romains oublièrent. Les Juifs, toujours nombreux, toujours pullulants, après tant de milliers morts ou esclaves, établis à Rome et partout, libres dans leur culte, et dans leurs fêtes publiques même, depuis que le mépris romain voyait en eux une nation résignée, les Juifs séparés du genre humain par une opiniâtre volonté, se livrèrent fructueusement au commerce et à l'industrie, en attendant que le messie toujours annoncé vînt changer le glaive en soc de charrue et faire paître le lion avec la brebis, sous le sceptre de Sion.

Et maintenant l'Orient est-il vaincu, cet Orient qui a cru entendre, au premier siége de Jérusalem, le *grand bruit des dieux qui s'en vont*, cet Orient qui doit arriver à la puissance, et voir des hommes partis de Judée s'emparer du pouvoir, ainsi que certains ont cru fermement le lire *dans les antiques écrits des prêtres* (1)? Nous sommes au moment où les inventeurs de ce brillant miracle des *dieux qui s'en vont* mettent tout en œuvre pour le réaliser, et où les interprètes de cette prophétie de l'espérance dévorent des yeux l'avenir, qu'ils sont bien libres de se promettre. L'Orient est entré dans l'Occident par toutes les issues; encore un pas, qu'un peu d'unité se fasse dans la marche simultanée de tant de croyances confuses, et il régnera par ses dogmes, il régnera par sa morale, il n'aura plus à conquérir que l'apparence du pouvoir; après le fait qui est tout, le nom, qui le suit ou qui, par lui-même, n'est rien.

Essayons de nous rendre compte de ces dogmes et de cette morale. La morale de l'Orient est double.

Il y a, d'un côté, la règle pratique des mœurs communes, qu'un philosophe aurait plutôt le droit d'appeler l'Antimorale, et de l'autre un effort exceptionnel, d'une extrême énergie, dont le véritable nom serait l'Ultramorale. Le mal

(1) Tacite, *Hist.* v, 13. — Tacite admet la prophétie, en l'appliquant à Vespasianus et à Titus, qui partirent effectivement de la Judée pour aller prendre possession de l'empire. Le sens des mots *profecti Judæa* est donc parfaitement déterminé par le contexte. Nous faisons cette remarque parce que la traduction française que nous avons sous les yeux entend ces mots des *Juifs* eux-mêmes, et non d'une manière générale des *hommes venus de la Judée*. C'est ne laisser aucun sens à l'explication proposée par Tacite. Les anciens tombaient ordinairement dans la superstition par défaut de critique : ils n'osaient guère nier les traditions, les opinions générales, ou qu'ils croyaient telles. Tacite, un des moins crédules pourtant, est visiblement victime ici d'une prophétie qui est le produit naturel de l'espérance juive, continuée et propagée par l'espérance chrétienne, et qui s'applique à l'époque précise où la race d'Abraham va perdre ses dernières ressources temporelles. Les chrétiens, dans la joie qu'ils éprouvent de la destruction du temple, les sectaires délivrés de leurs plus dangereux ennemis par la ruine d'une ville qu'ils ont eu soin d'abandonner avant le siège, ceux d'entre eux surtout qui pensent que le prosélytisme incirconcis sera désormais le refuge de l'esprit juif transformé, doivent croire le temps venu où les gens sortis de Judée s'empareront du monde (*rerum potirentur*). — Nous essayons d'entrer ici dans l'esprit de notre auteur. S'il ne s'arrête pas à développer sa pensée, c'est peut-être parce que le nom des chrétiens n'a pas encore été prononcé dans l'Uchronie. *(Note de l'éditeur.)*

et l'excès de son correctif, réunis, l'un portant l'autre, mènent toute la société orientale à l'abîme ou l'y tiennent plongée.

Les principes de l'antimorale, s'ils devaient recevoir une définition philosophique analogue à celles que donnaient des sophistes grecs du iv° siècle, seraient : 1° Que les masses humaines sont l'instrument naturel et fatal de la grandeur et des jouissances de quelques-uns qui savent et peuvent s'en servir; 2° Que cette grandeur et ces jouissances, atteintes par tous les moyens, force ou ruse, sans considération aucune de devoirs, soit de nation soit même de famille, sont le digne but de l'homme et de son courage, la vie ne méritant d'ailleurs qu'on s'y attache qu'autant qu'elle sert à obtenir ces biens; 3° Que les religions sont des moyens d'adapter l'instrument à son usage, afin qu'il ne s'échappe ou ne se dérange pas, et qu'elles doivent être autant que possible organisées dans l'intérêt commun des princes, mis au rang des dieux, et des prêtres chargés, moyennant part à la puissance et aux honneurs divins, d'inculquer aux peuples les maximes qui portent à l'adoration de la force.

Les princes de l'Orient se sont toujours montrés imbus de ces règles; ils le sont encore et se conduisent en conséquence. L'histoire a sans doute distingué parmi eux de bons et de mauvais princes, mais les bons sont seulement ceux-là qui, toutes choses égales d'ailleurs, se plaisent à voir autour de leurs personnes des sujets heureux plutôt que malheureux, tandis que les mauvais cherchent d'infernales jouissances dans le mal d'autrui. Les principes de justice et de devoir, supposant l'égalité naturelle, ne se trouvent nulle part dans le monde oriental. Une maxime cachée y domine tout, y fait la politique, y explique les événements : *Agis de telle sorte que ton action puisse toujours être justifiée en te considérant comme le centre de toutes choses* (1).

(1) Il est remarquable que l'auteur arrive, en généralisant l'esprit de ce qu'il

Ce que les hommes des couches inférieures de la société doivent devenir, sous de telles conditions et devant l'enseignement des faits, on le conçoit sans peine. Partout, du petit au grand, du faible au fort, de l'égal à l'égal, s'il est des égaux dans l'abjection, règnent la crainte et la violence, la défiance et la mauvaise foi. Le mensonge, la trahison sont le droit commun; la vérité ne se suppose jamais. Il n'y a de frein pour le crime que la superstition ou la peur, il n'y a de lien social que l'instinct : l'instinct seul continue à former des familles, qui pourvoient péniblement à leur subsistance par les travaux et les relations mutuelles indispensables, sous l'ordre brutal et à la faveur de la paix précaire qu'on attend du despotisme.

Le monde offre alors un aspect désolant à ceux qu'il ne déprave point. En présence des lois de la conscience violées, et des lois inviolables de l'univers, sources des biens et des maux de la vie humaine, les âmes d'élite se réfugient du spectacle de ce qui est dans la croyance en ce qui devrait être et en ce qui sera. Elles supposent un souverain suprême, un juge caché des événements et des existences; ou encore elles envisagent certaines forces inhérentes au mouvement cosmique et directrices du cours perpétuel de la vie, par l'effet desquelles les personnes, dépouillées de leurs formes actuelles, trouvent, au delà du tombeau, de nouveaux rangs que la conscience ratifie, des récompenses pour leurs vertus, des peines inéluctables infligées à leurs vices. Au sommet de l'échelle ainsi dessinée par les mérites des êtres, elles voient, elles honorent les dieux; au plus bas elles craignent les démons. Mais puisque l'ordre souverain des choses élève tôt ou tard la vertu et le malheur, et abaisse les fortunes malfaisantes, toute espérance étant d'ailleurs perdue pour ce bas

nomme l'Antimorale, à une maxime rigoureusement inverse de la célèbre formule de Kant.   (*Note de l'éditeur.*)

monde, les faits ne le disent que trop, la morale se présente
au malheureux cachée sous cette maxime intéressée : sois
plutôt martyr que bourreau... sache attendre ton tour qui
sera le bon. La conscience ne saurait se borner là; bientôt
l'âme exaltée, pressée du besoin d'aimer et de se dévouer,
peu capable de garder cet équilibre où la raison fixe la justice,
l'âme se précipite dans un excès du bien, si l'on peut ainsi
parler, dont l'excès du mal rend la tentation inévitable; et
voici de nouvelles maximes. Sois martyr de ta propre volonté,
sacrifie-toi, souffre, contemple, renonce; le salut est au prix
de l'anéantissement de ton cœur pour les choses terrestres.
Alors, pendant que la religion en quelque sorte matérielle de l'Orient entasse les superstitions pour donner une
forme palpable à la croyance des vies latentes et des vies futures ou passées, remplit les villes de bruit et de fêtes, con-
somme d'exécrables sacrifices; pendant que les philosophes,
livrés à l'exégèse des livres anciens, déterminent l'essence
du dogme en formulant le panthéisme, la religion spirituelle
et ascétique fuit au désert, peuple les cavernes de saints, et
s'attire, avec le respect de tous, la vénération feinte ou réelle
des princes eux-mêmes.

Ce serait le comble de l'art, chez ceux-ci, si ce n'était la
pente naturelle de leurs sujets, de propager dans une vérité
aussi probable que celle de l'immortalité, et si facile à
croire, une vérité si utile aux maîtres de la terre. Les Juifs
qui l'ignoraient, les Grecs qui la précisaient mal, furent
gens difficiles à gouverner. Mais combien cette croyance
devient plus favorable encore à la sécurité des intérêts
tyranniques lorsqu'elle est accompagnée de la disposition
mentale à la pénitence et au sacrifice, et du goût de la
souffrance !

La doctrine de l'abstention et de la renonciation à tout et
à soi-même peut s'élever à un dernier degré, au-dessus du-

quel il n'y a rien, et que nous devons nous représenter pour bien connaître la morale de l'Orient. Lorsque la plupart des hommes se consolent des lamentables misères de la vie qu'ils se font, par la contemplation d'une vie future à conquérir par la pénitence, quelques-uns vont plus loin et portent leur désespoir jusqu'au delà de la mort.

La mort, en effet, devant être, suivant eux, l'entrée d'une autre vie sujette comme celle-ci aux sensations et aux passions, c'est-à-dire au changement, c'est-à-dire au mal, d'une vie enfin qui est la vie et non pas le néant de tout ce que nous connaissons et de tout ce que nous aimons, ces hommes pensent *qu'il vaudrait mieux que l'existence ne fût pas* (1). Ils se proposent donc pour salut l'anéantissement, la grâce obtenue de ne rien sentir et de ne rien être, et ils croient que, si la sainteté consiste dans la mort de la personne à toutes choses d'ici-bas et à soi-même, c'est que son but dernier est aussi la mort, acquise définitivement et à toujours, au sein du grand univers. Cette doctrine, qui suffit à peindre la société où elle prit naissance, a trouvé des multitudes de sectateurs enthousiastes, et aucune autre, encore aujourd'hui, ne règne sur un plus grand nombre de millions d'âmes. Il est vrai qu'elle fut persécutée à l'origine, mais c'est qu'elle venait déposséder un sacerdoce établi ; et, de plus, le terrible niveau qu'elle passait sur les hommes, en les appelant tous également aux épreuves et à l'espérance du salut, la rendait redoutable à un ordre politique fondé sur le principe des castes. Il est vrai aussi que sa conception première dut s'affaiblir sous l'amas des superstitions des peuples dont

(1) Ceci nous rappelle un terrible proverbe oriental : *Il vaut mieux être assis que debout, couché qu'assis, mort que tout*. Le salut selon l'esprit de cette maxime, dans une société où la permanence naturelle des personnes n'était point mise en doute, *devait être la mort après la mort et à jamais*.

(*Note de l'éditeur.*)

elle obtint la foi, après s'être éloignée de son berceau, mais l'esprit de sa morale est resté le même (1).

Ainsi, à l'antimorale, qui est l'égoïsme érigé en un système de vie et de pratique des grands, s'oppose en Orient l'ultramorale, qui est la doctrine du sacrifice volontaire des humbles, en vue de leur salut individuel dans une autre vie, ou du néant même. Un excès est combattu par l'excès contraire, comme de coutume; et les hommes partagés entre la fièvre de l'existence mondaine, délire de grandeurs et de crimes, et l'hallucination de leurs craintes ou de leurs espérances pour une existence future, vivent dans l'ignorance de la vertu, et, en quelque sorte, sans sortir du rêve et de la folie.

Assistons maintenant à l'invasion de l'Occident par ce système et cette doctrine. Il est visible que l'un et l'autre répugnent essentiellement à des peuples fondateurs de la loi, de la philosophie et des sciences; qui, les premiers, ont compris et défini le devoir dans la conscience et organisé la justice dans l'État. Cependant ils éclatent dans les faits, une première fois après Alexandre, une seconde fois, et plus universellement, après César. L'antimorale, que les historiens conviennent d'appeler *corruption*, se manifeste avec l'affaiblissement du principe de nationalité, à la suite des fusions d'esprit et de races, et avec la décadence des vertus civiques, lorsqu'un lieutenant de conquérant ou un pro-

(1) L'érudition moderne confirme tous les jours les notions d'ailleurs très-générales de l'auteur de l'Uchronie sur les religions de l'Orient. On sait que le Bouddhisme, dont il parle en dernier lieu, sur nous ne savons quels renseignements (témoignages de missionnaires? archives du Vatican?) n'a été sérieusement élucidé que de notre temps pour le public européen.

Nous en ignorions jusqu'à l'origine exacte. Cette religion fut révélée dans l'Indoustan, au vi⁰ siècle avant notre ère, par Çakya, homme de naissance royale qui se fit anachorète, et, après la méditation prolongée, ordinaire aux solitaires et aux saints, sur le renoncement aux sens et aux passions et le néant du monde, commença à prêcher la doctrine très-logique et la morale extrême de l'anéantissement absolu. (*Note de l'éditeur.*)

consul de métropole sont tentés d'appliquer au service de
leur ambition les maximes des pays qu'ils occupent avec
leurs armées. Mais la source du mal est, avant tout, dans
certaines causes générales, les mêmes qui ont agi de tout
temps en Orient. On a souvent pensé que la corruption provenait d'incrédulité, d'impiété positive, les anciennes formes
religieuses n'obtenant plus la foi des classes éclairées; mais
il faut plutôt dire que l'impiété morale est la suite de la
corruption; et la corruption procède des causes suivantes :

1° L'enrichissement excessif de quelques familles, l'oisiveté qui en résulte, un violent ennui, le besoin croissant
d'épuiser la vie, tourment de ceux dont la sensation est le
seul but.

2° L'exercice des grands commandements civils et surtout
militaires, et le mépris des chefs pour des troupeaux d'hommes que l'ignorance et les passions brutales rendent les
jouets de quelques esprits plus subtils.

3° L'agrandissement de l'esclavage, étendu à des masses
entières et appliqué à d'immenses exploitations, tandis que
primitivement il n'avait que le caractère d'une institution
domestique.

4° L'habitude de verser le sang et, de plus en plus, de le
verser en grand, c'est-à-dire sans passion; le développement
continué durant la paix, des mœurs féroces contractées pendant la guerre.

5° Enfin, la propagation du dogme de l'adoration de la
force et du succès.

Il serait superflu de montrer comment ces causes réunies
firent d'abord de l'empire romain quelque chose d'analogue aux empires de l'Orient, malgré les différences que nous
avons signalées plus haut. Après l'invasion de l'antimorale,
voyons celle de l'ultramorale, qui ne peut manquer de
suivre, même spontanément. On se prend à regarder l₁

4

triste cours du monde comme un mal irrémédiable, on
pense que l'homme doit se résigner, se soumettre; bientôt,
que le monde en lui-même est mauvais, les choses de la
terre méprisables. Les souffrants et les exaltés, ceux qui veulent à tout prix un salut, se montrent accessibles à la doctrine
de la pénitence et du sacrifice. D'ailleurs, la nécessité des
expiations est déjà le fond de toutes les religions connues et
la raison de presque tout le culte. Les uns fuient au désert,
ou s'y établissent en communautés mystiques (1), les autres
restent dans le monde, mais pour le convertir. La philosophie s'efforce bien de lutter à la fois contre l'antimorale et
contre l'ultramorale. La philosophie enseigne, avec Platon,
le bien pur et la justice; avec Aristote, la modération; avec
Épicure, la tempérance ; avec les stoïciens, la force morale;
avec les sceptiques la tranquillité d'âme, avec tous l'humanité.
Elle s'exerce à définir les devoirs publics et privés, à tracer
le plan de la cité juste, à fonder la politique sur la morale.
Tant d'efforts, de génie et de vertu ne sont pas perdus. Les
institutions domestiques et civiles du monde romain sont en
progrès, phénomène inconnu à l'Orient; sous les empereurs, même sous les plus pervertis, les lois sociales et la
condition générale des sujets de Rome s'améliorent. Mais
nonobstant ces heureux symptômes, les princes tournent
souvent à la folie et les peuples se portent volontiers à l'apothéose des princes; la superstition et l'égoïsme engloutissent
tout ce qui n'est point philosophe. Entre le monde en larmes
et le monde en démence, il semble n'y avoir place, pour la
satisfaction du cœur, loin d'une raison inaccessible au grand

(1) On sait que les monastères d'Esséniens et de Thérapeutes ont précédé
l'ère chrétienne. Les moines adorateurs du dieu médiateur ne firent que continuer les ascètes du monothéisme. Ceux-ci vouaient *la vie* à la contemplation et pratiquaient le renoncement en vue de l'*autre vie*. Ils condamnaient le
mariage, c'est-à-dire l'humanité. Ils réprouvaient la guerre et livraient ainsi le
monde aux tyrans qui la font. (*Note de l'éditeur.*)

nombre, que dans la morale du dévouement absolu. Ce cœur troublé qui fermente en bas menace de se soulever un jour et d'entraîner toutes choses.

Telle morale, tel dogme. La concordance sera simple et exacte. En effet : à l'humanité misérable il faut un principe de salut au-dessus d'elle; la vertu du sacrifice, elle ne l'aurait point d'elle-même, car il n'est pas naturel, pense-t-on (on se trompe, mais on le croit ainsi), de se dévouer autrement que sur l'ordre ou les promesses d'un dieu; il y aura donc une révélation faite par Dieu aux hommes pour leur salut individuel. Mais Dieu est trop haut placé? il descendra, il aura des prophètes, il s'incarnera, s'il le faut, et souffrant des maux de la vie mortelle il donnera l'exemple souverain du sacrifice qui est la voie du salut. Comment prouvera-t-il qu'il est Dieu? par des œuvres accomplies en violation des lois de la nature, les esprits ignorants ne pouvant voir que là le signe et l'épreuve de la toute-puissance. Quelle sanction donnera-t-il à ses commandements, au delà de la vie présente? il annoncera des supplices pour les méchants, et pour ceux qui auront cherché le salut ici-bas; il promettra aux bons la fin de leurs sacrifices dans l'éternité bienheureuse. N'instituera-t-il pas des signes, et, en quelque sorte, des moyens matériels de sanctification, pour s'assimiler les esprits et soumettre les corps eux-mêmes à l'action divine? il enseignera des pratiques de purification pour les différentes époques de la vie humaine, une entre autres pour procurer l'identification de l'homme à Dieu par l'intermédiaire d'un aliment sacré. Et de quelle manière assurera-t-il le maintien de son œuvre? Tous les sacerdoces peuvent répondre, puisque tous, établis par Dieu, ils se reconnaissent la mission d'instruire les ignorants et de purifier les fidèles.

Tels sont les rapports généraux du dogme et de la morale, dans les religions. Voyons plus particulièrement d'où et comment les dogmes pouvaient s'offrir à la foi des sujets de l'empire romain.

Les révélations étaient partout, dans l'Inde, dans la Perse, dans la Judée. Les prophètes et les miracles partout, dans le paganisme comme ailleurs.

Les incarnations étaient le thème ordinaire des fables indiennes. Des pratiques de purification et d'expiation couvraient la terre. La religion de Zoroastre faisait usage d'un aliment sanctificateur. Cette même croyance peuplait l'univers de bons et de mauvais anges, d'esprits bienheureux et protecteurs, d'esprits tentateurs des hommes. Les Juifs avaient accepté cette hiérarchie des puissances supramondaines. Toutes les théologies, prises dans une région étrangère aux instincts populaires, cherchaient dans le dogme de l'unité essentielle de Dieu une satisfaction pour les efforts de la pensée, qui prétend se forger l'idée d'une perfection *absolue* avec les notions *relatives* dont elle dispose, et travaille à comprendre ce qu'elle-même déclare incompréhensible. Ce Dieu, ce simple éternel, cet un pur, ce *sans nom*, les Juifs, et quelques philosophes avec eux, mais en petit nombre, l'humanisaient pour en faire le créateur ou arrangeur des choses : peu à peu, afin de lui conserver sa perfection métaphysique, on exigeait que les choses mêmes n'eussent existé, ni en lui, ni avant lui, ni en dehors de lui lorsqu'il les fit être. Mais la plupart des doctrines préféraient l'idée d'une émanation, d'un certain écoulement, par lequel le composé multiple se trouvant engendré de l'un simple, toutes choses seraient sorties de ce qui n'est aucune chose. Dans cette direction, les grandes théologies cherchaient à définir les vertus divines situées entre Dieu et le monde, sous la raison du nombre ternaire, forme sacramentelle d'une spéculation qui, dans l'ignorance des véritables lois, veut à toute force plier les faits sous celle qui lui coûte le moins de peine. De là beaucoup de trinités, et, en particulier pour l'époque où nous sommes, la trinité que les philosophes mystiques tentaient de déterminer spéculativement, et la trinité que les amis des traditions hébraïques pouvaient, de leur côté, construire avec ce Dieu, et cette Parole de Dieu, et cet Esprit de Dieu dont il était question dans leurs livres. Il n'était pas impossible qu'une combinaison s'opérât entre le procédé philosophique et la méthode exégétique, pour la définition de ce que les Latins appelèrent le Verbe.

Enfin, la doctrine des peines et des récompenses après la vie, familière à toutes les religions et à tous les mystères, avait reçu en Égypte, concurremment avec la forme de la migration des âmes suivant les lois de la nature, la forme plus anthropomorphique de la résurrection future des corps et d'un jugement suprême des défunts.

En de telles circonstances de dogme et de morale, il arriva que le monde attendit un Sauveur. Ce Sauveur était pour les Juifs un Messie de Dieu appelé à les gouverner en dominant le monde; et les Juifs virent leurs espérances anéanties ou indéfiniment reculées. Ce Sauveur était pour les souffrants du monde un envoyé suscité du ciel ou de la terre pour briser les fers, essuyer les larmes; et les siècles passaient sans que s'allégeât le poids de la servitude. Ce Sauveur était pour les âmes avides de foi, dont les formes vulgaires de la religion n'assouvissaient pas l'ardeur, un dernier prophète, venu pour donner la sanction d'en haut aux croyances qui se répandaient et aux genres de mérite et de sainteté propres à toucher les consciences. Certes de nombreux personnages ont pu se présenter pour opérer diversement ce qu'on appelait d'un nom commun *sauver le monde*. Quelques-uns ont dû se distinguer par ce mélange de mensonge et de bonne foi, d'ambition et de dévouement, d'erreurs grossières et d'inspirations heureuses, qui se rencontre

souvent chez les hommes de cette trempe. Mais ces tentatives, quand elles n'ont pas obtenu un sérieux commencement de succès, n'ont pu laisser de trace dans les récits
sommaires qui composent pour nous une grande partie de
l'histoire ancienne. Qui parlerait aujourd'hui d'un Sauveur
natif de Cyrène ou de Ptolémaïs, quel qu'eût été son génie,
si un gouverneur romain avait cru devoir appliquer à ses
premiers adhérents la politique atroce d'un pouvoir alarmé
pour sa propre existence?

Supposons que parmi les révélateurs possibles d'une
époque pleine de fermentations, de croyances latentes et
d'œuvres théurgiques en circulation ou en expectative, un
homme s'élève, digne de répondre aux instincts les plus
élevés d'un certain groupe populaire; que cet homme, pur
d'égoïsme, enseigne la résignation, le sacrifice en ce monde,
puis la fin du monde et le jugement divin; qu'il se nomme
prophète ou fils de Dieu, peu importe, appelé à réunir à son
père les fils de Dieu, rameaux épars, rejetons séparés de la
vigne céleste; qu'il promette la joie éternelle à ceux qui
pleurent, et les larmes sans fin à ceux qui rient; qu'il commande à ses disciples de prêcher la pénitence, le jugement et le salut à la terre entière; qu'il souffre, errant sans
pain et sans toit, de bourgade en bourgade; qu'il périsse du
supplice des esclaves, victime de la haine des prêtres et des
docteurs qu'il a maudits, et de la trahison même des siens :
sa mémoire grandira dans les imaginations exaltées; le sens
du beau, créateur de types, s'emploiera à le douer de proportions surhumaines; la crédulité racontera ses miracles;
la conviction de ce qu'il a dû accomplir ajoutera à sa vie les
événements, à ses discours les traits capables de répondre à
l'attente de plusieurs; le temps dépouillera cette figure, à
demi symbolique désormais, de ce qu'elle pouvait avoir de
trop personnel dans la réalité, ou de ce qui ne répondait

point exactement aux exigences du sentiment religieux...
Mais si tout se fût borné là, le révélateur dont nous parlons
n'eût été peut-être qu'un prophète éphémère, comme
Apollonius de Thyane, et, comme lui, n'eût rien fondé de
grand dans les âmes, même en entrant plus fidèlement que
lui dans le sens du sacrifice, en s'attachant à des traditions
plus vivantes, en jetant sa parole à des peuples d'un enthousiasme plus fécond et d'une imagination plus créatrice, et en
la scellant de son sang.

Supposons quelque chose de plus; supposons que le révélateur arrive à composer ensemble deux idées qui ont cours
dans le peuple : d'une part, l'idée morale du sacrifice, dont
sa vie entière sera l'emblème; de l'autre, l'idée dogmatique,
familière à toutes les nations de l'antiquité, voisine du berceau de toutes les races, suivant laquelle de précieuses victimes sont nécessaires pour la satisfaction de la divinité ir-
ritée, et doivent expier, par leur sang versé, les péchés du
peuple accumulés par voie de substitution sur leurs têtes.
Dans la prévision du sort qu'un monde ennemi lui réserve,
il comprendra que le fidèle accomplissement de sa mission
divine peut demander que son sacrifice aille jusqu'à la mort.
Libre de déposer sa tâche, ou d'y succomber martyr, il
pourra donc aussi se considérer comme la victime expiatoire
et propitiatoire, comme l'agneau de Dieu chargé des péchés
du monde; victime volontaire, ainsi qu'un vrai sacrifice
l'exige, agneau d'autant plus précieux qu'il sera fils de
l'homme par le sang, *fils de Dieu* par la justice et par
l'adoption : fils de Dieu peut-être encore, grâce à l'identité
qui confond avec Dieu l'homme parfait, sa parfaite image,
conçue de toute éternité, quand ce Dieu fait chair n'a de
volonté que la volonté de son père, et d'amour que l'amour
de son père pour tous ses enfants égarés. Il se peut que le
révélateur se forme de sa personne et de sa mission cette

idée, poétiquement belle autant que chimérique, empreinte,
malgré son étrange sublimité, du plus terrible caractère de
barbarie dont les premiers hommes, au sein d'une nature
ennemie, après leurs premiers crimes, aient marqué leurs
premières doctrines. Il se peut qu'il veuille mourir, lui
homme et Dieu, fils de Dieu, mourir non sans angoisses,
mais vainqueur de la tentation, victime offerte volontairement et par Dieu même pour le salut de l'Homme. Il est
croyable alors que, à la dernière veille, il consacrera sym-
boliquement son corps et son sang, pour la manducation
dont toute victime doit être l'objet de la part du peuple qui
expie et se purifie en elle. Peut-être aussi que ces choses et
bien d'autres resteront dans la pénombre d'une révélation
souvent obscure pour le révélateur lui-même. Peut-être
celui-ci aura d'autres pensées, pour lesquelles l'oreille du
monde se trouvera fermée, et ses disciples lui attribueront
celles qui représentent le mieux le passage du sens inférieur
et grossier au sens exalté du sacrifice. Quoi qu'il en soit de
ces hypothèses, entre lesquelles hésitera plus tard l'historien
mal informé, le dogme devra se formuler dans un temps
donné ; il résultera et de l'inspiration du Messie victime, et
du récit des œuvres théurgiques, groupées autour de sa
personne par la mythothétique populaire ; il subira progressivement l'influence des dispositions morales et des méditations théologiques de l'époque. Des *Discours du Seigneur*,
des *Actes du Seigneur* circuleront, écrits ou récités, de
l'atelier de l'esclave au boudoir de la concubine impériale,
et porteront la *bonne nouvelle* du monde sauvé par le sacrifice, à ceux que les peines du corps ou le vide de l'âme ont
préparés à la mysticité. La sourde élaboration de la foi sera
facilitée par le défaut de critique des anciens, par un vice
de superstition originaire, dont ils ont conservé la semence,
par la difficulté du contrôle des faits soi-disant témoignés,

par l'état d'ignorance et, pour ainsi dire, d'obscurité publique, réel en tous lieux, profond dans certaines classes et dans certaines provinces.

Le prosélytisme, borné d'abord aux hommes de race juive, se répandra dans le monde romain, par l'effet de la généralisation de l'idée de *Peuple*, suite elle-même de l'existence de l'Empire, et à cause de la nature propre d'un dogme élevé au-dessus des circonstances locales et adressé à l'homme comme homme. La Judée ne pourra plus prétendre à la domination qu'en s'ouvrant, se répandant, se transformant; et c'est un Juif qui viendra à bout de forcer ses coreligionnaires du dogme nouveau à cesser d'imposer, pour le salut, les pratiques exclusives et caractéristiques de sa race (1). Le même disciple, converti de la persécution à l'enthousiasme, apportera la formule fondamentale du salut, en rattachant le sacrifice de la victime divine à ce premier péché qui, selon les plus anciens des livres des Juifs, commis par un seul homme, a plongé toute sa descendance dans l'ombre de la mort. La mort nous est venue, dira-t-il, d'un seul, ainsi le salut nous vient d'un seul. Il enseignera aussi le mystère du sacrifice nouveau, la sanctification par la chair et le sang de la victime. Un autre, que la légende tiendra à désigner comme un propre disciple du Messie, mais à vrai dire un adepte des spéculations alexandrines sur les vertus émanantes de l'absolu qui descend dans le monde, exposera d'un ton prophétique la génération en Dieu du Verbe éternel de Dieu, Dieu lui-même et créateur, Vie et Lumière des hommes, venu parmi les hommes, méconnu par les hommes. Ainsi, le Messie, fils de Dieu, se trouvera identifié avec la Parole éternelle des livres hébreux, et avec la suprême Raison des choses des philosophes; et le sacrifice de la grande

---

(1) Allusion à saint Paul et à sa lutte contre ceux des premiers chrétiens qui voulaient continuer à judaïser.　　　　　　　(*Note de l'éditeur.*)

victime étant expliqué dans sa nature, son but, son moyen
et sa morale, le dogme sera définitivement fondé. Sans doute
il ne s'achèvera pas en un jour : autour du noyau primitif
qu'elle a posé, la pensée religieuse opérera la cristallisation
successive d'une doctrine. Ce ne sera pas non plus sans
trouble, car de nombreux éléments analogues, parfois hostiles, tous également venus des théologies orientales, feront
effort pour s'unir avec les premiers constitués, ou pour les
dominer. Mais au sein de la foi commune en une révélation
déterminée de lieu, de temps et de personne, il faudra que
des résultantes se déclarent, et que telle croyance, la plus
compacte et la mieux organisée de toutes, puisse s'estimer
victorieuse des sectes antagonistes.

Ce fut sous Domitius Nero que Rome commença à s'entretenir des chrétiens. On s'inquiétait d'eux comme de l'une
de ces sectes qui se donnent rendez-vous au milieu des infamies de tous genres accueillies dans une grande ville :
superstition funeste, disait-on, un moment réprimée par le
supplice de son chef, en Judée, où elle a pris naissance sous
Tiberius et le procurateur Pontius Pilatus, et maintenant
lancée à travers le monde. Sur leurs interrogatoires, on les
jugeait dûment convaincus d'être des *ennemis du genre humain.* Mais, encore que criminels et dignes des dernières
peines (selon les lumières du temps), on les plaignait comme
condamnés et suppliciés pour un crime qu'ils n'avaient point
commis. Il s'agissait de l'incendie de Rome, dont la raison
d'État se croyait obligée de trouver les coupables, afin de
donner un cours aux soupçons du peuple (1). Aucun docu-
ment digne de foi ne nous est parvenu touchant le nombre
ou la qualité des victimes de cet acte horrible du gouvernement impérial. Mais ni les supplices ni les recherches

---

(1) Tacite, *Ann.* XV, 44. — Suétone, *in Ner.* 16.   (*Note de l'éditeur.*)

n'ayant dépassé les murs de la ville, et les motifs de l'affaire n'ayant pas été pris de la secte chrétienne comme telle, on ne saurait voir là qu'un fait accidentel de l'histoire. Il en est de même d'un événement très-particulier qui signala les dernières années du règne de l'empereur Domitianus, frère de Titus. Des parents de cet empereur, d'abord, grandis par sa faveur, ensuite devenus suspects, furent impliqués avec un certain nombre de citoyens dans une accusation d'*athéisme et de mœurs judaïques*, ce qui pourrait signifier de *christianisme*, d'après ce qu'il est permis de connaître du langage de cette époque. Un cousin de l'empereur fut supplicié, une nièce bannie; mais celle-ci put rentrer à Rome quand un de ses affranchis eut assassiné le prince, auteur de la condamnation (1).

La haine du genre humain, car tel est l'unique motif exprimé de différentes manières, paraît donc n'avoir été qu'un prétexte sous Domitianus, comme sous Nero, pour justifier des actes purement politiques. Mais ici, pour la première fois, l'accusation se formule officiellement contre les chrétiens, si c'est d'eux qu'il s'agit, comme il est probable.

Quoi qu'il en soit, nous devons négliger des renseignements intéressés, très-postérieurs aux événements, en sorte que nous ignorons ce que devint la religion nouvelle à Rome et dans le reste de l'Empire, et comment elle se gouverna pendant tout le cours du ix° siècle, depuis Nero jusqu'aux Antonini. Nous savons du moins qu'elle ne s'y propagea pas assez rapidement pour que les empereurs se formassent une politique suivie à son égard. Mais il en fut bien autrement au siècle suivant, à la fin duquel un des écrivains de la secte put se vanter qu'elle remplissait tout.

Voici donc la situation que les dissidents créent à la so-

_____

(1) Dion, I, 02. — Suétone, *in Domit.* 17. (*Note de l'éditeur.*)

ciété romaine en se groupant autour du christianisme. D'un côté, la religion nouvelle peut *perdre* le monde pour le *sauver;* elle lui prêche la pénitence et le sacrifice, au nom du *seul vrai Dieu;* plus tard, elle s'efforcera de le soumettre et de le gouverner, afin de mieux obtenir par la force un *salut* que la bonne volonté ne donnerait pas. De l'autre côté, la philosophie attend le bien des hommes de la justice et de la liberté; elle aura pour instrument fatal ce qui est tout à la fois son principal obstacle, la politique du siècle. Si celle-ci est clairvoyante et sage, elle travaillera avec les philosophes à l'éducation de la raison publique, à l'amélioration des institutions et du pouvoir, à sa propre transformation.

Qui l'emportera de la religion d'intolérance ou de la philosophie? La solution de cette question dépend de l'initiative que pourront prendre les conseils de Rome sous cette suite d'empereurs, hommes de bien, qui commence avec Marcus Cocceius Nerva.

DEUXIÈME TABLEAU

Politique de Nerva et des Antonini. — Lettre d'Avidius Cassius.
Testament de Marcus Aurelius.

L'histoire, non moins que la réflexion, devait dénoncer aux anciens l'existence d'une harmonie profonde entre la politique monarchique et la foi morale et religieuse de l'Orient, dont le christianisme s'offrait comme une forme appropriée aux idées occidentales. Autant les croyances polythéistes, avec leurs libres variations, paraissaient propres au génie des peuples qui, se déployant spontanément dans tous les ordres de l'activité, assumaient le gouvernement d'eux-mêmes, autant il était aisé de reconnaître qu'une nation cessait de s'appartenir, et renonçait à se faire sa destinée en ce monde, quand elle échangeait le temps pour l'infini, et les réalités présentes pour l'hallucination de l'éternel, constamment préoccupée du sort interrestre de l'homme et des conditions qui en décident. On peut hardiment prédire qu'un peuple qui perd sa liberté amusera son esclavage et son ennui par la contemplation de l'absolu, et que, réciproquement, celui qu'attire le gouffre de l'infini deviendra la proie du premier tyran qui feindra de partager sa croyance, ou de celui-là même qui la méprisera ouvertement.

Le christianisme apportait dans la société humaine un élément de dissolution qui avait manqué aux doctrines orientales plus anciennes. Non-seulement il faisait régner dans les esprits la pensée de Dieu et du salut sur les ruines de

tout ce qui intéresse l'homme *ici-bas*, mais encore il annonçait la fin prochaine, et très-prochaine du monde, à ce point
de conseiller à chacun de garder son état, quel qu'il fût,
libre, esclave, marié, célibataire (sur le toit de sa maison ou
dans son champ, comme dit la parabole) (1), afin de
s'éviter le risque et les soins d'un changement dont il pouvait à peine se promettre le temps (2). Et l'exaltation des
nouveaux croyants était telle, ils avaient une vue si lucide
de l'avenir promis, que souvent, au milieu des douleurs, ils
tombaient dans l'insensibilité, par l'effet d'une extase contemplative des félicités futures.

Ainsi, une conception pratique de la vie, commune à
toute l'antiquité païenne, avait placé le but de l'homme dans
l'humanité même, dans ces relations humaines mutuelles
dont le développement, soit privé, soit public, était confié
autant qu'il se peut à l'initiative de personnes libres : il
n'était pas interdit, sans doute, aux individus et aux races de
s'inquiéter de l'origine de l'homme et de sa destinée pos-
thume; mais des fins prochaines, actuelles, terrestres, diri-
geaient avant tout les pensées, conformément à la morale

(1) Quand vous verrez l'abomination de la désolation dans le lieu saint...
comprenne qui lit : que celui qui est sur son toit ne descende pas prendre
quelque chose à la maison, et que celui qui est aux champs ne rentre pas
chercher son manteau. Malheur aux femmes enceintes et aux nourrices en ces
jours-là (1er Évangile, XXIV, 15).

(2) Un de nos révélateurs du monde social conseillait à ses contemporains
de 1808 de *ne pas construire d'édifices*, par la raison que les bâtisses actuelles
seraient jetées bas dès l'avénement de l'*harmonie*, qui ne pourrait en utiliser
aucune (Ch. Fourier, *Avis aux civilisés*, à la fin de la *Théorie des quatre
mouvements*). Les premiers chrétiens, y compris ceux qui n'étaient peut-être
pas millénaires, étaient dans la même disposition d'esprit que l'inventeur du
phalanstère, et l'apôtre devait songer à la brièveté des jours comptés au monde
quand il écrivait : « Le temps est court. Maintenant que ceux qui ont femmes
soient comme n'en ayant pas; et ceux qui pleurent, comme ne pleurant pas;
et ceux qui se réjouissent comme ne se réjouissant pas; et ceux qui achètent
comme ne possédant pas; et ceux qui usent de ce monde, comme n'en usant
pas; car la figure de ce monde passe (1re ép. Corinth., VII, 29).
                                        (*Note de l'éditeur.*)

naturelle des consciences, comme elles étaient ; et voilà que l'Empire, résultat de la diffusion universelle et de la conquête accomplies par l'esprit gréco-romain, l'Empire fait des sujets où il y avait des citoyens ; et ceux-ci, désintéressés de la terre, prêtent de plus en plus l'oreille aux apôtres venus de l'Orient pour les endormir dans les rêves du ciel. La paix, la puissance, l'unité romaines, ces leurres jetés à ceux qui regrettent l'ancienne république, n'empêcheront pas la civilisation de périr à la longue, si les sujets de l'Empire arrivent à n'être plus des Romains, et perdent successivement, après la liberté, la force intelligente et toutes les passions patriotiques, et enfin jusqu'au désir d'être quelque autre chose que des troupeaux d'hommes parqués par des princes ou chassés par des barbares. Il est donc clair que si l'Empire parvient jamais à la juste conscience de lui-même, et s'il veut sauver la civilisation romaine, il devra remonter au principe de cette civilisation, qui est la liberté. Ce phénomène si rare d'un pouvoir déterminé à se limiter, et peu à peu à s'annihiler de lui-même, des empereurs philosophes pourront le produire, s'ils ont, avec l'intelligence de la situation, une volonté assez ferme et assez persistante.

Le premier des empereurs, si toutefois ce nom d'empereur lui convient, Julius Cæsar marcha au pouvoir comme au plaisir, dans l'aveuglement de ses passions, à la manière des ambitieux et des conquérants, qui vont aussi loin que s'ouvrent devant eux les terres connues, et ne trouvent au bout de leur carrière que fatigue, désespoir, ennui irrémédiable. On lui prête, il est vrai, de grands plans, mais seulement parce qu'il aurait dû en avoir, et nul ne les a connus. Ses successeurs pratiquèrent la politique vulgaire à la portée de toute autorité établie. Octavius Cæsar eut le génie même de cette vulgarité, lui qui, procédant de la prudence comme son oncle avait procédé de la passion, sut

trouver les moyens de consolider l'édifice empirique du pouvoir d'un seul. A force de ruse et de bonne chance, après
ses cruautés, il se crut habile ; à force d'habileté, grand et
légitime ; et l'on eût pu croire qu'il avait fini par respecter
les hommes et lui-même, si ce grand comédien mourant
n'était rentré dans la vérité en demandant à ses amis d'applaudir un rôle qu'il avait si bien joué. Tiberius Cæsar ne
dissimula point son mépris pour l'humanité, et daigna pourtant la conduire ; mais ce qu'il cherchait à la fin, c'était
quelque sensation nouvelle qui donnât du ton à sa vie mo-
ribonde, au fond de Caprée. Après lui, les racines du pouvoir
commençant à s'enfoncer dans le passé, les princes parurent
pris de vertige à la vue de ce qu'ils étaient. Presque tous,
hommes de luxe et de plaisir, dans les proportions exorbi-
tantes de ce temps, artistes tout au plus (*oïos technites
apothnesco*, disait Nero expirant), ils trouvèrent la folie au
bout des sensations qu'ils épuisaient. Ces malheureux ne se
rendaient compte de rien au monde, et n'avaient de politique que dans la mesure de leurs impressions journalières.
Cependant une terrible expérience se fit : Caïus assassiné,
Claudius empoisonné, Nero réduit au suicide qu'il fuyait,
Galba massacré, Otho poignardé de sa propre main, Vitellius
égorgé, il était temps que les empereurs sentissent la nécessité d'adopter un système de gouvernement, de remettre
l'armée à sa place dans l'État, de régler du moins la transmission du pouvoir et de le modérer pour l'affermir.

Tout espoir du retour à la liberté par l'initiative des citoyens était perdu depuis que le peuple, au moment de l'assassinat de Caïus, avait observé la neutralité de l'indifférence entre l'armée qui proclamait Claudius et le sénat qui
décrétait vainement l'infamie des Césars. On ne pouvait
donc plus espérer qu'en la rare vertu d'un prince, c'est-à-
dire d'un général vainqueur de ses rivaux, qui préférerait

aux fumées des grandeurs la gloire solide du rétablissement
de l'ancienne constitution, et qui ne serait pas incapable
d'apporter aux lois fondamentales de l'État les changements
nécessaires après cent cinquante ans de guerres civiles ou
de dictatures diverses, pendant lesquelles l'administration
romaine était devenue définitivement un gouvernement de
l'Occident. C'est le conseil qui fut donné par un illustre ora-
teur de ce temps, Dion Chrysostomos, au général Vespasianus
parvenu au pouvoir dans les circonstances les plus favorables, à la suite de troubles sans nom qui discréditaient le
système impérial dans tous les esprits. Mais cette noble
pensée dut sembler chimérique au fils de publicain, bas
flatteur de Caligula, dans sa jeunesse; peu opportune à
l'homme qui s'était fait promettre l'empire par les devins,
à celui dont la faveur des dieux, sur la terre d'Égypte, at-
testait la destinée par des miracles accomplis de sa main,
vus de mille témoins! Vespasianus se contenta d'administrer
prudemment un État qu'il eût fallu reconstituer, de soumettre à la discipline une armée qui ne manquerait pas d'y
échapper sous d'autres chefs, et, en habile financier qu'il
était, de créer des impôts et de remplir le trésor. Au demeurant, il fit peu de cas des titres, se passa de généalogie,
vécut avec simplicité, laissa parler quelquefois les mécontents, souffrit même, dit-on, les injures que Demetrius le
Cynique lui adressait avec toute la liberté de sa secte. C'était
quelque chose. Mais qu'était-ce pour la liberté, que de rendre
une certaine apparence de sérieux aux délibérations du sénat?
Encore même Helvidius Priscus, gendre de cet illustre
Thraseas Pætus, autrefois victime de Néro, paya de sa vie
son opposition persévérante à l'arbitraire impérial. Qu'était-
ce pour l'éducation romaine, que de créer des chaires de
rhétorique? pour la philosophie, seul espoir du monde
désormais, que de détruire Jérusalem et les druides, en étant

dévot à Sérapis? Qu'était-ce enfin, pour l'organisation ur-
gente de l'autorité livrée à tant de hasards, que d'investir
son fils de la puissance tribunitienne?

Ce fils, ce Titus, les délices du genre humain, comme on
l'appelait, sut, il est vrai, régner avec modération et sacrifier à la raison d'État la Juive Bérénice. On ne vit point sous
lui de poursuites de lèse-majesté, mais Domitianus, son
frère, commença, lui aussi, par la douceur, et finit par la
plus énorme exhibition d'infamies et de cruautés que jamais
trône eût rassemblées.

Une tentative plus heureuse de réforme eut lieu après le
meurtre de Domitianus; ou plutôt les premières bases d'une
régénération de l'État furent posées dans une conférence
entre le vertueux Nerva, commandant l'armée du Rhin, et
un conspirateur proscrit par Domitianus : Dion Chrysostomos.
Ce dernier, subitement apparu au camp sous des habits
de mendiant, et haranguant les soldats, les avait décidés à
proclamer empereur l'homme sur lequel il comptait pour la
réforme. Dion voulait que l'élu de l'armée, bientôt l'élu du
sénat, car l'adhésion enthousiaste du sénat n'était pas douteuse, n'acceptât ses pouvoirs que pour s'en démettre
solennellement, en faveur du peuple romain appelé à se
gouverner conformément à la vieille constitution de la république. Tout au plus admettait-il que l'empereur pût
préparer l'ère nouvelle de la liberté par une dictature de
trois ans; et il croyait qu'il serait facile de répondre par un
petit nombre de lois ou de décrets aux besoins survenus
dans un intervalle plus que séculaire. Nerva opposa à ce
plan des raisons, les unes douteuses, les autres malheureusement trop fondées :

« Il faudrait refaire un peuple romain, disait Nerva,
avant de donner au peuple romain la liberté; car si ce peuple
existait, ne saurait-il se la donner lui-même, au lieu de

suspendre ses destinées à la sagesse d'un général? Je vois bien un sénat, et j'avoue que tout décimé qu'il est, tout énervé qu'on le croit, il serait peut-être aisé d'y trouver plus d'honnêteté et de philosophie vraie qu'au temps des Scipions. Mais la plèbe, où est-elle? où est l'élément générateur de la force dans un État? La propriété a péri. Parcours la campagne romaine, tu ne verras partout que parcs princiers, bosquets et colonnades, et tu sais qu'il en est de même dans toute l'Italie. Ce fléau gagne nos provinces. Tout travailleur est un esclave, tout citoyen est un oisif qui demande insolemment sa subsistance à la république. Nous déniâmes au citoyen la terre et le travail, à l'époque des Gracchi; maintenant il exige le blé et l'huile, bientôt le vin et le reste, et des spectacles pour passe-temps. Suffira-t-il que mon décret le dise libre pour qu'il le soit en effet et sache l'être? Mais si par impossible il use de sa liberté, si moi-même je lui trace sa route, dans les trois ans de dictature que tu accordes, qu'arrivera-t-il? L'intérêt du peuple, l'intérêt du travail et de la vraie propriété à reconstituer, veut le sacrifice des monopoles établis au profit des grandes familles de Rome. L'éternelle dissension de la république reparaîtra fatalement. Mais ces nobles et ces riches qu'il faudra combattre et s'aliéner, je le crains, sont justement les hommes qui aiment et connaissent la liberté, qui peuvent la pratiquer; presque les seuls. Le peuple, en luttant de violence avec les passions du patriciat, obtiendra tout au plus d'apparentes victoires, et comment? comme toujours, en suscitant des Marius, ensuite des Césars. Nous n'aurons rien gagné.

» Et que faire de nos soldats qui ne sont plus ce qu'ils étaient autrefois, le peuple lui-même, le peuple au camp, mais qui, depuis que la plèbe s'est démise de toute initiative politique, ont pris l'habitude de se regarder comme ses substituts, usurpent insolemment ses pouvoirs et n'en usent qu'en égorgeant l'État pour augmenter la paye? Ferai-je plus dans trois ans que dans trois jours, pour préparer un état de choses où les prétoriens puissent être licenciés sans danger, l'armée rendue à sa vraie condition, et le peuple à l'exercice de ses droits? Les citoyens manquent à Rome, les hommes manquent à l'Italie; il faut faire des citoyens et des hommes : telle est la question, qu'il ne servirait de rien de se dissimuler.

« Quant à la constitution, il en faut une, et pourtant il est difficile de trouver un point fixe, dans l'histoire de cette république que nous voulons rétablir, et qui me semble avoir péri précisément dans les efforts violents auxquels elle se livrait pour changer sa constitution. Prenons celle de Sylla, par exemple. Elle marque l'interrègne trop peu durable entre les tribuns perturbateurs et les tribuns usurpateurs, entre les factions et les Césars. Si elle fut scellée dans le sang, quelle révolution n'en a point versé? Et Sylla donna, après sa dictature, un grand exemple, celui que tu attends de moi : il ne fut point de cette race des dominateurs, médiocre au fond, quoi qu'on en dise, et malheureusement trop commune parmi les hommes; il eut l'âme supérieure à l'empire. Soit donc, et prenons la constitution de Sylla; mais nous n'avons pas recherché les causes qui la ruinèrent en quelques années; nous ne saurons donc pas en prévenir le retour. Rien ne prouve que cette constitution s'adapte aujourd'hui suffisamment aux esprits des citoyens, non plus qu'à celle de ce gouvernement romain du monde où tant de choses sont changées. Au contraire, j'y vois un défaut, qui se marque également dans toutes les institutions de la république depuis le jour où Rome a été maîtresse de l'Italie. Sylla, contraint d'accorder le droit de cité romaine aux nations autrefois vaincues, forcé d'être juste, n'a rien fait pour que le droit pût s'exercer. Le citoyen qui habite Tibur peut difficilement se rendre aux comices; celui de Corfinium ou de Pompeia ne le peut jamais. Nos anciens patriciens ne luttaient pas seulement pour d'aveugles intérêts de caste, à cette heure fatale où ils voyaient le Capitole prêt à crouler dans l'incendie de la guerre sociale; ils sentaient que les citoyens romains ne pouvaient pas être habitants de l'Étrurie ou de la Campanie; que, dans le cas contraire, la république aurait à résoudre un problème nouveau, formidable, dont la solution ne s'offre nulle part, ou à périr au milieu des convulsions d'un vaste empire qui persiste à se gouverner avec les lois d'une petite ville. Ce problème est posé depuis deux siècles, il grandit tous les jours, et nos malheurs n'ont guère de cause plus certaine. Seulement il s'agissait alors des habitants de l'Italie; aujourd'hui il s'agit des habitants du monde.

» J'ai déduit quelques raisons, je crois, mais il en est une qui domine tout, et dont je n'ai rien dit : la raison de droit. Quels sont mes titres, quelle est mon autorité pour doter la république de la constitution de Sylla ou de toute autre? Les mêmes, sans doute, que pour exercer ma dictature triennale; les mêmes que pour être empereur, consul, tribun perpétuel, pontife. Ce droit que j'ai ou que je prends, que ces pauvres soldats me donnent à ta voix, et voudront me ravir demain avec la vie, sans plus de motifs, ce droit quelconque est en moi seul. Je dirai plus hardiment : c'est un fait acquis et qui ne relève désormais que de mon jugement. Je suis empereur, j'aviserai. »

Les arguments de Nerva étaient spécieux, tels qu'en trouve un homme d'État qui voit toutes les difficultés des choses, et quelquefois trop bien et de trop loin, plutôt qu'il ne s'attache énergiquement à l'espérance d'en triompher. Dion s'efforçait de les réfuter, non en rhéteur, comme il l'eût peut-être fait dans son école d'éloquence, mais en homme de foi et de vertu, dont la volonté de faire le bien veut à tout prix se rendre efficace et ne s'arrête point devant quelques doutes et quelques obscurités.

« Quand donc agirons-nous, disait-il, si nous attendons pour agir la clarté parfaite, la connaissance achevée ? Quelle est cette vertu qui attend la certitude du succès ? Et l'épreuve de la liberté n'est-elle pas toujours à recommencer pour les hommes ? N'est-ce pas sur la liberté même et sur son exercice, à chaque fois nouveau, que nous devons compter pour éviter les anciennes fautes, et nous assurer les biens que nous n'avons pas encore su atteindre ou conserver ? »

Mais Dion avait ce tort si commun d'essayer un compromis entre la puissance dictatoriale, dont il n'admettait pas le principe, et la constitution libre, qu'il craignait bien, lui aussi, que les Romains ne fussent pas capables d'embrasser avec intelligence et résolution. Il n'y a point de logique, en effet, qui puisse résoudre de tels problèmes, et quiconque invoque la dictature renonce dans le fond à lui faire des conditions, perd la force du droit et s'abandonne à celle du fait.

Cette conférence mémorable finit sans convaincre aucune des parties, comme il arrive d'ordinaire. Dion et Nerva, le philosophe et le général, se séparèrent, celui-là pour penser, celui-ci pour commander, selon la maxime *tu regere imperio populos, Romane.* Mais aussi, contre l'ordinaire, les dispositions réelles de Nerva étaient bien celles qu'il avait témoignées, et il se proposait sérieusement ce but difficile de régénérer un peuple. Il le prouva non-seulement en conservant toujours son amitié à Dion, mais encore par ses actes d'empereur, pendant les années trop courtes de son règne. Au reste, Nerva, fils et petit-fils de jurisconsultes, c'est dire de sang stoïcien, né sous Tiberius, et qui avait traversé sans se déshonorer la série néfaste des Cæsars, était le candidat de la philosophie de l'empire. Le sénat accueillit avec transport son avénement, et le monde eut pour la première fois un maître qui aurait voulu ne pas l'être.

Les actes politiques de ce règne, sans avoir une grande importance immédiate, furent significatifs. Le sénat reprit le droit de jugement, et ses membres furent garantis contre les poursuites capitales, jusque-là si fréquentes. Il n'y eut plus de crimes de lèse-majesté, ni de délations, si ce n'est punies. Les distributions de blé ou de numéraire ne furent pas interrompues, et elles ne pouvaient l'être encore; mais des lots de terres incultes furent attribués aux citoyens pauvres. C'était attaquer le mal par la racine; et, en même temps, des maisons d'éducation gratuite s'ouvraient aux enfants de ces mêmes citoyens. Nous ne citerons que pour marquer l'esprit des réformes de Nerva, d'autres mesures bien graves, quoique de moindre portée en apparence : la réduction apportée aux spectacles et aux sacrifices publics (on sait à quels spectacles) et l'interdiction de la pratique infâme de la castration, autrefois inconnue à Rome, et qui ne devait y reparaître qu'un instant, sous le règne du monstre, fils de Marcus Aurelius (1). Quant aux mesures de circonstance par lesquelles commence tout règne ainsi improvisé, Nerva fit preuve de beaucoup de noblesse et de sincérité. Il reconnut hautement et honora la révolution à laquelle il devait le pouvoir. Loin d'imiter ces princes qui se rendent solidaires de leurs prédécesseurs, ceux-ci fussent-ils d'exécrables tyrans, et se font une loi de sévir contre des citoyens que la veille ils flattaient, il refusa, lui, de poursuivre les meurtriers de Domi-

(1) Et plus tard, sous les empereurs même chrétiens, que l'*Uchronie* supprime, et sous les papes, dans l'intérêt de la musique de chapelle. — Les actes prêtés à Nerva sont parfaitement historiques et désignent clairement son but, qui était la régénération du peuple par l'éducation et la propriété. Il n'est pas moins certain que le républicain Dion Chrysostome lui fit obtenir l'empire dans les circonstances rapportées ci-dessus. (*Note de l'éditeur.*)

tianus. Il devait haïr, en vrai Romain qu'il était, les personnes et les menées de ces hommes qui *vivaient à la manière des Juifs*, et pourtant il défendit qu'on les inquiétât à cause du rôle qu'ils avaient joué dans la tragédie. Mais la garde prétorienne conservait pieusement le souvenir des prodigalités du dernier César. Elle réclamait à grands cris la mort des conspirateurs de palais qui avaient tranché les jours d'un si bon prince. Ou peut-être voulait-elle prévenir les réformes militaires qu'on devait attendre de Nerva, en se créant une occasion de l'assassiner, comme autrefois Galba. L'empereur montra de la ténacité et un grand courage; mais enfin il dut opter entre céder ou mourir, et il céda. Ce fut la déchéance morale du vieillard, qui ne fit plus que languir. Il abandonna la poursuite des projets les plus hardis qu'il pouvait avoir médités. Mais dès lors sa pensée unique fut de se désigner un successeur par adoption. Sous l'influence de l'inquiétude où le tenait la prépondérance de l'armée, il choisit, parmi les hommes de vertu, celui qui lui sembla capable de se concilier l'esprit militaire en le dominant par le prestige de la victoire.

C'est-à-dire que Marcus Ulpius Trajanus ne fut pas l'empereur qu'aurait exigé la situation intérieure de l'Empire. Mais Nerva fit une grande chose en introduisant ce système des adoptions, que Galba avait tenté d'inaugurer vingt-cinq ans auparavant. Il n'adopta pas un parent, quoiqu'il eût des parents sans doute, et il ne tint pas à lui que les règnes des porphyrogénètes devinssent désormais impossibles. Enfin, si Trajanus n'était pas encore l'homme qu'avait rêvé Dion Chrysostomos, il était de ceux qu'on peut nommer sans trop d'exagération l'honneur de la nature humaine, quoique sur le trône, et tout cela nous montre ce qu'il y avait plus que jamais de force et de vraie grandeur dans ce siècle et dans cette Rome.

Trajanus maintint les réformes de son père adoptif. Sous lui, le sénat s'assembla souvent et suivit régulièrement les affaires. Mais ce prince, de mœurs et d'idées essentiellement militaires, ne comprit que Rome conquérante, et oublia la nécessité de refaire une Rome civile et politique. Il étendit l'Empire, non-seulement dans la Dacie, comme l'exigeaient les convenances de l'établissement romain, mais en Orient (Arménie, Assyrie), et vainquit très-inutilement les Parthes. Cette activité et cette gloire ajoutaient encore à l'importance tout à fait exorbitante de l'armée, et pendant ce temps, si les citoyens cherchaient à retrouver quelque vie politique en s'assemblant et s'associant, l'empereur interdisait toutes les réunions, même pour objets privés et d'utilité pure, comme incompatibles avec l'unité de direction de l'État ; tandis qu'il aurait dû se féliciter de ces heureux symptômes de renaissance. Avec cela, soit faiblesse de sa part, soit attachement condamnable à la coutume, cet homme si puissant toléra les actes atroces de la superstition populaire excitée par des calamités physiques : trois vestales, deux Grecs et deux Gaulois, homme et femme de chaque nation, furent impitoyablement enterrés vivants : ces derniers en vertu des livres sibyllins, dont toutes les sectes religieuses de ce temps reconnaissaient à l'envi l'autorité pour s'en disputer l'usage.

Trajanus ne sentit pas non plus la nécessité, déjà impérieuse en ce temps-là, de se faire une politique au sujet de la plus menaçante de ces sectes et de la plus hostile à la civilisation. « Il n'est pas possible d'établir une règle générale pour ces sortes d'affaires », écrivait-il à Cæcilius Plinius, proconsul dans la Bithynie, quand celui-ci s'informait de la marche à suivre « contre une contagion qui, infectant les villes et les campagnes, gagnait des personnes de tout rang et de tout sexe », mais que pourtant il semblait « encore possible d'arrêter ». C'est au contraire une règle qu'il eût fallu une politique résolue et constante, étayée d'un principe moral, pour s'opposer aux progrès d'une superstition qui allait à tarir la source des forces élémentaires du corps social ; car cette « superstition, poussée à l'excès », seul crime que Plinius eût pu découvrir chez les sectaires qu'on lui dénonçait, il n'est pas douteux qu'elle ne consistât dans le dogme de la condamnation du monde et dans le fanatique espoir de sa fin prochaine. En face d'un problème aussi capital, dont la solution difficile devait se trouver à tout prix, Trajanus n'imagina que la pitoyable recette d'empirique : punir l'accusé qui avoue, pardonner à celui qui nie, et ne point prendre l'initiative des poursuites. C'était préparer des arguments triomphants aux apologistes de la secte : ou nous sommes innocents et vous nous condamnez ; ou nous sommes coupables et vous ne nous poursuivez pas ; et vous vous contentez du désaveu de notre prétendu crime (1) !

Ainsi le génie ne fut pas à la hauteur de la vertu dans Trajanus. Sa prévoyance politique n'assura pas même la succession de l'Empire, car il ne sut se décider ni à supprimer ni à consacrer par l'adoption les espérances de son parent, allié et pupille Hadrianus, dont certaines tendances lui étaient antipathiques. Il fallut que cette adoption fût supposée, grâce à une comédie de palais jouée après sa mort que l'on tint quelque temps cachée (2). Le successeur désigné par l'intrigue aurait pu être un tyran vulgaire, il fut un très-grand homme, des moins républicains il est vrai, car

(1) Lettres de Pline, X, 98. — L'argument triomphant est paraphrasé, un siècle après Trajan et sa triste politique (que ses successeurs ne continueront que trop), par l'Africain Tertullien, toujours déclamateur, mais cette fois nullement sophiste : *O sententiam necessitate confusam*, etc., etc. Apologét., 2.
(*Note de l'éditeur.*)

(2) Sa femme Plotina Pompeia, qui favorisait Hadrianus, arrangea pour cela la scène de théâtre dite du *Légataire universel*. C'est du moins la version que le principal historien du temps, Dion Cassius, nous a transmise, recommandée par des renseignements particuliers. (*Note de l'éditeur.*)

s'il organisa l'administration, il perfectionna aussi la police inquisitive, et substitua des fonctions et des titres de cour à certaines des formes de l'antiquité romaine. Mais cette administration, convenablement centralisée, laissa une grande part d'initiative et d'autorité aux municipes, et l'étiquette nouvelle n'alla pas jusqu'à dispenser le prince de rendre hommage au sénat. Par l'indépendance qu'il créa aux pouvoirs municipaux, en établissant quatre grandes préfectures italiennes qui les rattachaient aux lois de Rome, et par le soin constant qu'il apporta au développement des associations industrielles et commerciales, Hadrianus se montra le digne continuateur de Nerva. Cette politique devait contribuer plus que toute autre aux premiers progrès du peuple et en préparer de plus décisifs. Mais ce qui est très-remarquable et marque bien l'esprit qui dirigeait cet empereur, c'est la constitution démocratique qu'il composa pour Athènes, durant l'un des séjours qu'il fit dans cette capitale des traditions de liberté, et au moment même où il se faisait initier aux mystères d'Eleusis. L'appel au sénat ou devant le proconsul romain était la réserve indispensable destinée à maintenir l'unité du gouvernement du monde.

Hadrianus eut le courage méritoire d'abandonner les conquêtes impolitiques de Trajan, non certes les fortes et utiles provinces du Danube, mais ces régions d'au delà du Tigre et de l'Euphrate, qui, dans l'état actuel de l'Empire, ne pouvaient qu'affaiblir en l'agrandissant un corps mal constitué, et qui surtout créaient un grave danger par la facilité toujours croissante de la propagation des mœurs et des idées orientales. La Mésopotamie, l'Arménie, l'Assyrie, en supposant la conservation de telles provinces plus facile que l'acquisition (ce qui n'était pas alors), auraient compromis fortement une civilisation qui ne se les serait assimilées qu'en s'assimilant à elles. Il se peut que l'empereur capab' de sacrifier ainsi les bénéfices apparents de la guerre n'eût d'autre but que de se consacrer tout entier à son œuvre d'organisation de la paix, et de se livrer à ce goût pour les fondations qu'il déploya magnifiquement pendant quinze ans de voyages, des frontières de l'Écosse au Maroc et en Arabie; mais il est permis de croire aussi que cet homme qui s'attacha partout et tant qu'il put à la restauration des institutions grecques, celui que sa passion pour les lettres et les arts et son incontestable talent de poëte avaient fait surnommer *Græculus*, sous le règne précédent, enfin cet administrateur attentif et sagace qui connaissait si bien toutes les parties de l'Empire, comprit que le monde de l'esprit grec avait des bornes encore infranchissables, et dans lesquelles devait se tenir le génie romain, chargé d'en établir et d'en assurer l'assiette définitive.

Nous n'aborderons pas le détail des réformes plutôt administratives que politiques d'Hadrianus, mais il est impossible de ne pas signaler son édit *perpétuel* pour la coordination des édits des préteurs. Ici le Grec redevint un Romain. Appréciant à toute sa valeur le travail que les jurisconsultes avaient poursuivi, à travers les siècles, afin de déterminer les bases rationnelles du droit et de créer, comme ils disaient si bien, la *raison écrite*, il donna à la jurisprudence acquise et constante la force et l'unité de la loi. Cette seule institution morale, le droit; la déclaration et la pratique publiques, régulières et philosophiques du juste dans l'ordre social suffisaient, même sans liberté, pour caractériser la civilisation en face de ces religions arbitraires et passionnées, règle unique des mœurs en Orient. Mais la liberté était nécessaire pour garantir la durée et le développement normal des principes du droit. Au reste, Hadrianus fut loin de regarder la loi comme immuable : son humanité en constata le progrès, quand il rendit les esclaves justiciables des tribunaux, au détriment de l'autorité des maîtres, qui cessa d'être absolue, et quand il les protégea non-seulement contre l'ancien pouvoir de vie et de mort, mais encore contre l'usage plus ordinaire de les élever et de les vendre pour la prostitution et les spectacles. On peut juger par là de l'esprit des jurisconsultes philosophes qui formaient le conseil de l'empereur. Sous Titus Antoninus, une sanction pénale fut ajoutée à la défense intimée aux maîtres ; ceux-ci se virent même privés de leur droit de propriété dans les cas d'abus, et les esclaves, alors nombreux, qui étaient affranchis sous certaines conditions à remplir dans l'avenir, furent assimilés à des hommes libres quant au traitement de leurs personnes. En même temps la condition des femmes s'améliora beaucoup : leurs droits de succession s'étendirent et leurs époux perdirent le droit de les accuser d'adultère lorsque leur propre conduite les rendait indignes de l'exercer (1).

La personne d'Hadrianus importe assez peu, au milieu du mouvement sensible qui, dirigé par la philosophie, tendit sous son règne et avec son aide à élever le gouvernement du genre humain vers un idéal tout nouveau dans l'histoire. Pourtant la conscience oblige l'historien qui traverse la période dominée par le nom de ce grand homme, à le justifier des accusations auxquelles il fut en butte de la part des ennemis de la civilisation. On lui reprocha son goût pour les superstitions. Artiste et poëte, il est vrai que s'il réglait

---

(1) La plupart de ces traits de législation nous ont été conservés par le Digeste. Le dernier, dont saint Augustin nous est garant, et qui appartient au règne du premier Antonin, est un progrès encore attendu dans la législation française. Nous pourrions ajouter aux faits recueillis par notre auteur, indépendamment de plusieurs modifications libérales apportées aux lois régissant les testaments et les donations, une grande mesure de civilisation : l'établissement des médecins publics dans les villes, puis l'interdiction des inhumations intra-urbaines et d'autres règlements d'humanité ou d'hygiène.

(*Note de l'éditeur.*)

l'État au nom de la raison, il allait aussi restaurant partout
les cultes, les mystères et les temples. Mais était-ce bien à
ces hommes d'Alexandrie qu'il appelait lui-même *chrétiens
adorateurs de Sérapis, et adorateurs de Sérapis soi-disant
chrétiens;* était-ce à ces *rabbins juifs,* à ces *pontifes samaritains,* à ces *prêtres chrétiens* qu'il avait vus à l'œuvre et
qui, *adorant un seul Dieu,* n'en étaient pas moins, disait-il,
des *astrologues,* des *aruspices* ou des *charlatans;* était-ce à
des sectaires auxquels il continuait la tolérance imprudente
de Nerva et de Trajanus qu'il appartenait de se plaindre de
ses penchants religieux dont ils profitaient? On doit avouer
que l'inclination polythéiste d'Hadrianus se montra quelque
peu immodérée quand il convia ses contemporains et la
postérité (qui ne s'y refusa point) (1) à un culte nouveau de
la beauté dans la personne d'Antinoüs, son ami. Pourtant ce
culte même, la piété sincère de l'empereur, ses larmes, son
désespoir, la noble espérance de l'immortalité dont l'apothéose n'était que le signe, témoignent en faveur de la pureté de la passion qui inspira de si beaux sentiments. Hadrianus lui-même connut et repoussa la calomnie, dont les
auteurs étaient ces mêmes Alexandrins, les hommes les plus
corrompus du monde. Dans le conte ridicule qu'ils débitè-
rent sur la mort d'Antinoüs, car ils ne se contentèrent pas
de l'accusation banale qu'une amitié exaltée peut toujours
encourir de la part des sots et des âmes basses, nous ne
saurions voir que le produit des infâmes superstitions de
l'Égypte, terre classique de la haute immoralité et des
fausses sciences (2).

(1) Le culte d'Antinoüs subsista près de deux siècles, c'est-à-dire au delà de
Constantin et autant que le paganisme. *Voyez* Bayle. *Dict.*, art. Hadrien et
Antinoüs.   (*Note de l'éditeur.*)
(2) Voir la lettre d'Hadrien à son beau-frère Servien, dans le tome III des
fragments des historiens grecs, édition Didot. — Antinoüs périt accidentellement, noyé dans le Nil, au rapport d'Hadrien lui-même en son autobiogra-

Hadrianus prit pour successeur et fils adoptif Titus Antoninus, qui, après avoir traversé les grandes magistratures
romaines, avait gouverné sous lui l'une des préfectures de
l'Italie. Il suivit donc l'exemple de Nerva, et, de plus, il
exigea qu'Antoninus adoptât à son tour Lucius Verus et Marcus Aurelius. C'était, autant que possible, assurer la transmission de l'empire et contre les affections du sang et contre
les candidatures militaires.

Antoninus, comparable à Trajanus pour la vertu, si ce n'est
à Hadrianus pour le génie, continua fidèlement la politique
de ce dernier et dut même la faire prévaloir contre le sénat,
qui, irrité de quelques actes d'oppression de la fin du
règne, se refusait à la formalité de l'apothéose. Le caractère
démocratique de la dignité impériale fut marqué par le
titre de tribun, que le prince affecta de préférence à tout
autre; mais les actes ne répondirent pas à ce que les circonstances et le temps qui pressait auraient exigé d'un empereur clairvoyant et résolu. Il est vrai que la jurisprudence
romaine se montra florissante et active; l'administration eut
ses progrès, nonobstant les guerres qui éclatèrent aux diverses frontières. Ce n'était point assez. La condition de la
propriété, celle des populations vouées au travail, restaient les
mêmes en Italie et dans les provinces voisines. L'instruction
publique n'avait ni l'organisation ni la diffusion nécessaires
pour résister à l'envahissement de l'orientalisme, quoique
Hadrianus eût établi de nombreuses immunités, celle du
service militaire, par exemple, pour les professeurs de gram-

phie. La crédulité des historiens a mieux aimé répéter qu'il s'était fait égorger,
par dévouement à l'empereur, afin que ce dernier pût interroger l'avenir sur
son cadavre ! Ceux qui portent sérieusement cette fable infâme, de biographie
en biographie, sont bien les dignes descendants des hommes qui supprimèrent
autrefois et cette vie d'Hadrien, et celle de Marc-Aurèle, et la guerre de Judée
de Tacite, et le *Discours véritable* de Celse, et les écrits des hérétiques, enfin
tout ce qui pouvait nous faire connaître l'esprit de l'antiquité philosophique
pendant sa lutte avec le christianisme.　　　　　(*Note de l'éditeur.*)

maire, de philosophie et de belles-lettres, et qu'Antoninus, à son tour, donnât suite à une pensée de Nerva en fondant des institutions pour les fils et les filles des citoyens pauvres, ou pour les secourir eux-mêmes en vue de l'éducation de leurs enfants. L'armée enfin, par sa permanence et le caractère de profession attaché au service, demeurait une des plaies de l'empire, un obstacle insurmontable au rétablissement de la république; et la garde prétorienne, qui n'avait pas fait d'empereurs depuis un demi-siècle, n'en demeurait pas moins menaçante pour l'avenir.

Antoninus fut l'homme de bien par excellence, l'homme de bien et le philosophe, mais de ceux qui semblent déplacés au milieu des affaires humaines, plutôt qu'ils n'usent énergiquement de leur volonté pour les réduire à justice; non que leur vertu se renferme dans la vie contemplative, nous n'en sommes pas là; mais parce qu'elle n'ose pas assez entreprendre sur un monde qu'elle juge plus incorrigible qu'il n'est.

L'éducation de Marcus Aurelius fut dirigée en ce sens; peut-être lui-même exagéra-t-il les leçons de ses maîtres en stoïcisme; peut-être entendit-il celles d'Épictète octogénaire; du moins il médita profondément ses ouvrages, et transporta sur le trône la vertu de l'esclave : *Supporte, abstiens-toi.* Le stoïcisme subissait depuis un siècle, depuis la perte et l'oubli de la liberté, depuis l'empire donné à des monstres, une transformation analogue à celle des doctrines religieuses. Zénon et ses disciples ont composé des traités de la république, les stoïciens romains se sont montrés les citoyens les plus actifs; maintenant c'est la résignation que l'on enseigne, la patience, l'obéissance à tous les pouvoirs de fait. Autrefois la justice et la force, unies pour la liberté, formaient l'idéal de la perfection humaine. Aujourd'hui l'égalité d'âme du sage et l'amour du genre humain tendent à le remplacer. Antoninus donne au tribun de service, la dernière nuit de sa vie, ce mot d'ordre, *œquanimitas;* Marcus Aurelius élève à Rome un temple à la *Bonté.* Sans doute la société antique a bien à faire pour l'amour et pour la bonté; mais si elle oublie la justice, si elle substitue au droit appuyé sur la force le sacrifice qui en est l'abandon, elle tombera d'autant plus bas qu'elle aura voulu se grandir jusqu'aux vertus célestes étrangères à la condition pratique de l'homme. Elle présentait aux espaces éthérés le sublime spectacle de la lutte des âmes libres; elle ne leur offrira plus que le triste tableau de quelques âmes saintes, en prière au milieu d'une bataille de brigands. *Caveant philosophi!*

« N'espère pas la république de Platon, écrivait Marcus Aurelius, contente-toi de porter remède aux plus grands maux. » Le mal auquel sa philosophie si modeste entreprit de parer était le moindre de tous : les guerres commandées par la politique, les révoltes égyptiennes, les invasions germaniques, qui obligèrent un moment Rome affamée et pestiférée à armer ses esclaves. Encore fallait-il oublier un peu, pour combattre ce mal, la maxime : « Ma patrie d'homme c'est le monde; nous sommes tous concitoyens, tous frères; nous devons tous nous aimer comme ayant la même origine et le même but (1). » Mais, de tous les devoirs de l'Empire,

(1) Marc-Aurèle, *Eis eauton.* — Il n'est peut-être pas inutile de remarquer, à propos de ce passage, combien toute la philosophie du siècle d'Épictète et de Marc-Aurèle est empreinte des sentiments de charité et de fraternité dont on veut trouver la source unique dans une religion, alors ignorée ou méprisée des sages et d'ailleurs plus récente elle-même, de beaucoup, que les origines incontestables de la morale des anciens. Le développement de l'idée de l'humanité, dans la sublime acception double de ce mot, pouvait-il ne pas résulter d'une fusion des peuples qui s'accomplissait pendant que les philosophes définissaient le devoir en général, prescrivaient la recherche du bien moral avant tout, et faisaient même consister la perfection individuelle à *souffrir l'injustice plutôt que la commettre.* Voir Platon, *République, Gorgias,* etc.

(*Note de l'éditeur*).

la guerre était le moins difficile à remplir; Marcus Aurelius s'y voua. A l'égard des autres maux de l'État qui eussent exigé un remède, il se disait sans doute : « Tout est bien »; « pourquoi te troubler? » « règle plutôt tes désirs que la destinée »; « chaque chose a deux faces, considère la bonne »; « ne t'irrite point contre un homme, contre un méchant, il est ce qu'il peut être. » C'est ainsi que cet empereur laissa grandir dans tous les vices, à côté de lui, son fils Commodus, qui promettait un digne successeur à Domitianus, le dernier des Cæsars. Dans sa tendresse d'époux, il éleva de ridicules autels à sa Faustina, cent fois adultère, et dans sa tendresse de père, il fut infidèle à la politique des adoptions, inaugurée par Nerva, continuée par Hadrianus, et nourrit pour l'Empire un monstre porphyrogénète. Enfin il ne tint pas à lui que les chrétiens, qui faisaient des miracles dans ses armées, et lui en attribuaient la connaissance (1), ne le considérassent comme un des leurs, lui qui, polythéiste d'éducation et d'instinct, ne comprenait pas ce qu'il appelait une opiniâtreté pure, leur obstination à *refuser l'encens aux Dieux du genre humain* (2). Dans le fait, c'est à l'initiative des proconsuls, inquiets des progrès de la secte, qu'il faut attribuer la persécution régulière qui commença dans les provinces vers la fin du règne de Marcus Aurelius.

(1) Il s'agit d'une grêle miraculeuse que les prières d'une légion recrutée en Arménie repoussèrent sur les Marcomans, pendant que les Romains se désaltéraient d'une pluie bienfaisante. On ne manqua pas de supposer et de fabriquer une lettre de Marc-Aurèle pour ordonner à cette occasion des poursuites contre les calomniateurs de ces chrétiens que la Providence favorisait si manifestement. N'avaient-ils pas, une autre fois, exorcisé avec le plus grand succès la propre fille de l'empereur! Malheureusement la date de la lettre est de trois ans antérieure à celle du miracle. Voyez le *Dictionnaire des sciences philosophiques*, par MM. Franck, etc., art. M. Aurèle.

(*Note de l'éditeur.*)

(2) M. Aurèle, *Eis eauton*, XI, 3 : « Quelle âme que celle qui est prête à la mort, non par opiniâtreté, comme les chrétiens, mais avec jugement et gravité, après délibération, sans faste tragique! » (*Note de l'éditeur.*)

Pendant ce temps, un stoïcien d'un genre bien différent de Marcus Aurelius commandait les légions sur le Danube, ensuite en Orient. Ce général, de la race des plus durs Romains, philosophe à la manière de Caton et non d'Épictète, se signalait par des victoires, chose commune, et par une cruelle rigueur de discipline dont les consuls des premiers siècles avaient à peine donné l'exemple, jusqu'à faire mettre en croix des officiers qui avaient vaincu sans ses ordres. Aimé d'ailleurs dans sa province, il témoignait une rare sollicitude aux populations civiles, et les protégeait contre les maux de la guerre. Cet Avidius Cassius, qu'on disait descendre du meurtrier de Cæsar, était le fils d'un philosophe administrateur de l'Égypte, et, quoique élevé en Orient, s'était fait connaître par des sentiments d'un républicanisme ardent. Il avait même conspiré pour détrôner Antoninus. Maintenant, il s'élevait hautement contre cette philosophie débonnaire de Marcus Aurelius, qui, jointe à l'incurie du collègue Verus, tout entier à ses plaisirs, laissait l'Empire se dissoudre intérieurement. Et Marcus Aurelius, à qui l'on dénonçait Cassius, disait : « S'il doit régner, je n'y puis rien, nul n'a tué son successeur. »

Pendant les guerres de Germanie, que l'empereur dirigeait en personne, la nouvelle de sa mort se répandit en Orient. L'armée et les provinces d'Égypte et de Syrie se soulevèrent et portèrent Cassius à l'empire. Les Juifs surtout, plus puissants que jamais dans leur dispersion, par le nombre, l'industrie et la foi, embrassèrent cette cause avec anthousiasme : ils attendaient de Cassius, dont les pensées politiques devaient être connues de tous, une persécution décisive contre les sectes chrétiennes qui leur étaient si odieuses. L'insurrection persista après que le faux bruit fut tombé, car il est difficile de revenir sur de semblables résolutions une fois prises. Cassius écrivit alors à Marcus Aurelius la lettre suivante (1).

« Avidius Cassius, proconsul de Syrie, proclamé empereur par le peuple et l'armée d'Orient, à Marcus Ælius Aurelius Verus Antoninus, tribun perpétuel, empereur : Tu sais sans doute ce qu'on a fait ici contre ton autorité. Il ne serait donc plus temps de dissimuler. D'ailleurs j'ai toujours dit la vérité, comme toi et comme ton père. Rends-moi cette justice que je vous rends. Écoute du moins les choses que j'ai à te dire, et vois si la sincérité n'y éclate pas d'elle-même. Je voulus renverser autrefois ton père adoptif pour rendre au Peuple et au Sénat des droits que vous leur faites trop oublier. Antoninus me pardonna. Tu m'as élevé à de grands commandements, et j'ai servi avec énergie et succès. Je n'ai cessé de blâmer la mollesse d'un gouvernement que tes maîtres et tes flatteurs nomment la Philosophie sur le trône, et que j'appelle, moi, un lâche abandon de la Volonté au cours des choses. Tu es satisfait si, interposant ta douceur de tempérament dans le cours de la décadence des choses romaines, tu parviens à glisser un intervalle d'oubli et de sommeil entre les tyrans que nous eûmes et ceux que nous aurons, entre la barbarie jusqu'alors vaincue, grâce à quelques restes du sang et des traditions de nos ancêtres, et la barbarie bientôt victorieuse de leurs fils dégénérés. Je te prédis, et tu te prédis à toi-même, sans avoir consulté l'oracle d'Ammon, la ruine de l'Empire, amenée fatalement par des causes que personne n'ignore : extinction du plébéien, usurpation du soldat, fanatisme du sectaire qui prête le serment d'Annibal dans les catacombes. Nous disons : fa-

---

(1) Avec cette lettre, probablement apocryphe, nous entrons dans le roman de l'*Uchronie*, pour ne plus le quitter. L'auteur appelle à de grandes destinées cet Avidius Cassius, que l'histoire nous apprend avoir été assassiné dans son armée. Voyez la vie de ce héros dans les *Scriptores Historiæ Augustæ*.

(*Note de l'éditeur.*)

talement! mais cette fatalité, c'est l'égoïsme d'un Octavius, la misanthropie d'un Tiberius, la folie d'un Nero, la bassesse d'un Vespasianus; c'est aujourd'hui le franc arbitre d'un Marcus Aurelius, qui s'ignore lui-même; ce sera demain la scélératesse d'un Commodus, dont on sait les ignobles instincts, les passions atroces, et qu'on élève précieusement pour cette tyrannie que l'on hait. Et tu crois faire ton devoir, peut-être! Encore si tu adoptais un homme! comme fit le divin Nerva; il ne tient qu'à toi; mais non, tu nous promets ce fils, ce malfaisant animal, dont tout l'Empire, excepté toi, connaît le père gladiateur, et auquel ne devrait pas même t'attacher cette passion animale de la progéniture, que la philosophie ne saurait avouer. Tu l'habilles de pourpre, et tu le fais sermonner dans tes palais par des philosophes dont il se moque. Et nous bientôt, nous obéirons aux caprices du vil produit d'un caprice de Faustina. Tels sont nos griefs et nos dangers, Antoninus. Médite-les comme je les médite. Partage de loin mes insomnies, ensuite réponds-moi. Mais tu pries, je t'entends : « O Théos, dis-tu, où tu » voudras me conduire, conduis-moi; j'y irais de même résis-» tant, mais coupable. » Depuis l'avènement de ton père, il y a trente ans et plus, tous les échos de l'Empire murmurent cette lâche prière. Que fais-tu alors contre les Marcomans? Que ne les laisses-tu accomplir leurs destinées et celles de Rome? Tu résistes, malheureux! Tu es donc libre de résister, tu es donc libre d'agir? Agis donc, et que ce ne soit pas seulement contre les Marcomans! Empereur, je t'adresse un premier, un dernier appel. Je n'ai cessé de conspirer contre toi dans mon cœur; la reconnaissance ne devait pas retenir, tu en conviendras, l'homme qui pense ce que je pense et dit ce que je dis. Mais je désespérais de te renverser, quand partout je ne voyais que peuples ou citoyens prétendus que ta douceur enchante. J'ajournais mon entreprise à ta mort, à l'avénement de Commodus. Une fausse nouvelle a précipité les événements, et je le déplore. Tu es fort contre moi, tu me vaincras peut-être, mais pense à ce que tu fais en détruisant l'homme que je suis, mon énergie, mes projets. mon espérance. Peut-être aussi seras-tu vaincu ; juges-tu bon de créer une fois de plus dans l'État l'exemple et le danger des guerres civiles? Mon ambition unique est de te succéder. La tienne devrait être de m'adopter. Voici le gage que je demande : répudie ta femme et ton fils; accorde-moi une entrevue ; tu m'adopteras quand je t'aurai communiqué les réformes que ma pensée a mûries pour l'Italie et la République. Et voici le gage que je te donne : au premier mot favorable de ta part, j'accours sans autre escorte que celle qu'exigent les hasards de la route, et je parais seul dans ton camp. Tu es digne d'entendre ce langage et ces propositions; crois-moi digne que tu les acceptes. *Vale et, crede mihi, perge me amare.* »

Marcus Aurelius fut irrité d'abord, puis touché, puis ébranlé peu à peu et profondément, en lisant la lettre de Cassius, en la méditant, en consultant pendant plusieurs jours sur la situation de l'Empire quelques-uns de ces hommes de bien qui peuvent se rencontrer, même auprès des princes, mais qui ne s'ouvrent que contraints, sur les sujets pénibles. Le résultat de cette délibération, longtemps prolongée, fut une disposition sérieuse de l'empereur à se rapprocher de Cassius qu'il avait toujours estimé, mais trop considéré jusque-là comme un homme tout à la fois d'action brutale et d'illusions juvéniles, mais dépourvu du véritable esprit philosophique. Il n'accepta pas l'offre généreuse de ce rival de se rendre en quelque sorte prisonnier dans son camp, mais il lui écrivit pour lui marquer le lieu d'une entrevue, et lui-même, la guerre étant finie, il traversa l'Illyrie pour marcher à sa rencontre avec une faible partie

des légions. La surveillance dont il entoura Commodus et sa
mère pendant le cours de ce voyage lui fit découvrir de
noires intrigues autour de lui ; il déjoua des tentatives contre
sa propre vie, car ses nouveaux projets transpiraient déjà, et
le fils du gladiateur, le sien peut-être (pourquoi pas? de
génération en génération la morale ne se transmet pas avec
le sang, et le rêve du trône est une pensée corruptrice),
Commodus complotait sa mort. En même temps Marcus
Aurelius put arrêter des émissaires secrets qui avaient ordre
de fomenter le mécontentement dans l'armée de Cassius et
de faire assassiner le général par ses centurions. Ces découvertes achevèrent de fixer l'esprit flottant du philosophe. Il
ordonna que Commodus fût conduit à Rome et gardé à vue,
et soumit au sénat une accusation contre Faustina, avec
l'exposé des motifs d'une répudiation dont il prenait, disait-
il, le parti nécessaire, en demandant grâce à la mémoire
sacrée de son père Antoninus qui la lui avait donnée. Ces
actes rigoureux et l'espoir de l'association de Cassius à l'empire produisaient à Rome un enthousiasme auquel les prétoriens seuls ne participèrent pas.

Six mois plus tard, Marcus Aurelius et son fils adoptif
montaient au Capitole et annonçaient au Peuple et au Sénat
les grandes mesures de régénération pour lesquelles ils demandaient que vingt-cinq ans de dictature fussent accordés
à eux ou à leurs successeurs. Ils reconnaissaient, en principe, que le gouvernement du Peuple appartenait au Peuple.
Mais après deux siècles de perturbations civiles, après cent
ans de régime monarchique, lorsque les intérêts divergents,
les habitudes transformées et la nouveauté des problèmes
administratifs ne devaient faire augurer que désordre et re-
chute plus grave, à la suite d'un brusque rétablissement de
l'autorité populaire, les hommes investis de la triple fonction d'empereurs, consuls et tribuns croyaient devoir ré-

clamer, pour leurs fonctions de législateurs, l'autorité et le temps. Ils ne répétaient pas le mot trop répété de Galba, *que désormais, la liberté des Romains étant chose impossible, impossible leur complète servitude, on ne pouvait plus raisonnablement désirer que de bons princes.* Mais ils croyaient que de deux choses l'une : ou la servitude serait le résultat fatal du cours abandonné des choses, ou la liberté le produit libre d'une volonté persévérante, appliquée à la législation de l'Empire et soutenue par la confiance du Sénat et du Peuple. Quant à eux, ils offraient pour garantie du pouvoir qu'ils exerceraient, la déclaration formelle et entière des vues qui les dirigeraient. Si ces vues étaient approuvées, les citoyens auraient la conscience d'avoir mis fin dès à présent au gouvernement arbitraire, et de n'obéir à leurs consuls que de la manière dont s'obéit à lui-même l'homme de bien qui s'est prêté serment au fond de son âme.

Les bases des réformes constitutionnelles qui furent posées dans ce jour mémorable, approuvées par le Sénat, votées dans les comices, confirmées par les députations des provinces, les voici :

1° Droit de cité reconnu à tout habitant libre ou affranchi des provinces occidentales. Extension des droits municipaux. Admission de ces mêmes provinces au vote des lois générales de la République.

2° Cession des terres incultes de l'Italie et de la Gaule aux citoyens qui s'engageraient à les cultiver, avec exemption de l'impôt pendant dix ans (1); établissement d'un maximum de la propriété rurale; obligation imposée aux propriétaires de vendre ou céder à leurs affranchis ou esclaves, sous condition de rente perpétuelle rachetable, toute l'étendue de

---

(1) Cette mesure fut prise en effet par Pertinax, environ vingt ans après l'époque où nous sommes. Mais trop isolée ou imparfaitement appliquée, elle demeura sans résultat.   (*Note de l'éditeur.*)

leurs terres dépassant le maximum fixé par la loi (1).

3° Affranchissement légal de tout esclave qui aurait pris à bail perpétuel et cultivé pendant trois ans la terre de son maître.

4° Suppression des fermes et régies de l'impôt; abolition des péages et droits de ventes; réduction du revenu à ces quatre formes pour toute l'étendue de la République : mines et forêts; — imposition foncière; — capitation pour les citoyens non propriétaires; — taxe des successions. Cette dernière, établie au taux de 1/20 par Cæsar Augustus, puis impolitiquement abolie par Nerva, devait, dans la pensée de Marcus Aurelius et de Cassius, varier, selon les cas, du 1/50 au 1/5.

5° Imposition du service militaire à tout citoyen, sans exception, à un âge déterminé. Réduction du temps de service à trois ans, dans le plus bref délai possible. Extinction du vétéran et du soldat de profession. Appel des hommes libérés pour les guerres défensives. Marcus Aurelius et Cassius se proposaient de reprendre la politique d'Hadrianus, et de borner, pour un long temps du moins, le développement de la conquête romaine.

6° Institutions d'éducation physique et morale à l'usage de tous les centres de population et des armées; enseignement de la philosophie et des lettres, des principes de l'humanité, des lois de l'État.

7° Interdiction des droits de citoyen à tout homme qui se reconnaît chrétien, en ce sens et à ce point de déclarer formellement ne point aimer le monde, en attendre la fin et su-

---

(1) Pendant le IIe siècle, la coutume s'introduisit de changer la condition de l'esclave en celle de colon, avec une certaine mesure de liberté de fait, et ceci eût mené loin, si les conditions de plus en plus dures créées au cultivateur par les lois fiscales n'avaient conduit à faire du colon, prêt à fuir en abandonnant la terre, un serf attaché à la glèbe.   (*Note de l'éditeur.*)

bordonner sans réserve ses vœux, ses pensées, sa volonté à des espérances ou à des intérêts étrangers à la République.

8° Extension des droits civils des femmes, des enfants et des esclaves, dans la ligne commencée par les travaux des jurisconsultes et sous les tribunats des divins Nerva, Trajanus, Hadrianus et Antoninus, conformément au principe généreux de la morale philosophique : l'amour du genre humain, et aux règles inviolables de l'éternelle justice. Reconnaissance des droits naturels d'égalité et de liberté. Attachement au caractère sacré de la loi, qui sera désormais non plus l'arbitraire des législateurs, mais un contrat de la République avec elle-même (1).

Ces mesures, considérables en elles-mêmes et d'une portée immense, heurtaient quelques passions et de nombreux intérêts. Il est douteux que, introduites lentement, c'est-à-dire longtemps suspendues comme une menace sur la tête de ceux qu'elles devaient atteindre, elles eussent prévalu sur l'égoïsme des grands propriétaires et des fermiers de l'impôt. Souvent la franchise du but et la rapidité de l'exécution tiennent lieu de l'habileté, et c'est ainsi que Marcus Aurelius et Cas-

---

(1) *Communis reipublicæ sponsio.* L'idée positive contenue dans cette définition d'Ulpien est celle de garantie ou assurance commune de la République. Mais la garantie elle-même, dans un État libre, ne peut tirer son origine et son maintien que d'un traité au moins implicite entre les citoyens. Les droits naturels de liberté et d'égalité sont formellement reconnus par ce même Ulpien, ainsi qu'on peut le voir dans le Digeste. Florentinus, jurisconsulte du même temps, admet une parenté entre les hommes, et déclare l'esclavage une institution contre nature. Ces principes, qui se firent jour dans les formules des légistes à l'époque d'Alexandre-Sévère, y avaient été déposées au plus tard sous Nerva et ses successeurs. En philosophie pure, ils remontent certainement plus haut que Sénèque et Épictète. Mais nous avons perdu les ouvrages les plus importants des stoïciens. Regarde qui voudra comme due à l'influence du christianisme une morale dont les fondements ont précédé le christianisme, que les ennemis du christianisme ont élevée pendant qu'il habitait les catacombes, et que le christianisme, loin de la poser ou de l'appliquer jamais, a toujours combattue dans ce sens de justice humaine et de droit politique, le seul qui intéresse les États et les citoyens !

(Note de l'éditeur.)

sius furent habiles par l'effet de la conviction et de l'énergie. Ils l'emportèrent, non pas tant de haute lutte et contre toutes les résistances, que grâce à l'enthousiasme ou aux bons mouvements de ceux que l'imprévu du bien entraîne dans une seule journée. Au reste, depuis plus d'un siècle, le mot du grand naturaliste était répandu et commenté par les classes instruites de Rome : *Latifundia perdidere Italiam*. Il était difficile que les mêmes hommes qui répétaient journellement l'adage dans le Sénat, se refusassent aux sacrifices que réclamait d'eux la double autorité de la force et de la vertu.

En peu d'années, lorsqu'il put être donné suite aux réformes, il fut facile de voir qu'un grand changement s'était produit en Italie et dans la Gaule méridionale. Avec la petite propriété, même à titre provisoire de fermage, la culture avait repris, et dans l'agriculteur libre, l'homme d'autrefois renaissait, un esprit tout nouveau s'annonçait dans les populations. En même temps, la paix et l'abolition des impôts vexatoires avaient donné au commerce et à l'industrie une impulsion qui préparait, aussi bien que celle de l'agriculture, une pépinière d'hommes à l'Empire. La composition de l'armée et le caractère du soldat allaient se modifier aussi. L'éducation romaine, organisée à grands frais dans les légions et dans les villes, jusque dans les moindres, substituerait bientôt des groupes de citoyens aux troupeaux de colons, aux bandes d'oisifs, aux hordes militaires. Jamais le revenu de la République n'avait monté si haut que depuis que la grande réforme en avait allégé le poids pour le peuple. Il est vrai qu'il n'y avait plus ni priviléges ni monopoles, et qu'on avait mis ordre aux dépenses du palais, aux gratifications des soldats et à la folie des spectacles. Mais ici nous anticipons, car une révolution nouvelle devait retarder de quelques années ces grands événements.

Les dictateurs désignèrent pour leur succéder P. Helvius

Pertinax, homme de naissance obscure, Piémontais, soldat,
puis général, sénateur, consul, gouverneur de provinces,
d'un caractère probe, rigoureux, inflexible. Ils lui avaient
laissé, en s'éloignant de l'Orient, le commandement de l'armée contre les Sarmates, afin qu'une haute position militaire,
lui donnât la force, à la République et à leurs desseins la
garantie de persévérance qu'ils jugeaient nécessaires pour
s'exposer librement eux-mêmes à tous les dangers de la réforme. Cette précaution ne fut point vaine ; car si la réforme
était conçue avec cette énergie qui est la première condition
du succès, il en fut autrement des mesures politiques particulières dont elle devait être accompagnée. Commodus ne fut
qu'exilé, parce que la douceur et une sorte de paternité supposée de Marcus Aurelius répugnèrent à un procès solennel
devant le Sénat, surtout à la condamnation capitale qui en
serait inévitablement sortie. La garde prétorienne n'aurait
pu être licenciée avec quelque sécurité que par un sanglant
coup d'État ; Marcus Aurelius s'y refusa, en sorte que ces
soldats privilégiés, déjà mécontents de ce que l'adoption de
Cassius ne s'était pas traduite en gratification pour eux, et,
de plus, placés dans la perspective du licenciement par l'a-
doption de nouveaux principes d'organisation militaire, n'attendaient que l'occasion de se soulever et de massacrer leurs
chefs pour se donner un empereur à eux dans la personne
du digne Commodus. Enfin, ces semences de révolution n'é-
taient que trop favorisées par les intrigues incessantes des
hommes dont le nouveau régime sacrifiait les intérêts, et de
ceux-là même qui, après en avoir embrassé chaleureusement
les principes, à ce qu'il semblait, mettaient tout en œuvre
pour en paralyser l'application, et abusaient de la faiblesse
d'un gouvernement optimiste, décidé à ne jamais sévir.

Cassius n'avait point de peine à montrer à son collègue,
dans le système que celui-ci s'obstinait à suivre, une politi-

que désastreuse. C'était, disait-il, non-seulement compro-
mettre leurs vies, qui appartenaient à la République, mais
préparer la ruine de l'œuvre à laquelle ils s'étaient voués,
ruine certaine, si la force ne venait au secours de la justice,
à ce moment critique de toute réforme, où les esprits fatigués
voient le but disparaître devant les obstacles de chaque jour,
et, après avoir voulu vaincre, ne se résignent point à combattre. Marcus Aurelius, tout en reconnaissant le péril, refusait
énergiquement de le conjurer par des actes que la morale
réprouve. Il offrait son abdication, que Cassius jugeait un
remède aussi dangereux que le mal, et ce dernier était alors
obligé de faire valoir, contre une pensée obstinée de suicide,
les mêmes raisons que le troisième César opposait jadis à
Cocceius Nerva, son ami, l'aïeul de l'empereur Nerva : il
lui remontrait *combien dure serait pour lui, son confident,
dure pour sa réputation, une résolution de mourir que rien
au monde ne pouvait motiver*. Mais Cocceius, homme pur,
intègre, immaculé, souffrant des maux de la République et
de l'amitié même du tyran, on peut le croire, et ne voyant
aucune issue honnête aux événements et à sa propre vie,
n'écouta point de raisons, n'en répondit point et se laissa
mourir de faim (1). De même, Marcus Aurelius conduit par
l'ascendant de la ferme volonté de Cassius, en partie contre
ses propres instincts, jusque dans cet étroit défilé de la conscience, où l'homme politique ne peut ni reculer, ne se re-
prochant rien, ni avancer sans avoir recours aux moyens
violents et condamnables, ni se résoudre à l'immobilité, qui
est la perte infaillible de l'homme et du système, Marcus Aurelius ne vit d'asile que le tombeau, pour un philosophe résolu à traverser le monde et la puissance en n'emportant pas
une tache à sa robe. Il avait uni son autorité à celle de Cas-

(1) Voyez Tacite, *Ann.*, VI, 26.

sius, alors qu'il s'agissait d'un appel à la raison publique
et aux bons sentiments des citoyens pour adopter et seconder la politique du salut de Rome. Il le laisserait seul continuer l'œuvre, dès qu'elle consistait à lutter de ruse avec
des conspirateurs ou à trancher par la force des difficultés
que rien ne peut résoudre. Pour lui, il se rendrait jusqu'au
bout ce témoignage de n'avoir jamais opposé le mal au mal
(si ce n'est en bataille rangée, ô contradiction !), et fidèle à
la sainte Bonté, dont il avait élevé le temple, il quitterait à
temps ce triste monde, cette *chambre pleine de fumée*, comme
disait ce stoïcien.

Les dernières pensées de Marcus Aurelius, écrites au moment de sa résolution tragique, sont d'un intérêt poignant
pour l'histoire et pour la morale, en ce qu'elles éclairent
la nature du désespoir qui abattit ce grand homme, et celle
des vœux qu'un philosophe tel que lui pouvait former pour
l'avenir du genre humain. Elles nous touchent d'ailleurs,
avec plus d'élévation et de raison, par la même pureté, la
même beauté idéale du sentiment, qu'on admire volontiers
chez les héros de la secte persécutée de ce temps. Mais la
secte ne garda pas longtemps cette fleur de pureté. On la vit
se laisser tenter aux grossièretés de la politique vulgaire,
sitôt qu'elle put se saisir de quelque pouvoir.

« Marcus-Aurelius à Cassius, son fils et son collègue, et à
Pertinax, leur successeur désigné :

» *Testament secret.* — Tout est dit, mes amis, je vous
quitte. J'ai longuement pensé à nos entretiens et à tes graves
instances, Cassius; je me suis rappelé notre confraternité de
veilles militaires et de rêves politiques, Pertinax, et ma résolution est inébranlable; je me retire de vous et de la vie. Je
vous laisse le fardeau et les misères de l'Empire, si la Providence vous condamne à vivre et à mourir les maîtres. Je

vous laisse la gloire du rétablissement de la liberté, si la liberté et le salut de notre vieux monde romain sont dans ses éternels décrets. Pour moi, je reconnais que la possession du pouvoir est incompatible avec la recherche de la perfection de l'âme, qui fut toujours mon but, vous le savez. Je n'ai eu, je n'ai, je ne puis avoir qu'une maxime, *être bon :* être bon, c'est-à-dire supporter, compatir, pardonner, n'opposer à l'inévitable mal que résignation et magnanimité. Résigné, magnanime, que je conserve ces titres, et soit que le monde me les confirme ou qu'il me les dénie, je suis l'homme nouveau transporté dans l'Ile des Bienheureux. Si, au contraire, je continue une vie d'agitations et de souillures, je suis l'esclave de la vie, pareil à ces bestiaires ensanglantés qui demandent en grâce d'être gardés encore un jour pour les jeux du lendemain, pour être livrés sur la même arène aux mêmes dents, aux mêmes griffes qui les déchirent aujourd'hui. Dès que je vais n'être plus le maître des événements et que la résignation et la magnanimité m'abandonnent, je dois me confiner dans quelque retraite, ou, si je ne le puis, sortir de l'existence ; et encore alors sans précipitation ni colère, simplement, modestement, comme celui qui aura du moins fait cette chose en sa vie, de la quitter (1).

» Au moment où je sens les choses de l'Empire me devenir étrangères (*res romanœ, perituraque regna*, disait déjà le poëte il y a deux siècles), je pourrais détourner ma vue du spectacle des changements de ce torrent toujours renouvelé d'Héraclite, où vous flottez en surveillant les écueils. J'allongerais mes regards jusqu'aux rivages fuyants du monde, et au delà, si la méditation de la mort pouvait deviner quelque chose au delà des bornes de la vie. Mais vous laissant attachés aux intérêts dont je me détache, il me semble que je

(1) Ces trois dernières phrases se retrouvent presque textuellement dans l'*Eis eauton* de Marc-Aurèle. Voyez livre X, n° 8. (*Note de l'éditeur.*)

vous dois compte de mes dernières pensées, qui se dressent et s'aiguisent d'autant plus que je les fuis.

» Nous avons reconnu trois problèmes, trois dangers, trois plaies de l'empire : les barbares et l'armée qui les contient, la dépopulation et les esclaves, les chrétiens et l'indifférence politique. Toutefois avons-nous bien pénétré jusqu'au fond de ces questions redoutables ?

» Vous vaincrez les barbares ou ils vous vaincront, et l'armée vous tuera, vous hommes de liberté, ou vous tuerez l'armée. Avec l'amour de la guerre, avec les nécessités qu'elle crée, une petite république a pu vivre et grandir, une grande a été le jouet puis la proie des généraux. Avec la paix et l'amollissement des mœurs, rien ne vous préservera de l'invasion des peuples restés féroces. Nous avons cru conjurer tous ces périls à la fois, en abolissant la profession militaire pour l'avenir, sans porter atteinte à la qualité de soldat dans le citoyen. Mais si nos successeurs se restreignent aux guerres défensives, en élevant partout des murailles de Calédonie, l'esprit militaire s'éteindra, et les pierres ne défendront pas l'Empire. Si, au contraire, le peuple romain conserve son caractère conquérant, on verra ce qu'on a toujours vu, le goût des batailles entraîner la suprématie de la force sur l'intelligence et sur tous les biens de la paix, et la guerre ouvrir les voies à l'ambition criminelle, à l'usurpation, à l'injuste domination, à toutes les violences et à toutes les tyrannies. Une autre vérité ajoute à mes craintes : je ne puis me dissimuler que l'esprit militaire est l'un des éléments de la vertu qui fait le citoyen, j'entends du cœur, de la fierté, de la résistance à l'oppression ; en sorte que l'homme devenant pacifique est en danger de s'abâtardir et de livrer ses droits sans défense. Que penser, que résoudre, dans ces alternatives désolantes, où de quelque côté qu'on regarde on se perd dans les contradictions d'une nature humaine qui vit et meurt de ses luttes, en cherche la fin et ne parait même pas pouvoir trouver le repos en la trouvant? « Ce sont là, me direz-vous, soucis de philosophe et non de politique. A chaque jour suffit son bien. Prenons le nôtre à notre heure et n'approfondissons pas les futurs. » Mais alors je ne suis point né pour la politique; ou plutôt mes maîtres et les Dieux m'ont fait philosophe, et je les en remercie. J'aurais encore supporté les perplexités cruelles où me jettent le pouvoir, ma responsabilité, des prévisions hasardées au loin. Mais aujourd'hui tu as soin, Cassius, de me faire sentir la nécessité d'agir. Tes arguments sont pressants. Il faut que l'aveugle prétorien égorge le dictateur, ou que le dictateur prudent prévienne le crime en arrangeant de ses propres mains une guerre civile dont il s'assurera le succès par la trahison. Faites donc, mes amis, et faites vite. Marcus Ælius mourant ne s'arroge pas le droit de vous blâmer, car alors où s'arrêteraient ses malédictions? A ses yeux, qui serait pur? Du haut de quel Olympe, dans quel barathre verrait-il l'histoire plongée et tous nos grands hommes ramper en s'entre-tuant? Mais lui, quand il faut choisir entre ces deux partis, trahir, être trahi, subir l'injustice ou la commettre, il ne choisit pas, il meurt.

» Parlons maintenant des esclaves. C'est par eux seuls que nous voulons et pouvons repeupler l'Italie. Ces victimes de la brutalité de nos pères et de la nôtre, les voilà qui deviennent nos enfants adoptifs par la nécessité de continuer nos races perdues. Mais tandis que nous affranchissons les uns, les favoris de la maison ou les chefs de travaux des champs, retiendrons-nous longtemps dans la servitude leurs frères malheureux que nous appelons à l'espérance? Aurons-nous encore le courage de vendre et d'acheter l'homme, et de mener de nos frontières sur les marchés des troupeaux de vaincus, quand nous savons que la culture servile est la perte de

nos ressources et de notre nation même, et quand notre philosophie nous accuse d'impiété, quand le droit même du
préteur pose en principe l'égalité native des membres de la
famille humaine ? Depuis longtemps l'esclavage est le tourment secret des âmes élevées. Nous n'osons guère publier
ce que nous en pensons, mais entre nous, et surtout dans le
secret des cœurs, l'aveu de l'injustice s'échappe, la pensée de
quelque grande réparation future se fait jour. Nous condam-
nons la sèche doctrine d'Aristote, nous répétons les bons
mots si profonds de nos maîtres sublimes les cyniques. Mais
aussitôt que nos vœux se font jour dans la pratique, et qu'une
réforme commencée exalte les passions, je sens la fermentation naître dans les rangs des opprimés, et l'égoïsme gronder
dans les cœurs des oppresseurs. La réforme est d'hier, et
déjà je vois germer des semences d'insurrections et de guerres serviles, parce que l'esclave resté dans les chaînes regarde
d'un œil plus haineux l'affranchi son maître qu'il ne faisait
le grand seigneur habitant de Rome ; et l'enthousiasme qui
accueillit nos décrets s'est tourné peu à peu en mensonge,
puis en conspiration : le sénateur se dit dépouillé d'une terre
dont il conserve le revenu, et le chevalier nous reproche sa
détresse depuis qu'il a perdu le droit de puiser au trésor.
Je ne saurais supporter plus longtemps ce spectacle. Je le
fuis pour jamais. Vous, songez que vous avez donné des gages
à la liberté, à celle des esclaves eux-mêmes. Efforcez-vous
de les en rendre dignes. L'esclavage, averti de ses droits,
sera la ruine de la République, ou la République abolira
l'esclavage.

» Et les chrétiens aussi vous perdront, si vous ne perdez
le christianisme. Écoutez ces prophéties de malheur dont
ils font retentir leurs cavernes, et qui, de là, se glissent
dans les livres et s'étalent au grand jour. Ils ont fait leur
propriété des obscurités sibyllines, et, ne les trouvant pas

encore assez noires à leur gré, ils prêtent aux mêmes autorités des oracles de leur invention, pour se donner le lâche
plaisir de nous certifier les calamités qu'ils nous souhaitent.
Rien n'approche de la haine atroce et des cris de vengeance
dont ils poursuivent nos cités, notre commerce, nos richesses (1). Comme les Juifs avant Vespasianus, comme les
druides, qui, eux aussi, prophétisèrent un moment la conquête religieuse de l'Italie par les rites sanglants d'un sacerdoce fanatique, nos chrétiens se promettent de célébrer un
jour leurs sacrifices sur les ruines de tout ce qui fait notre
gloire. S'ils l'emportent jamais, sachons qu'il faut renoncer
à tout ce qui est digne d'attacher l'homme à la vie : aux
plaisirs nobles, à la vertu désintéressée, à la liberté que
nous possédons, à l'espoir de la répandre dans le monde.
Ils ne nous affranchiront pas pour cela, quoi qu'ils en disent,

---

(1) Voyez les *Oracles sibyllins*, édités par Alexandre. Paris, 1842-1856, 2 vol.
in-8°. — Ces intéressants documents (intéressants à la monotonie près) étaient
dans toutes les mains chrétiennes des premiers siècles, comme le constatent
les nombreuses citations des Pères de l'Église.

La haine atroce et les cris de vengeance se rapportent, sans doute, dans la
pensée de l'auteur, à des passages tels que, *Apocalypse* XVIII : « Elle est
tombée, elle est tombée la grande Babylone ! Elle est devenue l'habitation des
démons, la geôle des esprits immondes et des oiseaux détestés; parce que
toutes les nations ont bu du vin de colère de sa prostitution, et les rois de la
terre se sont prostitués avec elle, et les marchands de la terre se sont enrichis
de son luxe et de ses délices... Traitez-la comme elle vous a traités, payez-lui
ses œuvres au double... Ses plaies lui viendront en un jour : la mort, le deuil
et la famine; et elle sera brûlée par le feu, car il est fort le Dieu qui l'a jugée.
Ils pleureront sur elle, ils se frapperont la poitrine en voyant la fumée de son
incendie, les rois de la terre qui se sont prostitués avec elle. Les marchands de
la terre pleureront sur elle et se frapperont la poitrine parce que personne
n'achètera plus de leurs marchandises : ni l'or ni l'argent... ni les parfums...
ni le vin, l'huile, la farine, les chevaux... ni les corps et les âmes des hommes...
» Les navigateurs, les pilotes, les matelots, tous ceux qui travaillent sur mer
se sont tenus à distance et se sont écriés en voyant le lieu de l'embrasement :
Malheur, malheur ! Cette grande ville où se sont enrichis tous ceux qui ont
en mer des vaisseaux remplis de richesses, en une heure elle a été ruinée !
Ciel, réjouissez-vous, et vous saints, apôtres et prophètes, parce que Dieu, la
jugeant, a confirmé votre jugement ! »   (*Note de l'éditeur.*)

de ce culte réel des voluptés, que l'homme peut bien dissimuler, qu'il salit en le cachant, mais auquel sa nature ne lui permet pas d'échapper. Leur prédilection affectée pour la souffrance, leur attachement de doctrine aux conditions misérables et basses dont ils font des gages de salut mystique, eur dédain de tout ce qui est beau, la condamnation dont ils frappent nos penchants, nos joies et jusqu'à notre être, qu'ils disent corrompu, voueront à l'esclavage, à l'ignorance et au règne fatal des plus bas appétits cette misérable terre tristement consolée par l'assurance de sa fin prochaine. Et ce qui les rend plus dangereux, plus que les barbares qui ne nous pressent que du dehors, plus que les esclaves que l'affranchissement fait entrer peu à peu dans nos rangs, c'est qu'ils nous circonviennent intérieurement de toutes parts, pendant qu'ils mettent leur foi, comme ils la nomment, à se montrer rebelles à tous les moyens d'action que nous pourrions avoir sur eux. C'est aussi que, divisés en sectes soi-disant gnostiques, ils font leur profit des extravagances que débitent, sur l'origine du monde et sur la nature du mal, nos écoles pythagoriciennes ou platoniciennes gâtées par l'infection égyptienne ou persane. Ils se trouvent ainsi faire leur profit de toutes les sottises et se recrutent de tous les genres d'esprits égarés.

» Nous les avons interdits de leurs droits de citoyens, sur ce motif très-juste qu'une société qu'ils ne reconnaissent point ne saurait les reconnaître; leur laissant d'ailleurs la faculté de revenir à nous en nous prouvant qu'ils ne sont pas pour nous des étrangers ou des ennemis. Mais, dans leur bassesse, ils se passent trop bien de ces droits que nous leur dénions. Il faudrait donc les forcer à quitter l'Empire, ou du moins l'Italie, la Grèce, la Gaule et l'Hispanie. Mais par quels moyens? En existe-t-il de légitimes? Nos prédécesseurs ont voulu les obliger à sacrifier aux dieux de la tradition grecque et romaine, sous menace de mort, injustement, selon moi, parce que nous devrions respecter leur croyance alors même qu'ils n'honorent pas la nôtre. Mais ce que nous ne sommes pas tenus de ménager, c'est l'obstination qu'ils mettent à fonder et à maintenir au milieu de nous une association naguère ténébreuse, bientôt envahissante, et de plus en plus incompatible avec les principes civils qui sont le vrai lien de société du peuple romain.

» Voici donc comme j'opine sur une question qui fut si souvent l'objet de nos préoccupations les plus sérieuses : définissez légalement le chrétien, dans le sens indiqué par nos décrets; à quiconque, suspect de christianisme, veut conserver le droit de cité romaine, habiter et parcourir librement l'Empire, déférez le serment que voici : « Je crois » à la durée du monde, à la moralité naturelle de l'homme, » à la sainteté des droits et des devoirs sociaux; je respecte » la conscience de mes concitoyens et les cultes qu'ils ont » fondés, ou qu'ils peuvent fonder encore, quand ces cultes » ne portent pas atteinte à la liberté d'autrui; je reconnais » l'ordre politique où mes droits propres sont reconnus; je » ne place au-dessus de cet ordre, en ce qui est de son do- » maine, aucune puissance surnaturelle capable de m'o- » bliger; je renonce à toute action personnelle et à toute » association dont le but serait de soumettre la vie civile à » une croyance religieuse; et si je viole mon serment, je » consens de ce jour que tout devoir positif de l'État ou de » mes concitoyens envers moi soit anéanti. » En même temps que vous imposez cet engagement solennel, déliez hardiment les faibles nœuds qui rattachent encore nos cultes nationaux au droit civil et politique de Rome. Donnez aux religions la pleine indépendance, proclamez une vérité connue de tous les philosophes, celle de la nature essentiel- lement humaine et morale de la République et du système de ses lois. Nul ne pourra vous reprocher alors que, sous le prétexte d'un simple serment civique, vous obligez le chrétien à faire profession d'une religion qui n'est pas la sienne.

» Mais ce serment même, nous savons que le chrétien ne peut le prêter; il ne le prêtera pas. Vous le bannirez alors, en lui permettant de s'établir dans certaines régions de l'Orient, déjà sacrifiées, ou dont la préservation est impossible; car de penser à condamner au supplice cet homme obstiné dans sa foi, et qui n'a pas commis d'autre crime, je n'en ai pas le courage. Quand son fanatisme le ramènera parmi vous, vous songerez à vous défendre. Contre le retour de cet étranger, à qui vous aurez interdit le territoire, la peine de mort sera sans doute la sanction légale. Vous serez dans la plénitude du droit, vous appliquerez avec persévérance et rigueur un système de persécution devenu nécessaire. Je ne prévois que trop qu'il en faudra venir à cette extrémité. Les sectaires bannis, dont la prétention avouée n'est que d'obtenir la liberté de prier en paix, sont, au fond, dévorés par un prosélytisme ardent qui ne leur permet pas de souffrir d'autres religions au monde que la leur. A les entendre, ils acceptent tous les pouvoirs du monde, les républiques et les Césars. C'est le langage des faibles, sincère chez quelques-uns. Mais qu'ils aient la force, ils voudront que la terre entière soit régentée par leurs *Surveillants*, qui disposent déjà d'une grande autorité parmi eux, et qui, électifs maintenant, se recruteront bientôt d'euxmêmes et prétendront relever de Dieu seul, comme les sacerdoces l'ont toujours fait chez les barbares.

» Ainsi vous servirez, vous protégerez la République par les supplices. En attendant le jour des guerres de religion, que préparera le fanatisme refoulé en Orient, vous poursuivrez, sous le coup des dénonciations et des émeutes, ces

infatigables missionnaires qui persistent à braver sous vos
yeux les dieux de la liberté. Vous vous consolerez en travaillant, par la régénération de l'éducation antique et la vulgarisation de la philosophie, à abréger le cours des tristes
années pendant lesquelles l'Empire est hors d'état de résister
à ses ennemis intimes. Moi, le mérite et l'attrait de l'œuvre
de paix me retenaient à la vie, mais l'horreur de l'œuvre
sanglante soulève mon âme et précipite ma destinée (1).

» Vous connaissez mon humeur, je n'ai plus besoin de
vous dire quel je suis. Malheureux quand je punis, malheureux quand je pardonne, depuis vingt ans bientôt que je
porte le poids de l'Empire, ma conscience n'a pas été une
heure sans trouble. J'élève des temples à la Bonté, pendant
que le devoir me dit qu'il faudrait peut-être en élever à la
Terreur. Ensuite mon cœur dément ce devoir, et je doute
d'une vertu qui serait souillée d'une si cruelle ressemblance
avec le crime. Si je vous dis que j'aime la politique de nos
philosophes, tracée pour un monde idéal, mais que je hais et
méprise cette politique vulgaire qui ment et qui frappe, et
pense atteindre le bien à travers le mal, et faire le bonheur
des hommes malgré eux, — ce qu'elle croit leur bonheur, souvent à tort; — si je vous dis que mon vœu serait de pouvoir
gouverner par l'amour et la vérité, tout en reconnaissant
qu'un tel gouvernement deviendrait comme inutile du moment qu'il serait possible, m'accuserez-vous de juger la vie
avec faiblesse et d'en méconnaître les dures vertus? ou me
plaindrez-vous, en m'admirant, de ce que je me suis élevé

(1) Il y eut néanmoins des chrétiens suppliciés sous Marc-Aurèle. Les proconsuls appliquaient les lois de l'empire, et l'Empereur n'entendait pas probablement en arrêter le cours. Mais qu'est cela auprès de la persécution systématique, universelle, dont l'empereur romanesque de l'*Uchronie* semble ici
envisager la nécessité? Dioclétien est le seul des successeurs de Marc-Aurèle
qui se soit arrêté fermement à cette idée, plus d'un siècle après, sans chance
aucune de succès et en plein désaccord avec tout le surplus de la politique
impériale.   (*Note de l'éditeur.*)

par la philosophie à cette dernière supériorité de la nature
humaine : être digne de ne point exercer le pouvoir, comme
de ne point le subir?... » (*Cætera desunt.*)

La mort de Marcus Aurelius fut aussi fatale à son collègue
et à l'Empire que l'avaient été ses irrésolutions. On le trouva
percé de son épée, avec l'Enchiridion d'Epictètos déroulé,
près de lui, et une lettre adressée au sénat, dans laquelle,
attribuant à des motifs personnels un acte presque ordinaire
à cette époque, il déclarait continuer son approbation à la
politique inaugurée par lui-même et par Cassius, léguait à
ce dernier ses biens patrimoniaux, en témoignage d'estime
seulement, car ils étaient modiques; enfin désavouait de
nouveau Commodus pour son fils en le déshéritant. Mais
déjà Rome était en révolution. Les ennemis du nouvel ordre
de choses répandaient le bruit que Marcus Aurelius était
assassiné, sa lettre au sénat supposée. On accusait Cassius.
On rappelait à grands cris l'intéressant Commodus, banni
par les intrigues d'un usurpateur. Toute cette émotion de
gens trop intéressés pour être crus serait tombée faute
d'aliment populaire; mais la garde prétorienne, soulevée,
entoura en armes la maison de Cassius, que celui-ci avait
continué d'habiter, et ne lui laissa que la ressource de se
donner la mort à son tour en implorant des Dieux le retour
de Pertinax et la vengeance. Pendant ce temps, Commodus
était proclamé par le sénat, sous la terreur des événements,
et lui-même, qui les ignorait, traversait l'Italie déguisé, pour
se tenir prêt à l'appel des officiers du prétoire, qui conspi-
raient pour lui. Il s'empara donc de ce pouvoir convoité
dès l'enfance, et ne tarda pas à s'y rouler avec fureur. Mais
la pensée de Pertinax et des autres généraux empoisonnait
ses joies, et, à Rome même, la violence de la réaction devait
en abréger la durée.

TROISIÈME TABLEAU

Commode, Pertinax, Clodius Albinus.
Dernière persécution des chrétiens. Rétablissement de la république romaine.
Réforme de la religion civile.

Au moment où le suicide de Marcus Aurelius et le meurtre de Cassius livrèrent l'Empire au hasard des réactions et à la discrétion des généraux, les grands commandements militaires étaient presque tous exercés par des hommes en qui les dictateurs avaient placé leur confiance. L'armée du Danube, la plus importante, la plus aguerrie de toutes, et à cause des éléments dont elle se recrutait et par suite des luttes continuelles qu'elle soutenait contre les Sarmates et les Germains, avait à sa tête Pertinax, successeur désigné des deux empereurs. Ces derniers, en appelant à ce commandement le vieux soldat leur ami, avaient agi en prévision d'un malheur, et préparé pour le mieux l'issue d'une compétition trop probable des grands chefs militaires. L'armée d'Asie et le gouvernement de la Syrie étaient entre les mains d'un homme dangereux, qu'on n'avait pu encore prudemment disgracier, mais qui dans ce poste éclatant et envié disposait en réalité de la partie la moins redoutable des forces de l'empire. Nous parlons de l'africain Septimius Severus, soldat superstitieux et violent, dévot à l'astrologie et aux songes, capable de toutes les trahisons, et dont l'ambition n'était un mystère pour personne. Tout Rome s'était entretenue de son mariage avec une belle Syrienne qui lui avait apporté en dot certaines constellations natales aux-

quelles la *royauté* était promise. Et Severus ne pouvait y
être trompé puisqu'il avait lui-même étudié à fond la matière des horoscopes et des présages. Si cet homme eût
jamais régné, habile au suprême degré, et sage à sa manière, au milieu des rêves qui le gouvernaient, il fallait
s'attendre au renversement des espérances du sénat et du
peuple et à l'établissement régulier du despotisme oriental.
Severus eût fait respecter au dehors les armes romaines. A
l'intérieur il eût fait régner l'ordre parfait, cet idéal misérable des petits politiques, cette illusion respectable des
gens de bien, un ordre qui manque souvent aux plus florissantes républiques, et que toute autorité absolue établie sur
leurs ruines trouve un moment heureux pour réaliser, grâce
aux mœurs mêmes que la liberté seule a pu engendrer.
Mais bientôt, dans l'affaiblissement des forces morales et
dans la dégradation des esprits, les abus commencent à
s'organiser, l'autorité se corrompt en devenant le prix de la
ruse ou de la violence, et la pire des anarchies, celle qui est
sans espoir, menace de tarir la source des vertus sociales.
Tel eût été l'inévitable fruit de la plus inflexiblement régulière des administrations que Rome aurait pu devoir à un
Septimius Severus. Et l'empereur eût organisé cette merveille de gouvernement, *cruel pour être plus humain,* en
décimant le peuple et détruisant les plus vertueuses des
familles sénatoriales, hommes, femmes, et jusqu'aux enfants
et aux clients. Certes il n'aurait pas manqué de licencier
douze mille prétoriens coupables d'avoir attenté à la vie
d'un chef de l'État, crime toujours politiquement irrémis-
sible ; mais c'eût été pour en recruter cinquante mille
autres, moins Romains que les premiers. La solde se serait
accrue et les largesses multipliées; les jeux et les distributions de blé auraient contenté et avili le peuple. Enfin le
pouvoir arbitraire, à peine tempéré par la peur de l'assas-

sinat et par l'innocent patronage des jurisconsultes, se serait transmis, aux applaudissements des nations barbares, tantôt à de froids ambitieux marchant sur des cadavres, tantôt à des Hercules de camps, tantôt à des mineurs élevés par des eunuques, et à des régentes de Syrie.

La troisième grande armée de l'Empire était alors l'armée de Bretagne, dont les cantonnements occupaient une partie de la Gaule. Le commandement en avait été donné à Clodius Albinus, Romain de famille patricienne, ami de Marcus Aurelius, philosophe comme Cassius, quoique d'humeur plus débonnaire. Albinus était l'homme du sénat, et les amis de la liberté pouvaient compter sur ses vertus sans audace, mais d'autant plus rares et irréprochables.

Pertinax, au moment où lui parvint la nouvelle de la révolution, se trouvait engagé dans une campagne très-critique contre des peuples qui, soumis une première fois sous Tiberius, n'avaient été contenus depuis que difficilement et par des légions en partie formées dans leur sein.

Le but du général, en poursuivant par un dernier déploiement de force guerrière une assimilation définitive de la Pannonie à l'Empire, était de fortifier le nouvel ordre politique à l'aide de cette gloire militaire dont le prestige est grand chez toutes les nations. Maintenant, surpris par les événements, le patriotisme lui interdisait une marche sur Rome, qui aurait changé en défaite sur le Danube une conquête assurée. D'autres raisons se joignirent à ce motif honorable. Pertinax pensa que le mal ne serait peut-être pas très-grand de laisser la réaction à Rome se ruiner par son excès même, et Commodus accomplir spontanément une destinée dont son père avait tenu à ménager le cours. Bien plus, si le peuple soumis à une dure épreuve après quelques années d'un gouvernement où l'esprit de la république avait revécu, témoignait.énergiquement de sa résurrection et se levait contre la tyrannie, il y aurait lieu de se féliciter d'avoir attendu. Ce jour-là, la liberté romaine aurait fait acte de vie, et dût-elle être écrasée par les forces du prétoire avant que les généraux fussent accourus de l'Océan et des Alpes, ceux-ci, avant tout citoyens et dévoués à leur patrie, éprouveraient la satisfaction de combattre pour des hommes capables de s'aider quand il s'agit de leur salut.

Albinus et Pertinax s'entendirent d'autant plus aisément que le premier était homme à ne rien précipiter, et que ses enfants étaient à Rome, c'est-à-dire entre les mains de Commodus. Un acte conforme aux précédents que nous connaissons, mais secret celui-ci, attribua à Albinus la succession pleine et entière des droits et titres de Pertinax, à l'exclusion formelle du fils de ce dernier, encore très-jeune. Albinus promit sa coopération subordonnée, comme le *magister equitum* d'un dictateur, à tout ce que Pertinax pourrait entreprendre. Pendant que ce traité se consommait par l'entremise de sûrs émissaires, Septimius Severus faisait sonder ses collègues, offrant à chacun d'eux son alliance contre l'autre. Leurs réponses équivoques l'obligèrent à temporiser à son tour, et à reconnaître Commodus. Outre l'infériorité relative de l'armée que Severus commandait, il avait à considérer que son lieutenant Pescennius Niger, qui lui avait été autrefois imposé par Cassius, jouissait personnellement d'une grande popularité en Orient.

Le fils de Marcus Aurelius trouva donc l'exercice de l'autorité facile en apparence. N'osant marcher contre Pertinax, il lui fit offrir, à lui que la veille il qualifiait d'usurpateur, le consulat et le césarat, par conséquent l'espérance de l'héritage impérial. Albinus reçut aussi de belles paroles, et aussi Severus, avec des gradations mesurées sur la crainte que chacun d'eux pouvait inspirer. Pertinax fit une réponse évasive, dont la similitude entière, et visiblement calculée, avec celle d'Albinus, terrifia le divin Augustus Antoninus, triomphateur et pontife. Il ne pouvait ni se défaire des généraux, ni songer à les pousser l'un contre l'autre pour s'entre-détruire, puisque le vainqueur fût toujours devenu le maître véritable de l'empire.

Pertinax refusait les titres qui lui étaient offerts, « parce qu'il les trouvait trop supérieurs à ses humbles mérites comme lieutenant de l'empereur pour la guerre britannique, ou trop au-dessous des devoirs que Marcus Aurelius lui avait autrefois constitués pour la direction politique des affaires romaines. Ces devoirs, il les ferait taire devant la volonté exprimée du sénat, tant que cette volonté se manifesterait indubitable et conforme au vœu du peuple, et tant que ses amis de Rome, les mêmes que les amis de Marcus Aurelius, n'auraient rien à craindre du fils de ce grand homme justement divinisé. Il s'estimerait heureux, *encore plus que fidèle*, si Commodus marchait sur les traces de son père, puisque pour lui les actes étaient tout, les agents peu de chose, et le salut de la république la loi suprême ». La réponse d'Albinus aux avances de l'empereur était presque aussi fière que celle de Pertinax, et toute pareille, à la mention près des devoirs, qui était remplacée par une forte profession de dévouement à la politique antonine, *que le dernier des Antonini ne pouvait manquer de continuer*. Chacun des généraux se fit proclamer par l'armée assemblée lieutenant pour l'empereur délégué du Sénat et du Peuple romain. C'était clairement ne reconnaître à Commodus qu'un titre militaire, et le subordonner aux autorités légitimes de la république. Severus trouva dès lors convenable de donner à sa propre reconnaissance le plus grand éclat et d'épuiser vis-à-vis de l'empereur toutes les ressources de l'adulation orientale.

Au fond, Commodus n'était pas attaché à telle politique

plutôt qu'à telle autre, et les réformes le touchaient peu,
pourvu qu'il jouît du pouvoir nécessaire pour se livrer aux
extravagantes débauches dont Caius, Nero et Domitianus
avaient créé le genre en Occident, mais pour lesquelles il se
sentait tout le génie d'un inventeur. Peut-être même était-il,
par une contradiction qui n'est pas rare, assez disposé à
favoriser l'émancipation et le bien-être des classes souf-
frantes de *son empire*. Il eût donc volontiers, la peur
aidant, obéi aux suggestions des généraux, puisque la prudence lui faisait une loi de la plus dure de toutes : laisser
vivre les amis de son père, les *complices* de Cassius, les protégés de Pertinax, les sénateurs dont le regard imperturbable le glaçait. Mais soutenu par la réaction, et par elle
seule, il devait la servir. Cette autre loi était la plus inviolable de toutes. L'empereur et le sénat annulèrent les actes
dictatoriaux, bien que revêtus en partie de la forme de sénatus-consultes, qui portaient règlement de la propriété terri-
toriale et ménageaient l'affranchissement d'une classe d'esclaves ruraux. C'était tout ce que le parti oligarchique pouvait désirer. Les prétoriens eurent à leur tour pleine satisfaction, en ce que les réformes militaires annoncées, mais
qui n'avaient pas eu même un commencement d'exécution,
furent déclarées nulles et non avenues. On laissa subsister
le nouveau régime de l'impôt, reconnu profitable au trésor.
L'universalisation du droit de cité dans les provinces occidentales fut maintenu. On n'y vit qu'un moyen ingénieux de
faire porter les charges de l'État sur un plus grand nombre
d'habitants de l'Empire (1). Enfin, il ne fut touché ni à l'ar-

---

(1) C'est, en effet, le motif que les historiens ont attribué au célèbre édit
de Caracalla sur le droit de cité, — peut-être avec peu de justice, car les jurisconsultes qui furent au nombre des conseillers de ce règne étaient dignes
d'obéir à des sentiments plus nobles. Mais il n'était pas difficile de prévoir que
sous le régime impérial le bénéfice des nouveaux citoyens serait en bonne partie
négatif et s'évaluerait en impôts à payer.   (*Note de l'éditeur.*)

ticle des chrétiens ni aux principes et aux projets mis en avant par les dictateurs touchant l'éducation publique et la législation civile (1). Tous les Romains instruits, sans distinction de partis, devaient être d'accord sur ces choses, hormis ceux qui n'en avaient cure, et l'intérêt de caste était trop peu clairvoyant pour les combattre avant l'heure.

Pendant que la contre-révolution s'opérait, dans ces limites resserrées par l'inquiétude, Commodus se faisait une réputation facile de clémence en pardonnant aux hommes qui lui avaient *aliéné l'esprit de son père*. Mais sa rage devait s'échapper quelque part et sa cruauté trouver matière à exercices. Domitianus à bout de supplices avait fini par sévir tristement sur les mouches. Commodus s'ouvrit tout d'abord une plus ample et plus digne carrière. Les chrétiens devinrent ses victimes, et il se crut un grand politique. De tous les plans, de toutes les pensées de Marcus Aurelius, il n'avait compris qu'une idée, le danger du christianisme, et ce danger, lui tout aussi sage et moins scrupuleux, empereur tout de bon, non pas pauvre philosophe, il se promit de le conjurer pour jamais. La persécution à peine ébauchée par Nero et par Domitianus, plutôt accidentellement que de propos délibéré, s'était depuis sourdement établie dans toutes les provinces. Suspendue ou modérée par la bonté des Antonini, elle n'attendait pour se déchaîner qu'un mot, qu'un exemple de Rome. Commodus donna le signal et le donna terrible : deux mille malheureux furent jetés en pâture à la férocité des amis du spectacle, à l'occasion des fêtes de l'avénement, et à dater de ce jour le tribunal du préteur ne siéga plus que pour déférer le *serment civil* aux sectaires dénoncés. C'est le nom que l'on donna, pour abréger, à la formule par laquelle un suspect

(1) Voir le deuxième tableau de l'*Uchronie*, ci-dessus, p. 88-90.

était obligé d'attester son attachement à la cité terrestre et à
la morale des citoyens (1). Commodus y joignit l'indigne
cérémonie de l'encens brûlé pour les dieux des nations, et
devant sa propre statue. Ce retour inutile à l'ancien usage
constituait une dérogation aux vues de Marcus Aurelius,
mais flattait les instincts pervers de l'empereur. La peine
du refus de serment n'était pas l'exil, comme dans le projet
des dictateurs, qui n'estimant ni légitime, ni peut-être possible de noyer une croyance dans le sang, voulaient seulement la rejeter en Orient et en affranchir la société romaine.
C'était la mort, et souvent cruelle. Pour comble d'infamie,
les dénonciateurs eurent droit à une prime sur la masse des
biens des victimes.

Au reste la formalité de l'encens, convenablement appliquée, aurait pu se défendre, car elle ne représentait pas au
fond, ainsi que le pensait l'ignorance chrétienne, un acte
d'adoration vis-à-vis de ces *idoles* que nul Romain si peu
éclairé qu'il fût ne reconnaissait à ce titre, mais seulement
un hommage symbolique rendu à la foi des nations, quelle
qu'elle pût être, par un citoyen resté libre de ses croyances.
Quoi qu'il en soit de cette interprétation délicate, mais
plus fondée que ne le croient ceux qui ne se rendent bien
compte ni de la tolérance païenne ni de l'intolérance des
nouvelles sectes, il était impossible de justifier le rôle de
divinité donné dans la cérémonie à l'empereur vivant. Les
plus détestables pratiques de l'Orient, le principe de l'adoration en ce qu'il a de plus monstrueux se retrouvaient dans
un usage qui, s'il eût duré, aurait fait du christianisme lui-
même, infiniment supérieur à cette infamie, l'unique salut de
l'humanité. Un monde condamné à de telles erreurs, et sans

---

(1) Voyez ci-dessus, p. 101, cette formule, telle que l'auteur de l'Uchronie
en prête la rédaction à Marc-Aurèle.   (*Note de l'éditeur.*)

espoir d'amendement, était bien fait pour rejeter les âmes nobles dans la contemplation exclusive de la cité *qui n'est pas de ce monde.*

Le serment et l'encens furent refusés à Rome et dans les provinces par d'innombrables chrétiens qui souffrirent le martyre pour leur foi, les uns avec constance, la plupart dans cet état d'extase qui appelle et multiplie les imitateurs, et jette au milieu des foules la semence de vertus en apparence au-dessus de la nature humaine. Partout la haine du peuple croissait en raison du défi des victimes. Les préteurs et leurs délégués subirent en plus d'un lieu l'excitation déplorable dont les magistrats que les accusés bravent ne savent pas toujours se préserver. Avec un génie moins dur que ne fut celui de l'antiquité, chez des peuples dont la philosophie aurait par une éducation prolongée formé les vertus humaines, un excès de persécution si grand, si insensé, aurait infailliblement ramené aux condamnés la faveur publique et rendu odieux les persécuteurs. Mais ce retour d'opinion ne fut pas sensible, ou du moins il ne fut pas prompt, et, quand il se produisit, ne restitua rien à la secte de ce qu'elle avait perdu, prêtres, docteurs, lévites fanatisés, le plus pur et le plus chaud du sang de ses veines. Enfin les chrétiens dénoncés comme relaps, un sacerdoce en partie souillé par l'apostasie, se virent réduits encore à se cacher, quand l'animosité des juges alla jusqu'à les condamner illégalement, sur simple témoignage et sous des prétextes calomnieux. Soit passion, soit ignorance, on rendit souvent les chrétiens sans dictinction responsables des crimes qu'enfantaient des superstitions atroces dans les cénacles ténébreux où l'Orient nomade sacrifiait *selon les rites du culte du mal.* En moins de deux ans, Commodus put se vanter d'avoir accompli l'œuvre de radicale épuration que son père jugeait impossible. Il se flattait néanmoins : les rapports secrets des gou-

8

verneurs avaient présenté la secte comme indestructible
dans un grand nombre de localités et de villes de première
importance en Orient, en Occident même. Les causes qui
avaient produit ou nourri l'esprit hostile à la civilisation
subsistant toujours, et il ne tenait pas à l'empereur qu'elles
ne subsistassent, leurs effets devaient nécessairement reparaître au temps voulu.

Sans doute, il n'est que trop vrai ce que les tyrans ont
toujours cru, que la persécution persévérante détruit l'idée
avec l'homme qui la porte en lui. Mais ce que la tyrannie
ignore le plus souvent, c'est que l'idée renaît lorsque, rien
n'étant changé, si ce n'est aux circonstances matérielles du
monde, l'incessante génération des forces morales trouve le
même aliment dans les cœurs des hommes.

L'énergie politique de Commodus s'épuisa dans cette entreprise digne de lui. Sa stupidité apparut d'ailleurs dans
les scènes de religion par lesquelles il scandalisa le monde
romain. Espérait-il remplacer le christianisme par les rites
ignobles ou cruels dont il se faisait l'acteur, en vouant à Isis
ou à Mythra ses adorations, en imaginant des sacrifices nouveaux, en donnant un essor sacerdotal à son amour du sang,
à son goût du costume et des travestissements? Mais pas-
sons sur ces infamies. Tout entier à ses débauches et à ses
prostitutions, désireux de détourner les yeux de l'épée dont
les armées de Bretagne et de Pannonie lui présentaient la
pointe menaçante, il remit les affaires à des ministres tout-
puissants. Encore un usage oriental qui s'introduisait! La
noble et sérieuse antiquité n'avait jamais compris que le
titre, l'honneur et le pouvoir pussent appartenir à un autre
qu'à celui qui en avait la capacité dans l'âme et la responsabilité sur la tête. Perennis, chef du prétoire, ensuite Cleandros, un Phrygien, furent successivement les dépositaires de
l'autocratie impériale. Commodus leur laissait le choix des

victimes politiques, se contentant pour lui de celles qui s'offraient en foule dans sa domesticité ou dans le monde obscur des gladiateurs, des mimes, des charlatans et des prostitués des deux sexes, tourbe horrible, indescriptibles professions dont il s'attribuait avant tout le gouvernement et la maîtrise. La haute sphère des délations et des poursuites *de majesté*, où il se serait complu, ne lui permettait le plus souvent que le rôle de la clémence. C'est ainsi qu'après une tentative d'assassinat sur sa personne, et quand l'assassin se vantait d'être l'homme du sénat, il dut pourtant laisser vivre les Byrrhus, les Pompeianus, et tant d'autres qui le nommaient « *un poison*, la honte de l'espèce humaine, si seulement il eût été un homme ! » C'est encore ainsi qu'il *pardonna* à Manilius, secrétaire autrefois de Cassius, arrêté à Rome par des agents trop zélés, et qu'il dut feindre de brûler généreusement les papiers de cet ennemi sans les lire.

Malgré ces sages précautions, le ministre Perennis tomba dans la disgrâce de l'armée de Bretagne ; quinze cents légionnaires se rendirent à Rome pour demander sa tête, et Commodus épouvanté la leur livra. Cleandros, successeur de Perennis, était l'homme qu'il fallait pour précipiter la chute de la tyrannie. Il crut se faire aimer en consacrant à des fondations populaires, bains, portiques, etc., une part des immenses richesses qu'il tirait de la vente des emplois. Mais son avidité osa toucher à un objet sacré, au blé du peuple. En temps de peste et de famine, on reconnut sa main dans les manœuvres du monopole. La cavalerie du prétoire chargea les Romains soulevés, et les citoyens résistèrent dans les rues, se défendirent du haut des maisons. Les cohortes urbaines se joignirent au peuple contre les prétoriens, qui furent défaits, et Commodus, à deux doigts de sa perte, se vit encore obligé de sacrifier son ministre. Il était temps que les généraux vinssent trancher une situation qui ne pou-

vait plus se prolonger. La conscience du sénat les invoquait. Le peuple ne craignait pas de les appeler à grands
cris.

Un événement d'un autre genre fit juger de l'état et des
dispositions des campagnes. Depuis longtemps des bandes
de déserteurs, de prisonniers échappés et d'esclaves fugitifs
désolaient la Gaule et l'Hispanie. Traquées de toutes parts et
presque anéanties, comme il arrivait périodiquement, elles
se trouvèrent cette fois renforcées par des éléments plus
dignes d'attention ; elles passèrent en Italie, et recueillirent
sous des bannières improvisées une foule de serfs et même
de nouveaux affranchis, que la réaction et la vengeance des
maîtres poussaient à la rébellion. Nous appelons serfs ces
esclaves nés en Italie ou dans la Province, déjà faits aux coutumes romaines et sortis de la barbarie, parmi lesquels les
grands propriétaires ruraux avaient dû chercher des fermiers
emphytéotiques, conformément à la loi agraire des dictateurs. On se rappelle que cette loi appelait les preneurs à la
liberté dans un bref délai, et en outre les autorisait au rachat
de leurs redevances. Cette classe d'hommes, dont la position
était devenue intolérable depuis l'avénement de Commodus,
voyait son espoir trompé, mais exalté en même temps. Dans
ces circonstances, une prise d'armes rappelait cette ancienne
époque, heureuse dans ses malheurs mêmes, où les plus
lamentables guerres civiles témoignaient du moins de l'existence de ces passions sociales et politiques qui sont l'aliment
nécessaire de la liberté. Vingt ans auparavant, une pareille
crise, d'ailleurs fort ordinaire, n'eût signifié que désordre et
pillage, et tout se fût terminé par des croix dressées à tous
les carrefours. Tout au plus, un chef audacieux se serait
glissé dans Rome, et des pelotons d'hommes déguisés auraient profité de la Megalesia, ou de quelque autre fête,
pour y faire éclater une conspiration, inévitablement trahie

d'avance. A présent Maternus tenait la campagne, et son drapeau avait une haute signification politique (1).

Dès avant ce temps, la question de la suprématie militaire avait été résolue contre Septimius Severus, qui n'avait pas survécu à sa défaite. Comme à Actium, comme à Pharsalia, les légions d'Orient avaient été vaincues par celles du nord et du centre de l'empire; et maintenant Pertinax et Albinus, joignant leurs armées au pied des Alpes, lançaient un appel au Sénat et au Peuple romain pour la liberté. Pertinax réclamait le titre que les dictateurs avaient eu le droit de lui transmettre en vertu de l'investiture solennelle à eux donnée. Il s'excusait sur d'impérieux devoirs militaires, de n'avoir pas plus tôt délivré la république du monstre qui la souillait. Il désignait Clodius Albinus comme son second et son successeur; après eux, si le sort les trahissait l'un et l'autre, Pescennius Niger, échappé naguère du camp de Septimius et promu au commandement de l'armée de Gaule et Bretagne. Enfin, et en prévision de l'époque dont il était permis de s'inquiéter déjà, à laquelle devaient se terminer les pouvoirs dictatoriaux, aux termes de la délégation faite à Marcus Aurelius et à Cassius par le peuple romain, il annonçait une assemblée générale, sur le forum, des ordres sénatorial et équestre, réunis aux simples citoyens de Rome et aux délégués de l'Italie et des provinces.

A ces dernières nouvelles qui comblaient l'attente, Rome entra dans le délire de la joie, et les sénateurs n'avaient pas fait taire leur émotion pour délibérer, que déjà Commodus

---

(1) La plupart des traits de ce tableau sont historiques, en totalité ou en partie. Quelques-uns sont altérés, comme ils doivent l'être en conséquence des faits contingents que l'auteur de l'*Uchronie* a introduits de son chef à la fin du règne de Marc-Aurèle. Tout changement grave apporté à un moment quelconque de l'histoire a des ondulations qui modifient les événements subséquents et les transforment de proche en proche, jusqu'à les rendre enfin méconnaissables. L'*Uchronie* n'est autre chose que l'esquisse d'un choix entre les transformations possibles.   (*Note de l'éditeur.*)

tombait sous les poignards de ses familiers, pressés de s'assurer le pardon des nouveaux maîtres, mais bientôt massacrés eux-mêmes par une troupe de prétoriens qui couraient
par la ville à la recherche d'un empereur. L'énergie du prétoire s'arrêta là. Nul n'osa s'offrir pour lui acheter, avec
l'empire, une mort certaine et prompte, pas même un Didius,
un de ces sots extravagants qui mordent au premier appât
des grandeurs. Les prétoriens tombèrent dans un état de
résignation stupide, cherchant à peine lesquels d'entre eux
ils pourraient bien sacrifier pour mériter le pardon de leurs
anciens méfaits. Quelques jours plus tard, ils étaient sans
armes au champ de Mars, entourés de légions mena-
çantes. Pertinax les décima et les licencia. Ainsi finit l'armée prétorienne ; de ce jour, Rome ne connut plus que
par tradition cette institution fameuse, fondée et consolidée
pour la sûreté de l'État par des hommes qui préféraient
quelque chose à l'État : leur pouvoir propre et terminé à
eux (1).

La mémoire de Commodus fut vouée à l'infamie, et son
corps pendu au crochet, au milieu du plus effroyable con-
cert d'imprécations dont jamais assemblée humaine ait
retenti. Le sénat se livra sans péril à la basse fureur suite
ordinaire des revirements politiques (2). Heureusement,

---

(1) On sait que les prétoriens furent effectivement cernés, désarmés et licenciés, mais seulement par Septime-Sévère, après le meurtre de Pertinax et le
monstrueux encan de l'empire. Le même empereur les réorganisa et en qua-
drupla les cohortes. L'institution remontait à Octave.

(2) On peut lire dans Lampride les longues et épouvantables *acclamations*
du sénat. Ce sont de véritables litanies, avec répétitions, allitérations et conson-
nances : « hosti patriæ honores detrahantur ; parricidæ honores detrahantur ;
parricida trahatur ; hostis patriæ, parricida, gladiator in spoliario lanietur ;
hostis deorum, carnifex senatus : hostis deorum, parricida senatus : hostis
deorum, hostis senatus... Qui senatum occidit vinclo trahatur ; qui innocentem
occidit unco trahatur : hostis, parricida, vere, severe... Rogamus, Auguste,
parricida trahatur... Exaudi, Cæsar, delatores ad leonem. Exaudi, Cæsar, etc.,
etc. » *Hist. Aug.*, in Comm. Anton.   (*Note de l'éditeur.*)

Pertinax donna bientôt aux sénateurs de plus dignes occasions de montrer leur patriotisme. Ils ne balancèrent pas à le remercier, non-seulement pour la délivrance commune, mais aussi pour l'activité avec laquelle il faisait reprendre l'exécution des mesures agraires. Ils souffrirent, sans trop murmurer, que Maternus, naguère soldat, chef d'esclaves révoltés, fût élevé, avec le titre de censeur rural, à un poste administratif important et d'une signification fort grave. On le chargea de la direction du cadastre, de l'enregistrement des baux et rentes constituées entre esclaves et maîtres, et de la surveillance des faits d'affranchissement légal. Les plus aveugles de l'ancienne oligarchie voyaient désormais, tous ceux du moins qui avaient quelque sentiment du bien et de la patrie (mais ceux-là mènent les autres quand ils veulent en prendre la peine), ils voyaient clairement que le salut de la chose romaine était au prix de ce grand sacrifice. Remonter ainsi au temps des Gracchi, et cela par des lois tout autrement radicales que n'étaient les projets de ces grands citoyens (1), accomplir ce qu'ils n'avaient pu même commencer en y perdant l'un après l'autre la vie, on ne l'eût espéré ni rêvé après les Nero et les Vitellius; on le voulut après Commodus, parce que ce règne, qui annonçait les derniers des malheurs, l'humiliation extrême, l'indubitable fin de tout ce qui s'était nommé Rome et république, avait été solidaire d'une réaction des intérêts menacés contre la glorieuse initiative de Cassius.

L'égoïsme aveugle faisait donc place à l'intérêt bien entendu. On n'affranchissait pas les esclaves par humanité, quoique, à vrai dire, il est plus que douteux qu'on en fût jamais venu là sans l'humanité et la philosophie; mais on

(1) Les projets de lois agraires du temps de la république portaient exclusivement sur le domaine public et ne touchaient en rien les propriétés patrimoniales. *(Note de l'éditeur.)*

voulait rendre une population à l'Italie. On n'entreprenait point de limiter la propriété par principes de modération et de tempérance; on ne ressentait qu'un goût très-médiocre pour les lois somptuaires en matière de biens-fonds, mais on se répétait consciencieusement l'adage populaire du naturaliste : *Latifundia perdidere Italiam;* on se souvenait que Pompeius et Cicero eux-mêmes avaient senti la nécessité de peupler la solitude de l'Italie et de vider la sentine de Rome (1). En général, ces grandes mesures sont préparées par les grands sentiments et exécutées par les grands intérêts. Et ces intérêts sont doubles : les uns, ceux des opprimés, longtemps faibles et condamnés à l'impuissance, quand ils n'ont d'autre appui qu'eux-mêmes et une justice encore contestée; les autres, ceux des oppresseurs, longtemps méconnus, et dont la reconnaissance définitive exige un peu de sagesse et beaucoup de malheurs.

La plus importante des lois de salut, après la réforme agraire, était la loi de l'organisation militaire. Pertinax y rencontra des difficultés, mais de celles qu'on lève quand on ne manque ni de résolution ni de confiance dans l'avenir. Il était possible de concilier la défense et la sécurité de l'Empire, l'ordre intérieur des villes et la police des campagnes, avec la réduction de la durée du service et l'entière suppression du *métier* de soldat. Pertinax y réussit en substituant au régime impérial des engagements volontaires, le régime de la république, sous lequel tout citoyen est soldat par nature. Mais la guerre n'étant plus ce qu'elle avait été jadis, une préoccupation de tous les lieux et de tous les instants, la fonction réputée la plus naturelle et la plus noble de l'homme, on pouvait imposer aux citoyens les mêmes devoirs sans exiger d'eux à beaucoup près les mêmes sacri-

(1) Et sentinam urbis exhauriri et Italiæ solitudinem frequentari posse arbitrabar. Cicero, *Ad Atticum*, I, 19

fices. Tous furent donc assujettis à l'instruction militaire, et obligés à un certain stage de la vie des camps. Après cela, les contingents ne durent être appelés que par ordre d'âge, et pour un temps déterminé, selon les besoins de l'attaque ou de la défense. Le législateur ne craignit pas d'armer les provinces, et d'affecter plus spécialement le contingent militaire de chacune d'elles à la garde de ses frontières extérieures en temps de paix. De deux dangers, celui de la révolte et de l'affranchissement de telle ou telle partie de l'Empire, dans les temps futurs, celui de l'anéantissement de toute liberté et de toute civilisation par le maintien d'une armée permanente sans patrie, il feignit de n'apercevoir pas la première; au fond, il s'y livrait généreusement, en stoïcien qui voit l'humanité au-dessus de Rome même. Quant à la police intérieure, Pertinax la mit partout entre les mains des milices locales, sauf exception motivée. *La Ville* elle-même n'eut pas d'autre garde urbaine, car il est inutile de parler d'un petit nombre d'agents spéciaux, indispensables pour la surveillance de cette lie des nations, des sectes et des mœurs, qui s'accumulait dans les bas-fonds de la capitale du monde.

La pensée de ces réformes remontait à Cassius. Le règlement ne devait pas en sembler difficile à un esprit large et résolu, d'ailleurs rompu à la connaissance et au maniement des institutions militaires. Ce qui était scabreux, c'était d'en conduire l'exécution sans indisposer, sans alarmer les soldats et les officiers de l'armée actuelle, sur lesquels devait reposer pendant quelques années la sécurité du nouvel ordre des choses. Pertinax jugea qu'un problème dont la solution dépendait de sacrifices pécuniaires, grands sans doute mais momentanés, n'était pas fait pour arrêter l'homme d'État. Il distribua sagement aux soldats des gratifications qui dépassaient sans mesure ce qu'on avait vu sous les tyrans. Il ne parla point du licenciement des vieilles milices, mais de leur renouvellement progressif. Certains corps d'élite, qu'il était raisonnable de constituer sous la forme ancienne, durent se recruter des vétérans les mieux méritants; enfin un capital relativement considérable fut assuré à chacun des retraités qui s'établissait selon l'usage dans les colonies militaires. D'autres politiques eussent préféré, sans doute, laisser ouverte pour les siècles la veine par où se répandaient les finances de l'État, au péril de voir le gouvernement disputé sur les champs de bataille et vendu dans les camps, comme autrefois; Pertinax aima mieux la fermer à force d'or. Il ne consulta pas le sénat. Il savait que certaines économies peuvent être réclamées avec opiniâtreté par des hommes aveugles ou perfides, et devenir la source de dépenses prolongées et d'irréparables malheurs.

Nous ne raconterons pas comment le dictateur mit à l'encan le prodigieux mobilier de Commodus, ou comment il força à restitution les créatures gorgées du régime impérial. Nous ne dirons rien de la tenue modeste de sa maison, de l'éducation simple et libérale qu'il fit donner à son fils, confondu sans titre ni honneurs dans la foule de ceux de son âge, ni des banquets philosophiques où se réunirent périodiquement les inspirateurs et les chefs de la grande réforme. Le lecteur peut suppléer sans peine à toutes les conséquences d'une pensée fondamentale. Il y aurait plus d'intérêt à décrire l'esprit et l'organisation des établissements d'instruction publique, à Rome, dans les villes des provinces et jusqu'au fond des campagnes, sur une échelle immense et inespérée. Là encore Pertinax évita la plus ruineuse des économies, celle qui épargne la fortune publique en appauvrissant l'âme et les ressources morales du peuple. Il entendit que tout citoyen fût instruit dans la profession de citoyen, tout homme informé de ce qui intéresse l'homme. Les lois, leur esprit et leur but; la morale et sa conception rationnelle, en ce que toutes les écoles philosophiques ont de commun depuis Socrates jusqu'à Epicouros; les droits de la nature humaine reconnus par les jurisconsultes, voilà ce qu'il voulut mettre à la portée des plus humbles habitants de l'Empire, afin que chacun pût s'appliquer l'*humo sum* du poëte, mot fameux auquel on donnait déjà la haute signification qu'il n'avait peut-être point à l'origine. Mais qu'est-il besoin de parler de choses qui sont sous nos yeux et dont nous avons même accru l'héritage?

Les nouveaux religionnaires bénirent aussi la révolution qui était leur délivrance : on cessa de les condamner sur témoignage, et de payer les délateurs; on n'exigea d'eux que le serment civil, et en Occident seulement; ils s'estimèrent heureux de trouver un asile légal dans certaines provinces. Presque tout ce qui restait de ces malheureux se décida à l'émigration, et le gouvernement alloua un viatique aux plus pauvres. De ce jour, l'Egypte, la Syrie, la Phénicie, la Palestine et l'Asie Mineure, l'Afrique, enfin, qu'il fallut sacrifier aussi, commencèrent à être occupées par une population chrétienne rapidement croissante; tandis que les provinces de l'Occident et du Nord étaient purgées avec la dernière rigueur de tout vestige des religions orientales. Parmi les sectes qui ne répugnaient point au serment, quelques-unes furent poursuivies et condamnées, dans la suite, comme immorales. Un petit nombre, d'abord protégées par leur faiblesse, ne tardèrent pas à s'éteindre, faute d'aliments, au milieu d'un peuple dont l'instruction et la vie politique allaient s'agrandissant.

De très-graves modifications s'introduisirent dans le culte public de Rome à cette époque. On peut les juger plus politiques que religieuses; mais c'est qu'elles portaient sur des

points où ce double caractère est inévitable. L'idée même
du culte public se transforma. Jusque-là, des sacrifices so-
lennels avaient eu lieu à de certains jours et en de certaines
occasions. Les magistrats continuèrent d'y prendre part,
mais comme délégués de ceux des citoyens dont la dévotion
les investissait d'un pouvoir à cet égard ; peu à peu la fonction revint tout entière à des magistrats spéciaux électifs, à
des flamines qui n'eurent qu'un mandat privé, et se confon-
dirent enfin avec les desservants dès temples. Augustus avait
astreint les sénateurs à sacrifier régulièrement avant leurs
séances : le sénat déclara ses membres libres, et la religion
chose de foi, non d'obligation. L'organisation des aruspices
et la correction des livres sibyllins, œuvres de l'hypocrisie
d'Augustus, furent publiquement traitées d'arbitraires, et
on ne craignit pas de dire tout haut le grand secret qui ne
surprit personne : savoir que la tradition était perdue,
n'ayant pu survivre si longtemps à la crédulité qui lui avait
donné naissance. Le culte des Grands Dieux, qui n'était plus
guère soutenu que par l'État, perdit beaucoup de son importance quand il fut confié à la bonne volonté des citoyens,
car le peuple tendait toujours à particulariser ses dévotions.
Le culte des Dieux Lares resta donc le plus vivant, de même
qu'il était le mieux compris, le plus sérieux et l'un des plus
acceptables à la raison. Les Romains honoraient sous ce nom
des génies, des *morts immortels*, protecteurs naturels des
cités, des quartiers, des bourgs, des maisons, des familles;
et les esclaves, comme membres inférieurs de l'association
domestique, prenaient une part considérable à ce culte dont
ce n'était pas là le moindre mérite.

Les autels de Cæsar et d'Augustus une fois renversés, leurs
images chassées des maisons et des carrefours où la flatterie
les avait posées et les entretenait, les *Lares augustaux* partout supprimés et leurs nombreux desservants demeurés

sans fonctions, du moins religieuses (1), une place restait
vacante dans les respects accoutumés des peuples, la place
du premier empereur. Il était juste qu'à la tête des Lares
publics et privés figurât celui qu'on pût regarder comme la
représentation la plus pure des idées de liberté, de république et de salut populaire, et comme le symbole de la protection attendue, pour Rome régénérée, du haut des sphères
habitées par les défunts bienheureux. Un mouvement spontané des populations éleva à ce rang suprême des grands
morts invoqués, ici Marcus Aurelius, là Cassius, presque
partout l'un et l'autre réunis, inséparables. Pertinax proposa
au sénat d'accorder la sanction légale à ce culte nouveau,
auquel étaient si visiblement étrangers toute pensée adula-
trice, tout sentiment de basse adoration, indigne d'hommes
libres. Le décret, qui fut voté par acclamation désignait le
panthéon d'Agrippa comme le principal sanctuaire des Lares
publics. Il fut interdit (sans toutefois que le culte des particuliers pût jamais être l'objet d'une inquisition) de placer
des personnes vivantes au nombre des Lares du peuple romain. Le sacrifice du porc, autrefois institué, probablement,
à cause du caractère spécialement utile de cet animal dans
l'économie domestique, fut retranché du culte public. On
ne conserva que l'usage de l'encens, parce qu'il est permis
d'y donner une signification d'honneur plutôt que de latrie.
On prescrivit de réciter assis ou debout les prières, dont les
formules, en grande partie nouvelles, devaient demander
aux Lares d'inspirer les cœurs et de conserver les familles,
les cités, la grande cité, en communiquant de nobles sentiments et la force du bien aux pères, aux enfants et aux citoyens. Enfin le même décret chargea Pertinax de réorga-

(1) Auguste avait créé pour les *seviri augustales*, affectés à la célébration de
son culte dans tout l'Empire, de véritables magistratures municipales, fort importantes et dotées de nombreux privilèges. (*Note de l'éditeur.*)

niser la fête des Compitales. Cette grande solennité des
familles avait pour ministres principaux les affranchis et les
esclaves. Ceux-ci y participaient en hommes libres. Nulle
fête ne touchait plus profondément les cœurs, n'élevait davantage le peuple au-dessus de lui-même, aux pensées générales, au sentiment de l'unité, et en même temps n'avait
plus d'intérêt pour les femmes et les enfants. On ne pouvait
donc mieux choisir le grand jour d'expansion de la république.

Ainsi, pendant que les cultes anciens, liés à l'enfance de
Rome, tels que ceux de Vesta, de Saturnus, de Mars, de Jupiter Capitolinus ou de Junon Sospita, sans être abandonnés,
devenaient de plus en plus symboliques ou purement cou-
tumiers, et cessaient de répondre à des croyances bien
positives du peuple, un culte public d'un autre genre avait
tout conquis : un culte prêt sans doute à revêtir des formes
repoussantes et dangereuses, si le système de la divinité
impériale et de l'adoration du pouvoir prévalait, et peu
durable en ce cas, parce que les doctrines mystiques d'incarnation et de sacrifice s'y seraient nécessairement substi-
tuées ; capable au contraire de s'implanter fortement, et de
devenir l'expression religieuse de sentiments justes et élevés,
si le rétablissement de la liberté retrempait les âmes. Depuis
près de trois siècles que Cæsar avait traité de fables, en
plein sénat, les traditions de l'immortalité de l'âme et du
jugement des morts, la croyance publique n'avait certes
point renoncé à l'espérance d'une destinée ultérieure des
personnes humaines ; le culte même des Lares en faisait foi ;
mais la foi du peuple était vague, bien que très-ferme, et les
philosophes divergeaient beaucoup d'opinion sur les questions de divinité et d'immortalité. Tous pouvaient s'accorder,
et les incrédules eux-mêmes, dans un culte qui unissait les
idées de liberté et d'apothéose. Enfin ce culte était bien un

culte public, essentiellement lié à la conception civile et politique de Rome, comme par le passé, extérieur aux croyances individuelles, ne les repoussant point, ne leur donnant pas non plus la sanction de l'État, en un mot reconnaissant et respectant la foi libre, exprimant la foi commune, en termes qu'un citoyen ne pouvait désavouer. C'est bien là tout ce que peut être une religion civile.

La première fois que la fête des Compitales fut célébrée, après la promulgation des décrets religieux, Clodius Albinus formula dignement dans le sénat le principe de l'apothéose : « Nous avons abattu les statues des tyrans, édifions sans crainte les autels des grands hommes. Qui se trompera, si ce n'est volontairement, sur le genre des honneurs que nous leur rendons? Ces autels que la Grèce éleva pour la première fois à un Lysandros, ardent ennemi de toutes les libertés, et vivant! que Rome, en un siècle d'avilissement, consacra au vainqueur Julius Cæsar, au vainqueur Octavius Augustus, consacrons-les aux vaincus dont la mémoire triomphe dans nos cœurs! Élevons un temple à Marcus Aurelius, ou plutôt, pour l'imiter, à la *Bonté*, sous l'invocation de Marcus Aurelius; un temple à Cassius, ou plutôt à la force morale, à la *Vertu*, sous l'invocation de Cassius! Adressons-leur nos vœux, rapportons-leur nos bonnes pensées, car la prière à *Ceux d'en haut* (*superis*) élèvera nos courages, pourvu qu'elle ne soit pas une vaine imploration de grâces impossibles, mais une sanctification de nos résolutions et de nos desseins, en présence de ceux que nous croyons en possession de l'immortalité méritée. Offrons-leur même des sacrifices symboliques, que la loi ne commande point, en signe du don de nos biens et de nos vies, que nous devons être prêts à faire pour les vertus et les œuvres qui les illustrèrent.

» Mais on nous accuse d'idolâtrie! Et qui nous accuse? Les ennemis du nom romain et de la liberté, de la dignité humaine dont ce nom est aujourd'hui l'emblème dans le monde entier. Qui? Ceux qui font descendre au milieu d'eux, par des formules d'enchantement, le dieu qu'ils adorent, et s'en font un aliment sacré, démentant ce qu'a dit Cicero, trop peu informé des aberrations orientales, que nul n'est assez fou pour croire dieu ce qu'il mange (1).

» L'idolâtrie ne consiste pas à vouer à l'homme élevé par son mérite au plus haut point de la nature humaine un culte que l'homme puisse également rendre ou recevoir sans s'avilir; mais bien à dégrader cette nature et à se dégrader soi-même, en élevant quelque autre homme ou quelque autre chose au-dessus d'elle et de sa perfection idéale, pour l'adorer. Un jour viendra, cela se peut, où nos descendants refuseront même de s'abaisser à rendre hommage à des hommes qui furent mortels comme eux, à ces morts dont la condition présente au sein de l'univers est le secret des Dieux. Ah! sans doute ils seront trop vertueux dans ce temps-là pour éprouver le besoin de rendre un culte à la vertu! Mais on a le droit de compter alors qu'ils regarderont la raison comme une part de leur dignité. Ils ne se prosterneront pas pour adorer, sous le nom usurpé de mystères, des dogmes inintelligibles dont la soi-disant révélation a pour effet certain d'écraser la nature humaine.

» On nous accuse aussi d'athéisme. Pourquoi? Quels dieux nous manquent-ils? Rome n'en a que trop peut-être, et d'une essence trop obscure. Les citoyens ne sont-ils pas libres de vouer leur culte aux dieux qui ont leur foi? Les nations ne conservent-elles pas les leurs, quand elles les estiment vrais et bons? Absurdes ou méchants quelquefois, nous ne les contraignons pas à les abandonner. Faudra-t-il que pour posséder un Dieu, à la requête de nos accusateurs, nous

---

(1) Ecquem tam amentem esse putas qui illud quo vescatur deum credat esse? *De Natura deorum*, III, 16.   (*Note de l'éditeur.*)

prenions celui qu'il leur plaît de forger, ou plutôt qu'ils
empruntent eux-mêmes, en le défigurant, à une nation qui
les accuse d'impiété et veut les lapider? Mais c'est peut-être
le grand dieu de la nature qui fait défaut à nos intelligences?
Ne philosophons pas, sénateurs, mais demandez aux stoïciens!
ou le dieu de la pensée et de la vertu, fin motrice de tous
les êtres? Demandez à Aristote! ou le créateur, le grand
ouvrier dont la bonté modela l'univers? Lisez le Timée de
Platon, que Marcus Tullius a traduit pour vous, avant que
ces gens-là fussent au monde! ou l'incompréhensible essence
à laquelle toute qualité répugne? Voici Xénophanès et Par-
ménidès, voici Straton, choisissez! Enfin, si l'on a mieux à
nous offrir, nous écouterons quiconque n'affichera pas la
prétention de violenter notre foi pour introniser la sienne
dans l'État, sous le prétexte d'une idolâtrie à renverser qui
n'existe pas.

» Au surplus, n'allons pas chercher si loin nos dieux.
Nous pourrions chercher longtemps et nous égarer. Mais je
vous adjure tous : n'est-il pas vrai qu'au-dessus des génies
bienheureux que nous honorons, au-dessus des spéculations
de la physique (1), et des fantaisies superstitieuses des
hommes, et des traditions plus respectables des nations, il
est un dieu souverain de nos consciences? A ma voix, vos
cœurs ont senti celui que je veux dire, quoique son nom ne
vienne pas tout d'un coup sur vos lèvres. On peut essayer de
le désigner avec Platon : c'est le Soleil du monde intelligible, le générateur des idées, le Bien. Nous le connaissons
sans le pénétrer, nous l'adorons sans nous courber. C'est le
dieu qui ne nous trompe jamais; c'est le dieu que nul
ne pourra nier sans prononcer contre soi-même la mort de

---

(1) La plupart des systèmes de philosophie, mais surtout le stoïcisme, clas-
saient sous le nom de physique les spéculations qu'on appela plus tard ontologie
et théologie.   (*Note de l'éditeur.*)

l'âme; c'est le dieu qui, communiquant une parcelle de son essence aux mortels qui l'approchent, nous autorise à leur offrir l'encens de nos louanges, et l'hommage de nos vertus, encouragées par leur exemple.

» Quand le fanatique ramasse sur le champ des morts les os calcinés du *témoin* de sa foi, quand il les baise avec ardeur et va les consacrer dans sa chapelle souterraine, il obéit à ce mobile sacré qu'il appelle chez nous une idolâtrie. Et quand, tout entier plongé dans les ténèbres d'une conscience exclusive, il s'obstine à nier la conscience universelle, ou à s'en attribuer le monopole, il méconnaît les seuls dieux obligatoires du genre humain, l'Amour, la Justice et la Liberté; c'est-à-dire ce dieu unique, le Bien, qui les rassemble. A son tour, il est pour nous un athée, il n'est point digne de la liberté qu'il veut nous ravir. Seul au milieu de cette république où tant de croyances particulières se rencontrent sans se combattre, il n'est point membre de la communauté. Ne s'en imposant pas les devoirs, il n'en a pas les droits, et c'est lui qui le veut ainsi. L'avenir dira ce que peut engendrer pour nos provinces orientales un fléau que la douceur de nos mœurs nous condamnerait à y souffrir, alors même que nous croirions pouvoir l'extirper entièrement par le fer, à la manière de l'infâme Commodus. Mais nous, sénateurs, citoyens, peuple d'Italie, et des Gaules, et de Grèce, et d'Hispanie, marchons résolûment dans la voie du salut; persévérons dans le culte saint de la liberté, des grands hommes qui nous l'ont conquise, de ceux qui la maintiendront. Défendons nos cités et nos familles. L'humanité vit en nous. »

On voit quelle préoccupation avaient jetée dans les esprits la grande persécution de Commodus et la mesure de clémence qui livrait au christianisme l'Orient sacrifié. Nous avons rapporté les principaux traits de ce discours, afin qu'on pût apprécier la situation morale des partis religieux, au moment où l'opposition des deux régions de l'empire allait se marquer de plus en plus, pour aboutir, après deux siècles environ de luttes sourdes entremêlées de révoltes, à une division éclatante.

Cependant le jour approchait où les pouvoirs dictatoriaux devaient prendre fin, et aucun événement politique n'en réclamait la prolongation. L'assemblée des délégués de l'Italie et des provinces, réunis aux sénateurs et aux citoyens de Rome, était le point de mire de tous les esprits. Un mouvement inusité courait à travers le corps rajeuni de la République. Enfin ce grand jour se leva. Pertinax n'y assista point, mais sa mémoire y présida avec la pensée du dernier sacrifice qu'il venait d'accomplir. Ce grand homme usé par les travaux et les veilles, toujours infatigable, quoique déjà très-âgé, couvert de blessures qu'il n'avait pas toutes reçues de l'ennemi, voulut aller de sa personne au secours du général qui, promu en Orient à la place de Septimius Severus, ne parvenait point à se mettre en possession de l'autorité. Vainqueur, il eut à peine la force de rentrer à Rome et s'ensevelit dans son triomphe.

La composition de l'assemblée soulevait des problèmes très-graves, et alors nouveaux, qu'Albinus dut résoudre avant de la réunir. Telle qu'on l'avait conçue jusque-là, un peu grossièrement, il était difficile de comprendre comment elle aurait pu délibérer et mettre de l'ordre dans ses séances. On fut conduit à réduire les délégués provinciaux au plus petit nombre, et par suite, afin d'établir une indispensable homogénéité entre tous les éléments de l'assemblée, il fallut décider que les citoyens de Rome seraient aussi tenus de se faire représenter par quelques-uns. On était loin des temps de la guerre sociale : les Romains abandonnaient leurs derniers priviléges et s'identifiaient avec le monde qu'ils avaient conquis. Ainsi la force des choses avait premièrement amené

l'idée politique de la représentation des citoyens distants de
la métropole, puisqu'on n'aurait pu autrement satisfaire à
leurs droits ; et maintenant elle amenait l'application de
cette idée à ceux mêmes qui résidaient au siége du gouvernement central. Il n'y eut d'exception qu'en faveur du sénat,
appelé tout entier à prendre séance. L'assemblée n'en
compta pas moins plus de trois mille membres. Toutes les
municipalités notables de la république y étaient représentées. Les grandes exploitations rurales avaient dû s'entendre pour envoyer leurs députés, ainsi que les corporations d'artisans qui s'étaient fort multipliées sous les derniers
règnes, et que Trajanus entre autres avait organisées sous le
régime du monopole. On y voyait enfin, comme délégués des
intérêts commerciaux, un certain nombre d'affranchis, et
des plus nouveaux, au grand scandale de ceux des sénateurs
qui résistaient au mouvement général des esprits.

On peut chercher ailleurs le détail des délibérations de la
grande assemblée, des réformes qu'elle approuva ou dont
elle prit l'initiative, et des inévitables troubles qui les traversèrent. Faisons connaître succinctement le système de
gouvernement dont elle posa la base. Albinus exerça sur
les résolutions un ascendant qu'il fit tout pour ne pas perdre ;
soit ambition, dont les meilleurs ne sont pas toujours
exempts, soit qu'il sentît, et bien d'autres avec lui, la nécessité d'une main ferme pour le soutien d'une œuvre à
laquelle la force avait eu jusque-là tant de part.

Les pensées dirigeantes de la majorité furent surtout
celles-ci : il fallait s'écarter le moins possible des formes et
des noms de l'ancienne administration romaine, mais on devait s'en éloigner pour le fond, là où tout avait démontré
depuis trois siècles la nécessité de décentraliser en partie
l'administration pour prévenir la concentration césarienne
du pouvoir ; et il y avait lieu de conserver, en l'agrandissant

par l'adjonction d'un élément italien et provincial plus populaire, l'autorité de cette classe patricienne, en partie la plus éclairée de l'empire et la plus amie de la liberté, qui avait produit et produisait toujours les principaux auteurs, les principaux soutiens de la réforme. L'administration centrale fut donc remise aux mains d'un consul unique et viager. Le sénat dut nommer tous les quatre ans, sous la ratification du consul, cinq tribuns inviolables : un Romain, un Italien, un Grec, un Gaulois, un Hispanien, chargés de la surveillance générale au nom du peuple, et armés du droit de *veto*. Ce droit des tribuns dut s'exercer à l'unanimité contre les lois et les sénatus-consultes, à la simple majorité, contre les mesures consulaires quelconques. Le sénat fut composé, premièrement, de ses anciens membres à titre héréditaire ; secondement, d'un nombre égal de membres nommés à titre viager par les assemblées provinciales, la composition de celles-ci étant ordonnée de manière à assurer la représentation de toutes les classes de citoyens. Le premier des consuls fut Albinus, nommé exceptionnellement et par acclamation. L'avantage du système des adoptions, le rôle important que cette pratique avait jouée sous les Antonini et dans toutes les mesures qui avaient préparé ou accompli la révolution, décidèrent l'assemblée à l'adopter pour la transmission du pouvoir consulaire. Tout consul entrant en charge dut se désigner un successeur, qui serait aussi son suppléant en cas d'empêchement. L'hérédité du consulat fut interdite.

Le consul eut dans ses attributions la direction et le commandement supérieur des forces militaires organisées par les lois de Pertinax, mais avec défense de sortir de l'Italie. Préteur suprême, il fut chargé de l'administration de la justice, avec l'aide d'un conseil de jurisconsultes désignés par le sénat, et la nomination des gouverneurs provinciaux lui appartint. Censeur, il fut chargé de ce qui existait encore des pouvoirs de cette ancienne magistrature. Mais les fonctions du grand pontife, celles des trois grands flamines et des quindécemvirs, et les autres de même nature, furent définitivement dépouillées de tout caractère politique et exclues des titres officiels.

Enfin le sénat fut investi du droit que les empereurs n'avaient jamais contesté, mais qui était devenu purement nominal, de juger et de révoquer les consuls, *pour cause grave*. Et ceux-ci durent lui demander la sanction des traités ou déclarations de guerre, ainsi que des lois et de l'établissements des impôts (1).

La constitution fut déclarée perpétuelle, et la peine de mort édictée, suivant un usage ancien peut-être peu efficace, contre quiconque en proposerait le changement. Elle fut néanmoins le premier grand exemple donné aux hommes d'une législation universelle, établie rationnellement par ceux mêmes qui devaient y obéir, non plus par un appel à l'initiative d'un Lycurgue ou d'un Solon, ou sous la sanction d'un oracle. Rome s'éleva ainsi à la possession réfléchie et à la transformation libre de ses institutions traditionnelles. Quant au fond même de l'organisation politique, il est vrai qu'on restait loin de l'ancienne démocratie d'Athènes, et surtout de l'idée qu'un philosophe peut se faire d'un gouvernement de l'homme par soi-même. Mais il faut avoir égard à la nature et à la situation de l'Empire. Ce corps politique artificiel était-il capable d'une constitution que des corps naturels d'une masse infiniment plus maniable n'avaient su se donner, ou dont leurs membres vicieux avaient fait un indigne usage, et que finalement ils avaient

(1) L'auteur de l'*Uchronie* donne ci-dessous (au commencement du cinquième tableau) quelques nouveaux éclaircissements pour l'intelligence de cette curieuse constitution qui aurait été digne de figurer, cinq cents ans auparavant, si elle eût alors existé quelque part, au nombre des trois ou quatre cents dont Aristote avait fait l'analyse, si malheureusement perdue.   (*Note de l'éditeur.*)

vu se corrompre? Albinus et l'assemblée firent une œuvre
empirique et résolurent des problèmes empiriques. La solution qu'ils avaient trouvée dura près d'un siècle et en prépara une meilleure, qui ne disparut à son tour qu'au milieu
des maux inséparables de la décomposition de la grande République.

Si la justice et la liberté étaient données dans les mœurs,
elles s'imprimeraient sans peine dans les institutions, et
l'État tout entier se modèlerait à leur image. Mais ces vertus
se produisent imparfaitement et progressivement, — quand
elles se produisent. Elles engendrent donc des lois impar-
faites et progressives. Et malheureusement, s'il arrive que
quelques hommes parviennent à doter leurs semblables,
avant l'heure, de droits que ceux-ci ne demandent point, ou
dont ils ne sont pas dignes, on voit la liberté des citoyens,
incapable de se régir, se retourner contre elle-même et se
détruire. Il faudrait dire alors que l'excès du bien a produit
le mal, si une telle énormité morale était possible. Mais les
grands exemples, les nobles visées, les hautes tentatives sont
chose souverainement belle, utile, nécessaire, bien que condamnée par l'expérience, en un sens, comme non conforme
à la nature des faits observés à chaque moment. Le but le
plus modeste serait-il jamais atteint par les sociétés en
marche, si parmi ceux qui servent de guides, aucun n'avait
l'intention de le dépasser?

QUATRIÈME TABLEAU

Dissolution de l'empire. — Provinces d'Orient. — Les hérésies. —
Les émeutes. — Les Barbares. — La féodalité orientale et germanique. —
Les Églises catholiques.

La seconde moitié du xᵉ siècle de la civilisation (1) avait été signalée par un des événements décisifs de la lutte de l'Orient et de l'Occident. La crise de l'orientalisme, qui depuis Alexandre fils de Philippe, et les Césars romains, durant plus de cinq cents ans, avait paru devoir se terminer par la corruption irrémédiable de l'esprit occidental, s'était au contraire jugée par une réaction triomphante; et l'heureuse issue de tant d'abaissement et de douleurs procédait de deux de ces actes que la persévérante initiative de quelques hommes peut produire dans l'histoire : d'abord la concentration forcée des sectes orientalisantes en Orient, puis l'établissement d'une constitution romaine, en partie fondée sur les traditions d'État, en partie modifiée pour les besoins nouveaux du monde civilisé.

Moins de deux siècles après s'accomplit la séparation politique de l'Orient et de l'Occident. Si les auteurs de la réforme, Cassius, Pertinax, Albinus, mirent ce résultat dans leurs prévisions secrètes, on peut croire que leur patriotisme ne le déplora point. Celui qui a fait la part du feu dans un incendie a dû s'attendre à voir son domaine diminué de toutes les richesses qu'il a sacrifiées aux flammes.

---

(1) Fin du IIᵉ et commencement du IIIᵉ siècle de l'ère chrétienne.

On ne comprendrait bien ni la cause ni le résultat fatal
de la révolte qui éclata en Afrique et en Asie contre le gouvernement romain en 1150 (1), si l'on ne se formait une
juste idée des conséquences sociales attachées au développement du christianisme dans ces provinces. La secte,
disons la religion, maintenant qu'elle est libre et maîtresse
d'elle-même, ne reconnaissait au fond ni pouvoir politique,
ni lois civiles; tout entière à sa morale, à son culte et à son
dieu, elle avait par devers elle un système de prescriptions
et de règlements plus que suffisant pour ordonner la conduite et les relations de ses membres, sans intervention
d'aucune autorité étrangère. Ses *surveillants* (épiscopoi),
qu'on n'aurait pu mieux nommer, exerçaient sur les *fidèles*
une censure plus exacte, plus suivie et mille fois plus intime que celle qui avait appartenu anciennement aux censeurs de la république romaine. Élus par le peuple, ils
avaient à la fois pour eux le droit, le prestige et une force
irrésistible, celle de l'émeute populaire qu'ils pouvaient
soulever. Ils disposaient du pouvoir religieux souverain
qui consiste dans la faculté d'exclure les membres infidèles.
L'intolérance reine des cœurs, le fanatisme inspirateur des
actes amenaient rapidement le moment où cette *exclusion*
serait accompagnée de peines ou de dangers tellement
graves qu'elle équivaudrait à l'*inclusion* forcée. Enfin, si
l'ancienne autorité civile venait à disparaître, il était hors
de doute que l'autorité religieuse pourrait prétendre à lui
succéder, et qu'elle appliquerait sans difficulté à la défense
de mal faire et de mal penser l'antique sanction des supplices. On s'aperçut donc, aussitôt que le christianisme se
releva de la persécution de Commodus, et put s'organiser

(1) De l'ère chrétienne 374, peu d'années après la première division historique des empires d'Occident et d'Orient entre Valentinien et Valens.

(*Note de l'éditeur.*)

librement dans les provinces orientales, que cette religion
portait avec elle un système complet et arrêté de société et
de gouvernement.

Ce système, si d'autres puissantes causes n'eussent agi
pour en modifier l'application, se serait développé comme
se développent toutes les productions naturelles et instinctives
du peuple. En son état premier, c'était une démagogie. Les
surveillants, conducteurs d'âmes et membres privilégiés des
assemblées souveraines, possédaient il est vrai un titre viager ;
l'origine de ce titre, ensuite l'éventualité de l'émeute et les
sentences des conciles n'en mettaient pas moins celui qui le
portait à la merci du peuple dont il représentait les passions,
et de ses collègues dont il avait à satisfaire le dogmatisme et à
craindre la jalousie. Tous les traits caractéristiques de la démagogie sont là. Sous couleur de déclarer ce que l'autorité
divine avait promulgué jadis, ou du moins ce que le peuple
fidèle avait toujours cru, les conciles décidaient en réalité de ce
qu'on jugeait bon maintenant de croire et de pratiquer. Les
décrets se portaient à la majorité des voix, sans autre fondement que des textes pliables en tout sens, comme l'existence
même d'une minorité qui ne manquait jamais de textes en
offrait la preuve irrécusable. Mais ce qu'un État, un corps
politique peut toujours avouer n'être qu'une fiction nécessaire, à savoir l'accord entre le juste et le vrai, d'une part,
et la pluralité des suffrages, de l'autre, une théocratie ne
peut faire moins que de l'ériger en vérité absolue, contrainte
qu'elle est à professer son infaillibilité.

Il arrivait donc fatalement que la majorité prétendait
émettre la parole de Dieu, parole obligatoire pour la direction
des pensées et des actes des hommes, et portant damnation
éternelle contre toute conscience résistante. La minorité,
par contre, se trouvait réduite à tenir l'emploi de *l'ennemi*,
de celui qui fut *menteur dès le commencement*. Les malheu-

reux qui s'en faisaient consciencieusement les organes, que ce fût chez eux raison ou fanatisme, ou doute sur le fait même de la majorité vraie, étaient aussitôt honnis, pourchassés, exterminés, si possible il était, en qualité de gens exécrables, sentines de toute corruption et réceptacles de tous vices. Si la majorité eût pu être constatée avec quelque certitude, un gouvernement tel que celui où conduisait le christianisme de cette époque aurait été une démocratie, la plus oppressive sans doute qu'ont eût jamais vue, mais enfin ordonnée, régulière et présentant jusque dans son excès d'autorité les avantages d'un fonctionnement normal imperturbable du pouvoir. Il n'en était rien. L'unité, l'universalité de l'Église ne valait que comme idéal. Les assemblées dites universelles étaient rares ; encore pouvait-on contester leur titre et le contestait-on en effet ; et les assemblées provinciales, en lutte les unes avec les autres et avec leurs minorités respectives, les surveillants évincés, les remplaçants, les prétendants, l'ambition des clercs et le fanatisme des laïques, les passions théocratiques exaltées, la torche et le poignard de l'émeute entretenaient dans les régions chrétiennes de l'empire, sous le prétexte de gouvernement des âmes, une anarchie profonde dont le remède, en partie aussi dur et aussi triste que le mal, était en préparation et ne se prévoyait pas encore (1). A l'égard des mœurs privées des chrétiens, il n'y a point de raison de n'en pas croire leurs auteurs et leurs prédicateurs. Ils en ont fait tous une peinture très-sombre. Toutefois, beaucoup d'actes et d'appétits honteux ou odieux que la vie antique avait laissés paraître en pleine lumière apprenaient, à l'école du

(1) Il ne faudrait peut-être pas taxer ce tableau d'exagération avant d'avoir relu ce que rapportent les historiens des troubles, des émeutes, des massacres, des incendies, des crimes pires encore dont les hérésies donatiste et arienne furent l'occasion en Afrique et en Asie pendant les IVe et Ve siècles de notre ère. (Note de l'éditeur.)

christianisme, à se dissimuler, s'ils ne pouvaient se vaincre ;
c'est une des différences capitales entre la civilisation libre
et le gouvernement des âmes, que l'une étale volontiers ce
qu'elle tolère de mal, quand l'autre oblige à cacher sous des
dehors hypocrites et les infamies qu'il est. impuissant à réprimer, et beaucoup d'actes naturels devenus offensants
pour la pruderie publique. Mais ceci n'est plus de notre
sujet.

Ainsi depuis la scission morale de l'empire, l'Orient semblait arriver à la liberté à sa manière, comme l'Occident à la
sienne. Ici des réformes civiles et politiques ramenaient les
idées et les mœurs républicaines. Là le pouvoir des surveillants religieux se substituait graduellement à celui des officiers civils, découragés tout à la fois par le sentiment de
leur impuissance et par les ordres d'un laisser aller presque indéfini qu'ils recevaient de Rome, en tout ce qui n'af-
fectait pas la souveraineté politique nominale et la rentrée
de l'impôt. Et comme ce pouvoir épiscopal ou de surveillance avait sa source dans le peuple, et sa sanction pareillement, sous le couvert de Dieu, une sorte de république en
paraissait aussi la conséquence. Après la similitude apparente, voyons la diversité radicale. En Occident, l'universelle
tolérance, la diffusion des cultes et la prééminence incontestée de l'idée civile assuraient le peuple contre le despotisme spirituel, générateur fatal de l'autre despotisme et
d'ailleurs pire que lui. Mais en Orient la décomposition de
l'Église en sectes rivales, aux mêmes prétentions absolues et
dominatrices, le fanatisme disposant des cœurs, la guerre
enfin dans les églises, dans les cités, dans les familles, obli-
geaient un gouvernement quel qu'il fût de tendre à l'unité
de contrainte par le besoin de la paix. S'il est vrai, en thèse
générale, que l'anarchie mène au despotisme, ce devait être
aussi la destinée des églises chrétiennes, que la théocratie

fragmentaire des *surveillants* élus du peuple conduisit, par l'intermédiaire d'une hiérarchie constituée spontanément, à ce qu'on aurait appelé l'Église tout court, à la théocratie unitaire d'un pontife absolu, père par excellence, élu des surveillants et plus tard les nommant eux-mêmes. Cette loi, seule à agir, eût donc fait passer successivement le christianisme de la démocratie à l'aristocratie, puis à la monarchie, puis à l'autocratie pure, de manière à constituer enfin le parfait exemplaire des gouvernements sacerdotaux. Il n'en fut pas ainsi, du moins pour l'ensemble du gréco-romanisme oriental.

En effet, la division des sectes, que nulle autorité politique et coactive ne s'employait à restreindre et à contenir, rendait la centralisation du pouvoir appelé *spirituel* et de l'autorité pontificale à peu près impossible. Et d'un autre côté, les institutions militaires conservées maintinrent, à travers tous les événements, des pouvoirs politiques appelés *temporels*, qui étant eux-mêmes divisés, selon la nature des choses, avaient tous intérêt à empêcher le gouvernement des âmes par les *surveillants* de devenir un et absolu.

Le christianisme ne pouvait avoir tellement changé les hommes, que l'esprit guerrier des champs de bataille, étouffé en principe sous le précepte ultra-pacifique, *Non resistere malo, Si quis te percusserit in dexteram maxillam tuam præbe illi et alteram*, ne fût plus, en pratique et en réalité, représenté que par l'entretien des saintes haines religieuses, et par la savante méthode des embûches spirituelles et des attentats longuement ménagés et divinement colorés. Bénies soient les brutales passions de Mars, grâce auxquelles un peu de franchise se joignant à la violence, et un peu de simplicité grossière à la ruse, les sujets des États théocratiques se trouvent préservés du dernier abaissement ! Dès que le soldat, pour des raisons quelles qu'elles soient, est nécessaire, le général paraît et vient en participation de la puissance. Absent, on devait le regretter ; présent, il semblera n'être qu'une malédiction de plus ; et pourtant c'est à la faveur du fonctionnement embarrassé de la double autorité qu'il sera permis encore aux peuples de respirer.

Ce n'est pas qu'entre les deux pouvoirs qui se disputent les corps au nom des âmes, ou les âmes au nom des corps, le partage soit difficile à régler en principe. Les intéressés en ont rarement manqué la loi. L'homme du glaive se chargera de rendre la foi obligatoire autant que possible, au moins dans l'enceinte que son épée trace sur le sol : il défendra l'homme de paix, organe de cette foi ; il lui posera sous les pieds l'ennemi terrassé : *scabellum pedum tuorum*. L'homme de paix donnera l'investiture d'en haut à l'homme du glaive, et lui portera les cœurs en don, la victoire en promesse : *auxit le dominus super hæreditatem suam, et liberabis populum de manibus inimicorum ejus.* On divisera d'ailleurs entre soi les produits honorifiques et matériels de l'obéissance des peuples, en surveillant de part et d'autre les occasions de s'en attribuer la plus forte partie et d'en gouverner en outre la moindre. Heureusement il ne sera pas plus facile à la force brutale, que nous allons voir bientôt succéder au régime romain dans les provinces d'Orient, qu'à l'autorité épiscopale, qui s'y développe déjà librement, d'atteindre à l'unité par un double mouvement d'expansion et de concentration. Les compétitions et les rivalités y mettent empêchement de toutes parts. La division et l'anarchie devront donc l'emporter en définitive, sauf en ces rares moments où le génie d'un homme triomphe, sa vie durant, de la difficulté des circonstances.

L'anarchie, telle était donc en somme l'issue ouverte au gouvernement chrétien dans les régions devenues son héritage. Ni volonté ni sainteté même ne pouvaient changer là quelque chose aux arrêts du destin. Une démocratie religieuse ballottée dans un flot de passions aveugles est une force naturelle, et non point une libre énergie guidée par la raison. La justice et la loi n'en sauraient émaner. On a laissé la fatalité naître et grandir, elle aura son cours et réduira toutes les initiatives à l'impuissance.

La politique prescrite aux préfets civils ou militaires de Syrie, d'Égypte, etc., se résuma d'abord dans l'indifférence religieuse et ne rencontra pas de difficultés. A mesure que le développement rapide des sectes chrétiennes créa dans ces provinces un esprit, des intérêts, des passions qui absorbaient tout autre principe de vie, les agents romains reçurent l'ordre de se subordonner entièrement aux autorités religieuses consenties en chaque contrée, pour tout ce qui serait manifestement du ressort moral. Mais la distinction se trouva souvent malaisée dans la pratique. Quelles étaient d'ailleurs les autorités reconnues du peuple, c'est ce qu'il devint impossible de démêler au milieu des orthodoxies diverses qui se qualifiaient réciproquement d'hérésies, et des conflits administratifs ou populaires qui troublaient toutes les villes. Quand la persécution était reçue, en droit comme en fait, dans toutes les âmes religieuses (théoriquement la *persécution par amour* (1), pratiquement et populairement la persécution par brutalité), l'abstention du gouverneur politique eût été de sa part une démission véritable, par laquelle il se serait condamné à assister impassiblement aux péripéties de l'émeute et de la guerre civile. Il y eut donc nécessité de protéger telle secte, de réprimer telle autre, et les passions personnelles des préfets ne pouvaient non plus manquer

---

(1) Ce mot si bien trouvé est de saint Augustin. Joignez à la *persécution par amour* la *tolérance par prudence*, vous aurez expliqué les variations apparentes de la politique ecclésiastique en matière de liberté de conscience. Voyez entre autres la lettre 185 de saint Augustin. (*Note de l'éditeur.*)

d'intervenir. Or le résultat d'une intervention quelle qu'elle fût était celui-ci : satisfaire de faux amis du moment, et se créer des ennemis passionnés.

Quelques sectes très-caractérisées s'étaient de bonne heure montrées dans presque toutes les villes et passionnaient les esprits vivement. Nous voulons parler des sectes gnostiques, ensuite manichéennes, qui devaient causer des guerres sanglantes après n'avoir produit d'abord que des émeutes et beaucoup d'écrits polémiques où l'injure se donnait ample carrière. Entre elles se débattaient des questions telles que celles-ci :

Le monde est-il dû à un créateur unique, ou à des anges délégués expressément par Dieu, ou à des éons, à des vertus émanées de ce Dieu qui les ignore, et qui, passant en elles, déchoit, mais sans le sentir et sans décroître de ce qu'il est en lui-même?

Le monde est-il mauvais ou seulement imparfait? La matière est-elle le mal? Faut-il la vaincre en s'abstenant, ou s'y livrer en la méprisant? Doit-on contenter les mauvais anges par des sacrifices de leur goût, ou croire le mal moins fort que le bien, et prendre en toute occasion le parti de ce dernier?

La génération est-elle légitime, ou indifférente, ou horrible? N'y a-t-il que les eunuques qui ravissent le royaume du ciel, ou au contraire les symboles de la génération sont-ils ceux de la vraie communion, et cette communion doit-elle être universelle? La femme est-elle impure, ou Marie peut-elle être adorée et avoir des femmes pour prêtresses?

Les mauvais anges et les hommes criminels sont-ils plus à plaindre qu'à blâmer? Lucifer n'a-t-il rien à faire valoir pour sa justification? Sera-t-il réconcilié? Est-il ennemi dès le principe et essentiellement à toujours? Caïn et l'Iscariote, ces grands instruments des desseins de Dieu, l'un sacré par lui, déclaré inviolable, l'autre prévu de toute éternité et nécessaire à l'œuvre du salut, sont-ils des saints méconnus ou des vases prédestinés d'horreur et d'infamie?

Le corps du Christ était-il un vrai corps ou un fantôme de corps? Le fils de Dieu a-t il, à proprement parler, souffert, ou le Père apaisé a-t-il substitué sur la croix une illusion de victime?

Le Christ existait-il avant l'incarnation du Verbe? Fut-il autre chose que le produit d'une participation de certaine personne humaine à l'essence du Dieu unique? Ce dernier a-t-il plus d'une hypostase? Les trois personnes qu'on lui prête ne seraient-elles pas de simples attributs que notre pensée envisage dans l'unité de l'essence? Est-ce Dieu même qui s'est incarné, est-ce un homme qui est devenu l'habitat du Logos? Ici nous touchons aux grands débats des sabelliens et des ariens, qui se continuèrent par ceux des nestoriens et des eutychiens, avec intermittences de subtilités théologiques et de sang versé.

La secte qui avait excité les plus vives passions au temps de la grande persécution de Commodus, et durant toute la génération qui y avait assisté, était naturellement celle des novatiens et des donatistes, qui prétendaient retrancher de l'Église tous les membres dont l'infidélité éclatait par quelque acte public. Les rigoristes exerçaient leur sévérité contre les chrétiens qui avaient faibli dans les épreuves, mais leur doctrine atteignait aussi les autres sortes de *péchés mortels*, et n'allait pas à moins qu'à contester la valeur des sacrements donnés par des ministres indignes. Malgré les troubles violents que cette secte suscita en Afrique et ailleurs, elle devait difficilement résister aux efforts prolongés de tout le clergé intéressé à exercer une administration sans trouble, à se soustraire à la surveillance incommode de ses administrés, et enfin à s'attribuer comme un caractère indélébile,

une fois acquis, le don d'accomplir pertinemment les mystères de la religion. Mais le système de la tolérance civile lui
porta plus promptement un grand coup, en supprimant le
plus apparent de tous les péchés d'infidélité, et en ôtant
aux églises, pour l'avenir, l'espérance d'employer le bras
séculier à l'expulsion ou au maintien de leurs membres
axcommunicables.

Au reste l'unité de ces églises n'était plus qu'un rêve depuis qu'il était certain qu'un pouvoir politique, un lui-même,
ne s'appliquerait pas à la réaliser et à la conserver. C'était
là, sans doute, un rêve vivant et permanent, car on convenait
de tous côtés qu'il n'y avait qu'une vérité, qu'une foi et qu'un
salut, dont chaque doctrine s'attribuait la possession en
excommuniant toutes les autres (1). Mais cette doctrine, dite
catholique, était simultanément représentée par des professions de foi contradictoires, que rien au monde, excepté la
force, ne pouvait supprimer, ni la force même empêcher de
se reproduire après certains laps de temps.

Si le christianisme fût demeuré libre en Occident et surtout à Rome (libre d'abord, maître plus tard), il eût pu se
faire qu'à la faveur d'une pression exercée par la sagesse et
l'esprit politique des Occidentaux sur les Orientaux, et du
prestige du siége du *Surveillant* romain, comme voisin du
siége du gouvernement, et enfin de l'intervention tantôt
subie et tantôt appelée du pouvoir temporel dans le règlement de la foi, on fût parvenu, non pas à assurer à cette
religion l'unité vraie des esprits et des cœurs, qui ne se

---

(1) « Hæc est fides catholica, dit le symbole d'Athanase, quam nisi quisque
fideliter, firmiterque crediderit salvus esse non poterit. » Le concile de Nicée
termine de même son symbole en prononçant l'anathème au nom de « l'Eglise
catholique » contre ceux qui tiennent d'autres opinions que les siennes; et
on peut voir dans l'histoire ecclésiastique de Socrate (II, 41) que les *surveillants* ariens, dans leurs contre-conciles, prononçaient également l'anathème
contre « les hérésies » qui recevaient des déclarations de foi différentes des
leurs.   (*Note de l'éditeur.*)

commande pas, mais l'unité factice dont on dispose toujours par la domination usurpée d'une doctrine et l'exclusion violente des opinions rivales. Il en advint autrement,
comme nous le savons, et rien ne put suppléer aux causes
manquantes.

L'esprit latin ne laissa pas d'être représenté au sein du
christianisme, devenu exclusivement oriental. Mais ce fut
avec une force bien diminuée. Il trouva son siége principal
en Palestine et en Syrie. Beaucoup de chrétiens occidentaux,
dans leur exil, s'étaient sentis attirés, comme vers la patrie
de leur foi, par les lieux où se trouvaient le berceau et le
tombeau de leur Dieu, tandis que les natifs d'Orient restaient
plus attachés aux intérêts de leurs terres natales, en partageaient souvent les passions, en suivaient les développements
religieux propres. Il arriva ainsi que Jérusalem reçut, outre
les Juifs à qui elle était rouverte, outre de nombreux chrétiens judaïsants, ébionites ou nazaréens, un nombre toujours
croissant et bientôt dominant de joannistes et de paulinistes,
venus d'Italie ou des provinces romaines, et qui se distinguè-
rent en général des Orientaux par un fanatisme moins raffiné,
un penchant moindre aux spéculations théologiques, des
tendances plus pratiques, une habitude de résoudre les problèmes, non pas tant par le recours aux principes et la dialectique désintéressée que par l'examen des conséquences
et la considération de l'utilité. La ville d'Antioche dut à sa
qualité de grande métropole de devenir un centre analogue
à celui de Jérusalem ; les Occidentaux y firent triompher leur
influence en plus d'une occasion. Entre toutes les autres régions, ce fut la province d'Afrique qui fournit à l'esprit latin
le principal appui, à cause de l'hostilité qu'on y vit régner
contre la philosophie et les sciences. Là se montra la soumission la plus aveugle à de prétendus mystères dont les
formules officielles étaient entachées de contradiction ; là

l'absurdité ne craignit pas d'arborer son titre, là le plus
éclairé des évêques pouvait satisfaire les fidèles en leur
avouant que l'exposition qu'il leur offrait du mystère n'avait
pas précisément pour objet de leur dire quelque chose, mais
bien de ne pas rester tout à fait sans rien dire (1)!

Alexandrie fut une officine universelle pour la fabrication
des dogmes théologiques et métaphysiques. Cependant les
systèmes du mysticisme le plus transcendant y prédominèrent
et tout ce que nous avons compris de doctrines sous le nom
commun d'orientalisme. L'Égypte méridionale se trouva de
bonne heure l'asile préféré du monachisme chrétien, le siége
des pratiques ascétiques : Paulos et Antonios, ermites, y
firent leurs exercices pendant le XIᵉ siècle (2), et longtemps
avant, le cénobitisme juif avait eu un grand établissement
près d'Alexandrie, savoir le monastère des thérapeutes. La
doctrine d'Origénès, qui naquit dans cette dernière ville, est
également remarquable par ses affinités dogmatiques avec les
religions de l'extrême Orient et par le caractère ascétique de
sa morale; Origénès lui-même s'était fait eunuque pour le
royaume de Dieu, suivant un précepte bien ou mal entendu
de ses auteurs (3). Élevé par son maître Clémens dans la
philosophie platonicienne, dont on faisait alors une sorte de
religion, il avait enseigné la préexistence des âmes, et tirant
la lettre des Écritures des Juifs à des sens allégoriques toujours disponibles pour toutes les opinions préconçues, il

(1) « Non ut aliquid diceretur sed ne prorsus taceretur »; le mot est, croyons-
nous, de l'évêque d'Hippone. Quant à l'absurdité *qui arbore son titre*, c'est probablement une allusion à l'étrange profession de foi : « Mortuus est dei filius:
prorsus credibile est quia ineptum est; et sepultus resurrexit : certum est quia
impossibile est. Tertullien, *De carne Christi*, cap. V.

(2) Le IIIᵉ de l'ère chrétienne.

(3) Dico autem vobis quia quicumque dimiserit uxorem suam nisi ob forni-
cationem, et aliam duxerit, mœchatur... Dicunt ei discipuli : Si ita est causa
hominis cum uxore, non expedit nubere. Qui dixit... sunt eunuchi qui se ipsos
castraverunt propter regnum cœlorum. Qui potest capere capiat. *Math.* XIX, 9.

(*Note de l'éditeur.*)

avait reculé le péché de l'homme jusqu'à des existences antérieures et regardé la vie présente comme une punition.
D'après lui, chacun de nous ici-bas se faisait sa destinée par
ses œuvres, aidé toutefois dans le bien par l'action d'un
éternel médiateur, le Logos, où personnification universelle
de l'Idée, qui s'incarne pour le salut des pécheurs. Mais
cette doctrine, vivement combattue à Antioche et par tous
les *surveillants* inclinant à l'esprit latin, n'acquit pas toute
l'importance qu'on pouvait lui promettre. Les querelles sur
la nature de Dieu et de son Fils prirent le pas sur les discussions relatives à l'âme humaine, à la liberté et à l'origine du
mal : triste signe d'abaissement moral que de s'intéresser
moins à se connaître soi-même et à s'expliquer les causes
des misères humaines, qu'à découvrir comment l'unité de
Dieu serait compatible avec l'incarnation d'*une seule* des *personnes* qui, à ce qu'on prétend, le constituent.

C'est encore à Alexandrie que commencèrent ou que
vinrent aboutir en grande partie ces recherches transcendandantes. Des chrétiens de Smyrne ou d'Éphèse avaient déjà
colporté dans l'empire, sans causer beaucoup de scandale,
l'opinion que Dieu le Père avait été personnellement crucifié. L'argument dont ils se servaient eût été d'ailleurs
assez difficile à rétorquer pour des croyants de la divinité
du Christ, si des syllogismes pouvaient prétendre en pareil
cas la moindre autorité. Le Christ est Dieu, disaient-ils, or
le Christ est mort, donc Dieu est mort. De fait, il n'y a pour
le logicien qu'une seule manière d'échapper à l'étreinte du
raisonnement; et c'est d'accorder que le mot *Dieu* se doit
prendre en un sens attributif, et nullement dans un sen.
individuel et personnel, quand on dit : *Le Christ est Dieu*
Ce n'est point ce que fit Sabellios, un chrétien de la Pentapole libyque, qui soutint que les trois prétendues personnes
ou hypostases divines sont simplement trois noms et trois

formes d'un seul Dieu, selon qu'il crée, ou s'incarne, ou inspire les âmes. Et ce n'est pas davantage ce que firent ceux de ses contradicteurs qui, tout en maintenant l'existence de trois personnes, persistèrent à vouloir que la personne du Logos fût une de nature, une de substance avec celle du Père. Seulement les *patripassiens*, comme on les appelait parce qu'ils faisaient souffrir le Père, étaient conséquents; les *omoousiens* ou athanasiens, partisans de la *consubstantialité* de Dieu et de Jésus, se condamnèrent à de perpétuelles contradictions, car il était impossible qu'ils s'entendissent eux-mêmes et attachassent un sens à leurs paroles, en formulant tout à la fois l'unité substantielle ou de nature de deux personnes et l'incarnation de l'une d'elles séparée de l'autre. Le dilemme : un ou plusieurs, monothéisme ou polythéisme, les suivait dans leurs débats et tourmentait leurs pensées et professions de foi.

L'arianisme seul sortait nettement de ces difficultés. Il commença avant Arios, dans la doctrine de Paulos de Samosate, *surveillant* d'Antioche, qui enseignait, vers le milieu du xi° siècle (1), que Jésus était un homme, vrai homme, en qui seulement le Logos avait habité comme principe actif. Il n'était plus guère question ni des alogiens de l'Asie Mineure, qui contestaient la doctrine entière du Verbe et n'acceptaient pas le quatrième Évangile, ni des monarchiens, suivant lesquels Jésus, fils d'une vierge, n'était que le plus grand des prophètes. L'incarnation du *Logos* faisait décidément corps avec le christianisme, et il ne s'agissait que de savoir jusqu'à quel point, par la manière

---

(1) Troisième de l'ère chrétienne, vers 274. — L'auteur, qui prolonge l'existence du royaume de Zénobie, détruit en 273 par l'empereur romain Aurélien, change en un succès la condamnation prononcée contre Paul de Samosate au synode d'Antioche; et, en effet, cette condamnation ne put aboutir qu'après la ruine de Zénobie, protectrice de l'évêque.   (*Note de l'éditeur.*)

de l'entendre, on pousserait l'identification ou la distinction de Dieu lui-même et de Christ Dieu.

Paulos de Samosate était le protégé de Zénobia, qui sous le nom de reine d'Orient était parvenue en ce moment à étendre l'empire arabe de la Mésopotamie jusqu'à des provinces d'Asie Mineure et de Syrie sur lesquelles la politique romaine abandonnait ses anciennes prétentions.

Malgré l'influence rayonnante de cette personne illustre, malgré l'antipathie que la plupart des chrétiens arabes et syriens montraient pour l'identification de Jésus avec le Dieu absolu, des synodes réunis à Antioche en 1040 et 1045 (1) furent travaillés par le fanatisme sabellien ou patripassien, au point de condamner l'opinion du *surveillant* et d'incriminer ses mœurs, ce qui en pareil cas ne manquait jamais.

Toutefois les mêmes assemblées condamnèrent également le système omoousien qui s'était promis le triomphe : effet de bascule ordinaire aux jeux de la politique en tous genres ; et quelques années après, lorsque toute espérance fut perdue pour un parti qui avait compté réchauffer le zèle patriotique du gouvernement de la république romaine en faveur d'une expédition de Syrie contre la reine d'Orient, Paulos se trouva le maître de la situation et put assembler à son gré de nouveaux synodes qui lui donnassent leur pleine approbation. Au reste, il est bon de remarquer qu'il n'y avait, pour ce que nous avons nommé l'esprit latin, puissant en Syrie et en Palestine, aucun intérêt doctrinal ou sacerdotal bien sensible à préférer une doctrine à l'autre. On peut même penser que cet esprit, laissé parfaitement libre, devait se reconnaître plus d'affinité avec l'opinion qui fait de Jésus un

_____

(1) De l'ère chrétienne 264 et 269. Ces synodes sont historiques, ainsi que la condamnation de l'opinion Omoousienne dans le second.

                              (*Note de l'éditeur.*)

Dieu plus humain, qu'avec le dogme inintelligible et vraiment oriental qui le traite d'émanation de l'absolu, absolu lui-même en substance. Il y avait donc seulement le désir de se frayer une voie entre des opinions contraires, qui eussent paru peser également et se balancer. Mais du moment que les plus importantes provinces d'Orient se prononçaient en un sens, et que l'autorité romaine laissait tout faire, on devait trouver sage de suivre le mouvement.

Cinquante ans plus tard, l'Égypte se dessina comme la Syrie : fait éminemment remarquable, en un pays jusque-là l'un des principaux centres du mysticisme, et où, dans ce moment même, un philosophe païen, Jamblichos, répandait des idées de magie et de théurgie, auprès desquelles les prétentions du culte chrétien ont quelque chose de raisonnable et de modéré. Arios, pasteur d'Alexandrie, sorti de l'école d'Antioche, enseigna, comme l'avait fait Paulos de Samosate ou à peu près, que le Fils était Dieu par participation, non par substance, ni égalité, ni contemporanéité, et que si les noms de Dieu, Verbe et Sagesse lui convenaient, c'était seulement par l'effet d'un don de Dieu même, duquel il le disait la première et la plus parfaite créature, *créée de rien par sa volonté avant tout temps*, et créatrice à son tour de toutes choses, mais enfin créée. Un *surveillant* d'Alexandrie du nom de Dionysos avait déjà soutenu contre Sabellios, il n'y avait pas bien longtemps, une opinion analogue. Le *surveillant* actuel, Alexandros, n'en jugea pas de même, opina pour l'égalité et la coéternité du Père avec le Fils, quoique engendré, et fit déposer le pasteur Arios par un synode de *surveillants* d'Égypte et de Lybie. Un contre-synode ne tarda pas à s'assembler, dans lequel des *surveillants* d'Asie Mineure et de Syrie réclamèrent auprès d'Alexandros en faveur de son subordonné, que soutenaient d'ailleurs de nombreuses et chaudes sympathies dans sa propre église. En d'autres temps, où l'autorité politique aurait été mieux disposée à intervenir dans les démêlés religieux, on se serait adressé au pouvoir temporel de bonne volonté, pour le prier en grâce *de rendre la paix à l'Église*, c'est-à-dire de recourir aux moyens *matériels* voulus pour mettre un accord apparent dans le *spirituel*. L'homme d'État, l'empereur, si c'eût été un empereur, ne voyant pas quel intérêt pouvait être le sien dans la querelle, n'aurait pas manqué de représenter d'abord ceci aux prêtres contendants (1) :

« Ce qui vous divise me semble de peu d'importance et ne mérite pas de vous échauffer à ce point. Celui qui a posé la question a eu tort et celui qui lui a répondu aurait mieux fait de se taire. Ces recherches subtiles conviennent pour exercer l'esprit des gens qui ont trop de loisirs; ils devraient du moins les tenir secrètes, parce que les plus habiles les comprennent mal, et le peuple point du tout, qu'il faut craindre de troubler. Au fond, vous pensez les uns comme les autres. Imitez alors les philosophes, qui peuvent bien différer sur telle ou telle conséquence de leurs communs principes, dans une même secte, mais que la discussion n'empêche pas de vivre en bon accord. Vous y êtes tout spécialement obligés par les sentiments de paix et de charité dont vous faites profession. »

Si cette exhortation fût demeurée sans effet, comme il est probable, en dépit des sentiments pieux dont le chef d'État y eût fait étalage, celui-ci désireux, en sa qualité de *surveillant du dehors*, de tenir les *surveillants du dedans* (2) en ordre convenable vis-à-vis des peuples, et maniables sous

---

(1) C'est, en effet, la substance d'une lettre de Constantin à l'évêque Alexandre et au prêtre Arius. Voyez la *Vie de Constantin* d'Eusèbe de Césarée, l. II, c. LXIV et suivants, et l'*Histoire de l'Église* de Socrate, l. I, c. VII.

(2) Ce sont encore les propres termes de Constantin.

(*Notes de l'éditeur.*)

son autorité souveraine, les aurait convoqués des quatre
points de l'horizon, convoyés à grands frais au travers des
provinces, entretenus et nourris dans le lieu du concile,
reçus solennellement dans son palais, à sa propre table, ou à
côté (1), et renvoyés enfin chez eux comblés de présents
après avoir obtenu de manière ou d'autre leur universelle
adhésion à celle des professions de foi proposées qui eût
paru la plus prudente ou la mieux indiquée pour réussir (2).
Quatre ou cinq membres du concile se seraient opiniâtrés
dans la résistance : ceux-là, on les aurait exilés, et sans doute
deux ou trois d'entre eux seraient encore venus à rési-
piscence. Au surplus le pouvoir temporel se serait chargé de
promulguer dans le monde l'anathême prononcé contre l'hérésie, de répandre la formule de la *vraie foi, ne varietur*,
de vouer aux flammes les livres contenant les opinions condamnées, et à la mort les personnes coupables de les déte-
nir (3).

L'effet de ces manœuvres, décorées du nom d'*opération
du Saint-Esprit*, aurait duré jusqu'au retour offensif de la
même ou d'une nouvelle hérésie, laquelle aurait été combattue par les mêmes moyens, l'opinion dominante étant
toujours qualifiée de *seule catholique*, à la simple condition
de ne déplaire à aucune autorité capable de l'empêcher d'être
dominante.

Les choses ne se passèrent point ainsi, parce que les magistrats civils s'abstinrent de toute immixtion dans l'administration de la foi. Les *surveillants*, inquiets de la division
qui se mettait dans l'Église, division plus grave que celle
des nombreuses hérésies jusque-là connues, en ce qu'elle
tendait à scinder le christianisme en deux partis inconci-

(1) Eusèbe, *Vie de Constantin*, III, c. XV.
(2) Id. Ibid. III, c. XIII.
(3) Socrate, *Histoire de l'Église*, I, c. IX.

liables égaux, furent obligés d'aviser eux-mêmes à se rassembler et à se procurer l'unité par leurs propres efforts.
A Nicée, en Bithynie, où ils se réunirent en très-grand
nombre une première fois, ils ne parvinrent pas à s'entendre,
parce que ni l'une ni l'autre des doctrines rivales ne pouvant
se promettre l'aide du bras séculier, nulle appréhension,
nul découragement anticipé n'étant là pour retenir tels *surveillants* à leurs siéges, nul appel puissant et nul secours
pour en faire marcher d'autres; tout, au contraire, poussant
les plus animés de chaque opinion à se présenter dans la
lice, les séances se passèrent en longues et violentes discussions et se terminèrent sur les différents sujets par de mutuels anathèmes.

On n'arriva même point à réunir une majorité imposante
sur un point de culte qui touchait, pour ainsi dire, au matériel de la foi et importait à son unité apparente : le choix du
jour de la célébration de la Pâque. Bien plus, des opinions
alors honnies dans les principales métropoles chrétiennes,
mais qui avaient conservé de nombreux représentants en des
lieux éloignés ou dispersés, se rencontrèrent en force : on
vit non-seulement des sabelliens, que l'on savait bien être
toujours puissants, mais des revenants du docétisme des
temps de l'apôtre Paul, et des Alogiens, et des patripassiens
déclarés, et, en sens inverse, des Ébionites, presque purs
judaïsants, et enfin des Manichéens venus du voisinage de
la Perse et de quelques autres provinces.

Le résultat n'était pas encourageant pour recommencer
l'épreuve des conciles dits œcuméniques. Les Pères du concile de Nicée avaient constitué en fin de compte une majorité, ou plutôt des majorités, car il y en a toujours sur les
différentes questions qu'on peut proposer, mais il leur fut
plus aisé de feindre en paroles que de faire croire aux plus
naïfs que l'inspiration du Ciel avait pour organes deux cent

un votants contre deux cents, par exemple; et les suggestions de Satan, deux cents contre deux cent un; d'autant
plus que, à peine le concile dissous, un nouveau concile
s'assemblait en un autre lieu avec la prétention, difficile à
juger, d'être non moins œcuménique que le premier par sa
composition, non moins catholique par sa doctrine; et celui-
ci procédait à la condamnation des dogmes que l'autre avait
approuvés et à l'approbation de ceux qu'il avait anathéma-
tisés.

A dater de ce moment, des conciles rivaux ou ennemis ne
cessèrent de se réunir dans les différentes provinces de
l'Orient. Outre les doctrines soumises à leurs délibérations,
et formulées en mille manières, de terribles questions touchant les personnes et les compétitions d'autorité spirituelle
étaient portées devant eux. Un *surveillant* avait été chassé
violemment de son siége par ses administrés, et remplacé
par un saint qui de hasard passait en cet endroit, ou par un
intrigant; un autre s'était vu déposé par les *surveillants* des
pays voisins, un troisième expulsé ou rétabli à main armée
par une troupe de fidèles, sortis de la ville à côté. Dans
toutes les villes d'une certaine importance naissaient des
rixes, des émeutes sanglantes, presque quotidiennes; et
même les journées de massacre n'étaient pas rares, tantôt
contre les Juifs, objets d'une haine atroce, depuis que les
dogmes en circulation les constituaient *déicides*, ou contre
des sectaires inoffensifs qu'on accusait de quelque énormité.
La police romaine intervenait à la vérité pour la répression
des attentats contre le droit commun; mais elle était impuissante le plus souvent à constater les faits, et à trouver des
témoins qui ne fussent point parties dans les affaires et qui voulussent parler. Elle avait déjà fort à faire pour protéger contre
les entreprises des dévots les vieux édifices sacrés, les chefs-
d'œuvre de l'art, les chaires des philosophes indépendants et

la liberté des citoyens attachés aux anciens cultes. Elle prenait peu à peu l'habitude de fermer les yeux sur ce qui ne se passait qu'entre sectaires, si grave que cela pût être, et en un mot de se désintéresser de ce qui formait désormais toute la vie du peuple.

Les instructions données par les consuls successeurs d'Albinus aux gouverneurs des provinces orientales s'étant donc trouvées, sans qu'on y songeât, toutes semblables à celles qui guidaient longtemps auparavant la conduite des procurateurs romains en Judée et dans les colonies juives, ou même encore plus pleines de tolérance, les conséquences d'une politique dont on n'avait pas d'ailleurs le choix furent les mêmes : factions et luttes locales des peuples, dont la guerre religieuse avait envahi tout l'état mental, pour ainsi dire ; ensuite émeutes fréquemment renouvelées contre l'autorité civile qui leur était imposée extérieurement, parce que le propre essor de leur gouvernement religieux les conduisait à traiter le pouvoir politique d'inutile, oppressif et scandaleux. Il y avait bien eu sous le consulat d'Ulpianus et pendant les années suivantes, à la fin du xe siècle, des tentatives pour organiser en Orient des assemblées municipales et provinciales qui, tout en ajoutant aux libertés des sujets de la république romaine, auraient servi de points d'appui aux proconsuls pour gouverner dans leurs départements. Mais ces conseils électifs, auxquels on n'avait prudemment accordé que voix consultative en toutes matières, étaient bientôt devenus impossibles à cause de l'esprit mêlé de faction et de bassesse qui s'y était montré, et de la totale absence de justice et de raison qu'on y remarquait presque partout. Il avait fallu les dissoudre et renoncer à en convoquer de nouveaux. Le pouvoir se trouvait complétement isolé, détruit moralement. En 845 (1), deux siècles et demi avant

(1) 69 de notre ère. (*Note de l'éditeur.*)

cette époque, Jérusalem seule avait fait presque douter un
moment de l'ascendant romain. A présent, plusieurs grandes
provinces arrivées à une situation analogue, s'acheminaient
à une révolte générale, sous l'influence du même esprit qui
avait animé les Juifs, et dont les chrétiens ne s'étaient écartés
que momentanément à l'époque où le trop juste sentiment
de leur faiblesse avait contraint *l'apôtre des nations* de
mettre en avant le principe de la soumission aux *puissances
établies de Dieu.*

Dans une situation si critique, il était difficile de prévoir
ce qu'on déciderait dans les conseils de Rome. Déjà dans les
assemblées représentatives qui continuaient à se réunir en
vertu de la constitution d'Albinus de 977, réformée en 1068
comme on le verra, il s'était produit de vives réclamations
contre les sacrifices de tous genres qu'exigeait la conservation des provinces orientales. On objectait le peu de fruit
qu'en retirait la République, l'impossibilité de jour en jour
plus sensible de concilier des esprits aussi différents que
ceux de l'Orient et de l'Occident, l'impuissance de la force
même à tenir uni ce que sépare l'incoercible liberté des cœurs.

Il se trouvait aussi des députés pour reprocher au gouvernement romain l'injustice qu'il y a toujours à imposer le
tribut à des nations prétendues de l'Empire, et à tirer de leur
soumission plus d'or qu'il n'en faut pour les administrer,
quoique au fond cet excès d'impôt ne monte pas seulement
à ce qu'il en coûte pour les tenir soumises. Ce langage trouvait d'autant plus d'écho dans les provinces de la République,
qu'elles voyaient leurs armées régionales détournées du soin
de leur défense pour aller tenir des garnisons lointaines, et
leur jeunesse décimée de temps à autre par des expéditions
auxquelles elles ne se sentaient aucun intérêt.

Mais la politique d'évacuation soulevait contre elle les
mêmes arguments de faux patriotisme qui jadis avaient perdu

Athènes en lui faisant rêver l'empire de la Grèce. Il s'y joignait des habitudes d'esprit militaires et conquérantes, naturellement conservées chez la plupart des dépositaires des pouvoirs publics, et dont par le fait il est en tous temps peu de gouvernements qui aient su s'affranchir.

De grands événements qui se préparaient depuis plus de deux siècles, et qui à la fin se précipitèrent, vinrent faciliter la solution du problème de l'Empire, ou du moins la rendre inévitable. Les Antonini et les consuls leurs successeurs avaient eu constamment à défendre les frontières attaquées ou menacées par des peuples barbares. Même après le sage abandon de quelques provinces trop reculées, la situation demeurait en somme la même. En Orient, les Perses et les Arabes se trouvaient d'une humeur très-envahissante. De graves échecs tels qu'autrefois celui de Crassus étaient toujours possibles, dans ces régions, pour les armes romaines, si l'on s'obstinait à n'y vouloir pas reculer davantage. En Occident, de nombreuses tribus scythes, mongoles et germaines, se pressaient incessamment aux abords des contrées mal peuplées, telles que les deux Mœsies, la Pannonie, la Dacie et la Thrace même, hasardaient des incursions, pillaient les colons, tentaient des établissements, et ne pouvaient être poursuivies sans de sérieux dangers dans les déserts où elles se retiraient quand elles étaient vaincues. Pendant le cours du XIe siècle (1), on avait vu de nombreuses expéditions des consuls contre les Daces, les Sarmates, les Alains, les Vandales, les Goths, les Burgundes, en Mœsie, en Thace, en Pannonie, en Illyrie, en Macédoine même; d'autres contre les Goths en Asie Mineure; d'autres encore contre les Perses en Arménie, en Syrie. Mais ce n'est pas tout; des peuplades allemandes, franques, hérules, suèves, avaient fréquemment menacé ou la Gaule

---

(1) De 224 à 324 de l'ère chrétienne. *(Note de l'éditeur.)*

sur le Rhin, ou l'Italie sur **les** Alpes, ou la Grèce par le nord.
Des Francs repoussés en Espagne, où ils n'avaient pas craint
d'aborder par mer, s'étaient rejetés sur l'Afrique, que l'on
croyait n'avoir pas besoin de défense, et l'avaient pillée et
dévastée, des colonnes d'Hercule à la Pentapole libyque. Les
provinces occidentales se trouvaient sans doute à l'abri des
extrêmes dangers, grâce à l'organisation militaire qu'elles
devaient à la constitution d'Albinus, mais les hordes qui venaient se briser contre les frontières bien défendues re-
fluaient inévitablement vers l'Est et, descendant le cours du
Danube, allaient tomber en se réunissant sur les parties de
l'Empire où le gouvernement romain n'avait pas à compter
sur les milices locales, et devait se défendre à l'aide d'armées
amenées de loin, et souvent insuffisantes pour garder de si
vastes territoires. Ce n'est pas qu'on n'eût tenté d'organiser
les milices, même en Asie, mais on avait dû y renoncer dès
les premières épreuves, tant elles se montrèrent turbulentes,
ou malveillantes et peu sûres, dans ces pays où l'esprit militaire n'a jamais été que celui du brigandage et où le fanatisme religieux est l'unique moteur des âmes. Et quant aux
contrées danubiennes et à quelques autres encore trop mal
civilisées, l'insuffisance de la population avait les mêmes
effets qu'ailleurs l'indiscipline.

Il existait un remède à l'égard de la Dacie et de la Mœsie,
qu'on ne pouvait facilement ni peupler, ni défendre, ni
abandonner, et c'était d'y concéder des territoires aux
tribus germaniques, toujours errantes et en quête d'établissements. On prit plus d'une fois ce parti, en demandant
aux colons de payer l'impôt et de garantir la sécurité des
frontières. Mais alors il ne fallait pas se dissimuler qu'une
telle politique, à moins de n'être rien qu'un dangereux expédient, devait viser franchement à créer des nations tôt ou
tard indépendantes de Rome. Les avoir pour amies et les

pénétrer de l'esprit de l'Occident, on pouvait l'espérer, en ne se départant jamais à leur égard des bons traitements; mais il fallait renoncer à tenir dans une sujétion prolongée des peuplades de ce caractère. On n'eut ni cette sagesse, ni même ordinairement toute la loyauté voulue dans les rapports qu'on entretenait avec les Barbares. Ils devinrent aussi dangereux pour le moins après s'être fixés qu'ils l'étaient avant. Il arrivait d'ailleurs que de nouvelles tribus les poussaient, les dépossédaient et les rendaient à la vie errante, au grand détriment de toutes les provinces, les unes envahies, les autres au moins menacées.

La première moitié du xiiᵉ siècle (1) n'avait guère différé du siècle précédent quant à l'histoire militaire, et les consuls étaient généralement parvenus à maintenir l'état des choses, en évitant les expéditions de conquêtes, lorsque tout d'un coup le grand ébranlement de la nation des Huns, chassant devant eux les Alains et les Goths, jeta dans une irrémédiable anarchie toutes les parties inorganisées de l'empire. Cette redoutable invasion coïncida avec une révolte générale de l'Orient chrétien. La Syrie, l'Égypte, l'Asie Mineure, la Thrace même et l'Afrique, ces contrées si éloignées les unes des autres, que la même haine et des superstitions pareilles unissaient, passaient de l'état d'émeute, pour ainsi dire endémique, à celui d'insurrection totale et violente contre l'ennemi commun, à la fois l'étranger, l'impie et le collecteur d'impôts, le gouvernement romain, oppresseur des peuples de Dieu. Les *surveillants*, maîtres du mouvement qu'ils excitaient au fond sans se mettre ostensiblement à la tête, ne songeaient pas qu'en se soustrayant à l'hégémonie occidentale ils allaient se livrer aux Barbares; ou peut-être comptaient-ils avoir meilleur marché de ces

(1) 324 à 374 de l'ère chrétienne.   *(Note de l'éditeur.)*

derniers que des Italiens, des Grecs et des Gaulois, les convertir, s'en faire de bons instruments de leur domination spirituelle; et quant aux maux lamentables auxquels ils ne pouvaient manquer de vouer ainsi leurs provinces, aux incursions continuelles, aux rivalités de tribus, au pillage des villes et des campagnes, à l'insécurité de la vie et des propriétés, suite nécessaire de l'anarchie politique absolue, ils espéraient obtenir le respect des envahisseurs, déjà chrétiens en bonne partie, pour les personnes et les biens d'église, le surplus étant fort accessoire en cette vallée de larmes où les conditions pour gagner le ciel méritent seules d'intéresser l'être souffrant.

L'Empire n'avait pas traversé, depuis l'âge de Marcus Aurelius Antoninus, une crise pareille. Elle ne pouvait se dénouer sans quelque grande révolution. Quand les nouvelles accumulées des soulèvements des chrétiens et des marches des Barbares parvinrent à Rome, en 1152, il s'y déclara une fermentation extrême, ainsi que dans une partie de l'Italie, et les délibérations du sénat devinrent tumultueuses et violentes. Les citoyens voisins du siége du gouvernement sont toujours plus préoccupés des intérêts généraux, et se décident par des motifs plus patriotiques que ne font bien souvent les habitants des provinces, attachés à leur repos et en garde contre tout ce qui peut exiger d'eux des sacrifices. Dans le cas présent, la vraie sagesse était du côté de ces derniers, car l'ancien Empire était désormais impossible et ils en réclamaient l'abandon : la raison et la paix parlaient dans le même sens que des passions provinciales qui n'étaient peut-être chez plusieurs que de l'égoïsme. Mais il n'est pas surprenant que les vieux Romains et les gens qui participaient de leur esprit fussent restés plus attachés aux anciennes traditions de la République et de l'Empire, et se sentissent profondément troublés à la pensée de la décomposition de cette œuvre des siècles qui avait paru un moment devoir réaliser la paix perpétuelle de l'univers sous l'égide de Rome. La plupart des sénateurs originaires du centre de l'Italie, un grand nombre de ceux de la Grèce, de la Macédoine et des contrées danubiennes, pays qui, par le fait de la renonciation à l'empire de l'Orient, se voyaient menacés d'isolement sur de certaines frontières, et privés de leur rayonnement d'influence et de commerce du côté du Levant, enfin tous les hommes à passions militaires, ou que dominait la politique de l'extension indéfinie et de la suprématie universelle, se prononçaient avec une telle énergie pour la guerre à outrance et la revendication impériale, qu'il y avait tout à craindre pour les tenants de l'opinion de la résignation et de la paix. L'effervescence populaire se produisait dans le même sens à Rome. La population de cette métropole s'était énormément accrue, dépassant, et de beaucoup, sous le régime d'une administration équitable. mais pourtant centralisée des intérêts provinciaux, le nombre d'habitants qu'elle avait atteint au temps de la tyrannie des proconsuls. Ces foules immenses étaient non-seulement excitées, dans cette circonstance, par le mélange de passions aveugles ou nobles en possession de soulever les peuples, mais encore poussées par les nombreux intérêts que créait nécessairement à Rome l'exploitation des provinces orientales.

Le sénat était donc partagé entre deux factions inconciliables, car les représentants provinciaux qui voulaient restreindre la politique de la République à l'organisation et à la défense des provinces occidentales étaient arrivés à un degré d'exaltation et de fureur qui ne le cédait guère aux passions de leurs adversaires. Les deux partis se menaçaient des derniers excès; plus d'une fois, en plein sénat, le poignard était sorti du fourreau. Toutefois, le parti de la paix, ou plutôt de la guerre purement défensive, semblait l'emporter numériquement : il s'était compté, il s'était trouvé le plus fort dans quelques votes préliminaires des grandes résolutions. Le parti de la conquête s'agitait beaucoup au dehors, se nommait le parti de Rome, et encourageait les masses urbaines exaspérées à des violences contre ces sénateurs qu'il appelait fédéralistes et qu'il accusait de demander la dissolution complète de l'Empire. Enfin le sénat fut deux fois envahi par une foule que ses meneurs qualifiaient de *Peuple romain*, et à laquelle ils attribuaient un don d'infaillibilité et le privilége du patriotisme. Sous le coup du vertige et de la terreur qui gouvernent en de pareils jours, l'auguste assemblée en vint à se mutiler de ses propres mains et à déchirer ainsi la constitution de la République. Quelle autorité vraie pouvait rester à des représentants qui violaient chez leurs collègues le seul titre dont ils pouvaient eux-mêmes se réclamer? Vingt députés éminents, choisis parmi toutes les députations, furent mis en accusation et condamnés à mort par un tribunal inique, institué pour la circonstance, et, en violation de la grande et vieille loi protectrice des citoyens romains qui n'avait presque jamais été violée, si ce n'est au temps néfaste des empereurs. Plus de trois cents autres sénateurs, laissés libres, regagnèrent en proscrits leurs provinces où ils répandirent un esprit fatal à l'unité romaine, et justifièrent, de nécessité, l'imputation qu'ils n'avaient point méritée au commencement, celle d'avoir voulu substituer à l'unité du gouvernement un lien purement fédéral entre les principales parties de l'Empire.

Le parti vainqueur organisa sa domination dans le sénat mutilé, et fit instituer une dictature, d'abord annuelle, bientôt décennale, en dépit des résistances de ceux qui savaient combien il y a près de la suspension de la liberté à sa ruine. On nomma dictateur l'Hispanien Flavius Theodosius et on lui

adjoignit quatre consuls subordonnés, parmi lesquels le Pan-
nonien Gratianus, un général du nom de Clemens Maximus
qui commandait alors en Bretagne, et le Gaulois Arbogastès.
On comptait sur ces deux derniers pour maintenir la Gaule
dans l'obéissance pendant que Theodosius ferait campagne
en Orient. La tâche était rude de tenir tête aux Barbares qui
menaçaient plusieurs frontières, de battre ceux qui occupaient la Thrace, jusqu'à Byzance, et ceux qui se répandaient en Asie Mineure et en Syrie, de refouler les Perses et
les Arabes maîtres sur beaucoup d'autres points, et, cela
fait, de s'assujettir des provinces où Rome ne conservait désormais que de rares amis; car à la tournure que les événements avaient prise depuis vingt ans, presque tous les
hommes attachés au gouvernement de la République et à
l'ancienne religion jugeaient le séjour des provinces chrétiennes intolérable pour eux, et une émigration volontaire
des citoyens d'Orient en Occident complétait de jour en jour
l'effet de l'émigration forcée des sectaires d'Occident en
Orient deux siècles auparavant. Mais il ne fut pas même
donné à Theodosius de s'engager bien avant dans une entreprise plus qu'ingrate. L'état des affaires en Gaule et en Hispanie rappela le dictateur. Ces provinces refusaient de laisser partir leurs contingents militaires, soit qu'elles se sentissent inquiètes pour leur propre défense sur le Rhin et aux
Pyrénées, soit que les citoyens s'y trouvassent décidément
las de la continuation de la politique impériale sous la république d'Occident, ou qu'enfin ils vissent jour à des idées
d'indépendance. Arbogastès, entraîné par la vive manifestation du sentiment national, trahissait son mandat romain, et
Maximus était contraint de suivre l'esprit tout breton ou
gaulois de son armée. Theodosius se vit réduit, en conséquence, à rentrer en Italie, après un an de luttes où il
n'avait rien gagné sur les Barbares, que de les refouler sur

quelques points; ni sur les insurgés chrétiens, que de dégrader la ville d'Antioche après l'avoir réduite à une soumission qui devait durer autant que la présence de ses troupes.

Le dictateur perdit encore deux années, tant à arrêter les Barbares dans les provinces danubiennes, à l'aide de ses lieutenants, qu'à se préparer une armée capable d'opérer contre les Gaulois, et à faire face aux difficultés intérieures de gouvernement que lui créaient ses demi-succès, présentés en Italie comme des échecs, et l'insuffisance des rentrées de l'impôt. Il se décida à la fin à passer en Hispanie, espérant venir plus facilement à bout des résistances, dans un pays où il avait ses propriétés, sa famille et de grandes influences; de là s'avancer vers la Gaule en vainqueur, à la tête d'une armée de ses compatriotes et de volontaires africains, comme autrefois Annibal. Mais à l'approche du danger, les Gaulois se fédérèrent avec les Hispaniens, chez lesquels Theodosius ne trouva point l'appui sur lequel il avait compté, et toute l'habileté du général ne l'empêcha point d'être vaincu sous les murs d'Ilerda par Arbogastès et les chefs unis de la Tarraconaise et de la Lusitanie. Il put à grand'peine se rembarquer et regagner l'Italie, où les affaires de la dictature ne devaient point tarder à péricliter (1155) (1).

Ce sont les destinées de l'Orient que nous avons à suivre en ce moment, ou plutôt à esquisser à grands traits. Une longue suite de discordes, car on ne peut vraiment que nommer ainsi des guerres entre les nations occidentales, désormais parentes, et les troubles intérieurs de ces différentes nations donnèrent pleine liberté aux Barbares de s'étendre, et aux chrétiens d'établir parmi eux la suprématie de la religion sur la civilisation. Nulle tribu, qu'elle fût ger-

(1) De l'ère chrétienne 379.

manique ou mongole, ne parvint à franchir le Rhin ou les
Alpes, ni à entamer les lignes de défense de la Grèce, tant se
trouvèrent efficaces, sous le point de vue défensif, les institutions militaires dont la réforme de 977 avait doté des provinces où l'abolition graduelle de l'esclavage et le nouveau
régime de la propriété faisaient en outre augmenter la population au delà de toute espérance. Les Barbares renoncèrent
bientôt entièrement à attaquer ces frontières si bien défendues
mais ils devinrent les maîtres dans les contrées danubiennes,
parce que la colonisation romaine y était restée trop imparfaite. D'autres firent leur proie des riches pays du Bosphore
et d'au-delà, puis de la Syrie, de l'Égypte et de la Libye.
Les chrétiens, demeurés libres par la retraite de tous les
fonctionnaires de l'Empire, n'essayèrent à peu près aucune
résistance. Inaptes d'eux-mêmes à toute organisation civile
et politique, ils comprirent seulement que l'impôt allait passer à d'autres mains qui leur étaient moins odieuses ; mais
ces mains ne tardèrent pas à leur paraître bien rapaces et
trop souvent tendues, car les flots de l'invasion amenaient
incessamment des vainqueurs après d'autres vainqueurs. Les
surveillants se contentèrent, pour tout gouvernement, d'instituer des polices et tribunaux ecclésiastiques, et de traiter
avec les envahisseurs successifs pour la protection des églises
et des biens du clergé, ensuite des sujets laïques, autant
qu'ils le pouvaient. Mais ceux des Barbares qui ne faisaient
que passer pillaient outrageusement, et ceux qui avaient le
temps de songer à s'établir avaient coutume, en la personne
de leurs chefs, de se substituer aux grands propriétaires et
de continuer à leur profit les exploitations rurales existantes.
Dans les villes, ils s'emparaient des palais et de tous les édifices non religieux, s'en faisaient autant de forteresses, et
exerçaient de là tous les pouvoirs arbitraires qu'il leur plaisait de s'arroger. Les *surveillants* s'attachaient à les gagner

par la douceur, à leur imposer par la fermeté, surtout à obtenir d'eux qu'ils étendissent aux personnes des clercs le respect que ces hommes naïfs ressentaient ordinairement pour des objets saints de toute tradition. Ils circonvenaient leurs rois, et dès qu'ils les tenaient par la supériorité de l'intelligence, ils les amenaient sans trop de peine à une conversion au moins superficielle. Ils ne leur refusaient point alors les plus grands honneurs ni les titres suprêmes, espérant bien, en leur concédant des peuples à gouverner, les gouverner à leur tour par l'ascendant sacerdotal.

Un tel état de choses, en dépit des illusions des *surveillants*, ne pouvait aboutir qu'au dernier degré de la décomposition sociale ; mais la chute définitive d'un corps si bien organisé demandait du temps, et en attendant il n'était pas impossible que le génie de certains chefs ne parût ramener sur des espaces plus ou moins étendus l'ombre de l'Empire détruit. Le prestige de la puissance romaine éteinte était très-grand, et il est facile de comprendre que chaque chef de hordes intelligent rêvât de la reconstruire à son profit. L'histoire est pleine des tentatives de ces conquérants, dont l'œuvre toute viagère, et vraiment peu enviable, ne laisse pas, quand elle est racontée, d'exciter des désirs de Tantale chez tous les porteurs de sceptre qui se croient en mesure de l'essayer. Deux fois, à la fin du XIIe siècle et à la fin du XIIIe, des rois de race germanique semblèrent sur le point de créer de vastes dominations. Nous ne parlons pas d'Attila chef des Huns, dont les grandes expéditions hors de la Pannonie, que ses hordes occupaient, n'eurent jamais pour but que la destruction et le pillage. Mais Alaric, roi des Visigoths, maître de Byzance, étendit ses armes de la Thrace au fond de la Libye, et fit reconnaître vingt ans sa suprématie à tout ce que l'Orient comptait de diocèses de la foi arienne. Théodoric, roi des Ostrogoths, approcha mieux encore du but, et restaura presque l'Empire en Orient ; mais l'équilibre temporaire et la demi-soumission des forces barbares devaient naturellement se terminer avec la vie et les victoires d'un homme ; l'administration imitée des Romains ne pouvait longtemps fonctionner, au milieu de la corruption générale, avec les habitudes de pouvoir arbitraire qui s'étaient insinuées partout ; et les *surveillants*, véritables chefs moraux des populations, n'auraient pas tardé non plus à miner l'autorité de princes qui ne visaient pas à moins qu'à les nommer eux-mêmes, et bientôt peut-être à s'attribuer le contrôle de leurs actes.

La mort de Théodoric fut le signal d'une décomposition qui ne s'arrêta plus qu'à l'extrême limite des divisions politiques et territoriales. L'insécurité s'accrut à tel point, par l'effet du parcours des tribus barbares avant qu'elles parvinssent à se fixer, que les terres demeurèrent en friche, et même sans maîtres, en beaucoup de lieux. La population diminua dans de fortes proportions. Le cœnobitisme se développa sans mesure, comme il arrive toujours quand les misères de la vie se faisant trop fortement sentir aux hommes, leur passion naturelle d'élever des familles est dominée par le goût du repos, par la contemplation d'une destinée céleste, ou encore par l'ambition du genre de pouvoir que les capables exercent au fond des cloîtres. Au moment où l'anarchie commença à diminuer, grâce à une sorte de tassement qui s'opéra chez les envahisseurs, la physionomie des anciennes provinces romaines se trouva entièrement changée, et de nouvelles coutumes, un nouveau genre d'autorité se montrèrent partout, au milieu de l'extrême misère des peuples.

Les villes étaient ruinées et en grande partie abandonnées. Les quartiers des palais n'offraient plus que des cavernes à l'usage des fugitifs et des bêtes sauvages. A quelque distance, s'élevaient des masures, agglomérées sans ordre, appelées à former plus tard les quartiers infects de villes nouvelles. Les marbres des monuments tombés servaient de pierres à chaux, sauf les fragments de colonnes, qu'on employait çà et là dans les églises sans craindre les disparates.

Les temples étaient détruits, les statues brisées, les bibliothèques incendiées. A peine, en effet, les administrateurs romains avaient-ils quitté la place, au moment de la grande révolte de l'Orient et du commencement de la guerre civile d'Occident, que s'étaient succédé comme une traînée de poudre, depuis Byzance de Thrace jusqu'à Tingis en Mauritanie, les ordres des *surveillants* de brûler tous les livres des païens, d'ôter les portes des temples et d'en faire tomber les toits, de représenter toutes les *idoles* en quelque lieu qu'elles fussent cachées, de fondre tout ce qui était d'or ou d'argent et de ne laisser que les objets sans valeur aux propriétaires (1).

De toutes les belles productions de l'antiquité, il n'y eut que les langues qui furent sauvées, qu'on n'aurait pu détruire absolument. Le grec resta la langue du culte dans presque toutes les provinces, et le latin dans l'Église de Jérusalem et dans quelques autres Églises de Syrie et d'Afrique, où s'étaient retirés de nombreux chrétiens occidentaux, au moment de la persécution de Commodus. Les progrès de la barbarie, la division croissante des idiomes anciens et nouveaux, ou plutôt des patois qu'engendraient le mélange et la grossièreté des races, obligèrent le clergé à conserver, pour son usage propre et ses communications intérieures, le langage de ces anciens qu'il avait en abomination, qui avaient

---

(1) Voyez Eusèbe, *Vie de Constantin*, l. III, c. LIV. Les prescriptions quant aux temples et aux statues s'y trouvent mentionnées littéralement.

(*Note de l'éditeur.*)

exprimé sous une forme immortelle des sentiments et des idées proscrites désormais. Grâce à cet accident, quelque mémoire des temps civilisés put traverser les âges en Orient, un précieux instrument d'étude se conserver, pour l'époque future, mais éloignée, où les livres détruits seraient ramenés du dehors et remis en honneur sous les yeux d'un sacerdoce affaibli. Sans cela, il est à croire que l'histoire aurait péri entièrement dans cette partie du monde (1).

L'extinction de la vie urbaine, la disparition des capitaux, le danger des voyages et l'impraticabilité des routes ayant anéanti tout commerce lointain, ou à peu près, et réduit l'industrie aux arts manuels du village ou de la famille, ce qui restait de richesse ou de luxe était accumulé dans les églises et dans les forteresses, ou promené dans les camps. Les habitations rurales venaient se grouper autour de quelque abbaye vénérée, ou sur des hauteurs, à l'ombre d'un fort, s'entourant elles-mêmes de murs et de fossés, se défendant de leur mieux à l'aide de créneaux et de mâchecoulis. A dater de ce moment, l'église et le fort voisin se

_____

(1) L'auteur de l'Uchronie avait certainement lu Machiavel, et ce passage avait dû le frapper : « Quando surge una setta nuova, cioè una religione nuova, il primo studio suo è (per darsi riputazione) estinguere la vecchia ; e quando egli occorre che gli ordinatori della nuova setta siano di lingua diversa, la spengono facilmente. Laqual cosa si conosce considerando i modi che ha tenuti la religione christiana contra alla setta gentile, laqual ha cancellati tutti gli ordini, tutte le cerimonie di quella, e spenta ogni memoria di quella antica theologia. Vero è che non gli e riuscito spegnere in tutto la notizia delle cose fatte da gli huomini eccellenti di quella, il che è nato per havere quella mantenuta la lingua latina ; *il che fecero forzatamente*, havendo à scrivere questa legge nuova con essa. Per che se l'avessino potuta scrivere con nuova lingua, considerato l'altre persecuzioni gli fecero, *non ci sarebbe ricordo alcuno delle cose passate*. Et chi legge i modi tenuti da san Gregorio e da gli altri capi della religione christiana, vedrà con quanta ostinazione e' perseguitarono tutte le memorie antiche, ardendo l'opere dei poeti e delli historici, ruinando le imagini e guastando ogni altra cosa che rendesse alcun segno dell' antichità à Tal che *se a questa persecuzione egli havessino aggiunto una nuova lingua*, si sarebbe veduto in brevissimo tempo ogni cosa dimenticare. » *Discorsi sopra la prima decadi di Tito-Livio,* ii, 5.

trouvèrent les seules garanties des populations, garanties
chèrement payées à l'occupant du fort par toutes sortes de
taxes, de péages et de corvées, au presbytre de l'église, par
la dîme des biens et le don sans réserve de l'âme : garanties
incertaines toutefois, car les seigneurs barbares, une fois
établis, guerroyaient entre eux, et ni eux ni les clercs ne
pouvaient promettre à leurs protégés qu'un plus fort inter-
venant n'enlèverait jamais leurs femmes ou leurs récoltes.

Les *vilains* ou campagnards, comme on appelait ces
habitants de *villages*, c'est-à-dire de *villas* ou fermes agglomérées, étaient exempts de tout service militaire. Mais
cet apparent privilége était la simple constatation de l'impuissance à laquelle on les réduisait, et de la privation de
tous droits, et du mépris où les tenait quiconque était por-
teur d'un instrument de carnage. L'esclave rural ne se ven-
dait guère plus sans la terre, il est vrai, car les Barbares portaient avec eux la coutume du colonat, la même que la marche naturelle des choses tendait à généraliser dans l'Empire,
à la fin de l'ère des conquêtes, et que les réformateurs du
X° siècle rendaient obligatoire pour les propriétaires de biens-
fonds en Occident. Ils rétrocédaient aux familles des labou-
reurs les terres dont ils se regardaient comme ayant acquis
la propriété par leur courage et au prix des dangers courus.
Les colons serfs étaient soumis à des redevances et à des
corvées, auxquelles se joignaient à l'occasion toutes sortes
d'exigences arbitraires. L'Église voyait avec plaisir une
transformation qu'elle se plaisait à attribuer aux sentiments
de fraternité humaine inspirés par elle aux conquérants,
mais qui était simplement l'effet de leurs commodités et de
leurs habitudes. La charité n'entrait pas plus que la justice
dans une espèce de contrats où la volonté sans frein traitait
avec l'obéissance affamée. Les nouveaux esclaves aussi misérables que les anciens se virent souvent réduits à vivre en

communautés de plusieurs familles, sous le chaume et dans
la boue; nulle part ils ne furent regardés comme de la société de leurs maîtres, pas même dans l'Église, où ils com-
muniaient avec leur Dieu sans communier avec leurs prétendus frères.

Quant à l'esclavage domestique, il ne pouvait évidemment
subsister tel qu'on l'avait vu dans les villes, excessif et
féroce au sein du luxe romain, ni tel que l'avaient connu les
anciennes cités grecques, avec un caractère pour ainsi dire
démocratique, et destiné au service intérieur des petits mé-
nages dont les chefs vivaient exclusivement de la vie publique. Mais qu'avaient à faire d'esclaves à acheter ou à vendre
des hommes qui pouvaient d'un signe en appeler autant
des deux sexes qu'il leur en fallait pour leurs besoins et
leurs caprices? Et de quoi des marchés d'esclaves eussent-
ils servi, quand la classe entière des paysans et des artisans
était aux ordres des dominateurs du sol, clercs ou Barbares?
L'esclavage de la glèbe et l'universelle domesticité, volontaire ou forcée (mais elle était relativement trop avantageuse
pour n'être pas presque toujours volontaire), prirent ainsi la
place de l'ancien esclavage commercial. Ce fut un bien, en ce
que la condition de l'esclave devint entièrement stable et lui
permit la vie de famille. Et les horreurs du trafic d'hommes
après les batailles cessèrent en grande partie, ainsi que les
abominations des amphithéâtres. Mais on ne saurait dire
que ces améliorations, dues à la simplicité comparative des
goûts des Barbares, à leurs coutumes d'inféodation, et à
l'effet, quoique faible assurément, de l'incessante prédication des maximes de douceur évangélique, constituassent
au moindre degré un pas accompli dans le développement
des libertés humaines, dans le respect de la justice et l'a-
mour de la paix.

Voilà donc quel fut l'état de l'Orient, depuis le Danube

jusqu'au Nil, et du Midi, depuis le Nil jusqu'au détroit de
Gadès. Il y avait, à la vérité, dans cette société, si profondément morcelée et troublée, une double cause de tendance
à la reconstitution de l'unité dans l'autorité : d'une part,
dans l'ordre temporel, le principe féodal; de l'autre, dans
l'ordre spirituel, la constitution hiérarchique du clergé et la
disposition des peuples à faire remonter au plus haut leur
vénération superstitieuse. Les chefs Barbares qui avaient
formé des établissements dans les différentes provinces ne
s'estimaient pas purement et simplement les maîtres dans
leurs domaines; mais, conformément aux règles qui assu-
jettissaient les hommes de chaque nation à des chefs, ceux-ci
à des chefs supérieurs, et qui attribuaient aux premiers
chefs ou rois une sorte de propriété éminente sur les pays
conquis, à tout le moins un droit sur le service militaire ou
les contributions pécuniaires du subordonné, il s'établissait
des liens de vassalité plus ou moins ramifiée qui, selon les
caractères, la puissance et l'habileté des uns ou des autres,
allait se fortifiant ou s'affaiblissant, et subissait de nombreuses vicissitudes. De là un mouvement continuel de composition et de décomposition, non sans d'affreux spectacles
et de violence et de perfidie, qui devait amener dans certains pays la formation de principautés nationales sous des
titres divers; ailleurs, se prolonger sans jamais rien constituer de fort ou de durable, à cause du naturel plus indisci-
pliné, plus sauvage des habitants, ou de leur moindre cohé-
sion de religion, d'origine et de mœurs.

Quant à l'unité spirituelle, ou de croyance, elle était em-
pêchée par la division des sectes, à laquelle nul pouvoir
politique suffisant n'était venu s'opposer à temps, que rien
désormais, excepté les plus affreuses persécutions, ne pouvait changer, et qui à son tour, réagissant sur les conditions
de l'autorité civile, opposait un obstacle insurmontable à la

formation ou à la durée de toute grande concentration administrative. Un tel état de fractionnement des peuples et des gouvernements n'eût point été un grand mal s'il se fût accompagné de liberté et de moralité. Mais il n'exprimait partout que désordre et anarchie. Or, en de telles conditions, le mal n'est ordinairement guéri que par le mal, et la force semble l'unique agent d'où dépende le retour des hommes à la vie civile et à l'empire des lois.

Le jeu des principautés et des princes : batailles, traités et violations de traités, assassinats, empoisonnements et mariages, l'agrandissement ou la destruction des dominations n'ont rien en soi qui doive intéresser l'historien philosophe. Les guerres ont plus d'importance à ses yeux, quand elles naissent des haines religieuses, quand elles constatent ou déterminent des changements considérables dans les croyances des peuples. Les destinées des sectes méritent aussi d'être suivies. Leurs péripéties sont les événements principaux à compter dans les annales des nations qui n'ont ni sciences, ni philosophie indépendante, ni droit public.

L'arianisme s'était répandu et se trouvait en force dans plusieurs provinces, tout particulièrement en Thrace et en Bithynie, quand le Syrien Nestorios, *surveillant* de Byzance et l'un des plus fanatiques persécuteurs d'une époque où vivait Cyrille d'Alexandrie (1), entreprit de réduire la terre entière à son opinion propre. « Purgez la terre des hérétiques, dit-il, le jour même de son installation épiscopale, au dominateur du moment, rival du successeur d'Alaric, Athaülphos, et je vous donnerai le ciel en récompense; guerroyez contre eux avec moi, et je vous aiderai à faire la

_____

(1) Allusion au meurtre d'une femme illustre, Hypatie, fille du mathématicien Théon, elle-même philosophe et géomètre, dont la populace d'Alexandrie, excitée par l'évêque Cyrille, traîna dans les rues le corps en lambeaux.

(*Note de l'éditeur.*)

guerre à vos ennemis (1). » Pour commencer, il fit le siège
de l'église arienne de Byzance et brûla tout un quartier de
la ville. Sa manière de voir n'était pas pour cela si différente
qu'on l'eût cru de celle d'Arios, mais la subtilité n'avait plus
de bornes. Le chrétien Apollinaris, surveillant de Laodicée en
1158 (2), avait appelé l'attention sur la question de savoir
comment, en admettant l'omoousie de Dieu et de Jésus le Dieu,
on expliquerait la relation du divin et de l'humain dans ce
dernier. Il estimait, quant à lui, que le Logos devait avoir
pris simplement la place de *l'âme rationnelle*, âme peccable
qu'on ne saurait conserver, et laissé à Jésus l'homme son
corps et son *âme vitale*, qu'il tenait de sa mère pour souffrir.
Mais un concile de Byzance condamna cette doctrine. Il fut
donc reçu dans le parti omoousien que le Fils avait *deux natures;* mais il restait à comprendre leur rapport. C'est alors
que Nestorios prétendit que l'union des deux natures, en dépit de l'omoousie, est une union externe, qui ne suppose point
une intimité de fusion. Ainsi Christ serait un homme placé
sous une influence divine qui le gouverne constamment. De
là, la proscription des expressions scandaleuses d'*Homme-
Dieu* pour Christ, et de *Mère de Dieu* pour la mère de Christ.
Il ne paraissait, on le voit, entre le système de Nestorios et
celui d'Arios, nulle différence bien saisissable. Aussi Nestorios eut-il beau persécuter les Ariens pour donner le change,
il n'empêcha pas les Omoousiens ameutés contre lui par
Cyrille d'Alexandrie de s'assembler à Éphèse, et de le condamner comme partisan d'une véritable dualité de Christ
avec Dieu. Mais Jean d'Antioche arriva bientôt dans la même
ville avec d'autres *surveillants* convenablement armés et
escortés, et un contre-concile déchira les actes du premier. La

(1) Ces paroles remarquables sont, en effet, de Nestorius et adressées à l'empereur d'Orient en 428.   (*Note de l'éditeur.*)
(2) De l'ère chrétienne 382.   (*Note de l'éditeur.*)

lutte continua longtemps avec la plus extrême violence et des phases diverses. Le nestorianisme resta dès lors une des formes du christianisme, mais il se trouva dans la suite plus profondément distinct de l'arianisme qu'il ne l'avait été dans le principe, attendu que cette dernière secte se changea en un monothéisme pur, avec Jésus comme prophète, ainsi que nous le verrons.

La secte opposée au nestorianisme, et qui le suivit de près, car il se produit toujours de ces sortes de balancements dans la marche des doctrines, est la secte d'Eutychès. Celle-ci rappela les opinions gnostiques et docétiques, qui avaient joué longtemps un si grand rôle, et qui ne pouvaient s'éteindre. Une seule nature en Christ, savoir la nature divine absorbant la nature humaine, telle fut la nouvelle formule qui s'offrit, pour et contre laquelle s'assemblèrent de nouveaux conciles, et entre autres celui dit des *brigands d'Éphèse*, où les *surveillants* portèrent les mains les uns sur les autres, se menacèrent de se mettre en pièces, comme *était mis en pièces le Christ*, dans l'opinion nestorienne, et en appelèrent aux princes pour se contraindre mutuellement à la soumission par l'exil et par les supplices. Il était bien difficile de prendre un parti entre des conciles, comme ce dernier, qui perdaient l'homme dans le Dieu, faute de concevoir autrement l'homme et le Dieu unis; et d'autres conciles qui affaiblissaient l'union appelée hypostatique, ne pouvant sans cela garder intact l'homme et ce qui lui appartient. C'est pourtant la tâche qu'entreprit un concile de Chalcédoine, auquel sa qualité *d'œcuménique* ne permit pas plus qu'à tout autre d'imposer sa solution aux récalcitrants. Il fut assemblé sous l'influence de l'esprit de conciliation latin de certaines Églises, dont la constante politique était de tenir la balance égale entre les opinions opposées, et de rejeter par ce moyen toute doctrine qui pouvait logiquement conduire à d'autres

innovations, à des réformes, ou à quelque philosophie trop
éloignée des communs sentiments du monde. On y déclara
la croyance *catholique* en un seul Seigneur, Dieu parfait et
Homme parfait, fils de Dieu, consubstantiel à Dieu, issu de
l'humanité et consubstantiel à l'humanité, formé de deux natures, sans séparation et sans confusion, en une seule personne. Autant aurait valu dire que le Christ était tout à la
fois peccable et impeccable, ignorant et savant, un et non
point un, divisé et non divisé! L'esprit latin en théologie
pouvait réussir à empêcher telles questions scabreuses de
se poser, à retenir parfois la spéculation sur des pentes dangereuses pour la foi déjà déclarée, ou pour la raison elle-
même, si tant est que la raison conservât encore un certain
poids; mais quand le problème était de ramener à l'unité
des tendances contradictoires qui avaient déjà acquis de l'autorité dans les Églises, ou, ce qui revient au même, de formuler des doctrines dans lesquelles une contradiction latente
était enracinée dès l'origine, on comprend que tout le savoir-
faire des théologiens devait consister à professer le oui et le
non simultanément, en termes dont l'incompatibilité ne parût pas à première vue, et se trouvât masquée par des distinctions verbales.

Quoi qu'il en soit, les principales opinions contraires
eurent leur plein développement, en l'absence d'une autorité
matérielle et tyrannique qui pût les atteindre partout où elles
se réfugieraient. Le nestorianisme, ou système des deux natures séparées, hiérarchisées, s'implanta solidement dans
une partie de la Syrie, et de là rayonna jusque dans les Indes,
où une petite Église chrétienne parvint à se former. Mais il
alla se fondant peu à peu dans l'arianisme, à mesure que
cette secte grandit et s'imposa, en Arabie, en Mésopotamie,
et dans toute la Perse et l'Assyrie. La doctrine latine des
deux natures unies, respectivement cousubstantielles aux

deux contradictoires, l'Homme et Dieu, vécut un temps d'une vie agitée, grâce au crédit du *surveillant* qui avait son siége à Jérusalem, mais finit par tomber dans l'oubli, quand les prétentions de ce dernier à l'hégémonie épiscopale furent forcées de se retirer devant la ferme résistance de ses confrères et des princes. Ceux-là s'attribuaient des droits égaux, fondés sur l'imposition des mains qu'ils faisaient remonter aux apôtres ; ceux-ci étaient peu soucieux de laisser grandir, où que ce fût au monde, un pontificat suprême universel ; ils visaient, au contraire, à exercer le patriarcat de la foi, chacun dans ses États, conformément aux traditions locales, en proscrivant tous les dissidents autant que possible ; et la plupart d'entre eux y parvinrent avec le temps.

L'eutychianisme, ou monophysisme, doctrine de l'unité de nature, se répandit en Syrie, en Égypte, en Abyssinie, en Arménie, et prit tout d'un coup une grande importance, à l'époque où se forma, sur les débris de la féodalité orientale, cet empire scythe (1) qui, mêlé plus tard à de puissants éléments tartares ou mongols apportés par de tardives invasions, soumit le nord de l'Europe et une partie de l'Asie à sa domination ou à son influence, et étendit politiquement sa protection sur les sectes analogues à celle qu'il avait embrassée lui-même, en quelques contrées qu'il les trouvât établies. La Thrace, avec Byzance pour capitale, et l'Asie Mineure tout entière entrèrent dans ce vaste empire de langue grecque, et là se trouva désormais le siége principal du christianisme joanniste. On y reconnut le Christ comme une théophanie du Logos de Dieu en apparence incarné, mais au fond étranger à toute chair, et gouvernant une enveloppe mortelle, afin de donner à l'œuvre divine la forme plus que prophétique, messiaque, la plus élevée sous laquelle elle puisse s'accom-

---

(1) L'auteur veut probablement parler des Slaves et de l'empire de Russie.

plir dans l'humanité. On y rendit un culte passionné, presque
polythéiste en fait, à la Toute-Sainte, à la Vierge-mère, élue de
Dieu pour servir à la génération de la forme humaine pure
insufflée par le Pneuma Aghios et destinée à la manifestation temporelle du Logos. Le Pneuma Aghios et le Logos re-
présentèrent, selon cette croyance, l'un une éternelle *génération* et l'autre une éternelle *procession ;* en somme, dans
les deux cas, une émanation éternelle de vertus divines appelées personnes et adorées comme personnes ; car il ne suffit
pas de consacrer des mots inintelligibles à la place d'autres
mots que l'on entend, et d'appeler ce qu'ils signifient *mystère,*
pour changer la nature des idées et l'unique sens possible
de ce qu'on dit.

Le christianisme subit, dans les contrées danubiennes,
une évolution de nature différente, et qui se rencontra plus
voisine de celle qui se produisit dans l'extrême Orient sous
l'impulsion des Arabes. Les anciennes colonies romaines de
la Dacie trajane, où s'étaient faits les premiers établissements des Goths, les deux Mœsies, la Pannonie, la Rhétie,
la Vindélicie, la Norique et l'ensemble des régions au nord
du Danube et à l'est du Rhin étaient presque entièrement
germaines, et les tribus germaniques avaient embrassé l'arianisme dès leur entrée dans l'empire et avant de s'y être fixées.
Cette partie de l'Europe, à cause des mœurs et du caractère
plus indépendant de ces Barbares, resta beaucoup plus longtemps sous le régime de la féodalité que ne firent les pays
d'établissements scythes ou mongols ; ce n'est même que très-
tardivement que certains princes arrivèrent à se créer des
positions de suzeraineté solide, et encore le principal
d'entre eux fut-il électif pendant des siècles. Cette situation
politique et ce tempérament des hommes étaient faits pour
les détourner des doctrines de la plus basse adoration, aussi
bien que des spéculations théologiques étranges et subtiles,

telles que la distinction des natures et la consubstantiation des personnes. L'arianisme, déjà favorisé par la plupart des *surveillants* du XIIᵉ siècle (1), demeura donc la forme essentielle du christianisme des Germains. Dans ces Églises d'Occident, on considéra le Christ non pas simplement, il est vrai, comme un révélateur et un grand prophète, mais non pas davantage comme Dieu et de la substance de Dieu. On le nomma une créature, encore que *née avant les siècles.* Le médiateur et le sauveur, né d'une vierge et mort sur la croix, fut identifié par les uns avec cette créature même, *descendue du ciel,* et par d'autres avec un homme désigné dans les conseils éternels de Dieu pour devenir l'habitation spirituelle et le plein réceptacle de l'inspiration de cet être supramondain ou Sagesse personnifiée. Pour ce peu de mythologie en plus ou en moins, on versa le sang quelquefois, non point tant cependant que pour d'autres querelles théologiques, venues postérieurement, et qui mirent plus décidément en cause la suprématie du clergé.

Une forme tout autrement radicale de l'arianisme eut son point de départ en Arabie, après que les juifs et les chrétiens, refluant d'Occident en Orient, furent parvenus à ramener au monothéisme cette branche des Abrahamides égarée ou arriérée dans quelques vieilles idolâtries. Cet effort de propagande eut plus de succès que le clergé n'eût voulu en obtenir, car les Arabes, une fois lancés dans la réforme, allèrent jusqu'au monothéisme pur et farouche, et repoussèrent, avec les croyances idolâtriques touchant le Christ, celles qui auraient pu fonder parmi eux la domination sacerdotale. Les Juifs ne furent guère plus satisfaits, car le prophète Jésus vint dominer de très-haut le prophète Moïse, et tout le cérémonial ainsi que les prescriptions de *l'ancienne loi* étant

(1) IVᵉ de l'ère chrétienne   (*Note de l'éditeur.*)

rejetés, l'influence hébraïque tomba définitivement. Les dernières espérances de cette race dispersée qui ne pouvait, même en Palestine et dans l'enceinte de Jérusalem, reprendre son ancienne position et surmonter le christianisme, furent perdues le jour où le fanatisme monothéiste, qu'elle avait représenté jusque-là dans le monde, devint la marque et le privilége d'un autre peuple. Le moment d'éclat de cette révolution appartient à la fin du xɪvᵉ siècle (1), à l'époque où un Arabe du nom de Mohammed, après avoir brisé la résistance obstinée de l'ancien culte et fait taire par la force les envieux de sa tribu, prétendit, comme autrefois l'apôtre Paul, être monté en ravissement au septième ciel. Il y avait vu, disait-il, Jésus dans la chair, et il en rapportait ses ordres véritables que les chrétiens avaient falsifiés, d'adorer Dieu seul comme Dieu, et d'honorer Jésus comme un prophète. Il ajoutait quelques prescriptions nouvelles qu'un ange lui dictait, à l'usage des vrais fidèles. L'exaltation communiquée aux esprits par cette sorte de révélation mise à la portée des plus grossiers, et adaptée aux circonstances de lieu et de temps et aux habitudes, fut si vive qu'elle rayonna rapidement hors de l'Arabie, et loin au delà. Le dogme chrétien simplifié, borné aux croyances élémentaires de l'unité divine, de l'immortalité humaine et du dernier jugement; la révélation réduite à la forme du prophétisme; les tendances ascétiques remplacées par quelques règles d'hygiène ou d'abstinence fort simples; les tendances mystiques et les spéculations subtiles, par la profession de foi la plus brève, et la propagande de prédication par le franc et brutal enseignement du sabre, voilà ce qui entraîna bientôt des masses à la suite de Mohammed ou de ses lieutenants et facilita leurs conquêtes.

Du côté de l'Asie occidentale, et de l'Europe à plus forte

---

(1) Commencement du vɪɪᵉ de l'ère chrétienne.   (*Note de l'éditeur.*)

raison, les progrès de ce christianisme ultra-arien, qu'on appela mahométan, du nom de Mohammed, se trouvèrent arrêtés par la forte organisation que s'était donnée déjà le christianisme sacerdotal et théologique, et par les adorations plus superstitieuses auxquelles étaient portés les hommes de tradition non abrahamique. Mais il en fut autrement dans les provinces ou moins peuplées ou moins définitivement chrétiennes. Le torrent de l'invasion arabe s'y répandit avec fureur et en changea toute la physionomie en moins d'un siècle. L'Égypte, la Libye et l'Afrique même jusqu'au détroit de Gadès passèrent sous cette domination nouvelle; l'œuvre de destruction fut immense. Ce n'est pas que les mahométans, soit Arabes d'origine, soit convertis et entraînés par les Arabes, se montrassent animés du même genre de fanatisme que les chrétiens, ou pénétrés précisément des mêmes principes d'intolérance. Ceux-ci ont apporté une passion extrême à convertir les *infidèles* par le feu, par le sang, mettant leur honneur à ne pas souffrir auprès d'eux des hommes d'une croyance différente de la leur. Ceux-là, tout en attachant une grande importance aux conversions, ont moins pratiqué la persécution dite par amour, et, dans le fait, au lieu d'anéantir partout où ils l'auraient pu les païens et les hérétiques, ils se sont en général contentés de soumettre au tribut les provinces infidèles conquises. Ils ont laissé aux habitants leurs religions. Ils les ont accablés de mauvais traitements et de mépris, ils ne les ont pas exterminés. En cela donc il semble que les effets destructeurs du flot mahométan eussent dû être plus limités que ne le furent ceux de la haine systématique du sacerdoce pour les livres et monuments de l'antiquité, et de la persécution à mort qu'il exerça durant plusieurs siècles contre tous les esprits insoumis. L'état de l'Égypte, encore aujourd'hui couverte de temples, de tombeaux, de peintures et d'inscriptions hiéroglyphiques, con-

firme cette appréciation. Mais malheureusement les envahisseurs mahométans portèrent des coups mortels à la civilisation presque partout où ils purent séjourner, et ce fut par
l'insécurité civile qui accompagna leur domination, par leurs
habitudes d'exploitation malhabile et d'oisiveté, leur impuissance administrative. Il y eut à cela quelques exceptions,
comme dans la Mésopotamie et dans quelques centres tout
arabes, en Syrie, mais des exceptions qui ne traversèrent
pas les siècles.

Le plus fort de la dévastation et de la ruine fut du côté de
l'Assyrie et de la Perse. Il est vrai que là le fanatisme mahométan trouva d'autres sujets d'incitation, et s'il se porta
aux derniers excès, ce fut aux applaudissements, il faut le
dire, de tout le monde chrétien qui partagea les mêmes passions. Là en effet s'étaient réfugiés les vastes débris des sectes
docétiques et gnostiques qui mettaient entre Dieu et l'humanité le plus grand nombre d'intermédiaires, qui multipliaient
les vertus et les puissances, les émanations et les incarnations, qui, loin d'incliner au prophétisme, ne se contentaient
seulement pas d'un Logos vêtu d'humanité et imaginaient
autant d'essences spirituelles qu'il y avait d'œuvres à accomplir dans la création. Là était né et se propageait le mani-
chéisme, cette secte étrangère que les chrétiens prenaient
en aversion à mesure qu'ils lui empruntaient davantage; là
vivait enfin cette religion, une des plus anciennes du monde,
en butte à la haine aveugle d'un nouveau monde religieux,
qui lui imputait, et à tort, le culte idolâtrique du feu. La
guerre contre l'Iran prit le caractère d'une extermination, les
massacres continuèrent l'œuvre des batailles, les victimes se
comptèrent par millions, et la Perse, naguère encore une pépinière d'hommes, une puissance rivale de l'empire romain,
et souvent victorieuse, la Perse devint un désert de plus dans
l'Orient. Les grandes villes de l'Assyrie, ruinées une dernière

fois, ne se relevèrent plus. La religion de Zoroastre, de ce
même chef des mages que les premiers chrétiens avaient honoré à l'égal des prophètes et des sibylles, n'eut bientôt plus
que de rares adhérents qui allèrent se cacher dans le fond de
l'Inde ; les sectaires de la famille gnostique et manichéenne,
ou du moins ce qu'il en réchappa, se disséminèrent en reniant
leur foi, la laissèrent plus tard reparaître de temps en temps
et de place en place, et furent partout voués aux flammes
quand leur nombre croissant n'amena pas de nouvelles
scènes de carnage en grand. Le supplice du bûcher s'introduisit en effet dans les pays de la nouvelle croyance, et les
sectateurs d'une religion dite de charité se complurent à voir
se tordre et se consumer dans le feu, en anticipation des tourments que l'imagination populaire croyait devoir être leur
éternel partage, les corps des hommes qui ne partageaient
point les opinions communes ; et aussi de tous les malheureux égarés, des innombrables fous de ces temps de malheur,
dans l'esprit desquels on croyait que l'esprit du mal faisait
sa résidence.

Déjà près de deux siècles avant l'invasion de l'arianisme
mahométan, les croyances chrétiennes s'étaient fixées sur le
problème du mal. Longtemps les passions théologiques
avaient eu la doctrine du *Logos* incarné pour pâture à peu
près unique. On vivait alors, quant à la question du péché,
sur l'idée paulinienne de l'introduction de la mort dans le
monde par le péché du premier homme, et de l'apport de la
résurrection et de la vie par le sacrifice du Dieu fait homme.
La grâce et la foi nécessaires pour participer au salut, on
les regardait, sur la même autorité, comme de simples dons
de Dieu, que, par le fait, tous les hommes sont loin de recevoir. Mais on ne creusait pas les difficultés attachées, d'une
part, à l'exercice de l'arbitraire divin qui, prédestinant les
uns à la vie, et les autres à la mort de l'âme, constitue Dieu

l'auteur réel du mal comme du bien; et, d'autre part, à l'exercice de la volonté humaine, qui, s'il n'est pas libre, ne saurait moralement condamner le pécheur, et, s'il est libre, lui crée des mérites ou des démérites qui doivent déterminer la puissance divine et non pas en dépendre. L'indestructible dilemme entre le libre arbitre de l'homme à nier, ou la toute-puissance et prescience de Dieu à contester, se posa pour la première fois d'une manière un peu nette dans les Églises chrétiennes, quand un moine, Breton d'origine, du nom de Morgan, qu'on latinisait Pelagius, s'avisa de prétendre que l'homme, même sans une assistance divine spéciale, peut s'abstenir de mal faire et atteindre à la vertu, et que le péché étant personnel au pécheur n'est point transmissible à ses descendants, en tant qu'imputable aux yeux de Dieu, si Dieu est juste. Cette opinion trouvait dans toute âme laissée à elle-même un fondement trop naturel et trop solide pour ne pas se répandre, au moins sur certains points, jusqu'à ce que les *surveillants*, pussent se concerter pour l'éteindre. Aussi gagna-t-elle, après l'Afrique, où Pelagius commença à l'op-poser à l'enseignement fataliste alors très-renommé d'Au-gustinus, la Palestine et d'autres provinces, où ce moine et son disciple Celestius tentèrent de la faire recevoir à des esprits non prévenus. Mais leurs efforts devaient être vains, car ils avaient à lutter contre deux grands obstacles : un parti pris dominant d'élever à l'absolu le pouvoir divin, et de prosterner la nature humaine dans l'adoration et dans le néant; puis l'autorité de certaines déclarations de l'apôtre Paul, que les théologiens les plus exercés à tourner les textes au sens voulu auraient eu de la peine à concilier avec la thèse d'un libre arbitre réel.

Augustinus, *surveillant* d'Hippone, en Afrique, était un ancien manichéen, c'est-à-dire un croyant de l'éternité du principe du mal, qui, devenu catholique, comme on disait,

s'arrangeait pour changer le moins possible à ses premières
manières de voir. Il ne laissait pas de se maintenir en cela
dans le sens du mouvement général, aussi bien que dans la
voie jadis ouverte par l'apôtre quand il avait écrit ceci de
Dieu : « Il a pitié de qui il veut, il endurcit qui il veut. On
me dit : De quoi se plaint-il alors? qui peut résister à sa
volonté? — Mais, ô homme, qui es-tu, toi, pour raisonner avec
Dieu? L'argile dit-elle à qui la moule : Pourquoi me fais-tu
ainsi? Et le potier n'a-t-il pas le pouvoir de tirer de la même
masse un vase pour la gloire et un autre pour la honte? »
Un instant, dans le cours d'une querelle qu'il eut avec ceux
de la secte qu'il abandonnait, Augustinus s'était retourné
jusqu'à dire que le péché est imputable au pécheur seul et
à sa volonté; que cette volonté est la source première du
péché (1). C'était accorder cela même que demandait à présent Pelagius : que le bien et le mal, en tant que notre responsabilité y est engagée, ne naissent pas avec nous, mais se
font par nous, sont notre œuvre propre, encore que, nous
infectant dès l'enfance et nous corrompant entièrement par
l'accumulation des habitudes, nos vices à la fin nous tiennent
enchaînés avec une force que nous prenons pour la force
même de la nature (2). Mais maintenant, Augustinus remontait bien plus haut que la volonté de l'homme, savoir au jour
de la création, où Dieu avait marqué et séparé les bons et
les méchants en son décret éternel, avant qu'il y eût au monde
aucun mérite ou démérite, aucune autre volonté que la
sienne. Organe résolu de ce décret, il affirmait que le genre
humain se divise en deux classes : la classe de ceux qui
vivent selon Dieu, et la classe de ceux qui vivent selon

---

(1) Voyez Augustin, *De libero arbitrio*, l. III, c. XVII et c. XLIX.
                                        (*Note de l'éditeur.*)
(2) Voyez Pélage, *Epistola ad Demetrianum*, c. VIII, et le même, dans Augustin, *De peccato originali*, c. XIII.   (*Note de l'éditeur.*)

l'homme; et « c'est ce que nous appelons mystiquement deux
cités, disait-il, deux sociétés d'hommes, l'une qui est pré-
destinée éternellement à régner avec Dieu, l'autre à souffrir
le supplice éternel avec le diable » (1).

Ce terrible théologien, ce Mahomet de la doctrine, à qui
il fut donné de conquérir au dogme de la fatalité les nouvelles croyances presque en entier, là où l'autre ne porta
pas ses armes, avait une triple manière d'anéantir la liberté
humaine : d'abord en la considérant enfermée et concentrée
dans le premier homme, qui la perdit; ensuite en la voyant
déterminée, longtemps auparavant et dans tous les temps,
pour nous tous, selon que l'auteur de tout être voit et crée
au sein de l'éternité les individus et leurs vouloirs divers
qui sortiront de la semence de ce premier homme; enfin,
en retrouvant l'irrésistible action divine au moment où chacun de ces pécheurs est arbitrairement tantôt sauvé par la
grâce qui intervient, tantôt abandonné dans sa perdition.

Que la liberté, le péché et la condamnation de tous dussent être justement envisagés en un, c'est ce qui résultait,
pour Augustinus, de ce que l'humanité est une entité toute
contenue et modelée en un premier moule, volontairement
corrompu, où se forme l'avenir : « Nous étions tous en lui
quand nous étions lui seul, lui tombé dans le péché par
la femme..... Nous n'avions pas encore reçu la forme séparée qui devait nous constituer des vies individuelles, mais la
nature séminale existait, de laquelle sortirait notre propagation (2)... La mort a régné sur ceux mêmes qui n'ont pas
encore péché de leur propre volonté comme Adam, mais qui
ont tiré le péché originel de lui, *de lui la forme du futur*,
car en lui s'est constituée la forme de la condamnation
des futurs descendants sortis de sa race, en sorte qu'ils na-

(1) *De civitate Dei*, l. xv, c. i.
(2) *Ibid.*, xiii, 14.

quissent tous de lui seul pour la condamnation dont on n'est affranchi que par la grâce du Sauveur (1). »

Quant au caractère tout à la fois insurmontable et arbitraire de l'action de la grâce sur les cœurs, Augustinus s'exprimait ainsi, parlant des élus : « Ils sont élus et choisis par le choix de la grâce, et non par le choix de leurs mérites précédents, parce que la grâce est tout leur mérite... La volonté humaine n'obtient pas la grâce par la liberté, mais la liberté par la grâce, et, afin qu'elle persévère, elle reçoit le don d'un plaisir perpétuel dans la vertu et d'une force invincible dans le bien... Pour recevoir le bien et le garder avec persévérance, cette grâce de Dieu ne nous donne pas seulement de pouvoir ce que nous voulons, mais encore de vouloir ce que nous pouvons, ce qui n'a pas été dans le premier homme... Non-seulement Dieu donne aux élus un secours tel qu'il a donné au premier homme, sans lequel ils ne pourraient persévérer, quoiqu'ils le voulussent, mais il produit même le vouloir en eux ; car ils ne persévéreront pas s'ils ne le peuvent et ne le veulent, et à cause de cela la puissance et la volonté même de persévérer leur sont données par la libéralité de la grâce divine ; et le Saint-Esprit embrasse tellement leur volonté, que ce qui est cause qu'ils peuvent agir, c'est qu'ils le veulent ainsi, et que ce qui est cause qu'ils le veulent ainsi, c'est que Dieu opère en eux qu'ils le veulent... Et quant à ceux qui n'appartiennent pas à ce nombre des prédestinés que la grâce de Dieu conduit au royaume... à ce nombre très-certain et très-heureux des élus, ils sont jugés très-justement selon leurs mérites ; car ou ils sont accablés sous le péché originel qu'ils ont contracté par leur naissance, et sortent de ce monde sans que cette dette héréditaire leur ait été remise par la renaissance du baptème ; ou par leur libre

(1) *De peccatorum meritis et remissione*, I, 10.

arbitre ils ont ajouté encore d'autres péchés à leur péché
originel;... ou ils reçoivent la grâce de Dieu, mais ils ne
la conservent qu'un certain temps; ils ne persévèrent
pas; ils quittent Dieu et Dieu les quitte, parce qu'ils sont
abandonnés à leur libre arbitre, ne recevant point le don de
persévérance par un jugement de Dieu qui est aussi juste
comme il est caché (1). »

L'éternité de ce jugement *juste et caché*, sans motif aucun
qui soit imputable à la personne jugée, arbitraire par conséquent, et humainement parlant injuste, apparaît dans le décret porté contre les enfants morts sans avoir été soumis,
dans l'Église, à cette formalité de l'*enrôlement* (*sacramen-
tum*) qui forme un premier classement des admissibles à
l'élection divine : « Dieu, écrivait Augustinus, exclut de son
royaume quelques enfants de ses amis, de ses fidèles, en les
laissant sortir de ce monde sans recevoir le baptême, auxquels il procurerait la grâce du baptême, s'il voulait, puisque tout est en sa main et en sa puissance, quoiqu'il reçoive
leurs pères et leurs mères dans son royaume ; et il fait que
des enfants de ses ennemis viennent entre les mains des
chrétiens, et par le baptême qu'ils reçoivent sont introduits
dans son royaume, dont leurs pères et leurs mères sont
exclus, sans qu'il y ait aucun mérite ni démérite dans les
enfants qui vienne de leur propre volonté. » Le refus fait du
don de persévérance à quelques persécuteurs touchés de la
grâce est expliqué par le même éternel décret : « car cela
n'arriverait jamais, s'ils étaient du nombre des prédestinés
et de ceux qui sont appelés selon le décret de Dieu, et qui
sont véritablement les enfants de la promesse... Un enfant

(1) *De correptione et gratia, passim*. — Les passages cités dans l'*Uchronie*
se trouvent en partie les mêmes, cela se comprend, que ceux qu'Antoine Arnauld
fit imprimer en lettres capitales dans sa traduction du traité d'Augustin en 1644.
Le traducteur de l'*Uchronie* a fait usage du français d'Antoine Arnauld, bien
qu'un peu archaïque.   (*Note de l'éditeur.*)

de promesse ne périt point, il n'y a que les enfants de perdition qui périssent... Tous ceux qui, selon l'ordre de la
Providence de Dieu, ont été connus de toute éternité, prédestinés, appelés, justifiés, glorifiés, sont déjà enfants de Dieu,
quoiqu'ils ne soient pas encore renés par l'eau du baptême,
et qu'ils ne soient pas même encore nés; et ils ne peuvent
jamais périr... C'est donc lui qui donne aussi la persévérance
jusques à la fin, et il ne la donne qu'à ceux qui ne péri-
ront pas, parce que ceux qui ne persévèrent pas péri-
ront (1). »

Ces deux mondes éternellement constitués dans les conseils de Dieu, ces deux cités impérissables des bons et des
méchants, forment un partage voulu de la création entre le
bien et le mal : voulu de toute éternité, pour demeurer sans
fin une fois fait. Il ne reste plus qu'à savoir pourquoi Dieu
disposa ainsi les choses, si toutefois on ne juge point à propos
de se renfermer dans une ignorance qu'on invoquerait un peu
tard après avoir montré qu'on en sait si long. La philosophie d'Augustinus avançant d'un pas encore, en effet, déclara
le monde ainsi fait excellent et parfaitement beau. D'abord
c'est aux élus principalement, observait-il, qu'il faut rapporter les choses ; « or ceux qui ne sont pas du nombre des élus,
mais qui sont tirés de la même masse qu'eux pour être des
vases de colère, le sont pour leur utilité. Dieu ne créa aucun
d'eux sans dessein, sans savoir à quoi il peut être bon. C'est
déjà un bien qu'il opère, quand il crée en eux la nature humaine, et les fait entrer dans l'harmonie du siècle présent. »
En toute œuvre d'art, les contrastes mettent la beauté en
saillie. L'antithèse est la plus belle des figures de rhétorique.
Dieu créant les méchants pour les faire servir aux intérêts
des justes, a relevé par l'antithèse le sublime poëme des

_____

(1) *Contra Julianum*, l. V, c. IV.

siècles (1). Ainsi le feu de l'enfer est un ingrédient de l'éternelle beauté, ses reflets illuminent on ne peut plus heureusement l'air de douce satisfaction des bienheureux ! Peut-être
jugera-t-on que la brutalité mahométane a du prix et devient
respectable auprès de ce raffinement de la théologie catholique. La soumission musulmane, cet *islam* d'où sont dérivés
les noms d'islamisme et de musulman, le silencieux accable-
ment devant la puissance divine, et l'acceptation sans phrases
des éternelles volontés que les faits seuls font connaître, ont
quelque chose de digne et de vraiment pieux auprès du
bavardage augustinien. Au demeurant, les doctrines sont
fort semblables par le principe et par l'issue. L'augustinia-
nisme est un islam chrétien.

Il prévalut, non toujours sans peine, mais très-décidément,
dans les conciles où se porta le débat, et ce fut inutilement
que les propositions pélagiennes se produisirent en énoncés
plus mitigés pour se faire admettre. L'unique concession des
plus prudents partisans de la prédestination, qui craignirent
de jeter les âmes dans la torpeur et de rendre toute prédication, tout conseil, tout reproche infructueux, vis-à-vis de
gens bien assurés d'être dès maintenant ou sauvés ou condamnés sans rémission, ce fut de s'abstenir des manières de
parler trop franches : comme de dire que certains hommes
sont prédestinés au mal, que Dieu est l'auteur du péché, et
que le Christ n'est mort que pour les élus. Augustinus l'avait
écrit *totidem verbis*, ou peu sans faut, en écrivant au sujet
de l'homme : « Nul ne peut vouloir s'il n'y est excité et appelé, soit intérieurement, soit extérieurement, en sorte que
le vouloir même est une opération de Dieu en nous » (2) ; et
au sujet de Dieu : « Disposer ses œuvres futures dans son
infaillible et immuable prescience, c'est prédestiner, ce n'est

(1) *De civitate Dei*, l. XI, c. XVIII.
(2) *De divers. quæst.*, q. 83, q. 68, 5.

pas autre chose (1); nos volontés n'ont de force qu'autant que Dieu a voulu et prescrit qu'elles en eussent, et ce qu'elles en ont, elles l'ont de toute certitude, et ce qu'elles sont devant être, elles sont absolument devant l'être, parce que celui-là a prescrit qu'elles voudraient et qu'elles seraient, dont la prescience ne peut être en défaut (2). » « Dieu nous a élus en Christ avant l'établissement du monde, nous prédestinant pour être ses fils d'adoption, non parce que nous devions être de nous-mêmes saints et sans tache, mais afin que nous le fussions, et il l'a fait suivant le bon plaisir de sa volonté, afin que personne ne se glorifie de la sienne propre, mais de celle de Dieu sur lui (3). » Mais Augustinus avait écrit parfois le contraire de ce que signifient certainement ces déclarations, et, par exemple, que Dieu n'est pas l'auteur de nos volontés mauvaises. Les conciles firent de même : ils adoptèrent les principes et repoussèrent les conséquences logiques les plus déplaisantes. Ainsi maîtres du pour et du contre, les théologiens tinrent les esprits fortement serrés dans des formules de pure convention et gardèrent à la direction ecclésiastique sa pleine liberté, pendant que la dialectique s'épuisait en distinctions verbales et en cavillations infinies, dans les limites autorisées.

La doctrine fataliste n'est pas de celles qui sont favorables à la puissance sacerdotale; elle lui porte même un coup mortel, partout où elle s'établit fortement. Mais la théologie évita l'effet que le paulinisme et l'augustinisme auraient pu produire à cet égard, en maintenant auprès des thèses de la prédestination, de la grâce nécessitante et du salut par la foi, les thèses contradictoires du libre arbitre de l'âme, de la puissance des œuvres et de la nécessité des sacrements

---

(1) *De dono perseverantiæ*, c. XVII, 41.
(2) *De civitate Dei*, l. V, c. IX.
(3) *De prædestinatione sanctorum*, c. XVIII.

administrés par le prêtre. Ainsi la religion des pays non
musulmans put suivre longtemps la marche naturelle aux
religions cléricales, qui est de multiplier les croyances et les
pratiques, d'étouffer sous les superstitions la liberté de penser
et de croire, et de livrer, pour ainsi parler, les clefs de l'âme
humaine à des gens investis d'une autorité divine. Parmi les
faits les plus remarquables de ce développement religieux,
il faut citer le culte des saints et de la mère de Dieu, considérés comme intercesseurs des pécheurs auprès du Christ.
Il y en eut même qui voulaient que cette Vierge-mère eût été
exempte du péché originel à sa naissance, et qui par là reve-
naient d'une façon très-sensible au polythéisme. A ce culte
fervent se joignit naturellement l'adoration des images, que
les chrétiens avaient tant reprochée aux païens, d'ailleurs
ni plus ni moins idolâtrique que la leur. Il faut citer ensuite le culte du corps de Jésus. De tout temps l'eucharistie
avait été le sacrement par excellence des chrétiens, comme
le baptême de l'eau, et même plus caractéristique. L'institution de la cène, rapportée par l'apôtre Paul, pouvait bien
remonter jusqu'à Jésus même, et, dans ce banquet sacré, il
est certain que, en quelque sens qu'on l'entendît, on man-
geait le corps, on buvait le sang de l'agneau humain sacrifié
pour les péchés du monde. C'est ce sens qui arriva à se pré-
ciser de telle manière que l'acte essentiel du culte consista
à manger une nourriture qui est « le corps et le sang de
Jésus-Christ, avec son âme et sa divinité, et par conséquent
Jésus-Christ tout entier, contenu *véritablement*, *réellement*
et *substantiellement* ». On ajouta que la victime tout entière, âme et corps, est non-seulement contenue sous chaque
espèce du pain et du vin, mais « sous chacune des parties
de chaque espèce, après leur séparation », ce qui n'empêche
pas le Sauveur « d'être toujours assis à la droite du Père
dans le ciel, selon la manière naturelle d'exister, et que

néanmoins en plusieurs autres lieux il ne nous soit présent en sa substance, sacramentellement » ; — que le corps et le sang, « après que la consécration est faite, ne sont pas seulement dans l'usage, pendant qu'on reçoit le sacrement, mais demeurent encore après, dans les hosties ou parcelles consacrées » ; et qu'enfin « Jésus-Christ, fils unique de Dieu, doit être adoré au saint sacrement de l'eucharistie du culte de latrie, même extérieur, porté aux processions, etc. (1). »

Ce dogme vraiment extraordinaire, le plus étonnant qu'ait jamais enfanté la confiance dans les opérations de la magie, engendra à son tour d'innombrables légendes miraculeuses, et des superstitions, et des cruautés ; mais surtout il servit à rehausser sans mesure le caractère du prêtre, qui, investi du don de produire Jésus-Christ *dans le temps*, par le sacrifice de la messe, ainsi que le Père était dit le produire *dans l'éternité*, se trouvait élevé au-dessus des anges, et au-dessus de la mère de Dieu, qui n'aurait fait qu'une fois en sa vie ce qu'il faisait, lui, à toute heure, à sa volonté (2). Mais un dogme d'un autre genre, moins étrange au fond, tout aussi surprenant par les conséquences qui s'y attachèrent, vint encore ajouter au prestige sacerdotal et au crédit matériel du prêtre. Il s'était peu à peu introduit dans les Églises une opinion que les anciens eussent qualifiée de relâchée, touchant l'état de l'âme après cette vie. On ne se représentait plus les morts dans le repos commun de l'Hadès ou Schéol, attendant l'heure du jugement dernier et universel. Ce jugement, annoncé d'abord comme prochain et même imminent, s'était trop fait attendre. On imaginait donc qu'ils avaient déjà subi individuellement des jugements, à la suite desquels les élus

---

(1) L'auteur a employé ici les propres termes du concile de Trente. Nous les avons reconnus et guillemetés. *(Note de l'éditeur.)*

(2) Voyez la défense de M. le pasteur Steeg accusé d'outrages à la religion. (Cour d'assises de la Gironde, audience du 11 septembre 1872.) *(Note de l'éditeur.)*

sans tache étaient entrés au paradis. Ce changement de
point de vue provenait non-seulement de l'abandon de l'opinion des millénaires, qui avaient jadis attendu avec une foi
si vive le retour du Christ sur les nuages, avant la fin de la
génération présente; mais aussi de la substitution graduelle
de la philosophie platonicienne à l'opinion judéo-chrétienne
la plus répandue touchant l'âme. Cette dernière doctrine ne
séparait pas le corps de la vie, en sorte que les morts devaient
être supposés plongés dans ce *repos* dont la mention se remarque tant dans les livre liturgiques, jusqu'au moment où
la *résurrection des corps* les appellerait à reprendre véritablement l'âme avec la vie. Au contraire, le système grec des
âmes séparées obligeait d'envisager ces dernières en quelque
lieu distinct, et en un certain état de sensibilité, défini selon
leurs mérites. De là vint la croyance au purgatoire, comme
en un lieu où les âmes destinées au ciel, mais qui se trouvaient entachées de quelque souillure vénielle, payaient par
des tourments matériels terribles, encore que modérés, un
reste de satisfaction qu'elles devaient à la colère de Dieu.
Une telle imagination jetait naturellement dans l'inquiétude
ou dans la douleur, proportionnellement à l'énergie de leur
foi, les chrétiens qui, n'osant croire leurs parents et amis
décédés du nombre, du si petit nombre des bienheureux, et
ne désespérant pas pourtant de la miséricorde divine, étaient
réduits à se les représenter jour et nuit dans le supplice du
feu : forme commune de l'expiation selon l'opinion la plus
ordinaire des théologiens. Mais il y avait un remède au mal,
au moins pour qui voulait ou pouvait le payer. C'est ici que
la puissance du prêtre allait se montrer sous un jour tout
nouveau.

La réversibilité des mérites est un dogme bien essentiel
au christianisme, puisque le salut par le Christ, victime
unique substituée aux personnes de tous les pécheurs, n'a

pas d'autre fondement. Il suffisait d'appliquer cette réversibilité aux âmes du purgatoire, en les faisant bénéficier des prières ou autres bonnes œuvres des vivants. Mais l'humilité devait faire juger cela peu de chose chez chacun; et puis comment s'assurer de l'efficacité de ce qu'on pourrait faire? Mais le mérite du Christ n'était-il pas infini, et dès lors applicable à nos péchés personnels, et toujours inépuisable, encore après qu'il a servi à nous racheter tous du péché d'origine? N'avait-on pas aussi les mérites des saints? Il ne restait plus qu'à savoir qui aurait la puissance de disposer de ce trésor. Mais dès les premiers temps de la foi nouvelle, les *surveillants* s'étant reconnu la mission d'imposer des peines, et puis de les remettre ou de les abréger, au nom de Dieu même, selon la connaissance qu'ils avaient de la nature et du degré de la satisfaction due à ce dernier, il était tout simple qu'ils intervinssent aussi pour distribuer aux fidèles en don les vertus surérogatoires existantes. Et comme en même temps l'usage s'était introduit, avec les Barbares, avec les Germains particulièrement, de racheter les crimes à prix d'argent, on trouva naturel que le prêtre remît à la même condition les peines encourues par le péché, et les remît au pécheur quelconque mort ou vivant, pour qui un vivant consentait à payer. Cette pratique se colorait on ne peut mieux par l'assimilation de l'argent aux bonnes œuvres, qu'il représentait en sa qualité d'instrument d'échange, telles que messes achetées aux prêtres qui les disaient, dons aux abbayes ou érections d'églises. On donna le nom d'*indulgences* aux remises de peine ainsi consenties.

En regard de la doctrine et de la pratique des indulgences, se développèrent celles de l'absolution des péchés par le prêtre et de la confession auriculaire, qui mirent le comble au pouvoir sacerdotal. La pénitence et l'absolution étaient anciennes dans les églises; mais primitivement et longtemps, on avait cru l'absolution réelle attachée à la contrition, et le rôle du prêtre borné à la déclaration du fait invoqué de Dieu. On en vint à donner au prêtre le pouvoir direct de *lier* et de *délier*, comme on disait, et le droit de prononcer les mots : *Je t'absous*. L'introduction de la confession auriculaire, imposée comme obligation à tous les chrétiens, et comme condition nécessaire à l'obtention des sacrements d'où dépend le salut, mit le sceau au pouvoir du clergé en lui livrant les secrets des personnes et la direction des familles, deux choses très-utiles pour manier les clés du ciel et de l'enfer.

Tous les éléments spirituels de la puissance théocratique étaient donc rassemblés : tous, hormis l'unité du pouvoir temporel, indispensable à l'unité de l'autre pouvoir et même à sa pleine efficacité. En effet, quand les contrées d'une seule religion sont divisées en de nombreux gouvernements, comme c'était le cas dans les parties de l'ancien empire romain où les Barbares avaient établi le régime féodal, l'oppression religieuse et les persécutions peuvent difficilement atteindre le même degré d'intensité que dans un grand royaume ; ou, si elles l'atteignent, c'est d'une manière moins durable, à cause des variations d'esprit des princes, et de leurs rivalités, et des asiles qui s'ouvrent de tous côtés pour les résistances, et des diversités qui subsistent dans la foi ou dans les mœurs, quels que puissent être l'esprit d'unité et l'ardeur de propagande d'un clergé, là où la volonté d'un seul n'a pas réussi définitivement à s'imposer. Nous avons esquissé le tableau général de la marche suivie par la domination sacerdotale ; mais il ne faut pas oublier qu'il n'avait pu se former ni un dogmatisme unique, ni un pontificat suprême universellement reconnu, ni des coutumes uniformes dans les églises. Les princes ne s'y étaient point prêtés, et les princes tenaient le clergé presque partout, par les collations de siéges et de bénéfices dont ils s'étaient rendus maîtres, par d'autres dotations dont ils disposaient, et même quelquefois par. les titres de primats et chefs d'églises nationales qu'ils s'étaient fait conférer.

Il y avait donc d'assez graves divergences et de doctrine, et de culte et de discipline, entre les différents patriarcats, et principalement entre les principautés germaniques et les provinces de l'Orient. Une institution que certains *surveillants* avaient tenté d'introduire sous le nom de *Sainte Inquisition de la foi* n'avait pu s'établir qu'en très-peu de siéges épiscopaux, parce que les gouvernements craignirent d'accorder aux prêtres un dernier droit de police religieuse et morale qui eût anéanti leur propre pouvoir dans sa source. Il se serait agi de mettre en pratique régulière, rigoureuse et suivie la maxime, dite catholique, selon laquelle est criminel de lèse-majesté divine, et digne des plus grands supplices, quiconque s'écarte de la foi des *surveillants* ou de leurs conciles, et se permet non-seulement de propager, mais même d'entretenir au fond de son cœur des opinions condamnées. On aurait créé des juridictions et des procédures pour descendre dans les consciences, des agents et des tribunaux secrets pour interroger sévèrement les coupables, des tortures pour les faire parler. Les malheureux des deux sexes soupçonnés d'entretenir des relations avec l'esprit du mal eussent été, en nombre immense qu'on les croyait, amenés devant les mêmes juges. Ceux-ci déjà possédaient la science complète des signes auxquels se reconnaît l'habitation humaine de Satan! Enfin les accusés, une fois convaincus, devaient être remis au *bras séculier*, qu'on inviterait à les livrer aux flammes, car l'Église a horreur du sang versé. Ce fut le bras séculier, le bras du prince, qui se refusa presque toujours à l'œuvre : elle ne fut possible que sur quelques points, où l'excès du régime féodal avait réuni temporaire-

ment l'autorité épiscopale et le pouvoir politique dans les
mêmes mains. Ainsi des hommes qui se signalaient en général par tous les vices, et dont le métier même n'était, pour
ainsi dire, que violence et perfidie, épargnèrent à l'humanité
ce comble de misère intellectuelle et d'opprobre moral que
lui proposaient au nom de Dieu les hommes de paix et de
vérité !

La foi ardente et fanatique régnait cependant sur les âmes
de tous, et les *hérétiques* eux-mêmes étaient difficilement,
en un pareil milieu, des gens de raison et des amis de la
tolérance mutuelle. Les sciences étaient presque éteintes et
les livres anéantis, en dépit de ce que l'on conservait nécessairement de communications avec les nations occidentales.
La lecture même des écritures sacrées était interdite, et
c'est à ce prix qu'on parvenait à empêcher les *hérésies* de
s'étendre et d'enflammer les cœurs des hommes, comme on
l'avait vu trois ou quatre siècles auparavant. Toute religion
découlait désormais de la bouche du prêtre. Un seul art flo-
rissait véritablement : celui de construire les églises, parce
que la nature du penchant admiratif, dans l'esprit humain,
permet au faux et même au monstrueux d'atteindre à la forme
du beau, sous certaines conditions d'ordre et de puissance.
L'industrie et le commerce étaient dans la situation triste et
abaissée que comportent seule les guerres incessantes et mal
circonscrites, le mépris témoigné au travail, et le partage de
la vie humaine réputée noble entre la guerre, la débauche et
es exercices des cloîtres. Cet état de choses se prolongea
jusqu'aux approches du xvi⁰ siècle (1), époque où le mouvement des esprits en Germanie se trouva modifié par des
événements qui restent à raconter.

(1) ix⁰ de l'ère chrétienne.   (*Note de l'éditeur*)

CINQUIÈME TABLEAU

Les nations occidentales. — Les constitutions politiques. — Marche des religions en Occident. — La grande croisade et la fédération européenne. — Le siècle des découvertes. — Le protestantisme germain. — État des religions de l'Occident et de l'Orient. — Question de la propriété. — Les guerres sociales. — L'avenir du monde.

La constitution de l'Empire romain, telle qu'Albinus l'avait promulguée en 977 (1), était fondée sur le système des adoptions, qui sous les règnes des Antonini avait si heureusement facilité la transition du principat à la République restaurée. Nous disons encore l'Empire, à cause de la domination que Rome conservait sur les provinces, même orientales, à l'époque où nous devons maintenant remonter. Mais c'était un Empire sans empereur. Ce nom d'empereur avait été réuni par l'exécration populaire, encore plus que par décret du sénat, à celui de roi, sur lequel pesaient déjà presque mille ans de malédictions non interrompues; et il était défendu aux généraux de le porter, quoique sa première et ancienne acception fût exclusivement militaire. Le consulat était unique et viager. Tout consul devait, à son entrée en charge, désigner à sa volonté, mais sous condition d'acceptation de la part du sénat et des tribuns provinciaux, un vice-consul qui serait à la fois son suppléant et son successeur désigné. Toute parenté du sang entre le consul et le vice-consul était interdite. Les tribuns, inviolables comme ceux de la vieille République, étaient quadriennaux, à la nomination du sénat,

(1) De l'ère chrétienne 201.   (*Note de l'éditeur.*)

mais le peuple de Rome ne tarda pas à s'agiter pour obtenir
de nommer directement le sien, et les provinces imitèrent
ce mouvement, quoiqu'elles fussent représentées dans le sénat d'une manière qui semblait sérieuse.

Ce dernier corps, la grande assemblée de l'Empire, se
composait, en premier lieu, des représentants des vieilles
familles romaines, auxquelles on devait la conservation des
principes de la liberté et le renversement du principat. Les
sénateurs de cette classe peu nombreuse étaient admis à se
réunir entre eux seuls tous les ans, et à désigner, afin d'ob-
vier à la décroissance numérique de l'ancien patriciat, deux
nouveaux membres, héréditaires comme eux, choisis parmi
les hommes de toutes les provinces qui se seraient signalés
par un mérite éminent ou des services rendus à l'État. La
seconde classe des sénateurs n'avait qu'un titre viager, mais
qui dans les premiers temps se trouva souvent héréditaire
par le fait. Les quatre provinces d'Italie, Grèce, Gaule et
Hispanie, et la ville de Rome, qui avec ses entours valait alors
une province, les nommaient par un mode indirect assez com-
pliqué, mais où chaque ordre de citoyens pouvait se croire
appelé à influer. C'étaient en effet les assemblées générales
des provinces qui les désignaient, à chaque vacance d'emploi,
et ces assemblées émanaient elles-mêmes d'assemblées locales
très-multipliées, dans lesquelles tous les états et professions
avaient des délégués amovibles, en principe du moins. Nous
ne parlons pas ici des provinces orientales, parce qu'elles
furent assimilées à des États administrés et tributaires, plutôt
qu'à des parties autonomes de l'Empire, faute d'aptitude reconnue aux mœurs de la liberté. Elles demeurèrent donc
sous le régime du proconsulat et de la haute surveillance du
sénat.

Les consuls à vie jouissaient à peu de chose près des attributions administratives des empereurs, mais sans titre reli-

gieux ni tribunitien; et ils devaient obtenir le consentement
du sénat pour la guerre et la paix, pour l'établissement des
impôts et pour toutes les ordonnances ayant force de lois de
l'Empire. Le véto des cinq tribuns formait une autre limite à
leur autorité, car ces fonctionnaires tenaient de la durée de
leurs pouvoirs et du caractère même de leurs fonctions une
réelle indépendance vis-à-vis de l'assemblée qui les nommait,
et dont ils pouvaient enrayer l'action, quand ils étaient una-
nimes, et du consul qui, ratifiant leur nomination, pouvait
sans doute s'assurer d'une conformité générale de leur politique avec la sienne, mais non pas d'une connivence implicite
à tous ses desseins. Malgré les bornes mises systématique-
ment au pouvoir des consuls, ces magistrats possédèrent
durant la période de la constitution albinienne une influence
considérable et vraiment dirigeante, à cause de la continuité
de leurs vues, maintenue par les adoptions successives, et de
l'origine de leur puissance, qui ne devait rien au sénat, et
de la masse des emplois dont ils disposaient seuls dans l'administration. C'est à eux certainement, plus encore qu'aux
tribuns et aux efforts constants de la partie stoïcienne du
sénat, qu'il faut attribuer la réussite définitive de la grande
réforme romaine; car le parti oligarchique de l'Italie et des
provinces, une fois la première impulsion et le premier enthousiasme passés, n'avait pas manqué de se mettre à l'œuvre
afin de reprendre des priviléges perdus, et la majorité de
l'Assemblée se trouva souvent difficile à manier pour les
consuls. De graves conflits d'autorité mirent plus d'une fois
la constitution en péril.

En somme, la marche des affaires devint peu à peu rétro-
grade, ainsi qu'il arrive souvent après les révolutions. En
dépit des efforts des consuls qui, prenant les questions de
haut, supérieurs aux passions des propriétaires et des riches
du sénat, avaient toujours les yeux fixés sur les deux grands

objets de Cassius et de Pertinax : repeupler l'empire, fortifier
les mœurs de la liberté, le sénat retrancha tout ce qu'il put
des droits accordés aux affranchis, et aggrava par tous les
moyens d'interprétation et de chicane les charges qui pesaient
sur les fermiers emphythéotiques des particuliers et de l'État ;
et les tribuns adoptèrent souvent aussi la politique du sénat.
Les redevances payées à l'ancienne propriété semblaient cependant d'autant plus onéreuses que le temps écoulé faisait
oublier la justice des contrats : la balance paraissait de plus
en plus inégale entre des hommes qui travaillaient de père
en fils, en ne jouissant que de la moindre partie des fruits
du travail, et d'autres qui touchaient le net du revenu sans
autre titre, en général, que quelque ancienne usurpation.
C'était donc au moment même où la charge semblait plus
lourde et moins équitable, que le parti oligarchique travaillait à l'aggraver. Ce parti regrettait au fond l'ancienne condition de la propriété, le monopole, quoique remplacé dans
ses mains par la rente de la terre et par le fruit de l'usure
commerciale. Il était enrichi toutefois, et non appauvri ; et,
en effet, le produit des biens-fonds n'avait cessé de décroître
et la culture servile de devenir plus ruineuse, sur la fin de
l'ancien régime ; au lieu que maintenant les taux fixes des
fermages, joints aux intérêts élevés de l'argent prêté à la
grosse aventure, sans parler de la vilaine petite usure urbaine à douze pour cent l'an, mettaient la classe oisive dans
une situation de prospérité auparavant moins commune.

Mais un phénomène inverse se produisit en même temps.
Non-seulement la population augmenta, comme on l'avait
prévu, non-seulement il se forma une classe importante et
toute nouvelle des affranchis ruraux, mais dans les villes
mêmes, et à Rome surtout, on vit paraître, ce qui ne s'était
pas vu depuis trois siècles et plus, au temps des vieux plé-
béiens, un parti politique et social attaché aux formes du

gouvernement démocratique, entendant les faire servir à l'introduction de la justice dans les lois. Ce parti se composait d'abord de la masse des affranchis qui possédaient des droits étendus et apprenaient à s'en servir ; la plupart d'entre eux payaient des redevances à leurs anciens maîtres, sur le produit des industries ou professions, souvent libérales, qu'ils avaient embrassées : et ils ne parvenaient pas toujours facilement à les racheter. Il s'y joignait une nombreuse jeunesse de tous les états, à laquelle on enseignait, dans les écoles multipliées et gratuites du nouveau régime, les lettres latines et ensuite grecques, et, avec les lettres, nécessairement la philosophie (le stoïcisme, d'où se tirait presque toute la morale propre à l'instruction publique), et les traditions républicaines, le culte des grands hommes et des actions du passé. Enfin, il y avait des familles d'affranchis ruraux qui s'étaient élevées à la richesse par le mérite de leurs chefs, par le succès d'exploitations agricoles et commerciales bien conduites. Leurs jeunes gens affluaient de toutes les provinces à Rome, dans des vues d'ambition, et venaient ordinairement s'y ranger dans le parti démocratique, où les agrégeaient naturellement leur origine et l'éducation libérale qu'ils avaient reçue.

La lutte entre le parti oligarchique, égoïste et aveugle, et le parti populaire, devenu progressivement violent en raison des envahissements ou des résistances de ses ennemis, aboutit comme de coutume à une de ces crises où la question est remise au hasard des circonstances et des talents des hommes, de savoir si un dictateur, un despote quelconque détruira toutes les libertés, sous le prétexte ou de venger et de servir le peuple, ou de sauver les intérêts menacés des riches et des grands. Heureusement le plus terrible danger qui puisse exister en ces sortes de rencontres avait été écarté par les réformes militaires de Pertinax : on n'avait à craindre

ni des généraux élevés au consulat, des vainqueurs, des
triomphateurs munis de tous les titres qui préparent les
tyrans, ni des cohortes de prétoriens, ou autres soldats de
métier, sans patrie réelle et sans autre idée politique que la
solde et l'avancement. Les grandes guerres étant finies, l'esprit de conquête répudié, l'attitude de l'Empire devenue
toute défensive, même à l'égard de ses propres provinces
d'Orient que le ver religieux rongeait incessamment, les milices, en grande partie locales, se trouvant affectées à la protection des territoires dans lesquels elles se recrutaient, il
était impossible à un homme politique, de quelque rang et
de quelque parti qu'il fût, d'employer des légions pour ou
contre le gouvernement ou ses opposants, et de changer violemment la constitution. En revanche, le sénat et le consul
lui-même se trouvaient sans force pour résister, si l'une de
ces grandes émeutes populaires dont on avait cessé depuis
longtemps de se défier, venait à se produire avec l'appui secret de quelques tribuns et sénateurs influents.

Au moment où les entreprises réactionnaires de l'oligarchie et l'animosité croissante de la bourgeoisie romaine et
des payeurs de redevances approchaient d'une crise immi-
nente, en l'an 1068, le consulat était aux mains de Flavius Valerius Constantius, surnommé Chloros, Illyrien de
vieille souche militaire, successeur par adoption du Dalmate
Aurelius Diocletianus. Ce dernier avait succédé lui-même à
des consuls d'un éminent mérite civil, de mœurs et d'éducation toutes stoïciennes. Sa nomination, erreur grave du
consul qui l'adopta, avait été motivée par un plan de politique étrangère alors en vogue, qui consistait à élever au rang
de grande province occidentale de l'Empire les contrées à
l'est de la mer Adriatique jusqu'à la Macédoine, afin de créer
un boulevard plus sûr à l'Italie de ce côté, dans la prévision
de nouvelles incursions de Barbares, plus redoutables que

celles qu'on avait journellement à combattre aux confins de
la Germanie. Mais il fallait pour cela compter avec des établissements de Goths, de Suèves et de Vandales qu'on avait
autorisés sur quelques points, et se mettre en lutte avec la
secte intolérante que leurs tribus avaient apportée dans ce
pays. Pour suivre ce projet (qui devait être pris et repris
dans la suite et donner lieu à bien des guerres) on fut conduit à confier les premières places de la République à des
hommes qui s'y portaient de passion, mais dont l'attachement aux nouvelles institutions de l'État était d'autant moindre qu'ils se sentaient plus de goût et de volonté pour les
entreprises de conquête. En effet, Diocletianus et Constantius
se lièrent au parti de l'oligarchie dans le sénat. Ils firent
d'ailleurs rapporter la loi qui interdisait aux consuls de sortir de l'Italie, et passèrent trente ans à guerroyer contre
toutes sortes de tribus allantes et venantes, depuis Aquilée
et Salone jusqu'au fond de la Thrace et au delà, sans parvenir à rétablir la sécurité et de suffisantes colonies civiles,
dans des régions aux trois quarts désertes. En compensation
d'un échec définitif composé de cent succès divers, Diocletianus espérait se former une armée à lui, avec laquelle il
pourrait, le moment venu, passer en Italie et rétablir l'ordre
troublé (c'est ainsi qu'on parlait) par l'insatiable ambition
de ces esclaves d'hier. Il la composait en grande partie de
volontaires étrangers, de toutes sortes de races, et le sénat
ne lui marchandait pas trop les fonds nécessaires. Mais ce
consul, en dépit de ses qualités d'administrateur et de général, ne vint pas à bout d'organiser l'espèce d'Empire d'Orient
dont il comptait probablement se faire un piédestal certain
pour relever le trône à Rome. Son successeur Chloros, avec
des vues analogues, peut-être moins personnelles et plus
modestes, eut à la fois moins de dissimulation et de talents,
et devint plus impopulaire. La majorité du sénat, travaillée

depuis des années par la corruption et l'intrigue, était acquise
à l'idée d'un retour mitigé à l'ancien régime; des votes récents en donnaient la preuve; et bientôt il fut connu dans le
monde entier qu'on n'attendait qu'une occasion favorable
pour renverser la constitution albinienne. Le sénat y penchait
d'autant mieux à ce moment, qu'il pensait pouvoir prévenir
une entière usurpation de la part d'un consul du caractère
de Chloros, et rester maître de l'État. On se fait en pareil
cas de ces illusions.

Le prétexte choisi fut le triomphe accordé par un vote du
sénat à Chloros, pour l'ensemble de ses succès et de ceux de
son père adoptif en Orient. Contre toutes les lois et contre
toute prudence, si l'assemblée n'eût point trahi, le triomphateur fut autorisé à conduire son armée en Italie et à Rome
même. Mais les conspirateurs, d'une part, craignirent de
faire entrer tant de Barbares dans la ville et de donner une
si grande force au consul, et, d'autre part, se crurent assez
maîtres de la situation s'ils disposaient d'une ou de deux
légions d'élite; car ils ne redoutaient qu'une de ces émeutes
populaires dont toute force régulière a facilement raison. Ils
commirent ainsi la faute de n'admettre à Rome que dix mille
légionnaires au choix de leur général. Sous la protection de
cette petite armée, plutôt étrangère que romaine, et dont
l'entrée indisposa non-seulement le peuple mais les milices
italiennes, la majorité du sénat, sur l'initiative de Chloros, et
la veille même du jour fixé pour son triomphe, vota d'acclamation une suite de mesures dont la proposition seule faisait
encourir la peine de mort, aux termes de la constitution dont
elles étaient le renversement. Il fut décrété que l'application
de la loi des *latifundia* serait suspendue, là où des règlements et contrats définitifs n'étaient pas encore intervenus
que les biens à l'égard desquels les engagements pris par
les fermiers et affranchis n'avaient pas été remplis rigou-

reusement feraient retour à leurs anciens propriétaires; enfin, que les redevances seraient augmentées, à moins que le tenancier ne préférât l'annulation de son contrat, partout où une enquête établirait l'existence de profits *trop élevés*. De plus, des atteintes étaient portées à l'état des personnes, et le même acte législatif faisait présager des changements au mode de recrutement du Sénat et à d'autres lois fondamentales.

Le soulèvement fut prompt à Rome, dans une grande partie de l'Italie et sur d'autres points des provinces occidentales. La minorité du Sénat quitta d'abord l'assemblée en protestant, puis, aidée des milices urbaines qui se déclarèrent, s'empara à l'improviste du Capitole, où, par un reste de respect de la loi, on avait évité d'introduire les soldats de Chloros. La majorité dispersée ne parvint plus à se réunir, et, dans une immense ville tout insurgée, pleine d'hommes qui connaissaient les armes grâce à la loi du service militaire de Pertinax, les deux légions de Chloros se trouvèrent paralysées, bloquées, bientôt forcées de se rendre en livrant leur général. Elles repassèrent l'Adriatique, et ce dernier fut condamné à mort par le Sénat, en partie par les hommes mêmes qui l'avaient poussé à son entreprise. Toutefois l'affaire n'en resta pas là, car les légions revenues en Illyrie avec des sentiments de vengeance, communiquèrent à toute l'armée l'esprit dont elles étaient animées. Constantinus, fils de Chloros, fut proclamé empereur dans le camp, et mit la République en danger. Il était à la tête de forces considérables, quelques années après (1072), quand le vieux Galerius, ancien lieutenant de Diocletianus, mais dévoué à la politique occidentale, put marcher à sa rencontre avec une armée formée des contingents militaires d'Italie, de Gaule et d'Hispanie seulement, car la Grèce et la Macédoine avaient à se défendre contre les Barbares que Constantinus avait recrutés ou fait marcher pour sa cause. Ce jeune empereur était habile, et ne manquait pas de jouer aussi dans son intérêt de l'instrument du fanatisme. Il faisait luire aux chrétiens de Mœsie, d'Illyrie et de Thrace l'espérance de voir leur religion conquérir l'Occident comme l'Orient, devenir la religion de l'Empire et maîtresse de persécuter toutes les autres. On racontait qu'un signe céleste, une croix lumineuse lui était apparue dans les airs, pendant une grande revue, ce qui était un présage de victoire *sous ce signe;* et même, de son consentement, la croix avait déjà remplacé l'aigle à la pointe du labarum accoutumé, dans certaines de ses légions. Mais il fut défait et tué dans une grande bataille sous les murs de Tergeste.

Le Sénat, épuré par la révolution de 1068, ne se sentit la force, en présence des troubles dont cet événement fut le signal dans les provinces occidentales, ni de travailler seul à une nouvelle loi fondamentale, ni de maintenir simplement l'ancienne, discréditée par les deux derniers consulats et dépassée par les vœux des populations. Ce corps se soumit à de nouvelles élections tant romaines que provinciales, dont l'épreuve fut épargnée seulement à ceux des sénateurs héréditaires (en assez grand nombre, à la vérité) qui avaient combattu la politique de la majorité. Les assemblées municipales des villes grandes et petites des provinces furent laissées libres de s'entendre et de se faire représenter comme elles voudraient, elles et les populations agricoles adjointes, sans autre condition à observer que celle d'un nombre de sénateurs préfix, calculé d'après le rapport des populations recensées. Ce mode de nomination laissa moins de place que le précédent aux vieilles influences et aux agents de la grande propriété et de l'oligarchie. La nouvelle assemblée se trouva, par ses lumières et ses principes, à la hauteur de ce qui s'était fait depuis trois quarts de siècle pour répandre la philosophie et les lettres dans l'Empire, aussi bien qu'en accord avec les intérêts grands et nombreux que l'affranchissement du travail avait créés de toutes parts.

Le Sénat ainsi renouvelé s'attribua le rôle politique dominant, et vota l'abandon définitif de ce système des adoptions et des consulats à vie, qui avait mal fini, mais non sans avoir rendu des services inappréciables à la République. Les consuls devinrent quinquennaux, et à la nomination du sénat, sans cesser d'être uniques, avec le nombre de proconsuls de leur choix qu'ils jugeaient nécessaires à l'administration. Le droit de commander des armées et de sortir de l'Italie leur fut absolument refusé. Il y eut enfin six tribuns triennaux, armés de la faculté du véto, et nommés par Rome, l'Italie et les provinces, à l'aide d'un suffrage spécial demandé aux municipalités : six et non plus cinq, parce que depuis quelques années, la Bretagne, longtemps siége de révoltes et de combats, avait reçu d'importantes colonies, s'agrégeait sérieusement à la République et prenait rang de province. Telle est sommairement la loi qui régit l'Occident, jusqu'à l'époque où la double crise des grandes invasions de Barbares et de l'insurrection des chrétiens en Orient se termina en l'année 1152 (1), par la révolution romaine, d'un caractère si différent, que nous avons déjà racontée, et par la dissolution de l'Empire.

L'année 1156, qui suivit le retour du dictateur Theodosius à Rome avec les débris de son armée vaincue, vit s'accomplir le grand événement de la déclaration d'indépendance des nations occidentales. La Gaule et l'Hispanie se trouvèrent libres de fait, après la bataille d'Ilerda, comme elles l'étaient probablement d'intention depuis leur révolte; et il était bien difficile au dictateur de songer à soumettre par la

(1) De l'ère chrétienne 376. — Voyez ci-dessus p. 162 le récit de la révolution que l'auteur se borne à rappeler. (Note de l'éditeur.)

force des contrées florissantes qui renfermaient les meilleures troupes de l'Empire, troupes admirablement organisées grâce aux institutions romaines, et remplies de l'esprit
national, puisqu'elles avaient été tirées de toutes les classes
également et employées presque toujours à la défense des
frontières. Cette dernière circonstance se trouva être le fondement d'une étroite fédération qui se démentit rarement
par la suite, entre la Gaule et l'Hispanie; car la seconde de
ces provinces ayant l'autre pour principal boulevard à cause
de sa situation péninsulaire, était appelée depuis deux siècles,
et comme cela était juste, à fournir des contingents pour la
défense commune du côté du Rhin. Il s'était ainsi formé
une confraternité d'armes entre les deux nations, et une
habitude de compter l'une sur l'autre dans les dangers.

La Bretagne devait nécessairement échapper à l'Empire,
en même temps que la Gaule. La marine, à cette époque,
était hors d'état de conduire une expédition sérieuse dans
l'Océan, surtout le long des côtes hostiles qu'il eût fallu
longer, du golfe de Gênes à Gadès, et de Gadès au canal britannique. De toutes les parties de l'ancien Empire, les Bre-
tons restèrent donc en relation plus particulière avec les
Gaulois. Ce ne fut pas pour être toujours en paix avec eux,
il s'en faut de beaucoup. Toutefois l'intérêt commun de la
défense contre les incursions répétées des nations barbares
maritimes : Frisons, Saxons, Angles et Danois, amena de
fréquents traités entre ces deux peuples, semblables de race,
de langue et de religion. Mais la Bretagne, trop tard conquise à la civilisation, encore à demi sauvage et mal peuplée,
ne put éviter toujours les invasions. De grandes étendues de
son territoire furent germanisées à plusieurs reprises par
des établissements de tribus de pirates, qui ne purent être
empêchés.

La Grèce et la Macédoine n'attendirent pas ces événements de l'Occident pour se demander quel parti elles prendraient à l'égard de l'Empire. Délaissés par Theodosius, au moment où ce général qui n'avait pu venir à bout ni de vaincre les Barbares dans la Thrace ni de réprimer efficacement la révolte d'une seule province chrétienne, était rappelé au centre du gouvernement par des dangers encore plus pressants, les peuples des deux provinces éprouvèrent naturellement une vive irritation. Ils durent faire face à toutes les difficultés et défendre seuls leurs frontières, car le dictateur avait emmené tout ce qu'il avait pu de troupes. Ce serait mal connaître le caractère grec, si modifié qu'on le supposât par cinq cents ans de domination romaine, que d'imaginer que de pareilles circonstances pouvaient se produire sans amener un soulèvement général de tous les anciens États, un réveil des traditions et un grand mouvement d'enthousiasme. Heureusement des habitudes d'unité contractées de longue date, la liberté dont les villes grecques jouissaient, principalement depuis la grande réforme, en même temps que les affaires d'intérêt panhellénique se concentraient à Corinthe, où résidait le proconsul; la complète fusion de mœurs et d'idées qui s'était opérée entre Gaulois, Italiens et Grecs et avait permis que ces derniers occupassent presque tous les postes administratifs de leur propre pays et les fonctions de l'enseignement public dans une grande partie de l'Empire; enfin l'étude assidue du passé, les leçons de l'histoire, et l'intelligence native de ce peuple, alors plus cultivé, plus instruit et pénétré d'un idéal plus élevé dans ses masses, qu'il ne l'avait été au temps de la guerre du Péloponèse, toutes ces causes se réunirent au danger imminent de l'invasion pour empêcher un fractionnement funeste de la Hellas affranchie. Les anciennes républiques se relevèrent, sans s'attribuer dans le monde, désormais bien agrandi aux yeux de leurs citoyens, plus

d'importance que n'en peuvent avoir des cités et des territoires auxquels une étroite union, des relations constantes,
pacifiques, avec leurs semblables sont nécessaires pour la
sécurité, pour le commerce et généralement pour tous les
biens de la vie; car ne sont-ils pas tous une matière
d'échange?

La Grèce se constitua en une république d'États fédérés,
dans laquelle l'autorité fédérale fut forte, parce qu'elle prit
spontanément la place de l'administration romaine vacante,
et où cependant les États jouirent d'une liberté très-étendue,
celle-là même que l'administration impériale laissait volontiers aux municipes, et qui avait été de tous temps plus
grande en Grèce qu'ailleurs, grâce au culte respectueux
dont les souvenirs grecs étaient l'objet de la part de
tout ce qui portait un nom romain. La Macédoine fut en-
traînée par les antécédents et les circonstances dans le tour-
billon de la nouvelle fédération. Ce n'était plus alors cette
contrée à demi barbare, disciplinée par un despote de génie,
pépinière de bons officiers, et forte à la fois par l'organisation et par la masse, à laquelle d'immortelles cités, la veille
si puissantes, n'avaient eu à opposer que les faibles restes
des hommes et des trésors perdus dans des guerres néfastes.
La mise au pillage de l'Orient, du Granique à l'Indus, ne fournissait plus, comme autrefois aux successeurs d'Alexandre,
des fonds intarissables pour solder les mercenaires appelés
du monde entier à combler les rangs des Macédoniens morts
ou enrichis. La Macédoine du XIIᵉ siècle des Olympiades,
bien différente de celle du vᵉ, résistait difficilement seule
aux attaques de ces tribus barbares, désireuses de jouer le
rôle qu'elle-même avait rempli jadis, et les mêmes encore
que celles que Philippe avait dû vaincre en son temps avant
de tourner ses armes au midi, mais renforcées cette fois
ou poussées en avant par des flots d'envahisseurs incessam-

ment renouvelés. Elle avait maintenant sa civilisation à défendre, sa civilisation hellénique et qui la rapprochait en tout du midi. D'ailleurs, entre la Macédoine et la Grèce, la balance des forces était changée. La Macédoine était riche et peuplée, mais moins que la Grèce, dont le commerce et les industries maritimes mettaient la prospérité hors de pair. A aucune époque les populations helléniques ne s'étaient élevées si haut, ni par le nombre, ni par l'industrie ; les lois militaires de Pertinax en tiraient au besoin des armées de citoyens, et leur puissance navale, qui allait être la première du monde sous l'étendard grec, comme elle l'était naguère sous celui de Rome, leur créait d'immenses ressources.

Depuis que les événements prenaient cette tournure dans la Gaule et dans la Grèce, après l'échec de Theodosius en Hispanie, et quand ni l'état de l'Orient, à la fois envahi et soulevé, ni celui des régions danubiennes occupées par les Germains, ne permettaient plus de trouver des armées, de l'argent et des points d'appui pour rétablir la prépondérance romaine, toutes les espérances du parti de la guerre et de la dictature en Italie étaient perdues. Theodosius, de retour de son expédition manquée, voyait son gouvernement en butte à toutes les agressions, même à celles de ses anciens amis, et entouré de ces obstacles qui se dressent et se multiplient toujours devant les pas de ceux qui n'ont point su réussir. Il n'existait plus alors, entre l'ancienne province d'Italie, et l'Italie républicaine fédérative comme la Grèce, que l'épaisseur d'une dictature dont nul ne voyait le but, ou qui faisait craindre aux gens de bon sens de ruineuses et interminables entreprises. L'Italie réduite à ses propres forces allait-elle tenter de recommencer en Gaule la conquête de César, maintenant que les Gaulois avaient reçu d'elle ses institutions, avec toute la puissance qui appartient à la civilisation ?

Essayerait-on plutôt de prendre à revers la Grèce méridionale, dont les forces actives étaient occupées au nord par les Barbares? Mais même en de telles circonstances, la vertu défensive que toute région bien peuplée du sol de l'Empire devait à la loi militaire de Pertinax était considérable, et la meilleure partie de la marine faisait défaut, parce que tout ce qu'il y avait sur les mers de navires de nation grecque s'était déclaré pour la cause de l'indépendance. Dans cette pénible situation, le dictateur dut temporiser et diriger toutes ses vues à la conservation de sa propre autorité : c'est au surplus ce que font ordinairement les princes et ceux qui se croient faits pour le devenir. Mais les temps du principat étaient passés, et la dictature désormais sans raison d'être, dans un pays qui semblait forcé à la paix, et où les haines de classes ne pouvaient plus être exploitées depuis les réformes agraires. Theodosius se vit contraint, malgré la légalité apparente de son titre dictatorial, de renouveler la partie élective du Sénat; et comme la majorité de cette assemblée s'annonçait contraire à la continuation de ses pouvoirs, il se décida brusquement à porter la guerre de l'autre côté de l'Adriatique, afin de faire diversion et de s'assurer l'appui des passions patriotiques. Plus heureux dans ce nouvel effort, il parvint, en effet, dans une suite de campagnes heureuses contre les tribus qui occupaient à ce moment la Dalmatie, l'Illyrie ou leurs confins, à procurer aux Italiens des établissements civils et militaires d'une grande importance pour leur sécurité ainsi que pour le développement de leur marine. C'est de cette époque que date la fondation d'une grande cité de guerre et de commerce dans les lagunes de la Vénétie. De tels services, toujours si appréciés quels qu'en soient les mobiles, et les talents administratifs de Theodosius, lui assurèrent le pouvoir sa vie durant. Il satisfit même son ambition, l'ambition commune des grands, en croyant transmettre sa rapine, son titre souverain à sa descendance. Mais ses fils se trouvèrent incapables, et le principat prit fin de nouveau en leurs personnes.

L'état moral et politique de l'Italie était au fond tout semblable à celui de la Grèce, et devait la conduire aux mêmes institutions. Les libertés municipales, à fondements si anciens, restées sérieuses à toutes les époques, avaient pris beaucoup d'étendue et de force en échappant aux dangers et aux accidents de l'arbitraire impérial, et en recevant de nouvelles et grandes attributions, par suite des réformes de l'armée et des tribunaux et des fondations d'instruction du peuple. Les municipes valaient à vrai dire de petites républiques, et l'habitude contractée d'une direction centrale des intérêts généraux représentait l'équivalent d'un lien fédéral entre eux. En d'autres circonstances, si la discipline romaine n'eût point modifié les idées et les mœurs politiques, le fractionnement d'une contrée en ces sortes de petits États, aurait probablement engendré des rivalités irréconciliables, des guerres, enfin l'épuisement et la ruine commune. Maintenant l'administration impériale se trouvait amendée, modérée par le retour à la liberté, non toutefois dissoute, comme elle n'eût pu manquer de l'être à la longue par l'action énervante d'une religion sacerdotale et par les mortels abus du pouvoir absolu, prodromes ordinaires de la conquête barbare. De fortes et précieuses libertés de tous les groupes naturels de population se conciliaient donc avec le maintien d'une direction romaine, en tout ce qui touchait la sécurité de l'Italie, les intérêts collectifs, les lois générales nécessaires au règlement des droits civils et politiques, de l'enseignement, de la justice et de la guerre. Ceci ne veut point dire qu'un empêchement fût mis à tout jamais aux guerres civiles; mais au moins celles qui naissent des divisions de territoire et des diversités constitution-

nelles devaient désormais être épargnés à la péninsule ita-
lique.

Le sort de la Gaule fut moins heureux, parce que l'assimilation romaine, accomplie dans la Narbonnaise et dans la
Province, rencontra de grands obstacles et des points d'arrêt
dans les Lyonnaises, l'Aquitaine, la Séquanaise, la Belgique (1), l'Armorique. L'affranchissement des esclaves et les
lois agraires en vertu desquelles la propriété du sol était
passée à ceux qui le cultivaient, sous la simple condition de
redevances rachetables et amortissables, ces réformes qui
avaient clos l'ère des Antonini n'avaient pu naturellement
s'appliquer aussi bien aux régions dans lesquelles n'existait
pas la culture proprement servile. Sans doute, dans les
parties de la Gaule où la grande propriété s'était constituée
sous les empereurs, à l'imitation du régime italien, la révolution avait changé, dans le cours de deux siècles, les esclaves en affranchis, les affranchis en citoyens; mais le cas
était bien différent dans celles des circonscriptions gauloises
où les usages nationaux et locaux persévéraient sans trop de
trouble. « La classe populaire, disait Cæsar, parlant des
Gaulois de son temps, est presque en état d'esclavage, ne
peut rien d'elle-même et n'est admise dans aucune assemblée » (2); mais ces gens en état d'esclavage n'étaient pas
des esclaves comme ceux des Grecs ou des Romains,
c'est-à-dire anciens prisonniers de guerre, eux ou leurs pères,
et appartenant généralement à d'autres races que les maîtres. Leur assujettissement était politique, établi dans les
mœurs et souvent de source volontaire : « La plupart d'entre eux, continue Cæsar, se voyant écrasés de dettes ou acca-

---

(1) La Belgique ancienne, dont les frontières se prenaient au cours de la
Seine.   (Note de l'éditeur.)
(2) Plebs pene servorum habetur loco quæ per se nihil audet et nullo adhi-
betur consilio. (*De bello gallico*, VI, 13.)   (Note de l'éditeur.)

blés d'impôts et foulés par les puissants, se mettent au service des nobles, qui dès lors ont sur eux tous les droits du
maître sur l'esclave. » Il s'agit évidemment ici de cet état de
servage dont tant d'effets pratiques reviennent à ceux de la
pure condition servile, mais qui ne laisse pas d'en différer en
d'autres, et surtout en principe. Rendons-nous compte de la
composition des deux autres classes de Gaulois et de la nature de leur autorité; nous comprendrons sans peine que
l'état social qu'elles supposent doit survivre longtemps à des
réformes légales apportées du dehors :

« Ces deux classes se forment, l'une des Druides et l'autre
des Chevaliers. Les Druides sont les intermédiaires des choses
divines. Les sacrifices publics et ceux des particuliers sont
de leur ressort, ainsi que la décision de toutes les questions
religieuses. Il y a concours de jeunes gens en grand nombre
autour d'eux, en vue de l'éducation, et ils sont grandement
honorés, car ils prononcent dans presque tous les débats,
tant privés que publics, sur les crimes, les meurtres, les héritages, les bornes des propriétés. Ils punissent et récom-
pensent, et si quelqu'un ne se soumet pas à leurs décrets,
qu'il soit personne publique ou privée, ils l'interdisent des
sacrifices. Cette peine est chez eux de la dernière gravité,
car le condamné est mis au rang des impies et des criminels :
on s'éloigne de lui, on ne lui parle pas, on ne le voit pas,
de peur de la contagion; la justice lui est refusée s'il la demande, et il n'a part à aucun honneur. » La puissance universelle et illimitée des Druides devait peser d'autant plus
sur les sujets de ce gouvernement vraiment théocratique,
qu'ils formaient un corps uni et sous la main d'un seul chef :
« A la tête de tous les Druides, il en est un qui dispose de
l'autorité suprême. » Élever la jeunesse, rendre la justice,
excommunier les insoumis et manier seuls, en qualité d'intermédiaires entre l'homme et la divinité, les choses divi-

nes (1), se recruter en outre dans les familles qui peuvent
faire les frais de vingt ans d'études et consacrent volontiers
leurs enfants à une profession exempte de l'impôt de la milice
et de toute autre charge (2), échapper par conséquent aux
dangers et à l'impopularité de la caste, et plonger ses racines
au cœur d'une nation superstitieuse, c'est être les maîtres de
tout. Restait seulement une fissure dans l'institution, par
où l'action des princes pouvait parfois s'introduire : c'est
l'élection du souverain pontife. A la mort d'un Druide suprême, « si plusieurs étaient égaux en dignité, le suffrage
des Druides nommait le successeur. *Quelquefois les armes
en décidaient.* »

Quant aux chevaliers ou nobles, il suffit de savoir que la
guerre était leur unique métier, et qu'ils se faisaient suivre
de clients et d'*Ambactes* en nombre proportionné à leur
naissance et à leurs biens. C'est à la foule de ces adhérents,
nous dit Cæsar, que se mesurait leur importance, et il est
très-clair qu'un nombre correspondant de serfs travaillait
pour l'entretien de chaque noble, de sa famille et de sa suite
militaire. Dans un pays d'une constitution à la fois théocratique et aristocratique aussi caractérisée, car l'état des choses
avait peu changé sous ce rapport depuis Cæsar jusqu'aux
Antonini, on conçoit sans peine que les réformes agraires
dussent ne trouver ni une application aussi simple ni des ré-

---

(1) C'est le vrai sens du passage que les traducteurs manquent toujours :
Rebus divinis intersunt (id., ibid.). Les Druides seuls pouvaient sacrifier, selon
Strabon : *thuetai de ouk aneu Druidôn* (Geogr., lib. IV) : grande différence avec
presque tout le monde ancien, où le père de famille était sacrificateur, et le
prêtre un simple ministre.   (*Note de l'éditeur.*)

(2) *A bello abesse consueverunt, neque tributa una cum reliquis pendunt,
militiæ vacationem omniumque rerum habent immunitatem. Tantis excitati
præmiis et sua sponte multi in disciplinam conveniunt et a propinquis paren-
tibusque mittuntur* (id., ibid.) — Cæsar nous apprend ensuite que l'instruction
des Druides était entièrement orale. En n'écrivant point, ils évitaient le danger
de la vulgarisation des Écritures · *Neque in vulgus disciplinam efferri velint.*
                                                              (*Note de l'éditeur.*)

sistances aussi faciles à surmonter, en le voulant bien, que
dans les pays de grands domaines à culture servile, où les
propriétaires ne résidaient pas. Malgré l'activité de Maternus, à l'époque de la première réforme, et l'esprit de suite
apporté aux opérations territoriales dans le siècle suivant,
la mauvaise volonté des classes dominantes, en Gaule, et
l'extrême abaissement de cœur de la classe populaire, opposèrent des obstacles sérieux au changement de régime. Sur
certains points, l'énormité des redevances et de l'impôt,
jointe au fardeau des dettes privées, retint les serfs dans le
servage, quoique rachetable en principe. Sur d'autres, le
serf devenu propriétaire et libéré de ses charges, resta moralement sous la sujétion du Druide et du chevalier. Les
élections pour le Sénat étaient à peu près dans les mains de
ce clergé et de cette noblesse, et l'administration locale se
ressentait comme de raison de l'influence des sénateurs gaulois. Tout ceci se rapporte aux provinces du Nord, du couchant et en partie du centre de la Gaule. Il arriva donc qu'il
s'établit, entre ces provinces et celles de la Gaule méridionale,
une divergence d'esprit et de mœurs on ne peut plus prononcée. Les Gaulois du Midi manifestèrent un tempérament
très-démocratique, et fondirent leurs religions en une sorte de
syncrétisme avec les religions italiennes, adoptant d'ailleurs
les mystères de la Grèce. Les Gaulois du Nord restèrent longtemps à la discrétion des nobles et des prêtres.

Il est vrai que le druidisme avait été plus ou moins persécuté pendant toute la durée de la domination romaine,
mais sans succès définitif. L'empereur Augustus avait commencé par l'interdire aux citoyens; Claudius s'était flatté de
l'abolir (1); Paulinus Suetonius, proconsul en Bretagne sous
Nero, porta l'incendie et le carnage dans l'île de Mona, où

_____

(1) Suétone, dans Claude : *Druidarum religionem apud Gallos diræ immani-
tatis, et tantum civibus sub Augusto interdictam, penitus abolevit.*

des Druides réfugiés se firent massacrer avec des troupes de
femmes fanatisées (1). Ils furent encore persécutés sous Vespasianus, à la suite de la révolte de Civilis, qu'ils avaient
favorisée. Mais, malgré cette intolérance de Rome à leur
endroit, intolérance motivée par le caractère politique de
leur sacerdoce, non moins que par la nature sanguinaire de
leur culte, ils existaient encore après le rétablissement de la
République; ils profitèrent des libertés apportées par cette
révolution, exercèrent une grande influence sur les nomina-
tions de sénateurs accordées à leurs régions, et se soutinrent
enfin sans autres concessions que de s'interdire une action politique trop vive et de cacher leurs sacrifices dans la profon-
deur des forêts, grâce à la connivence des populations. Leur
religion n'avait point été précisément assimilée au christianisme, par les lois de Cassius, mais seulement leur culte particulier interdit sous les peines les plus sévères. Enfin, quand
vint la dissolution de l'Empire, leur patriotisme exclusif
et farouche les mit à la tête de ceux qui poussaient en Gaule
à la séparation. Mais la séparation ne leur suffisait même pas,
car ils commencèrent alors à publier, comme au temps de
Vespasianus, que la colère céleste s'appesantissait sur Rome,
et que la souveraineté du monde allait passer aux nations
transalpines (2). Cette jactance est familière à la race gauloise. Mais les Druides ne purent même pas étendre leur
domination sur la Gaule entière. De terribles guerres civiles
éclatèrent à plusieurs reprises entre le Nord et le Midi, et le
siècle qui suivit la scission pourrait à bon droit se nommer,
en ce qui concerne la Gaule, le siècle des guerres de reli-

---

(1) Tacite, *Annales*, XIV, 30. — Il s'agit de l'île d'Anglesey.
(2) *Signum cœlestis iræ datum et possessionem rerum humanarum transal-
pinis gentibus portendi superstitione vana Druidæ canebant.* (Tacite, *Histoires*,
IV, 54.) — Depuis que le grand Druide est à Rome, c'est sur la Gaule que sévit
au besoin la colère céleste, et c'est à l'ultramontain, avec changement de côté,
que l'empire des nations est de nouveau promis.   (*Note de l'éditeur.*)

gion. La république méridionale se fit enfin une destinée
séparée, mais plus faible de population et de territoire,
quoique plus riche, elle eût souvent grand'peine à se défendre contre les bandes du Nord, conduites à la curée par
les seigneurs suzerains et fanatisées par les Druides. Elle
n'aurait pu peut-être échapper, sans l'appui et les secours
de l'Italie, à une conquête qui aurait anéanti ses libres
citoyens, étouffé ses libres religions, dépeuplé ses cités
commerçantes, et fait reculer la civilisation dans l'Europe
entière.

Qu'était devenue, dans cette Gaule du Midi, et d'abord en
Grèce et en Italie, ces vieilles patries des nobles pensées, la
religion dite païenne, arrachée à l'étreinte du dogme oriental ? Ce n'était plus le temps de trouver matière à scandale
dans les mythes ou légendes du paganisme. L'ignorance
grossière ou la feinte ignorance avaient pu seules admettre
que les actions rapportées des Dieux, leurs naissances, leurs
amours et leurs crimes eussent jamais été donnés pour des
faits réels et relatifs à des personnes. Mais les enfants mêmes
savaient, depuis que les éléments de l'exégèse stoïcienne
étaient enseignés dans les écoles, que Jupiter et Junon, Apol-
lon et Minerve, Mars, Vénus, Vulcain et tous les autres n'a-
vaient jamais été, pour les ancêtres de leur race, autre chose
que des noms de forces naturelles ou des personnifications
d'affections humaines; et qu'ainsi les aventures de ces personnages imaginaires devaient se comprendre comme des
symboles, tantôt clairs, tantôt obscurs, douteux ou maintenant
oubliés, du jeu des puissances cosmiques. Quant à ces divinités d'ordre subalterne, si multipliées dans la mythologie romaine, par exemple, il est aisé, aux noms de passions, de
vertus ou de vices qu'elles portent, d'en reconnaître le caractère; et, à l'abus près (car toute tradition, pour être antique, n'est pas nécessairement respectable), on peut encore

excuser l'instinct religieux qui, voyant en ces nouvelles forces
des produits profonds et naturels de l'âme et des éléments
de la destinée, les a désignées pour objets à des cultes capables d'influer sur la manière d'être de l'homme à leur égard.
C'est là ce que disaient, en termes plus populaires au besoin,
les interprètes des anciennes formes religieuses. Mais il ne
laissait pas d'être vrai cependant que ces formes étaient
complétement effacées des âmes, et qu'un changement si
marqué des habitudes de l'esprit, devenu impropre à chercher le symbole dans les faits de la nature, ou même à le
comprendre, exigeait une modification appropriée dans la
conception et le culte du divin. Il fallait que les croyances
prissent une direction de nature plutôt morale que physique, et qu'en même temps une satisfaction fût donnée à la
tendance que tout culte doit avoir à représenter la divinité
sous des attributs humains. Mais cette dernière condition
était la plus difficile à remplir, en l'absence d'une doctrine
d'incarnation, car le symbole était partout dans les religions
païennes, et la personnification ne s'y appliquait à rien de
vivant pour la foi.

Ce que l'ancien symbolisme des Dieux pouvait fournir à
l'édification religieuse, et comme support d'une doctrine
positive, les mystères de Samothrace et les mystères d'Éleusis
l'apportèrent. Quatre sénateurs, que leurs services militaires
et leur vertu auraient pu couvrir d'une pourpre éphémère
sous le régime impérial, Aurelianus, Probus, Tacitus et Claudius Gothicus, entreprirent de combler le vide que l'expulsion
des sectes orientales laissait dans la conscience de l'Occident,
ou plutôt de montrer ce que le paganisme, injurié par les
sectaires, renfermait d'éléments de noble sanctification. Initiés
aux mystères d'Éleusis, ils réunirent dans la ville d'Athènes,
au siége même des Éleusinies, des adhérents du rite grec,
répandu dans le monde entier, avec des suivants du rite

romain qui s'était fondé depuis longtemps (1), et qui prenait
depuis quelques années un développement considérable,
non sans devenir infidèle à son origine. Dans ce synode
général, on fixa les cérémonies et leur sens intime, d'accord
avec les représentants actuels de la famille des Eumolpides,
et on organisa une vaste filiation qui permit les initiations et
le culte dans toutes les villes importantes, sans obliger à de
grands voyages. Le secret fut réduit expressément à ce qu'il
avait toujours été dans le fond, à des mots, à des signes de
reconnaissance et à la célébration même du mystère, dont
les *profanes* continuèrent à être éloignés; mais rien ne s'opposa plus à la divulgation des doctrines. Enfin on réforma
le culte dans une partie délicate et dangereuse, en excluant
tous les emprunts faits aux mythes dionysiaques, et par
suite l'*orgie* religieuse et tous les genres d'incitation propres
à produire l'ivresse divine et l'extase des sens. On laissait
ainsi l'initiation orphique et iacchique à une classe d'enthousiastes qui s'étaient fait plus d'une fois bannir de Rome, et
que les polices urbaines durent toujours surveiller de très-
près.

On vit alors combien la doctrine éleusinienne était simple
et élevée. La révélation principale qui la rattachait au paganisme vulgaire, et l'en distinguait en même temps profondément, était celle de la parenté, de l'unité essentielle des
Dieux, connus sous tant de noms divers. Considérés dans leur
distinction, ils se réduisaient à des propriétés divines de
la nature, à des lois universelles, à des thesmophories cosmiques, aux forces générales qui constituent ces lois ou qui
leur obéissent. Il fallait donc que l'esprit de l'initié s'élevât
soit à une croyance théistique et providentielle, qui est tou-

(1) *Sacra eleusinia etiam transferre ex Attica Romam conatus est* (sc. im-
perator Claudius). Suétone, dans la vie de Claude.

(*Note de l'éditeur.*)

jours, à tout le moins dans les symboles et dans les mots,
celle qu'enseigne une religion, soit à une métaphysique panthéiste. Ici était l'écueil, car le panthéisme — l'absorption
des êtres dans l'Unité, des personnes dans l'Impersonnel, de
la raison dans l'inintelligible Absolu, et de toutes les formes
circonscrites et déterminées de la vie et de la pensée dans la
sphère contradictoire de l'Infini — le panthéisme est la mort
de la religion et de la philosophie, desquelles il semble procéder. Mais cet écueil est celui de toutes les doctrines sans
exception. L'antiquité ne pouvait y échapper. Les mystères
y avaient leur pente, en ce qu'ils symbolisaient éminemment
la divinité par la force fécondante ou génératrice dont il est
si facile de tirer, par abstraction et personnification tout à
la fois, l'idole d'un Dieu-Nature. Mais ils s'en dégageaient aussi
par la croyance en l'immortalité des personnes.

C'est dans le sein de la Terre-Mère que le mystère d'Éleusis envisagea l'organe divin de la génération. Les Dieux terrestres et les Dieux infernaux habitent pour l'imagination
les mêmes demeures. De là un premier lien mystique entre
le principe de la production et le royaume des morts. L'ana-
logie devient plus réelle et saisissante, quand on songe
que le fruit et la semence de la vie végétale, étant déposé
sous la terre, y subit une mort apparente, qui conduit au
fait naturel, au fait merveilleux de la régénération. La renaissance des vivants semblables, à travers des destructions alternatives, est donc un symbole; et la merveille en peut passer
pour le fondement de l'espérance en cette autre palingé-
nésie, propre aux consciences des personnes, qui leur
assurerait la perpétuité, dans une succession de morts et de
naissances, avec des formes en partie cachées à nos regards.
Ainsi se concevait la permanence de ces Êtres de sentiment
et de mémoire dont l'antiquité religieuse n'a jamais admis
le complet évanouissement; et ainsi s'unissaient en un même

culte les Dieux symboliques de la Terre, de la Mort et de la Résurrection.

Le Mythe éleusinien consiste en effet dans la disparition de la jeune fille Semence, qui a cueilli par mégarde une fleur narcotique en faisant des bouquets dans les prés avec ses compagnes. L'Invisible, le Roi des morts, l'entraîne dans le Tartare et l'épouse, la ravissant ainsi à la Terre-Mère, sa mère, et aux autres Immortels de la sphère lumineuse, non sans la permission du Père des Dieux. La Terre-Mère, aidée de la Lune et du Soleil qui voit tout, poursuit le ravisseur et parcourt vainement le monde, en habits de deuil et désespérée. Pendant ce temps, les semences demeurent enfouies dans le sol, et la race humaine est menacée de s'éteindre. Il faut que le Père des Dieux intervienne. Sur son message, l'Invisible rend son épouse au jour, après lui avoir fait goûter le fruit de la Génération. Mais ce fruit a la vertu d'obliger la Semence à passer le tiers de l'an dans la couche du Roi des morts; elle en sort chaque printemps pour habiter avec sa mère et le chœur des célestes immortels.

Le drame mystagogique dont la représentation était donnée aux initiés, ou par eux, n'était que la traduction légendaire de la passion et des pérégrinations de la mère en deuil. Un épisode merveilleux se rattachait à des pratiques de lustration et de purification par l'eau ou par le feu, symboles des œuvres de sanctification morale qui approchent l'homme de l'essence divine : c'était le spectacle des rites accomplis la nuit, en présence du foyer, par la Terre-Mère, qui, cachée à Éleusis sous le nom de Déo, travailla à faire du fils de la maison un immortel. Un autre épisode conduisait à l'institution d'un sacrement de communion divine : de même que la déesse au temps de ses douleurs, accepta des mains de son hôtesse un breuvage féculent et parfumé, le kikéon, dont la recette a été transmise, de même l'initié s'unissait à la déesse,

et participait à son mode de vie, en recevant ce pain divinement préparé. Un autre, plus important, se rapportait à
l'établissement des lois civiles et à celui des mystères eux-
mêmes, pendant le séjour de la Terre-Mère à Éleusis. La
déesse était honorée comme thesmophore, ou premier auteur
de l'établissement social, de la propriété et du mariage. La
fête des thesmophories faisait partie des éleusinies : on y
portait en procession solennelle les tables de la loi, et les
femmes y intervenaient activement pour célébrer l'institution des unions légitimes. Enfin le dernier acte de l'initiation
ramenait et fixait la pensée sur le symbole de l'immortalité.
Un épi de blé, moissonné en silence, figurait le gage et la
promesse d'une moisson future, et le tableau final qui ter-
minait les péripéties de joie et de douleur, après plusieurs
journées consacrées aux rites, aux épreuves, aux processions
et aux spectacles parés de tout le charme et de toute la
majesté de l'art grec, c'était celui des félicités de l'autre vie,
succédant aux misères de la vie présente.

Les églises éleusiniennes se répandirent dans tout le
monde grécisant, et il y eut bientôt pareille diffusion pour
les mystères de Samothrace, dont le fond était analogue,
avec des différences caractéristiques. Le but à atteindre, d'un
côté comme de l'autre, était l'*accomplissement*, la fin morale
de l'âme, et c'est ce que marquait le nom donné au mystère :
télété. On y tendait par des actes religieux, purifications et
sacrifices d'un sens tout spécial, par des épreuves, enfin par
des révélations sensibles, de nature à toucher ou élever les
cœurs. L'initiation de Samothrace avait cela de propre,
qu'elle exigeait la confession des fautes, une vie sans reproche trop grave, et promettait, non-seulement le bonheur
céleste, mais le secours des dieux sauveurs dans les dangers
de cette vie. Ces dieux, ces Kabires, étaient au nombre de
quatre. Les trois premiers symbolisaient l'unité première de

l'Amour pur ou divin, et la division de l'Amant-vierge et de la Vierge-aimée : Axiéros, Axiokersos et Axiokersa. Le quatrième, Kadmilos, qu'on identifia avec Hermès, était le vivant produit de la génération divine, et portait le caractère de médiateur universel, ministre et interprète des Dieux auprès des hommes.

Ces religions d'Éleusis et de Samothrace, malgré la vertu d'édification morale qui leur était reconnue, ne pénétrèrent pas dans les couches les plus profondes de la société. Il leur manquait des objets d'adoration d'un moins transparent symbolisme. D'autres mystères auraient obtenu sans doute un succès plus entraînant, sans proposer à la foi des Dieux plus sérieusement anthropomorphiques; mais c'est qu'ils s'adressaient à des passions moins pures ou plus faciles à corrompre; et les magistrats municipaux devaient surveiller sans cesse les réunions où on les célébrait, souvent même les interdire, poursuivre judiciairement les ministres des cultes d'immoralité flagrante, ou ceux dont les recettes d'expiation et de purification ressemblaient trop à des manœuvres d'escroquerie. Il y avait des orphéotélètes qui vendaient le pardon des Dieux, et des thaumaturges, au compte desquels se colportaient des objets sanctifiés, des talismans, des spécifiques, des eaux miraculeuses. On ne pouvait tolérer ces friponneries; et en effet, tant que l'instruction du peuple n'est point arrivée, par les soins de la République, à l'état de diffusion et d'efficacité où tous les citoyens sont aptes à se défendre eux-mêmes contre le charlatanisme religieux, celle-ci leur doit des lois et des tribunaux protecteurs. En toutes circonstances, on distinguera légitimement entre les croyances sincères, qui, si elles n'ont rien de contraire au droit commun, doivent se communiquer librement d'homme à homme, sans intervention de la cité, et les croyances feintes dont le vrai mobile est l'exploitation des faiblesses humaines.

L'orphisme, le dionysisme et les cultes égyptiaques altérés, tels que celui de Sarapis, étaient ceux qui donnaient le plus matière à ces sortes d'abus, et tous étaient sujets en outre à ces débordements orgiaques qui, loin d'épurer la passion en lui communiquant un caractère religieux, en l'élevant, l'ennoblissant, la désintéressant des attraits matériels les plus bas, comme ç'avait été certainement l'objet des premiers instituteurs des mystères dionysiaques, aboutissaient à la ravaler aux plus vulgaires excès. La doctrine était néanmoins toujours la même, seulement d'une forme plus accusée, plus violente, que dans le mystère d'Éleusis. Il s'agissait d'un Dieu mort et ressuscité : d'où l'image et le gage de la résurrection de l'âme; et ce Dieu était encore le symbole d'un fait naturel. Dans la religion de Dionysos, ou Iacchos, le signe se tirait de la vie de la vigne, et du contraste de l'état de mort apparente de l'arbuste pendant l'hiver, avec la vigueur des pousses de l'été. On imaginait une *passion* du végétal, taillé, déchiré, torturé en mille façons; une autre *passion* du raisin, qui doit souffrir et mourir avant de paraître à l'état glorieux de la liqueur enivrante. Tout cela prenait une manière d'appui historique sur la légende de Bacchos, le héros qui avait subi comme homme tant de persécutions et de traverses, avant de parvenir à l'immortalité; et tout cela finissait par s'élever à la conception d'un dionysos hermétique, médiateur entre les Dieux et les hommes, conducteur, libérateur et rédempteur des âmes, Soleil nocturne, dieu de la mort et de la résurrection, ramenant au ciel, par l'extase des bacchanales, les essences déchues que l'ivresse de la vie a détachées du sein de l'unité première. Les semblables ne sont-ils pas guéris par les semblables? Sarapis était un dieu analogue, un Osiris mort, ou Soleil de l'hémisphère inférieur, identifié avec toutes les idées de passion et de mort, de résurrection et de médiation. D'autres Dieux morts et ressuscités, d'origine asiatique, avaient encore le même sens, et se liaient seulement par des symboles plus grossiers à des rites obscènes et à des pratiques infâmes. Il y avait des religions pour tous les tempéraments, ce que la liberté veut, et ce que nul homme n'est en droit d'interdire, à cela près que les cultes incompatibles avec la loi civile, et avec la loi morale, fondement de la loi civile, doivent être proscrits à ce seul titre. La loi romaine et la police romaine usèrent de cette faculté pour défendre la civilisation contre le fanatisme des religions orgiastiques, comme elles en avaient usé contre l'intolérance chrétienne. Celle-ci s'était, pour ainsi dire, exclue d'elle-même, par le refus de ses prêtres de prêter le serment civil. Les ministres des autres auraient volontiers prêté tous les serments possibles : il fallut les traquer de ville en ville et de bouge en bouge, jusqu'à l'époque où les progrès définitifs de la philosophie et des sciences eurent modifié les idées communes sur l'expiation et le sacrifice, et où le christianisme amendé lui-même, séparé de son levain d'intolérance et de fanatisme, put rentrer sans danger dans les républiques occidentales.

Un autre vaste mouvement religieux entraîna beaucoup d'esprits, et des plus cultivés, dans les temps de transition et de moyen âge que nous racontons. Il n'est que juste en effet de donner ce nom de religion à une philosophie qui, partie peut-être des fables de Platon, arrivait à présenter dogmatiquement l'histoire de Dieu et des êtres, et à révéler les voies de la divinisation par l'extase. Le fondateur de la secte était Ammonios Saccas, portefaix d'Alexandrie, qui, ayant adopté, puis quitté le christianisme, et s'étant mis à philosopher, découvrit qu'Aristote et Platon, les deux grands rivaux sans cesse opposés par leurs disciples, avaient eu les mêmes idées en somme, et se rencontraient pour qui sait les comprendre. Ce fut le point de départ de l'*éclectisme* : on

donna ce nom à une confusion systématique qui, déjà pré-
parée par ceux qui depuis longtemps prétendaient trouver
Platon dans la Bible, ou la Bible dans Platon, Orphée dans
Pythagore ou dans Moïse, Zoroastre dans Orphée ou dans
Hermès, Abraham dans les druides, ou Jésus dans les bracmanes (1), fit une immense fortune à une époque où il existait tant de faussaires en littérature et si peu de saine critique. L'enseignement de Saccas est du temps même où les
grandes réformes d'Albinus et de Pertinax s'accomplissaient
à Rome, et où l'intolérance chrétienne était définitivement
expulsée d'Occident. Trois hommes de mérite s'y rencontrèrent : Plotinos, Origénès (est-ce le chrétien?) et Eren-
nios, qui résolurent de fonder un mystère pour la communication du don de science et d'extase aux hommes dignes de
l'initiation. Toutefois, on ne voit pas ce qui put rester pour
l'intimité du sanctuaire, car bientôt après on retrouve
Plotinos à Rome, où il tient une grande école de philosophie
et dévoile à ses auditeurs enthousiasmés tous les secrets
imaginables des Dieux, de l'humanité et de la nature.

Le principe suprême, selon Plotinos, est l'identité du sujet
et de l'objet de la connaissance, au sein d'une unité première,
indivise, indistincte, absolue, qui ne pense pas, qui ne vit
pas, qui n'est pas ceci et cela, qui n'est ni dans l'espace ni
dans le temps, qui ne peut être qualifiée en aucune espèce de
manière. Cet être, ce néant, car il n'existe pas, c'est Dieu
et le *Bien*, l'*Un*, le *Lumineux* et le *Parfait*, et nous pouvons le connaître à l'aide d'une *parousie* qui nous unit im-
médiatement à lui. Il est l'origine universelle, car de lui
sort par émanation l'*Intelligence* pure qui le contemple éternellement; et de l'Intelligence pure émane à son tour l'*Ame*

---

(1) Le système du syncrétisme, comme nous préférons le nommer aujourd'hui,
a reparu dans les ouvrages de Pierre Leroux, principalement dans *L'humanité,
son principe et son avenir*. Paris, 1840.   (*Note de l'éditeur.*)

du tout. L'Intelligence, en pensant, fait être les objets; l'Ame les voit par *théorie* dans l'Intelligence, et les contemplant ainsi, les réalise : elle produit des âmes hiérarchisées, qui s'abaissent du plus haut degré jusqu'à l'indéterminé pur, c'est-à-dire jusqu'à la matière, à laquelle elles donnent l'idée, la forme, selon qu'elles s'arrêtent à tel ou tel point d'éloignement de la source de toute pensée et de toute essence déterminable. De là vient la nature, ce monde sensible, image du monde intelligible, ce *logos* dégradé, dont les idées déterminantes s'affaiblissent de plus en plus dans leur descente au néant. Il y a dans cette production émanante de toutes choses un enchaînement tellement nécessaire et absolu, qu'une âme éclairée devient naturellement divinatrice et magicienne, par la simple connaissance des liens de la nature. Le mal est d'ailleurs une négation essentielle à l'existence, les bons et les méchants jouent des rôles également nécessaires dans la pièce du monde. Mais l'âme déchue remonte par son désir l'échelle de la perfection. L'âme humaine peut même, dès à présent, en contemplant l'unité suprême et se détachant de tout ce qui est changeant et divers, parvenir à la pleine intimité avec Dieu.

Ce bavardage de génie (1) n'était pas le point où devait s'arrêter, pour se vulgariser, la religion néoplatonicienne. Porphyrios, disciple de Plotinos, et qui contemplait librement Dieu comme lui, s'enfonça de plus en plus dans l'arbitraire et la superstition des révélations spiritistes, des oracles et des œuvres appelées théurgiques; et, après lui, Jamblichos descendit aux dernières puérilités des évocations, des enchantements et des formules magiques; ou, si ce n'est

---

(1) Ce bavardage, comme l'appelle irrespectueusement l'auteur, n'est pourtant dans le principe que la doctrine de Schelling et du grand Hegel, de M. Vera et de M. Vacherot, laquelle, après tout, diffère aussi fort peu de celles de Schopenhauer et de M. de Hartmann, le dernier venu des princes de l'intelligence philosophique.   (*Note de l'éditeur.*)

Jamblichos, au moins le faussaire qui usurpa son nom pour hermétiser, pour divulguer les *Mystères des Égyptiens*. Ces insanités discréditèrent la secte éclectique auprès des bons esprits, en favorisant son expansion chez les autres. A la considérer du point de vue politique, elle avait cet avantage d'offrir une exégèse assez spécieuse de l'ancien polythéisme, une interprétation et une justification des sacrifices, enfin de restituer, pour les cultes existants des Grands Dieux et des Daimones, un fondement de réalité, la foi aidant, qui manquait aux autres philosophies et même au stoïcisme, la plus religieuse de toutes. Néanmoins, le Sénat se refusa à voir dans cette circonstance un motif suffisant de rétablir, au profit des dogmes platoniciens, une religion officielle de la République romaine. La proposition lui en fut faite en 1138 (1), par le consul quinquennal Flavius Claudius Julianus, neveu de ce Constantinus fils de Chloros, qui avait tenté le rétablissement du principat. Julianus n'était point suspect, étant resté à Rome, et on ne peut plus déclaré contre l'oligarchie, à l'époque de la révolte de ses parents. Son éducation athénienne et le culte intelligent qu'il rendait aux anciennes traditions civiques assuraient son attachement aux réformes agraires et militaires; mais les disciples de Jamblichos l'avaient gagné à la magie et à la théurgie; il regrettait du passé impérial le pontificat, les augures, les sacrifices officiels, la consultation des entrailles des victimes. S'il n'eût tenu qu'à lui, on aurait tenté de discipliner à nouveau les peuples de l'Empire, au moyen d'un puissant sacerdoce, maître des oracles et des mystères. Les livres apocryphes d'Hermès et de Zoroastre seraient venus compléter ces obscurs livres sibyllins desquels il fallait désormais renoncer à rien extraire d'intelligible. Mais le sénat pensa avec raison

(1) De l'ère chrétienne 362.   (*Note de l'éditeur.*)

qu'il n'y avait point lieu d'instituer un catholicisme païen, et
que l'épreuve de la liberté religieuse de l'Occident, comparée
avec les *orthodoxies* furieuses qui se disputaient les provinces orientales, n'était point faite pour inspirer le regret
de la religion d'État.

Le platonisme continua de se développer librement et prit,
un ou deux siècles après, grâce à Proclos et à toute l'école
d'Athènes, une importance à la fois philosophique et religieuse qui le rendit redoutable au christianisme, dans les
provinces où le grécisme avait conservé quelque vigueur. Il
combinait, ainsi qu'il l'avait fait à ses débuts, Aristote avec
Platon, il invoquait la foi sans renoncer à la science, il ex-
pliquait la géométrie et les oracles chaldéens, il racontait
l'histoire de la chute de l'*Un*, de triade en triade, à travers
l'infini, pendant l'éternité, et il instituait un sacerdoce remontant jusqu'à Hermès par une chaîne divine, et enseignant
aux hommes le chemin qui ramène au ciel d'où ils sont des-
cendus. L'orthodoxie chrétienne ne se défendit à Byzance et
à Alexandrie que par des persécutions et des crimes tels que
l'assassinat de la savante Hypatie, fille du mathématicien
Théon, l'une des femmes les plus illustres et les plus vertueuses qui aient paru en ce monde. Quand nous disons persécutions, il faut entendre émeutes populaires, traits de fanatisme, et les mille complots auxquels le gouvernement
romain était presque toujours impuissant à faire obstacle,
ayant devant lui un pouvoir moral plus grand que le sien :
l'autorité sacrée des *surveillants*.

En Occident, la religion platonicienne fut, parmi les doctrines à caractère philosophique, dogmatique, si l'on veut,
celle qui partagea l'influence avec le stoïcisme. Son crédit
se prolongea jusqu'à l'époque du grand mouvement des esprits, qu'amenèrent les découvertes dans les sciences, et
même au delà, car elle n'a cessé de conserver des adeptes.

Quand le christianisme, sous une forme qui lui rouvrit l'entrée des républiques occidentales, put y venir de nouveau solliciter la foi des hommes, l'éclectisme perdit en grande partie ce que le christianisme gagna ; mais, même depuis lors, la philosophie vit toujours reparaître d'époque en époque un illustre penseur représentant de la pensée qui en était l'inspiration et l'essence.

Cette pensée, c'est le panthéisme, le dogme protée, mais unique au fond, et partout bien reconnaissable, de l'unité de l'être, de l'infinité de ses manifestations, et de l'enchaînement nécessaire de ses modes pendant l'éternité. Au surplus, toutes les philosophies, comme les religions, en étaient pénétrées, à l'exception de l'épicurisme, une secte alors à l'usage des riches oisifs, et qui croyait au hasard, plutôt qu'elle ne revendiquait la liberté morale ; et de l'aristotélisme, doctrine savante et d'esprit tout analytique, mais qu'on accusait de timidité dans le savoir et d'aridité. Le véritable sens d'Aristote était connu, car tous les interprètes n'étaient pas semblables à ces éclectiques qui n'y trouvaient pas de différence avec le sens de Platon, ni, ceci est plus fort, de Platon comme ils le comprenaient eux-mêmes. Alexandre d'Aphrodisium, maître du péripatétisme dans l'université marc-aurélienne d'Athènes (1), vers le temps des grandes réformes, et auteur d'un admirable traité *Du destin et de ce qui dépend de nous*, avait défendu le libre arbitre par des arguments très-serrés, combattu la chaîne invariable des choses des stoïciens, et son école existait toujours ; mais le stoïcisme

---

(1) L'auteur ne nous a pas parlé de cette fondation de Marc-Aurèle, dans ce qu'il nous a dit de cet empereur. Mais le mot *université* qu'il emploie ici est parfaitement juste, car voici ce que nous lisons dans l'histoire romaine de Dion Cassius : « Marc Antonin, arrivé à Athènes, et s'y étant fait initier, accorda des honneurs aux Athéniens. Il accorda *au monde entier, dans Athènes, des maîtres de toute science*, avec un traitement annuel. » (Dion, l. LXXI, 31, éd. et trad. de M. Boissée, t. X.)

(*Note de l'éditeur.*)

était plus puissant et de beaucoup : d'abord à raison même
de son énergie dogmatique, et parce que l'ambition de l'esprit accueille avec avidité toute synthèse universelle dont la
communication semble lui infuser l'omniscience; ensuite à
cause de son incontestable élévation morale. Les stoïciens,
en effet, tout en croyant les faits et actes d'espèces quelconques liés de nécessité à leurs antécédents, et la nature
toute *pleine de Dieu*, et Dieu même, insistaient avec force
sur la distinction de ce qui dépend et de ce qui ne dépend
pas de nous, recommandaient la *tension* constante de l'âme
et non le relâchement et l'abandonnement, n'enseignaient
enfin la résignation qu'à l'égard de *ce qui n'est point en
notre pouvoir*. Il n'est pas moins vrai qu'ils appelaient *en
notre pouvoir* des déterminations préordonnées, voulues par
notre nature et notre caractère (lesquels en principe ne dépendent pas de nous), et éternellement inscrites dans les
vues et desseins de la *divine Providence*. Ils n'admettaient
pas qu'aucune chose pût être imprédéterminée; que certains
futurs fussent ambigus; que certains possibles fussent réels,
lesquels on voit ensuite ne se point produire; ni que certains
présents fussent réalisés, lesquels étaient, le moment d'auparavant, imprévoyables pour l'intelligence la plus parfaite
et la plus étendue.

« Le monde est un, disaient les stoïciens, et comprend en
soi tous les êtres; et la nature qui l'*administre* est à la fois
animale, rationnelle, et intellective. Il porte en lui-même un
gouvernement éternel de toutes choses, qui se développe
avec ordre et en série, tellement que l'antécédent est la cause
du conséquent, que tout est enchaîné, que rien n'arrive qui
ne soit cause nécessaire de quelque chose qui suit, que rien
ne suive qui puisse être délié de ce qui précède. Rien de ce
qui est au monde ne peut se désunir et se diviser dans l'unité
et l'économie du tout. Autrement, autant vaudrait dire que

quelque chose se fait de rien. C'est donc de l'infini que se fait activement et irrésistiblement le développement du monde (1) ». *De l'infini à l'infini* et *solidarité universelle*, voilà bien les deux thèses connexes de la doctrine dans laquelle le stoïcisme se rencontrait avec la religion éclectique. *Prescience divine infaillible*, voilà la troisième affirmation où ces deux sectes s'accordaient avec la théologie chrétienne. Et une quatrième s'ensuit, en quoi l'accord se maintenait, c'est que *Tout est bien*. A fort peu d'exceptions près, voilà donc la foi qui entraînait le monde. Et pourtant l'infini réalisé du temps et la négation de tout commencement premier sont des absurdités palpables, puisque si le temps qui est écoulé maintenant et les événements qui servent à le nombrer étaient infinis, ce temps ne serait pas effectivement écoulé, étant inépuisable, et ces événements ne seraient pas une somme faite. La prescience infaillible universelle suppose tous les futurs certains, qui sont même chose que tous les futurs nécessaires, qui impliquent que tout préexiste avant d'exister; et si tout préexiste, tout est solidaire, tout suit, rien ne se fait s'improvisant et se détachant, si peu que ce puisse être. Mais si tout est ainsi solidaire, il faut bannir l'illusion qui nous fait croire qu'il y a d'autres possibles que ceux qui arrivent, et renoncer du même coup à nos imaginations, à nos raisonnements naturels et à nos discours de tous les moments! Le pouvons-nous? Enfin, *si tout est bien*, il est ridicule et vain de plaindre, d'accuser et de regretter. La nature ou le Dieu prétendus parfaits nous ont donné des sentiments contradictoires avec la vérité des choses! Et qui donc imagine un Dieu de la sorte? N'est-ce pas nous? Et qui nous y contraint? Il paraît bien par le fait que plusieurs

---

(1) Ce passage est pris textuellement du traité *De fato* dont il vient d'être question (éd. de Londres 1658, p. 102). *(Note de l'éditeur.)*

d'entre nous s'en exemptent et que la nécessité en ceci a mal pris ses mesures!

Les dogmes courants de l'héritage grec et romain n'étaient donc pas tout ce qu'un philosophe tel qu'Aristote, s'il eût vécu alors, aurait pu désirer pour présider à la saine croissance des jeunes républiques d'Occident. Mais du moins la tolérance régnait dans les esprits, les discussions des écoles ne dégénéraient pas en émeutes et en combats, et les religions, même les plus exclusives, se voyaient contraintes de vivre en bon accord, sous l'égide de la loi civile qui n'en embrassait aucune. Combien la situation était différente en Orient et dans la Germanie, où les esprits, complétement étrangers aux préoccupations de la vie publique et de la justice sociale, avaient la religion pour unique moteur moral! Cette religion était viciée par la contrainte et par le fanatisme; nul homme n'avait la liberté de suivre ses propres jugements ou la pente de sa foi, mais tous ne pensaient qu'à se faire entrer mutuellement de force dans un certain mécanisme de croyances et de pratiques, appelé l'Église, où toutes les déterminations de chacun lui viennent du dehors. Malgré l'empêchement que les divisions politiques avaient mis, nous le savons, à la constitution réelle de cet universalisme orthodoxe, ou catholicisme, que chaque hérésie ou secte prétendait formuler de son chef et imposer d'autorité aux autres, les constantes communications mutuelles des *surveillants* à travers tout l'ancien Empire oriental, leur entente intéressée, au milieu même de leurs infinis débats, leurs conciles, qui ramenaient de temps à autre l'accord après la zizanie, et enfin une foi grossière des peuples sur le point capital de l'Homme-Dieu, entretenaient l'unité, au moins par opposition à cet Occident exécré d'où *la religion* avait été bannie après la persécution atroce du fils de Marcus Aurelius. Il n'y

avait que l'arianisme mahométan, à l'autre extrémité de
l'ancien monde romain, qui fût exclu de cette communauté
de sentiments et contre lequel il existât une haine qui ne
le cédait guère à celle qu'on montrait aux polythéistes.

Ces peuples possédés d'une passion commune, l'amour de
la *vraie religion* (la leur) et la haine de *l'infidèle*, devaient
aboutir à se mettre en lutte avec ce dernier. Il fallait seulement pour cela qu'ils eussent des gouvernements assez
stables, assez puissants, et capables de s'entendre pour une
grande entreprise. C'est ce qui arriva lorsque, vers la fin du
xv⁰ siècle (1), il se fut fondé au sein de l'anarchie féodale,
après trois siècles d'invasions et de conquêtes suivies de
guerres privées, des principautés héréditaires, rattachées
quelquefois les unes aux autres par des liens de vassalité,
tels au moins que les comportait la mauvaise foi régnante.
Le clergé ne manquait pas, depuis qu'un certain ordre social
paraissait possible, et qu'un droit public était reconnu, de
tenter de faire honte aux *princes chrétiens* de leur esprit de
violence, et de l'injustice qui les armait contre leurs frères
en Jésus-Christ, alors que l'infidèle était maître paisible des
contrées que les apôtres avaient arrosées de leur sang. Rome
surtout, Rome, le siège prétendu de Pierre et le tombeau de
Pierre et de Paul, semblait, dans sa grandeur et dans sa liberté, une insulte vivante à la *vraie foi*. Les *surveillants*, les
patriarches croyaient ou feignaient de croire que le *prince
des apôtres* avait formé lui-même un établissement dans la
capitale du monde, maintenant privée de sa suprématie et
réduite à n'être qu'une ville d'Italie, à cause de sa prévari-
cation. Ils prétendaient que les successeurs de Pierre avaient
exercé pendant plus d'un siècle une autorité dans la foi, autorité sacrée et incontestée, qui, si elle eût été continuée au

_____

(1) Commencement du viii⁰ de l'ère chrétienne.   (*Note de l'éditeur.*)

centre de l'empire, aurait préservé *la religion* des divisions
dont on gémissait, des hérésies qui sont la perte des âmes,
en sorte que tous les chrétiens seraient restés, comme à
l'origine (toujours à ce qu'ils disaient), *un seul troupeau
sous un seul pasteur*. Ils citaient un jeu de mots de l'*Écriture : Tu es Pierre, et sur cette pierre je bâtirai mon
Église ;* ils appliquaient à ce même apôtre personnellement
cet autre texte qui suit : *Et je le donnerai les clefs du
royaume des cieux, et ce que tu fermeras sur la terre sera
fermé dans les cieux, et ce que tu ouvriras sur la terre sera
ouvert dans les cieux.* Partant de là, ils prophétisaient que
le jour où Rome serait conquise à la foi, la Religion trouverait son unité, l'Église son chef et, bientôt après, le monde
son maître ; d'où l'extermination de toute hérésie et le salut
des âmes, ainsi rendues à la *vraie liberté.* La perspective de
l'institution d'un pontife suprême de l'univers n'était pas ce
qui pouvait encourager beaucoup les princes à l'entreprise,
mais l'espoir n'était défendu à aucun d'eux de parvenir à
s'assurer par son zèle et ses succès dans une expédition
commune, un établissement politique en Italie, ou même le
siége romain temporel, et puis la souveraineté du monde !
Quant aux patriarches des différents États, ils pouvaient tous
rêver le siége spirituel pour eux-mêmes, sans excepter le patriarche palestinien, qui revendiquait sans cesse, il est vrai,
pour Jérusalem, la succession supposée de la puissance spirituelle latine, mais qui ne parvenait point à faire admettre
au loin ses prétentions.

Les luttes des provinces désormais indépendantes, Grèce,
Italie et Gaule, contre les régions envahies et colonisées par
les Barbares, s'étaient bornées jusque-là à des engagements
sur le Rhin ou vers les Alpes, l'Hémus ou le Rhodope, car
la position défensive des nouveaux États était si forte, grâce
aux institutions libres et au régime de la propriété divisée,

et leur politique défensive était si solidement assise, par
l'effet d'une longue tradition, qu'il arrivait rarement que les
incursions des voisins s'étendissent loin au delà des frontières. Quant à la marine, la supériorité grecque et italienne
dans la Méditerranée ; hispanaise et gauloise, sur les côtes
de l'Océan, excluait toute rivalité. La piraterie même était
presque anéantie, depuis que les Grecs ne s'y livraient plus.
Les seules guerres longues et pénibles que les Romains affranchis (avant la dissolution de l'Empire), et que les Italiens
ensuite eussent soutenues étaient celles que motivait un désir naturel d'empêcher les établissements de Barbares sur
les bords de l'Adriatique. Ils avaient à la fin occupé et peuplé
sérieusement eux-mêmes une assez grande étendue de territoires de ce côté, pour tenir les Germains, les Slaves et les
Huns à distance respectueuse. Mais maintenant les républiques, et l'Italie entre toutes, étaient menacées non plus de
ces attaques divisées et mal concertées que l'on doit craindre
de voisins belliqueux et pillards, mais d'une coalition générale des princes du centre et de l'orient de l'Europe contre
la liberté religieuse, et en un mot d'une guerre d'extermination et de conquête. On parlait bien, dans tout l'Orient, de
convertir les infidèles, au moins autant que de les exterminer, car la charité chrétienne réclamait son droit, mais la
conversion devait être le fruit de la *persécution par amour*,
un libre choix du condamné qui a pour alternative la mort.
On avait déjà fait un essai, et même un essai en grand, de la
méthode. Ce n'était pas à la vérité contre ces infidèles volontaires et obstinés qui avaient eu longtemps au milieu
d'eux *la lumière, et qui ne l'avaient point reçue*, mais
contre de simples aveugles de naissance, contre les tribus
germaniques du Nord, insensibles au premier éclat de la foi
que leur apportaient les missionnaires. Un chef franc du
nom de Karolus, c'est-à-dire le Fort, fondateur, sa vie du-

rant, d'un immense empire germain, des Alpes Rhétiques à
la mer germanique (1), avait conduit contre les Saxons une
suite d'expéditions de guerre, pour les arracher à l'idolâtrie,
et, ne pouvant les convertir assez à son gré s'il les laissait,
quoique dûment baptisés, dans leur pays et dans leurs coutumes, avait fini par les transporter en masse et les établir
parmi des populations croyantes. Ces Francs étaient la race
la plus dévouée qui fût à l'Église. Ils auraient volontiers
créé l'unité ecclésiastique, pour en être les maîtres et s'en
faire un instrument de puissance. Karolus y parvint dans
les limites de son empire, car il se fit oindre et sacrer César
chrétien par un patriarche de Germanie dont il acheta la
soumission au prix d'un petit domaine temporel. Mais les
fils de Karolus se partagèrent ses conquêtes, selon l'usage,
et puis se disputèrent leurs parts les armes à la main, selon
l'usage toujours, en sorte qu'ils ne purent pas jouer, dans
les événements qui se préparaient, le rôle important et peut-
être dominateur que leur père y aurait pris certainement.
La grande expédition contre l'Occident fut conduite d'une
manière anarchique, ainsi qu'il appartenait d'ailleurs à ses
promoteurs.

Le signal fut donné des pays que nous avons vus s'être
réglés, en matière de foi, sur un esprit et sur des traditions
en partie latines, après l'émigration forcée des chrétiens
d'Occident. On y était désireux, plus qu'ailleurs, de restaurer
la grande Église idéale au siège de Rome. Mais l'enthousiasme gagna rapidement et partout, aussitôt que les moines
eurent commencé de prêcher avec ardeur sur le texte de la
revendication du siége romain. Ce fut comme une traînée de

---

(1) Si l'auteur a voulu désigner notre Charlemagne, il a commis un anachronisme et s'est trompé de l'espace d'un siècle et plus, selon sa propre chrono-
logie, comparée aux temps réels. Mais il a bien pu spéculer sur l'un des
ancêtres de Karl le grand. *(Note de l'éditeur.)*

feu de ville en ville, d'église en église. Peu de *surveillants*, peu de princes se mirent à la traverse; plusieurs de ceux-ci favorisèrent le mouvement; tous à la fin furent obligés de *prendre la croix*, signe de ralliement pour la conquête de Rome et l'extermination des infidèles. Mais de prendre la croix à marcher pour la *croisade*, il y avait encore loin. Les princes n'étaient pas prêts; certains feignaient de craindre, et la plupart craignaient réellement que leur absence pour une expédition lointaine et probablement longue n'exposât leurs États à des troubles intérieurs, ou ne les livrât mal défendus aux agressions des voisins. Puis il fallait de vastes approvisionnements ou des fonds de guerre, pour n'être pas forcé de vivre en pillant des alliés, avant d'avoir atteint le territoire ennemi; et qui les fournirait? Il fallait s'entendre sur un plan général de campagne, sur la participation de chacun, les lieux de rendez-vous, les temps et modes d'attaque; mais tant de gouvernements et de peuples divers ne possédaient ni organisation ni moyens d'entente passables à mettre au service d'une commune entreprise. Les conducteurs attendus, les grands intéressés, les agents responsables étaient donc fort empêchés. Mais les peuples, eux, ne sentaient pas l'être; ils se plaignaient de la tiédeur des princes, ils leur reprochaient de ne songer toujours qu'à poursuivre leurs querelles privées et à s'enrichir aux dépens les uns des autres, quand l'occasion s'offrait d'affirmer leur fraternité chrétienne et de mettre leurs bras au service du Christ Jésus. Les tribuns de couvent, les moines, grands discoureurs et accusateurs de profession, n'éprouvaient pas non plus le moindre embarras. Ils soutenaient qu'il suffirait de jeter en Occident les masses chrétiennes dévouées, prêtes à partir, et que l'œuvre de la délivrance du tombeau de Pierre s'accomplirait sans le secours de ces hommes bardés de fer qui marchandaient à Dieu leurs services. Ils offraient de se mettre à la tête de l'immense colonne, et de montrer aux incrédules comment s'accomplit la volonté divine. Et c'est ce que les plus hardis osèrent faire en effet.

Des bandes interminables de pèlerins commencèrent à marcher, partant du fond de l'Asie Mineure, et de la Syrie, et de l'Égypte, et de la Libye, où tout n'était pas arien, et à se diriger vers le Bosphore, afin d'y rejoindre les chrétiens de Thrace, et puis de Germanie, et de tomber tous ensemble, d'un poids irrésistible, sur les frontières de Gaule et d'Italie. A mesure que ces troupes indisciplinées et à peine armées, commandées par des moines avec un certain nombre d'hommes de guerre fanatisés, approchaient en grossissant des points naturels de ralliement, tels qu'Antioche ou Éphèse, les difficultés augmentaient; ni la charité ni la maraude ne pouvaient bien entretenir ces foules de gens presque tous dépourvus de viatique. Les pays qu'elles traversaient devaient faire des sacrifices pour s'en débarrasser au plus vite; mais ce fut à Byzance que l'embarras et l'encombrement atteignirent des proportions incroyables. Là, comme dans les autres villes, il y avait intérêt à les pousser en avant, quelques sommes qu'il y fallût dépenser. Quand les trois ou quatre cent mille croisés eurent enfin gagné la vallée du Danube, ils trouvèrent sur leurs pas des peuples moins patients que ceux de l'Asie. Encore que chrétiens et leurs frères en Jésus, les Slaves et les Germains de ces contrées s'opposèrent de vive force à leurs déprédations, les harcelèrent dans les défilés, les forcèrent par leurs attaques, même en plaine, à se rassembler en vastes corps qui engendrèrent la famine. Les fils de Karolus, que l'on disait avoir promis de les convoyer avec leurs armées, se battaient entre eux. L'impossibilité de vivre força enfin les croisés à se débander entièrement ou à se mettre en retraite, et presque tous périrent misérablement

dans la Mœsie supérieure ou dans la Pannonie. Telle fut la
première croisade.

Il y en eut d'autres d'un vrai caractère militaire, et plusieurs fois renouvelées, car l'esprit du siècle était à cela, et
l'opinion générale poussait les princes, qui parfois aussi
étaient animés d'un sincère fanatisme. La plus importante,
mais non pas la moins folle de celles qui partirent de l'Orient,
fut une expédition maritime, conduite le long des côtes
d'Afrique jusqu'à Utique, avec l'appui des ariens ou mahométans des provinces africaines et de leurs marines, en évitant, non sans peine, la rencontre de celle des Grecs. D'Utique, les croisés firent voile vers la Sicile, où ils tentèrent
inutilement de se créer une place de ravitaillement, et puis
longèrent l'Italie, pendant que la flotte mahométane alliée
livrait bataille à la flotte italienne pour faciliter le passage
de l'immense convoi. L'issue de ce dernier engagement demeura incertaine, mais les chrétiens réussirent à opérer un
débarquement à Salernum et à mettre le siége devant Néapo-
lis. Là se bornèrent leurs succès. Comme ils n'étaient pas
maîtres de la mer, ils eurent bientôt leurs transports détruits
et leur retraite coupée par l'arrivée de l'escadre grecque, en
attendant qu'ils fussent bloqués du côté de la terre; car les
légions accouraient de toutes parts; et ils ne se trouvaient
pas en force contre une armée nationale, qui au besoin aurait
eu l'Italie entière derrière elle. Mais les croisés ignoraient
l'organisation et les ressources réelles de l'ennemi qu'ils
attaquaient ainsi chez lui. Ils furent forcés de capituler et
commencèrent à comprendre.

Les chrétiens de Germanie n'avait que peu ou mal combiné
leurs efforts avec ceux des Orientaux, mais ils donnèrent une
couleur religieuse et de croisade à la continuation ou à la
reprise des incursions séculaires des Barbares en Illyrie et
dans la Gaule cisalpine; au nord, vers la Belgique et le Rhin.

Comme ils étaient eux-mêmes plus vulnérables, depuis qu'ils formaient des États bien assis et possédaient des gouvernements réguliers héréditaires, à la vérité très-divisés, mais unis par des liens féodaux, la guerre qu'ils firent aux Italiens et aux Gaulois, quoique redoutable à cause de leur nombre et du fanatisme religieux qui réunissait toutes leurs forces à certains moments, revêtit un caractère en quelque sorte plus civilisé, fut entremêlée de trêves et de traités, et conduisit les peuples à nouer plus de relations qu'ils n'en avaient auparavant. Tantôt les Germains occupèrent les cités cisalpines ou les cités belges, tantôt les Italiens ou les Gaulois pénétrèrent dans la Rhétie, dans la Norique, dans la Vindélicie, selon la fortune des armes et le mérite des capitaines. Les chrétiens se virent obligés, dans les succès, de ménager les Occidentaux, de peur de s'attirer, dans les revers, de trop dures représailles; et ainsi ils s'accoutumèrent, sinon à envisager les croyances prétendues idolâtriques sans horreur, au moins à admirer les institutions civiles, à s'étonner de la liberté politique, et bientôt à goûter la littérature de l'antiquité et certaines parties de sa philosophie. Quelques résultats analogues, bien qu'à un degré moindre, furent obtenus du côté de l'Orient, par suite des communications forcées et des rapports commerciaux qui naquirent des croisades. Il y eut une certaine pénétration des idées occidentales en Asie, due principalement à la grande extension que prirent les négoces grec et italien dans toute la Méditerranée (plus tard dans la mer Noire), après que, pour répondre aux croisades, les deux nations eurent résolu d'entretenir de fortes escadres et de protéger énergiquement leur commerce, sur les côtes d'Afrique, de Syrie et d'Asie, et jusqu'à l'Hellespont et aux portes de Byzance. C'était la reprise de la grande politique maritime athénienne des anciens jours, avant la guerre du Péloponèse. Cette suprématie éclatante, ces relations com-

merciales n'amenèrent pas encore les esprits des Orientaux
à la tolérance vraie, car il faut pour cela d'autres sentiments
à l'œuvre, mais du moins à une connaissance plus exacte
du caractère et des moyens de l'adversaire, et au respect
forcé. Depuis lors les chrétiens et les mahométans, sans cesser
encore tout à fait de mépriser les hommes de l'Occident
comme des êtres inférieurs par le genre de vie et par la foi,
ont appris de plus en plus à craindre leurs talents et leur
activité, finalement leur science, mère de la grande industrie.

A l'issue du siècle des croisades, de grands changements
s'annoncèrent dans le monde. Les peuples broyés et mélan-
gés par la guerre, et cependant sortis de cet état d'anarchie
totale et stérilisante qui avait suivi l'établissement et les compétitions des races barbares en Orient et dans la Germanie,
se formaient, sous un régime féodal mitigé par la prépondérance croissante des grands suzerains, à une certaine vie
politique, et s'élevaient à des notions de droit. Ils recevaient
par l'Occident la communication des principes, si ce n'est
encore de la liberté, au moins de la jurisprudence romaine
et de la morale rationnelle appliquée à la justice et à l'administration des États. Des rois, des empereurs, car il y avait
des princes qui avaient pris ce titre resté prestigieux auprès
des Barbares, autant que honni maintenant à Rome, em-
ployaient les services d'une classe toute nouvelle de légistes
à fortifier leur autorité contre leurs vassaux et vis-à-vis du
clergé, en même temps qu'à se faire bien venir de leurs sujets, que l'organisation d'un pouvoir central soulageait de
l'oppression la plus proche et la plus pesante. C'est dans la
Germanie surtout que s'opérait cette révolution, mais elle
s'étendait progressivement aux principautés des Huns et des
Slaves. Quant aux nations occidentales, les guerres qu'elles
avaient eu à soutenir depuis la dissolution de l'Empire ro-

main, devenaient de siècle en siècle plus redoutables pour elles, à mesure que les agressions de voisins mieux organisés et plus riches remplaçaient les anciennes incursions de hordes sauvages, contre lesquelles avaient suffi de simples mesures défensives bien combinées et rigoureusement observées. Mais elles n'en devaient que mieux sentir, depuis les croisades, la nécessité d'être unies entre elles, et de donner à la communauté de sentiments et de mœurs qui les opposait au reste du monde, la sanction d'un lien positif. Ainsi seulement, et grâce d'ailleurs aux institutions militaires de leurs libres républiques, elles auraient pu être certaines de défier toutes les hostilités et les plus fortes coalitions. Ce n'eût été que revenir à l'ancienne unité romaine, mais pour conserver, au sein de cette unité volontaire, la liberté conquise, sauf des stipulations d'obligation mutuelle, en vue de la défense solidaire de chaque peuple et de ses alliés. Ce grand pas ne fut pourtant pas fait alors, ni de longtemps, mais on pouvait le croire préparé par des alliances telles que celle de la Grèce et de l'Italie, au moment des expéditions maritimes parties d'Orient, ou de la Gaule et de l'Italie contre toutes les forces unies des principautés germaniques et de quelques autres. Ni la politique des hommes d'État, ni les sentiments populaires dont ils sont forcés de s'inspirer n'étaient encore à la hauteur de la conception du grand État fédéral que la Grèce ancienne avait autrefois manquée dans les circonstances extérieures les plus favorables.

L'avancement moral fut plus rapide là où il y avait plus de retard. Les Germains, peuple intelligent, sérieux, robuste d'esprit comme de corps, remportèrent des guerres d'Italie une vive admiration pour ce qu'on pourrait nommer les institutions littéraires, sans préjudice de leur répugnance contractée pour les idées et coutumes religieuses de l'Occident. La langue, la littérature savante, avec ses longues et imposantes traditions, la rhétorique, l'histoire, les livres, avant tout la Bible, puis les sciences, telles que l'arithmétique et l'astronomie, les arts d'imitation, la musique, pour laquelle ils sont remarquablement bien doués, exercèrent sur eux une fascination véritable. Le clergé lui-même se vit entraîné à l'étude des textes sacrés des chrétiens, qui, dans tous les pays séparés de Rome à l'époque des grandes invasions, avaient été peu à peu retirés de la circulation, si bien que leur simple lecture était devenue un privilége pour les *surveillants* et pour un certain nombre de moines spécialement autorisés. Tels, autrefois, les livres sibyllins du Capitole, que l'on consultait seulement dans les grandes circonstances, avec cette différence pourtant que le haut sacerdoce était censé avoir la connaissance implicite des Écritures et en donner l'interprétation divinement inspirée. Le latin, quoique demeuré langue ecclésiastique en Germanie (c'était le grec en Thrace et dans tout l'Orient), le latin apporté par les premiers convertisseurs, et protégé plus tard par la politique du clergé local et des princes, contre les entreprises du patriarche de Byzance, était trop éloigné de la langue nationale des Germains pour n'être pas tombé, dans ces temps d'ignorance, à l'état de langue morte, et presque de grimoire exclusivement propre à l'office divin. Mais après les guerres des croisades, l'étude du latin fut embrassée avec ardeur, et les abords de la Bible ne purent être plus longtemps défendus. Des moines, de ceux chez lesquels régnait encore une foi vive, et un grand nombre de laïques, épris des leçons de l'antiquité tant *profane* que *sacrée*, se jetèrent dans ces nouveautés savantes. Le grec et même l'hébreu vinrent à leur tour, par le désir d'approfondir les origines sacrées, et bientôt quelques esprits, grâce à une sorte de régénération ou renaissance intellectuelle, échappèrent à l'étreinte d'une religion faite d'obscurités et de proscriptions,

tandis que les hommes de foi apprenaient à envisager le
christianisme sous un jour entièrement nouveau.

La première chose qu'on aperçut, à la vérité très-claire,
c'est que le pouvoir sacerdotal n'a point de titres dans l'antiquité chrétienne. L'enseignement de Jésus est hostile à
l'esprit prêtre, et l'autorité des *surveillants*, celle des apôtres
même, n'a pu être en principe, ni par tradition première,
un droit de contraindre, une police d'État. Par une seconde
découverte, on reconnut que les dogmes les plus favorables
à la domination ecclésiastique, ou sur lesquels elle se fonde,
étaient arbitraires et relativement récents. Les Germains,
quoique ariens, on l'a dit, avaient fléchi peu à peu sous l'ascendant de ces dogmes. L'eucharistie, dans leur secte, s'appliquait à la *substance* sinon *de Dieu*, comme dans telles
églises orientales, au moins de la *créature éternelle de Dieu;*
et les divers accessoires théocratiques de la doctrine de la
pénitence s'étaient glissés aussi dans leurs institutions. Mais
à présent, la confession auriculaire et l'absolution des péchés
par la formule du prêtre sont, disait-on, des superstitions
étrangères aux anciens temps. La présence réelle du corps
du crucifié dans le pain consacré, ce *mystère* qui donne à
l'officiant le pouvoir de faire un homme, par une sorte d'enchantement, et de le manger, est une imagination qu'on ne
saurait qualifier, si ce n'est en termes choquants, et qu'on
trouve démentie dans l'Évangile même (1). Le don des indulgences est un triste relâchement des plus anciennes idées
touchant la pénitence; leur vente une monstruosité; la doctrine du purgatoire, bonne pour pousser à ce commerce,
une supposition gratuite, et d'ailleurs contraire aux croyances
les plus avérées des premiers chrétiens sur la mort et la
résurrection. Les ariens purs, les hommes de la religion ré-

_____

(1) Il s'agit probablement du passage souvent cité à l'appui du sens symbolique : *Quatrième évangile*, c. VI, v. 64.

formée, comme on les appela dès lors, attaquèrent donc les dogmes les plus chers au clergé. Sur le terrain de la discipline, ils ne furent pas moins novateurs, car ils se déclarèrent contre le célibat ecclésiastique et la vie conventuelle. Chez un peuple de mœurs domestiques généralement respectables, ils opposèrent avec succès la vie et les vertus de la famille à la corruption des moines et des clercs séculiers, ce qui les rapprocha, plus que sur tout autre point, des données morales de l'Occident, et prépara le retour d'un christianisme transformé dans les régions d'où le fanatisme catholique était banni depuis six cents ans.

Mais où le catholicisme germanique fut attaqué dans sa citadelle, ce fut là même où était sa dignité et sa force morale. Étonnante contradiction! L'affranchissement des ariens fut favorisé par une méprise, et la ruine du catholicisme entraîna longtemps la perte d'une vérité capitale. Mais il faut dire qu'il l'avait falsifiée dans l'application. En mettant les *œuvres* essentiellement dans les pratiques superstitieuses et dans la stricte obéissance à l'Église, le prêtre catholique s'était rendu ingrate la tâche de soutenir, contre les novateurs, la thèse de la nécessité des œuvres, pour constituer le mérite chez l'homme de foi. Ce qu'il défendait, ce n'était plus la liberté morale ni le pouvoir personnel de faire le bien. Les premiers réformés revinrent à la pure doctrine de Paul, du salut par la foi et de la prédestination des bons et des méchants, des bienheureux et des damnés. C'était pour eux une émancipation sûre, et un arrêt de mort pour le privilège sacerdotal de conférer des sacrements, désormais inutiles, ou réduits à de pures figurations dont les moindres ministres pouvaient aisément s'acquitter. Plus tard, un nouveau progrès de l'esprit réformateur, ou, pour mieux dire, l'extension de cette liberté de lire, d'examiner, d'interpréter, qui avait produit la Réforme et qui la soutenait, conduisit les théologiens à mettre en question les *mystères* décrétés par les conciles, non plus seulement celui de la trinité, et à restituer à la religion la croyance naturelle au libre arbitre, en abandonnant les dogmes panthéistes de la grâce déterminante et de la prescience divine des futurs contingents. Plus tard encore, le libre examen devenu philosophie religieuse s'appliqua aux Écritures mêmes, non plus à l'interprétation seule; et on se prit à se demander quels éléments de vérité historique et quels d'imagination ou d'erreur les composent; ce que Jésus a été réellement, ce qu'il a pensé sur lui-même et ce qu'il a enseigné. Mais à cette époque le christianisme était rentré dans les républiques occidentales et s'y propageait librement, en subissant toutes les conditions d'une doctrine soumise à l'épreuve de la réflexion et des sciences. A cette époque, il s'était divisé spontanément en autant de sectes libres, en autant d'Églises que peuvent en engendrer les différences naturelles des esprits et le souffle de l'inspiration indépendante.

Quelques princes entrèrent dans la Réforme avec un sentiment religieux sincère, croyant retrouver la vraie foi dans la parole enflammée ou dans l'érudition approfondie des nouveaux apôtres. D'autres, plus nombreux, suivirent la raison d'État qui conseillait l'expulsion des moines oisifs, l'abaissement du pouvoir des *surveillants*, et le retour à la communauté civile et politique des biens que la piété des mourants avait livrés au clergé durant la suite des siècles, et qu'il amassait sans honte et sans terme, et ne faisait point fructifier. Nulle puissance assez grande ne pouvant du dehors s'entremettre, pour la défense du catholicisme, car l'empereur slave de Byzance était aux prises avec les Grecs pendant ce temps, et n'avait point des armées capables de soumettre les princes germains, les *surveillants* furent forcés, dans toute la Germanie, tant du nord que du midi, de se retirer

en Orient ou d'accepter, en se mariant, le mandat religieux
des mains des souverains temporels devenus régisseurs des
Églises et déclarateurs de la foi. Les innombrables monastères
d'hommes et de femmes furent évacués, les nonnes prirent
en grande partie des époux, et ceux des moines que le fanatisme ou la profession tenaient irrévocablement enchaînés
cherchèrent des climats plus propices. Ils appartenaient principalement aux ordres de religieux appelés mendiants, qui
faisaient vœu de *pauvreté*, en d'autres termes vivaient du
travail d'autrui, ne travaillant point pour vivre; de *chasteté*,
c'est-à-dire d'absolue continence, se mettant ainsi dans l'alternative ou de *brûler*, comme dit l'Apôtre, ou de *forniquer*,
autre mot moins chaste de la langue ecclésiastique; et d'*obéissance*, afin d'être les instruments dociles de l'ambition et des
intrigues de leurs chefs.

Le cénobitisme des anciens monastères n'avait été qu'une
sorte de mise en communauté d'ascètes solitaires : communauté tellement conçue, qu'elle ne dérogeait guère à la solitude de chacun, hormis pour les prières communes et pour
la réfection commune et silencieuse, et qu'elle les séparait
tous plus complétement et plus sûrement du monde que les
cellules mêmes de la Thébaïde. Le seul sens du mot *monastère* en est la preuve, puisqu'il exprime l'isolement et non
la société (1). Mais les fondateurs des ordres nouveaux
s'étaient proposé un but tout autre que celui de faciliter les
exercices d'une imaginaire perfection individuelle. C'est sur
le monde qu'ils avaient prétendu agir, et les moines de leur
création étaient, malgré le régime conventuel existant aux
chefs-lieux de leurs institutions, des moines errants, visi-

---

(1) Nous pourrions citer à l'appui l'erreur assez commune de ceux qui donnent au mot *cénobite* le sens de *solitaire*. Cette faute de français constate la
prédominance de l'idée de l'isolement dans l'interprétation familière de celui-
là même des termes du vocabulaire monacal qui a trait au régime de la com-
munauté.						(*Note de l'éditeur.*)

tants et prédicants : grande innovation, partie des siéges épiscopaux de Palestine et de Syrie à l'approche des croisades,
en vue d'exciter le zèle des chrétiens plus occidentaux, de
stimuler leurs princes à des attaques contre l'Italie et la
Gaule, peut-être aussi de remédier aux sourdes dispositions
d'indépendance ou d'incrédulité qu'on voyait poindre déjà
dans la Germanie, et de renouveler, avec ce puissant moyen
d'action populaire, la tentative plusieurs fois déconcertée de
ramener vers l'Orient la foi et la sujétion religieuse des
Slaves byzantins et des Germains.

L'un des ordres nouveaux, d'origine plus mystique et
spontanée que les autres, propageait le culte d'un nouveau
saint, qu'on disait avoir été honoré d'une imitation de la
passion du Sauveur des hommes, dans sa chair stigmatisée.
La charité sans limites était l'âme des prédications de ces
moines, qui n'allaient à rien moins qu'à condamner l'ordre
social, car ils se demandaient s'il était licite de posséder
quelque chose en propre, ne fût-ce qu'un vêtement. L'objet
réel de ceux qui les autorisaient ne pouvait être que de
réchauffer la passion religieuse, qui tendait à s'éteindre par
l'effet de l'éloignement déjà si grand des événements de la
légende et de leurs témoins supposés. Ils fanatisèrent à nouveau les cœurs, surtout dans les pays slaves, où ils créèrent
de grands établissements. Un autre ordre eut pour lui le domaine de l'esprit et se chargea de la prédication de la foi, de
la réfutation de l'hérésie, de la recherche ou *inquisition* des
hérétiques, partout où le pouvoir temporel secondait cette
juridiction des consciences et lui accordait la sanction des
supplices. Celui-là s'attira la faveur des patriarches, en leur
fournissant des agents zélés pour le fructueux commerce
des indulgences. Un troisième enfin, plus récent et du
temps même de la Réforme, qu'il était appelé à combattre,
reçut pour mission expresse la *conversion des infidèles*, et fit

de grands efforts pour s'introduire en Gaule, en Espagne, en Grèce, en Italie. Le courage mêlé de souplesse et de ruse de ces moines mondains obligea les nations à recourir à des mesures légales nouvelles et exceptionnelles pour se défendre contre une association que l'absence de tous scrupules rendait dangereuse; car elle avait coutume de dissimuler plusieurs des préceptes catholiques, qui étaient au plus haut degré les siens, ou de déguiser et d'altérer la foi, se faisant toute à tous, attendant le moment où ses progrès couverts lui permettraient d'affronter le jour et de prétendre à la domination. Partout où cet ordre fut reçu, il poursuivit l'œuvre intérieure de la conversion, la prenant pour ainsi dire à la racine, s'introduisant dans les familles sous prétexte de la direction morale des femmes, des hommes s'ils s'y prêtaient, et s'emparant de l'éducation autant que possible. Il fut voué plus éminemment que tout autre au service du patriarche d'Antioche, et représenta ses prétentions à l'hégémonie catholique. Mais cette milice sacerdotale se rendit odieuse par ses attaches étrangères, par ses entreprises sur la vie privée et par la morale relâchée dont elle s'était fait un système; car en sacrifiant le fond aux apparences on peut demeurer maître des cœurs, là même où les principes sont perdus. Elle fut souvent persécutée et passa de la prospérité à la ruine et de la ruine à la prospérité, dans les pays où elle parvint à gagner l'esprit des princes. La Réforme la bannit absolument de la Germanie et des pays scandinaves, ainsi que les autres ordres monacaux.

A dater de ce moment, les races germaniques entrèrent dans le cycle des peuples occidentaux. Les nations chrétiennes réformées et les nations philosophiques à religions libres s'ouvrirent les unes aux autres. La principale différence qui avait existé entre elles cessait d'être, dès que le christianisme se fondait lui aussi sur l'inspiration non maîtrisée des con-

sciences individuelles, sur des traditions librement acceptées ou rejetées, et se constituait en Églises tolérantes et
variées. Les États de l'Occident avaient, il est vrai, complétement affranchi les religions de l'ingérence de l'État, et
l'État de la pression des religions, tandis que la Réforme,
en Germanie, livrait aux princes une partie au moins de
l'héritage du pouvoir dit spirituel affecté par les *surveillants*. Mais les réformés ne pouvaient manquer d'arriver
graduellement à la liberté religieuse, soit par l'exemple des
États voisins, émancipés depuis des siècles, soit par l'effet
des dissidences de foi multipliées, inévitables, irrépressibles,
et de l'impuissance croissante de l'autorité civile à faire
accepter des dogmes de sa main. Quant à la différence du
fond, entre le nouveau christianisme germain et les anciens
cultes de Grèce et de Rome, rajeunis par le néo-platonisme,
elle était fort atténuée depuis le temps des déclamations des
apologistes tels que Tertullien. Aux yeux d'un observateur
étranger et impartial, la vue morale du monde entretenue
par un éclectique de l'école de Plotinus et de Proclus aurait
eu de grands rapports de similitude avec la conception d'un
théologien chrétien. De part et d'autre on avait une chute
primitive, une expiation, des anges (ou daimones) en communication avec les hommes, la vie ascétique pour moyen
de salut. Il est vrai que la création et la déchéance de la
créature n'étaient pas conçues de même, en général, des
deux côtés : le platonisme envisageait ces événements dans
un reculement infini, les appliquait à la totalité de l'être
manifesté, là où les chrétiens les enfermaient dans l'horizon
de l'histoire de l'homme. Ces derniers gagnaient à l'étroi-
tesse même de leurs vues d'être exempts de tant d'absurdités inhérentes aux spéculations sur l'Un et l'Infini, et de
se défendre du panthéisme; mais, en fait, les théologiens
germains s'étaient presque toujours arrangés pour se dé-

pouiller de cette supériorité, et leurs doctrines de la nature
divine et du déterminisme universel se seraient confondues,
s'il n'y eût eu quelque dissimulation de leur part, avec celle
des théologiens stoïciens ou platoniciens du paganisme. Une
différence plus grave semblait porter sur le culte du Christ
et la mission divine de Jésus. Pourtant, le christianisme considéré froidement devait paraître un mystère, semblable à
plusieurs autres, rappelant, par le fond d'un Dieu mort et
ressuscité, les mystères orphiques, dionysiaques et d'autres
encore; d'une élévation supérieure seulement, moins symbolique, plus anthropomorphique, malgré les difficultés
qu'il suscite en histoire, et par là beaucoup plus propre à
contenter la passion religieuse et à soutenir l'imagination.
Enfin tout obstacle réel était écarté par le retour du christianisme dans les anciennes provinces occidentales de Rome,
du moment que cette religion n'apportait plus avec elle un
sacerdoce usurpateur des libertés communes, anathémati-
sateur insolent de tout ce qui n'était point lui.

Le christianisme, séparé du clergé avec éclat, remettant
le ministère du culte à des hommes sans priviléges, ainsi
que l'avait toujours fait le polythéisme, abolissant ou transformant les sacrements dont la collation implique chez le
prêtre un caractère divin, subissant en principe et acceptant de plus en plus en fait, par la force des choses, les
droits égaux des Églises dissidentes, le christianisme, enfin,
reconnaissant et pratiquant la vie civile, exaltant la famille,
encourageant hautement les professions industrielles et commerciales, n'avait plus la moindre parenté ni affinité, au
point de vue de l'État, avec cette secte ennemie du monde,
suspecte de haïr le genre humain, aux principes théocratiques et communistes, intolérante par nature et d'un fanatisme insensé, dont les adhérents avaient refusé le *serment
de la cité*, six cents ans auparavant et durant toute la suite

des temps de la proscription qui l'avait atteinte : « Je crois à la durée du monde, à la moralité naturelle de l'homme, à la sainteté des droits et des devoirs sociaux ; je respecte la conscience de mes concitoyens et les cultes qu'ils ont fondés, ou qu'ils peuvent fonder encore, quand ces cultes ne portent pas atteinte à la liberté d'autrui ; je reconnais l'ordre politique où mes droits propres sont reconnus ; je ne place au-dessus de cet ordre, en ce qui est de son domaine, aucune puissance surnaturelle capable de m'obliger ; je renonce à toute action personnelle et à toute association dont le but serait de soumettre la vie civile à une croyance religieuse ; et si je viole mon serment, je consens de ce jour que tout devoir positif de l'État ou de mes concitoyens envers moi soit anéanti. » Ce serment, resté invariable au fond, malgré quelques additions de détail que les circonstances et les restrictions de conscience de certains des sectaires avaient exigées, les réformés le prêtèrent tous au besoin, faisant passer l'intérêt de leurs communications avec l'Italie, la Grèce, la Gaule, la Bretagne, l'Hispanie, et aussi l'intérêt de leur propagande, par-dessus les scrupules que plusieurs d'entre eux pouvaient concevoir à professer la moralité naturelle de l'homme *après le péché*. Les progrès du christianisme chez toutes ces nations furent alors très-rapides, à cause de la supériorité du mystère de Jésus sur les autres mystères dont il unissait les propriétés fondamentales de sanctification et de foi en la vie future, à l'établissement d'une relation plus intime de l'homme pécheur et du Dieu sauveur.

Depuis lors, l'esprit occidental se partagea de plus en plus décidément entre deux courants contraires, mais parallèles, et la vieille collision du catholicisme et de la raison, de la théocratie et de la liberté, passa dans le pur domaine de l'histoire. On ne vit plus, en Europe, des hommes se placer entre leurs semblables et un Dieu révélateur qu'ils révèlent eux-mêmes; enseigner d'autorité absolue ce qu'on doit croire et ce qu'on doit faire, modeler les esprits, diriger les familles, revendiquer le pouvoir de l'État, usurper la règle des consciences. On vit seulement des âmes religieuses, affectées plus que d'autres par le spectacle du mal dans la nature et dans le cœur humain, désespérer de l'accomplissement de cette œuvre de justice qui est le continuel mirage des personnes et des nations depuis l'origine de la réflexion. Ces âmes chrétiennes sont désabusées de la puissance de la raison, comme capable de constituer par elle-même une vérité frappante, acceptable à tous, suffisante pour contenir les imaginations et les hypothèses intéressées. Elles ne croient pas non plus à l'existence d'une force normale, en la conscience de chacun, assez grande pour gouverner les passions, pour triompher sans secours des tentations mauvaises, au milieu des ténèbres, parmi les pièges accumulés par le péché. Elles ont alors recours à la foi et à la grâce : à la foi pour créer un mérite qui tienne lieu de la justice inaccessible; à la grâce comme aide accordée par l'Homme-Dieu dans les épreuves, comme don de Celui qui veut notre salut et qui l'accomplit. Selon le sentiment de ces mêmes âmes, le secours divin s'offre spontanément et sans intermédiaire de prêtre, en une sorte de communion divine, mais le mode matériel et historique par lequel Dieu nous appelle et nous instruit, c'est la manifestation temporelle de Jésus, et c'est l'Écriture laissée par ses disciples et livrée à notre étude et à nos méditations. On n'entend pas, pour se placer à ce point de vue, enfermer le salut dans les limites de l'individu; on peut admettre, on admet souvent un progrès social, on espère un avenir meilleur pour les sociétés humaines, mais on l'attend de la vertu longtemps continuée du christianisme, et de l'action de sa morale, toute fondée sur le précepte de la charité et l'exemple du sacrifice.

Un autre ordre d'esprits cherche le bien dans la justice, persiste à l'y chercher, en dépit des espérances constamment trompées des personnes et des sociétés dont le Juste est l'aimant nécessaire, dont l'espèce d'égalité que le Juste consacre est la règle des actes et la lumière des préceptes. Suivant ceux-là, une seule chose est nécessaire (*unum necessarium*), et c'est la justice, attendu que l'amour ne se commande pas, qu'il est cet air agité qui souffle où il veut : *spiritus flat ubi vult*. Mais la justice commande; elle commande à l'un le respect, en lui donnant la liberté; elle donne à l'autre la liberté en lui commandant le respect. La justice n'est accomplie en aucune personne, ni peut-être dans le rapport mutuel de deux personnes qui soient au monde; mais elle est l'espoir immanent de toute la création morale, l'espoir toujours prochain, quoique toujours déçu. C'est seulement quand nous l'aurons réalisée dans nos cœurs et dans nos institutions, nous conformant en cela à l'unique précepte nécessaire et absolu, que la liberté de l'amour pourra nous être accordée par la raison. C'est alors que nous jouirons du plein droit des dons et des sacrifices. Jusque-là, ce n'est pas trop, ce n'est pas assez des forces du meilleur d'entre nous pour payer ses dettes. Soyons donc justes premièrement, et puis nous nous aimerons (1).

Telles sont les deux directions, l'une religieuse, l'autre rationnelle, que suivent en se divisant les pensées de l'Occident. Mais la division a cessé d'être la guerre, depuis que l'on s'est accordé de tous côtés à reconnaître la justice et la raison (quoi qu'il en soit au fond de la vraie donnée du salut de l'âme et de la primauté parmi les forces morales) comme

---

(1) Ce mot rappelle une belle parole de Rousseau, relative à une autre question, à la question de la félicité : « Soyons bons premièrement, et puis nous serons heureux. » (*Profession de foi du vicaire savoyard.*)

(*Note de l'éditeur.*)

la règle universellement valable des consciences, le critère
imposé à tous et nécessaire à tous, le bien entièrement commun, la garantie commune, le fondement des sociétés humaines.

La raison est naturellement une et les religions sont naturellement multiples. La raison dans sa force et dans son
unité, que l'État représente, doit s'appliquer à laisser aux
religions leurs pentes à se diviser : non pas pour les ruiner,
car elles dureront autant que le légitime penchant de la
nature humaine à porter sa croyance où ne vont ni son expérience ni son intuition; mais pour leur refuser l'usage des
moyens de contrainte ou de pression illégitime, à l'aide
desquels elles tentent de se procurer une unité artificielle. La
raison, pour ainsi dire nue, telle que l'antiquité grecque et
romaine l'a possédée, appuyée sur la philosophie seulement,
et sur une philosophie en partie incertaine et variable, sans
presque aucun accompagnement de science arrêtée, pouvait
difficilement suffire à l'État et représenter toute sa fonction
morale. Aussi les anciennes républiques conservèrent toujours la tradition de leurs religions civiles et communes, à la
vérité fort différentes des théocraties asiatiques, et plutôt
semblables à des cultes privés, s'il s'agit d'instituer une comparaison.

Rome, après la grande réforme, plus tard les républiques
occidentales qui se partagèrent la succession du monde romain, connurent l'équivalent d'une loi religieuse, dans la
morale stoïcienne, dans le dogme stoïcien de la Providence,
si répandu parmi les hommes d'État de ce temps, et enfin
dans le droit, qui, malgré des antiques racines, était de création stoïcienne aussi, tel qu'on le voyait alors. Il n'est pas
moins vrai que la religion proprement dite était devenue une
affaire de conscience personnelle et de libre entente des
esprits et des cœurs pour la constitution de chaque Église :

progrès immense de la liberté humaine, progrès vainement
et dérisoirement promis par le catholicisme, qui ne voulait
rompre les chaînes de la religion civile que pour mieux river
celles de la religion universelle qu'il venait imposer; progrès
accompli par le désintéressement de l'État dans les cultes,
sous le dernier des Antonini, confirmé maintenant par les vrais
principes qui se dégagent de la Réforme, et par l'habitude
contractée des sectes religieuses de ne tirer leur force que
d'elles-mêmes, en toutes circonstances. Mais le stoïcisme
avait bien pu suffire, en fait, pour donner une assiette morale aux âmes, dans l'ordre de l'administration et du droit,
après avoir été le grand moteur des réformes politiques.
Puis, grâce à l'immense part donnée à cette philosophie dans
l'enseignement public, tous les États sortis de Rome, y compris la Grèce elle-même, avaient été fournis d'une pépinière
d'hommes de mérite à principes fermes et assurés. La philosophie péripatéticienne contribuait beaucoup de son côté,
depuis les travaux du commentateur Alexandre d'Aphrodisium, à maintenir la culture de l'esprit dans une voie saine.
Malgré ces circonstances favorables, il existait une cause
permanente d'affaiblissement pour la raison, dans la dispersion et la contradiction des forces philosophiques : la partie
vraiment une et nécessaire de la pensée rationnelle n'appa-
raissait pas, au milieu des spéculations dissidentes et parfois
extravagantes des métaphysiciens. Le platonisme dogmatique et mystique se faisait une place considérable, que le
christianisme réformé devait lui disputer. Le scepticisme, à
l'extrême opposé des pentes de l'intelligence humaine, rendait le sérieux service d'objecter, à toutes les affirmations
produites au nom de l'évidence, l'incertitude fondamentale
d'une évidence personnelle et variable, comme elle l'est toujours; mais cette philosophie avait le mortel défaut de contester jusqu'aux vérités logiques et mathématiques, et de ré-

duire la morale à l'observation des coutumes. Enfin l'épicurisme, avec son indifférence morale et politique, avec sa
physique grossièrement matérialiste, était un autre dissolvant.
Il est probable que les États occidentaux eussent été exposés
à des entraînements analogues à ceux qui avaient agi sur le
vieux monde romain, si la raison n'eût reçu tout à la fois un
nouveau renfort et un principe de fixité.

Le secours vint des sciences mathématiques et physiques.
Les mathématiques donnèrent l'exemple et la leçon de vérités très-éloignées, découvertes à l'aide de longues chaînes
de raisonnement rattachées à des prémisses sûres. On vit par
là à combien de propositions imprévues, d'abord improba-
bles, ensuite certaines, on arrive par une méthode correcte,
avec des principes universellement reconnus; tandis que les
hypothèses propres à des philosophes, et que d'autres philosophes contestent, et les révélations théologiques qui varient
avec les lieux et les temps, ne permettent à la logique aucune
construction inattaquable. On le vit bien mieux encore quand
l'application d'une expérience régulièrement conduite aux
choses des sens, et l'induction des vérités acquises aux vérités inconnues, ultérieurement vérifiables, montra que la
plupart des imaginations spontanées des hommes portent à
faux, que même leurs perceptions sensibles les plus familières
se mêlent à des jugements naturels décevants, et que les
vérités les mieux établies par l'investigation scientifique
n'ont ordinairement rien de commun ni avec les premières
suppositions qui se sont offertes à l'esprit, ni avec les vues
plus tourmentées des métaphysiciens.

La géométrie n'avait jamais cessé d'être cultivée par un
certain nombre d'esprits supérieurs formant entre eux une
espèce d'académie à chaque époque; mais cette belle science
prit une tout autre importance dans le monde, à dater
de l'époque où l'étude d'Euclide dans les écoles élémentai-

res, d'Archimède et ensuite d'Apollonius de Perge, dans les écoles supérieures, mirent non-seulement les jeunes gens au courant des connaissances indispensables pour tous les arts constructeurs et pour l'art de la guerre, mais de plus élevèrent leurs esprits à la méditation des lois abstraites de l'univers. C'était ouvrir aux sciences un champ nouveau et très-vaste que d'appeler à l'initiation les générations successives. Aussi le progrès fut rapide, non dans la géométrie même, où rien ne restait plus à faire qu'à tirer des déductions à l'infini, relativement faciles, des propositions déjà découvertes (1), mais dans une branche mathématique parallèle, dans la science des nombres. L'art de Diophante, qui consistait à employer des signes généraux pour la désignation des inconnues dans l'analyse des problèmes, fut perfectionné en ce que les quantités connues furent indiquées par des signes aussi, et puis les opérations par d'autres signes spéciaux, en sorte qu'on parvint à généraliser l'expression des rapports numériques, à les suivre dans leurs diversités et dans leurs changements, sans aborder les cas particuliers et les exemples, à supputer les nombres sans employer des nombres, et à donner pour solution aux problèmes du genre de la quantité des formules générales, lesquelles s'appliquent à tous les cas semblables sans refaire l'analyse, et même sans aucun calcul, tant qu'on ne sort pas des généralités. Cette méthode conduisit bientôt à représenter par ces mêmes signes d'arithmétique *spécieuse*, ou universelle, les grandeurs géométriques elles-mêmes, leurs rapports, les opérations qu'on

(1) L'auteur croit la carrière épuisée, quant aux méthodes. C'est une illusion naturelle, dont il se pourrait bien que nous ne fussions pas exempts aujourd'hui même, après la découverte et les applications de la géométrie infinitésimale. Cependant, au moment où il écrivait, un de ses compatriotes venait de naître qui était destiné à faire le premier pas dans une suite heureuse de tentatives pour généraliser la méthode d'Archimède. Nous voulons parler du géomètre Cavalieri. (*Note de l'éditeur.*)

leur fait subir, les constructions de figures, et ainsi à appliquer dans un sens tout nouveau l'arithmétique à la géométrie,
et réciproquement (1). On s'éleva par cette dernière découverte à une conception juste et précise de la grande vue que
l'ancienne école pythagorique avait eue sur la nature en iden-
tifiant le cosmos avec un ensemble de rapports numériques.
Et en effet la mécanique, dans l'ordre des faits terrestres les
plus communs, et l'astronomie, dans ce qui est le plus
éloigné de nous, ne tardèrent pas à se présenter au savant
comme des manifestations du Nombre cosmique, aussi constantes, aussi certaines que la musique même.

Les observations astronomiques florissaient dans l'une des
écoles grecques instituées par Marcus Antoninus, laquelle
se donnait la tâche de continuer l'école scientifique d'Alexandrie. Cette dernière, étouffée par le christianisme et les invasions, n'était qu'imparfaitement remplacée par les astronomes
arabes et persans, presque tous adonnés aux superstitions
astrologiques. Ils observaient cependant, et se préoccupaient
beaucoup de maintenir l'accord entre les faits ou apparences
et le système du monde d'Aristote, amendé et surchargé des
cercles excentriques et épicycles de Ptolémée. De nouvelles
hypothèses et surcharges de ce genre devenaient nécessaires
à chaque nouveau progrès de l'observation. Les astronomes
grecs, qui avaient conservé les livres des pythagoriciens
du IV° siècle (2), ceux d'Hicétas et ceux de Philolaüs, s'y

(1) Ceci a trait évidemment à l'analyse spécieuse de Viète (n. 1540, m. 1603)
et à sa manière algébrique de résoudre les questions de géométrie, en cons-
truisant les solutions obtenues. Il ne peut pas encore s'agir de Descartes et
des équations des courbes, mais seulement des constructions de valeurs déterminées, dont notre auteur a une idée fort exacte. Il suppose, comme de raison,
que la continuation régulière de la culture mathématique des anciens aurait
promptement conduit à la découverte de l'algèbre et à celle de l'application de
l'algèbre à la géométrie. Il n'a pas à se demander, comme nous le faisons
aujourd'hui, si l'algèbre nous vient des Arabes ou des Hindous.

(2) C'est-à-dire du v° avant notre ère.   (Notes de l'éditeur.)

virent alors ramenés, non pour la connaissance des faits, qui, depuis le temps de ces grands hommes, avaient beaucoup gagné en exactitude, mais pour examiner de nouveau quelle supposition rend le plus naturellement compte des déplacements relatifs des corps célestes : celle qui place la terre au centre du monde, ou celle qui met en mouvement autour du soleil la terre et les planètes avec différents temps de révolution; et puis, celle qui rend la terre immobile sur ses pôles, en imaginant le monde entier entraîné autour d'elle avec une vitesse d'inconcevable impulsion, ou celle qui lui prête un mouvement diurne de rotation sur son axe. Les vieilles hypothèses renouvelées se trouvèrent plus conformes aux apparences, plus aptes au calcul, et conduisirent à la découverte de l'ordre réel et des causes des mouvements généraux du ciel (1). La pensée de l'homme se sentit agrandie, à mesure que son siège terrestre, autrefois regardé comme le lieu le plus infime de l'univers, devint pour elle un monde comme les autres, emporté dans une circulation pareille autour du soleil, qui lui-même peut se mouvoir autour d'un autre centre (2). Les espaces autrefois fermés furent en quelque sorte ouverts.

Mais l'impulsion la plus favorable qui fut donnée aux esprits ne vint pas des mathématiques ou de l'astronomie. Il se

(1) L'auteur n'exprime sans doute ici qu'une espérance vague, car s'il a connu le système de Kopernic, publié en 1543, il a certainement ignoré les lois de Képler et les découvertes de Galilée, qui appartiennent au XVIIe siècle, et à plus forte raison la loi de la gravitation.

(*Note de l'éditeur.*)

(2) Voilà une idée bien contraire au lieu commun qui nous représente la doctrine aristotélicienne de la terre au centre, comme un motif d'orgueil pour l'homme et pour sa place dans l'univers. La pensée de l'auteur nous semble la plus juste, car il est certain que les anciens voyaient au centre immobile le siège de la plus grande infirmité, et dans la sphère de l'empyrée le séjour de la constance et de la perfection. Le système de Ptolémée ne flattait en rien l'orgueil de l'homme.

(*Note de l'éditeur.*)

trouva même un danger considérable dans l'agrandissement
idéal et sans mesure du monde, dont le renouvellement du
système pythagorique fut l'occasion. Rien ne pouvait être
moins adapté à la doctrine philosophique de cette école, que
de prendre l'infini pour attribut de la réalité : la conception
fondamentale des pythagoriciens, au contraire, était celle
d'une harmonie qui ne peut exister ni se comprendre que si
elle est définie, que si, par conséquent, elle se compose d'un
ensemble de rapports finis; et l'infini était pour eux l'idée
de l'inépuisable chaos, un terme antithétique de l'ordre et
des relations en toutes choses, c'est-à-dire de l'existence même.
Cependant, sans aucune raison sérieuse qu'on pût alléguer,
sans autre motif qu'un vertige d'erreur, on n'eut pas plutôt
compris que le système solaire, tel qu'on apprenait à se le
représenter, avec le soleil mis au rang d'étoile parmi des
myriades d'étoiles, ouvrait à l'imagination des espaces de
l'univers beaucoup plus grands qu'on n'était porté autrefois
à les croire, qu'on se précipita dans l'inconcevable idée que
le nombre des mondes actuellement existants était sans fin.
C'était admettre, de deux choses l'une, ou que le nombre de
ces mondes n'est pas un nombre, ce qui est une contradiction dans les termes, ou que ces mondes peuvent être donnés,
effectivement donnés, et ne pas exister en un nombre plutôt
qu'en un autre, ce qui est l'absurdité la plus énorme et la plus
gratuite qui soit jamais entrée dans les cervelles humaines.
Mais les rêveries de l'école platonicienne et syncrétiste trouvèrent là une merveilleuse occasion de se rajeunir par un
mysticisme nouveau. On se mit à spéculer sur les infinis
comme sur des réalités, on prétendit que l'infiniment grand
et l'infiniment petit sont la même chose, que le tout de l'univers est un point, que l'infinité des temps est renfermée
dans un instant, que c'est Dieu qui réunit ainsi les contradictoires dans son essence, qu'il est un, qu'il est tout, qu'il

n'est rien, qu'il n'est pas lui-même (1). Ces sottises retardèrent pour longtemps encore l'avénement de la vraie philosophie. Qu'a-t-on besoin de cet infini pour grandir le monde et l'intelligence qu'on en a? Est-ce donc que les grandeurs manquent à l'imagination? Ne la dépassent-elles pas autant qu'on peut le désirer, et deviennent-elles moindres parce qu'elles sont supposées déterminées, tout en la dépassant au delà des concepts possibles de notre libre fantaisie?

Un mouvement plus décisif pour l'avancement de la raison publique fut imprimé aux esprits par la culture des sciences expérimentales, à peine connues de l'antiquité, abandonnées depuis des siècles; car l'habitude de procéder en tout par les généralités s'était de plus en plus répandue depuis la naissance du platonisme. Aristote lui-même n'avait pas eu de successeurs formant école, pour l'observation, la vérification et l'enregistrement des phénomènes naturels; on avait laissé honteusement perdre les œuvres de Démocrite et de ceux des philosophes ioniens ou éléates dont les vastes théories étaient mêlées d'observations positives. C'est que, dans le même temps que le christianisme gagnait les âmes d'un côté, de l'autre se propageaient presque exclusivement des sectes avant tout morales, qui ne prenaient pas leur point de départ dans les faits, mais dans certaines propositions universelles. Telles furent les doctrines stoïcienne, épicurienne, péripatéticienne même, après Aristote, et le platonisme dans ses phases les plus diverses. Cet état d'abandon des sciences expérimentales, hormis en astronomie et en anatomie, se prolongea durant toute cette époque de moyen âge qui commence du vivant des successeurs d'Alexandre et s'étend

(1) Allusion aux élucubrations de Nicolas, cardinal de Cusa, et du malheureux Giordano Bruno, contemporain de l'auteur et brûlé comme lui, pour des raisons bien différentes comme on le voit. (Note de l'éditeur.)

jusqu'au xvi° siècle (1). Ce fut principalement de la Grande-Bretagne que partit le signal d'une manière nouvelle, plus modeste et plus profitable de philosopher, en ce qui touche la connaissance de l'ordre de la nature. La réforme s'accompagna d'ailleurs d'une vive réaction contre toutes les autorités, contre celle d'Aristote en particulier, dont la physique, toute composée de notions abstraites et souvent erronées, avait partagé, sans y avoir droit, la faveur due à sa logique.

On remarqua qu' « en toute science il faut employer la meilleure méthode. Or l'essentiel est de mettre premier ce qui est premier, et second ce qui est second : le facile avant le difficile. Il est impossible de parvenir sans l'expérience à la science certaine. Sans doute on sait de trois manières : par l'autorité, par la raison, par l'expérience. Mais l'autorité *ne sait pas*, à moins qu'on ne donne sa raison : c'est la croyance qu'elle apporte, en ce cas, et non l'intelligence. Et quant à la raison, comment savoir si elle est démonstration ou sophisme, à moins qu'on ne vérifie la conclusion par la pratique, comme dans les sciences expérimentales ? Voilà pourquoi le commun des savants (des savants du moyen âge) ignore jusqu'à ce jour les grands secrets qu'une meilleure méthode ferait découvrir. Ils démontrent, à grand renfort de syllogismes, de prétendues vérités qui ne sont que des erreurs enracinées et que l'expérience dément : non pas l'expérience imparfaite et banale, mais une expérience qui est au-dessus des sciences spéculatives et des arts, une science de faire des expériences fermes et complètes (2). »

(1) viii° de l'ère chrétienne, en traduisant comme d'ordinaire les dates de l'auteur. *(Note de l'éditeur.)*

(2) Nous avons guillemeté ce morceau, qui est une espèce de centon de passages empruntés à l'Anglais Roger Bacon. Notre auteur n'aurait évidemment pu trouver ailleurs des opinions si hardies à embrasser, puisque les découvertes de Galilée et les ouvrages de lord Bacon de Vérulam appartiennent au xviii° siècle, et qu'il est mort en 1600. Mais Roger Bacon est un homme du xiii°, né et mort dans le xiii°, et il a écrit littéralement les aphorismes ci-

Toutefois la méthode nouvelle ne porta ses fruits qu'après que des découvertes inattendues eurent ébranlé les imaginations; et ces découvertes elles-mêmes ne sortirent pas des sciences, mais de l'extension du commerce et de l'agrandissement de la vie humaine.

Antérieurement au siècle des croisades, et depuis l'époque où l'hostilité de l'Orient chrétien et la puissance des établissements des Barbares, dans l'Europe orientale et l'Asie, s'étaient jointes à la politique extérieure, presque toute défensive, des peuples de l'Occident, pour les détourner des expéditions militaires et diminuer leur commerce dans cette partie de la Méditerranée, l'esprit d'entreprise se dirigea naturellement du côté de l'Océan et des côtes d'Afrique. D'ailleurs la prospérité croissante de nations telles que la Gaule et l'Hispanie, qui possèdent une si grande étendue de côtes océaniennes, ensuite le rapide progrès maritime de la Grande-Bretagne, enfin la rivalité des marines grecque et italienne avec celles des autres républiques, et la liberté du passage au détroit de Gadès, en temps de paix, ne pouvaient manquer de conduire au développement du commerce dans la mer Atlantique, et de là aux établissements sur la côte occidentale d'Afrique et aux voyages d'exploration et d'aventures. Après bien des essais, on parvint à connaître la région équa-

dessus, et employé le premier le terme de *science expérimentale*. Voici deux ou trois textes des plus frappants : «Auctoritas non sapit, nisi detur ejus ratio, nec dat intellectum sed credulitatem... nec ratio potest sciri an sophisma vel demonstratio, nisi conclusionem sciamus experiri per opera, ut inferius in scientiis experimentalibus docebo... Et ideo secreta et magnalia sapientiæ penitus his temporibus a vulge studentium ignorantur, licet possint de facili pertingere ad omnes partes sapientiæ, si modus debitus adhibeatur... Duo sunt modi cognoscendi, silicet per argumentum et experimentum; argumentum concludit et facit nos concludere questionem, sed non significat neque removit dubitationem ut quiescat animus in intuitu veritatis.» — Ce repos de l'intuition on le trouve, selon Bacon, dans la science expérimentale : «Hæc est domina scientiarum omnium præcedentium et finis totius speculationis.»

(*Note de l'éditeur.*)

toriale. Ainsi les premiers éléments de la cosmologie, qui, chez les anciens, avaient à peine été à la portée des plus savants, devinrent chose toute simple et vulgaire, lorsque tant de navigateurs de toutes nations purent se familiariser avec le spectacle du soleil vertical, du soleil se levant à droite et s'avançant dans le ciel, vers la gauche du spectateur ! Un peu plus tard, la circumnavigation de l'Afrique s'accomplit, et alors s'ouvrirent au commerce de l'Europe des débouchés nouveaux et immenses; à sa science et à son industrie, les précieuses ressources qu'elle sut tirer de ses communications avec des régions de la terre qu'elle ne connaissait plus que de nom depuis que les chemins de l'Égypte et de la Syrie étaient fermés à ses marchands.

Mais le plus grand des bienfaits que l'on dût à la connaissance de l'extrême Orient, au commencement du XVIᵉ siècle (1), un bienfait incomparable, absolument sans prix, c'est une découverte de l'ordre matériel qui devait avoir dans l'ordre moral une influence extraordinaire et un retentissement sans fin. L'imprimerie doubla la valeur, si même c'est assez dire, de tout ce qui s'était fait en Occident, depuis cinq ou six siècles, pour répandre l'instruction élémentaire dans toutes les classes de la société, et faciliter l'accession des lettres savantes à tous les esprits doués d'aptitude. Les livres étaient chers et rares, ils devinrent communs; l'étude put se poursuivre dans la solitude, au lieu qu'auparavant tout étudiant était nécessairement suspendu aux lèvres d'un professeur. La liberté et la variété des leçons que peut donner tout homme qui pense ou enseigne, en s'adressant à la fois à des milliers de disciples inconnus; et que tout homme

(1) VIIIᵉ de l'ère chrétienne. — L'auteur interrompt le récit des découvertes géographiques, avant de nous parler de l'Amérique, et pour s'occuper de l'imprimerie; et cela est naturel, puisqu'il donne cette dernière découverte comme un résultat des communications avec les Chinois.

(*Note de l'éditeur.*)

désireux de connaître et d'approfondir peut recevoir de tous côtés, en entrant dans une bibliothèque; la multiplication de ces bibliothèques, mises à la portée des particuliers, la réimpression des livres anciens et, par suite, une communication plus assidue avec les grands esprits du passé, et par-dessus tout cela la facilité que les hommes d'une même nation et d'une même langue trouvent à répandre leur parole, comme du haut de la tribune d'un forum où des multitudes s'assemblent sans se gêner et sans se voir, voilà ce qui eût toujours fait de l'introduction de la presse typographique en Europe un événement digne de marquer le vrai commencement de l'ère moderne, alors même qu'il ne coïnciderait pas avec la réforme religieuse des Germains (1), et ne serait pas suivi de près par une période d'inventions et de travaux dont on ne retrouve la pareille qu'en remontant aux premiers siècles de l'ère des olympiades.

L'imprimerie existait en Chine, et n'y produisait point les effets considérables qu'on en vit bientôt en Europe : non pas, comme on l'a dit et répété avec peu de réflexion, parce que les hommes de ce pays sont affligés d'une certaine incapacité de progrès et possédés de la passion de l'immobilité; cela serait fort extraordinaire, et tous nos renseignements nous montrent dans les annales de ce grand peuple autant de révolutions civiles, politiques et religieuses qu'il a pu y en avoir en Occident (2); mais simplement parce que son écriture idéographique et les conséquences de ce système vicieux, dans les communications écrites et dans l'enseignement écrit, sont de notre nature à rendre l'émission et la propagation des idées nouvelles, par cette voie, extrêmement

---

(1) Coïncidence du fait de notre auteur et de ses arrangements, est-il besoin d'en avertir ?   (*Note de l'éditeur.*)

(2) Ces renseignements venaient sans doute à l'auteur par le canal des missions catholiques à Rome. Ils concordent avec ceux de l'érudition moderne.

(*Note de l'éditeur.*)

difficiles. Ce n'est ni l'homme de la Chine ni sa langue parlée qui sont immobiles, c'est sa langue graphique, essentiellement différente de l'autre, et la seule qui puisse avoir recours à l'art de l'imprimeur. Quoi qu'il en soit, le procédé fut importé de Chine chez les nations occidentales, et ne tarda point à donner à leurs institutions républicaines une confirmation solide, une vigueur toute nouvelle; aux sciences, un instrument puissant, aux entraînements religieux une limite, par l'œuvre de diffusion des méthodes rationnelles.

Une autre importation de Chine, la boussole, vint à la même époque affranchir la navigation et le commerce de l'obligation de ramper, pour ainsi dire, le long des côtes. Les vaisseaux se lancèrent dans la pleine mer, et trouvèrent leur sécurité dans les conditions mêmes dont ils s'effrayaient autrefois à bon droit, et où la tempête seule les plaçait, contre la volonté des pilotes, en leur retirant la faculté de reconnaître leur route. L'esprit entreprenant des marins et la politique commerciale des États voulurent alors vérifier, de propos délibéré, ce que depuis longtemps la rumeur publique rapportait de ces navires qui, portés au loin dans les régions du nord ou du couchant de l'Océan, avaient rencontré l'île fameuse de l'Atlantide à plus de mille lieues des colonnes d'Hercule, dans le voisinage desquelles les anciens la croyaient disparue sous les eaux. D'ailleurs la cosmographie était depuis longtemps assez avancée pour qu'on se fît une idée approximative de la grandeur de la circonférence terrestre, et on avait peine à concevoir qu'il ne se rencontrât aucune terre dans l'espace immense qui s'étend des côtes occidentales de l'Europe aux côtes orientales d'Asie que l'on commençait à reconnaître. Le nouveau monde de l'ouest ne tarda point à être découvert de plusieurs côtés. En peu d'années, l'Hispanie, la Gaule, la Grande-Bretagne et les États

riverains de l'Océan germanique possédèrent des établissements dans les nouvelles terres, y trouvèrent des débouchés
pour leurs populations toujours croissantes, et malheureusement aussi un théâtre d'excès et de crimes pour leurs
aventuriers, une occasion de rivalités qui dégénérèrent en
guerres cruelles. Les nations intra-méditerranéennes elles-
mêmes voulurent une part aux trésors à conquérir, dont
s'exaltaient de tous côtés l'avarice et l'esprit de domination;
et la guerre maritime se généralisa : triste issue de la période pendant laquelle des institutions communes, un génie
commun, des ennemis communs et les exhortations des philosophes avaient fait entrevoir une époque prochaine où les
républiques occidentales pourraient se lier par un nœud
fédéral !

Les plus heureuses conséquences de la découverte du
nouveau monde furent, en attendant l'extension des sociétés
civilisées par la colonisation, un élan considérable donné
au commerce et à l'esprit d'entreprise, quoique souvent
mal dirigé, un ébranlement des imaginations, et, dans un
autre ordre d'idées, mais désormais d'importance extrême,
une abondance jusque-là inconnue des métaux précieux,
qui favorisa le développement du travail, soulagea dans
toute l'Europe les débiteurs d'une partie du poids de leur
dette, et appauvrit relativement le riche et l'oisif en dépré-
ciant la valeur du signe à l'aide duquel les rentes sont sti-
pulées à son profit. Ce fait éminemment favorable à l'économie des nations, joint à l'usage de plus en plus répandu
de la lettre de change, pour faciliter les payements sans dé-
placement de fonds d'un pays à l'autre, donna aux relations
commerciales et à tous les arts d'utilité qui peuvent produire des objets de commerce un développement dont l'antiquité ni le moyen âge n'avaient approché en aucune manière. L'invention de la lettre de change était due aux juifs

qui, admis chez les nations de l'Occident, dont ils observaient les lois et ne menaçaient en rien la liberté, mais, foulés ou persécutés, chassés périodiquement des États orientaux et de ceux de la Germanie, s'étaient livrés dans ces pays au seul emploi permis à leur activité, c'est-à-dire au commerce, et avaient imaginé ce moyen économique et sûr de faire changer de mains les espèces métalliques et de régler les comptes.

L'origine de la poudre à canon nous est bien moins connue; il ne paraît pas qu'on doive la rapporter à une source proprement scientifique, ni à l'époque où la science expérimentale fut sérieusement constituée, grâce au nombre, aux communications mutuelles et à la marche régulière, à la méthode correcte de ceux qui la cultivèrent. Il faut plutôt croire que le *secret* du mélange détonnant fut rencontré, à force de tâtonnements, par un de ces obscurs alchimistes du moyen âge dont la cupidité s'attachait d'ordinaire aux superstitions hermétiques, plutôt que l'amour du savoir ne les portait à l'investigation de la nature. Cette découverte est comme celle de l'imprimerie, dans un genre malheureusement bien différent, une trouvaille matérielle d'importance toute morale. Les armes à feu opèrent le nivellement des hommes devant la guerre, et y contribuent, par suite, dans la paix. Elles dispensent des longs exercices et de l'éducation physique qui jadis conféraient la supériorité militaire, car les combattants d'égal courage se valent devant l'arquebuse. L'infanterie prime la cavalerie. Toute l'instruction réside dans la discipline, et si la discipline est pareille de deux côtés, alors la force est toute dans le nombre. Il faut plus que jamais que les peuples se battent eux-mêmes, au lieu d'échapper à cette peine et à ce danger, pour en courir un beaucoup plus grand en confiant leur défense à une classe de citoyens condamnés au dévouement forcé, et

remis à la conduite de chefs professionnels qui les façonnent
au rôle d'instruments et les tournent contre la liberté de la
patrie. Ainsi, la poudre à canon est encore une puissance
qui tend à confirmer les institutions démocratiques, mais en
augmentant les moyens de se nuire et de s'exterminer mutuellement que les nations possèdent déjà, et en les appelant
un jour, quand soufflera l'esprit de guerre, à se lever tout
entières les unes contre les autres, afin de s'assurer tant
qu'elles pourront l'avantage du nombre, comme au temps
où les tribus barbares s'avançaient en masse à travers les
territoires ennemis, et à se causer des maux aussi grands et
plus terribles, dans l'espace d'une campagne, que ces barbares n'en pouvaient porter avec eux dans leurs invasions
les plus prolongées. Ce n'est ni l'invention ni l'inventeur
qu'on doit accuser de ces conséquences funestes; quel est
l'instrument précieux ou nécessaire que l'industrie humaine
ne puisse tourner à mal, et d'autant plus facilement souvent
que son emploi est plus utile? Il est puéril de maudire l'en-
gin de destruction (1), en présence de l'agent responsable
qui le met en œuvre. Cet agent c'est nous, à qui il pouvait
servir pour augmenter les moyens de la légitime défense, et
qui l'avons employé à l'agression criminelle!

Les grandes découvertes de la science expérimentale ont
ajouté plus que celle-ci à la puissance de l'homme sur la
nature et aux jouissances de la vie matérielle, sans présenter, surtout au même degré, l'inconvénient d'être des armes
dans la main d'un fou. Les admirables secrets de la vie des

---

(1)   Oh maladetto, oh abominoso ordigno,
        Che fabbricato nel tartareo fondo
        Fosti per man di Belzebù maligno,
        Che ruinar per te disegnò il mondo,
        All'inferno onde uscìsti ti rassigno.
        Cosi dicendo lo gittò in profondo...
        (*Orlando furioso*, canto nono, 91.)

(*Note de l'éditeur.*)

plantes, l'organisation intime des animaux, le jeu de leurs fonctions vitales nous ont enseigné l'art de prolonger la vie humaine et de la rendre plus saine, si nous avons quelque sagesse. Nous avons appris à produire, en conspirant avec les forces naturelles, des merveilles plus grandes que celles qu'on attribuait jadis à des pouvoirs magiques imaginaires : à grandir les petits objets et à rapetisser les grands, par le moyen de verres interposés, et à remédier ainsi aux défectuosités de notre vue; à décrire les figures et les grandeurs des corps les plus éloignés, à créer dans les milieux réfringents ou à l'aide de surfaces réfléchissantes, les prestiges que nous voulons; à incendier à distance, comme Archimède, à faire brûler les corps dans l'eau, à chauffer les bains sans feu, à nous éclairer avec des flambeaux qui ne se consument point. Nous connaissons les vaisseaux qui naviguent sans navigateurs et qu'un seul homme conduit, quelque grands qu'ils soient, avec plus de vitesse que s'ils étaient pleins de rameurs; et les ponts sans piles pour passer les rivières, et les appareils pour marcher au fond de la mer ou des fleuves, et les voitures sans attelages, et les chars entraînés, sans moteurs animés, avec une force extraordinaire; et des instruments pour voler, des ailes artificielles, et des engins d'un petit volume qui nous permettent de soulever des poids énormes; et l'art d'écrire aussi vite et aussi brièvement que l'on veut, en caractères occultes, et celui d'user, avec des agents convenables, de la puissance naturelle du désir et de la volonté sur la nature, car, ainsi que le dit Avicenne : « Le premier moteur est la pensée, ensuite vient le désir conforme à la pensée, et enfin la vertu de l'âme dans les membres qui obéissent au désir et à la pensée. Tout ce qui est possible par l'action spécifique de l'organisme est facilité, fortifié par l'intervention d'une volonté énergique ou d'un désir véhément, et par l'effet de la voix même qui les traduit, quand l'agent possède la pureté de l'âme, la santé, la force et la beauté (1). »

Que servent cependant les sciences, et que sert de commander à la nature, si l'on n'a la sagesse et le commandement de soi-même ? Les républiques occidentales, arrivées au développement de leur génie, servies par des gouvernements libres, n'ont pas encore clos l'ère de la guerre. Malgré les alliances qui les ont souvent rapprochées, malgré le vœu de la philosophie, les nations sont restées, les unes vis-à-vis des autres, dans cet état appelé *de nature*, mais qui n'est certes point de bonne et saine nature et de droite raison, où chacune ne consulte que son bien particulier qu'elle voit trop volontiers dans le mal des autres, ne compte que sur la force pour se conserver, et ne croit se conserver sûrement qu'en visant à s'assurer la suprématie. C'est le contraire de l'état de société, où chacun doit se tenir à sa place et ne rien usurper, ne fût-ce qu'en simples paroles, et regarder la conservation du droit d'autrui comme la condition et la garantie de la conservation du sien propre. Il faut que ce caractère d'immoralité du sentiment national s'amende et se corrige, avant que les peuples soient capables de fonder une institution fédérale qui comporte l'existence d'un tribunal universel des litiges nationaux, avec une force contraignante pour l'exécution de ses arrêts.

(1) Il est sans doute inutile d'avertir que notre auteur mêle un peu de superstition à son enthousiasme, et pourtant il faut dire qu'il retranche quelque chose des merveilleuses annonces de Roger Bacon, auquel il emprunte, comme ci-dessus, tout ce qu'il dit du pouvoir des sciences expérimentales. Ce passage est pris çà et là du petit traité de Bacon, *De mirabili potestate artis et naturæ* (voyez l'édition de Paris 1542, p. 40 à 49). Bacon, en son temps, ne faisait le plus souvent que prophétiser, tout en se vantant d'avoir *vu* ou *entendu*, ou d'*être capable de faire*; et ses prophéties n'étaient pas sans mélange d'exagérations ridicules. L'auteur de l'Uchronie prend les prophéties de Bacon et les emploie à narrer ce que la science humaine aurait effectivement accompli dans l'hypothèse où il se place.

Devant cette fin morale des États européens il se dresse des obstacles que la Grèce ancienne ne connaissait pas, à l'époque où se posait pour elle aussi le problème de cette fédération qui aurait perpétué son indépendance, au grand profit du monde entier. En premier lieu, la diversité des langues. Après la dissolution de l'Empire, les différentes nations cessèrent de trouver le même intérêt et d'apporter le même goût à la culture du latin littéraire ou de la langue parlée par les classes polies de toutes les provinces. Alors les dialectes vulgaires, qui partout, en Italie même, étaient à l'usage du peuple, ne tardèrent pas à prévaloir et devinrent à leur tour des langues cultivées, sensiblement différentes les unes des autres. A plus forte raison, dans les contrées où le latin avait moins pénétré, les langues antérieurement usitées reprirent le dessus. Le latin et surtout le grec, cette langue des premiers poëtes immortels, continuèrent à faire partie de toute éducation distinguée et de servir aux communications des savants de plusieurs nations, mais le sentiment ainsi que les avantages communs et populaires d'une communauté de langue se trouvèrent perdus; et le sentiment de l'unité européenne éprouva un sérieux déchet.

Une autre cause encore affaiblissait ce sentiment : c'est la diversité des races que l'Empire romain avait contenues et qui s'en échappaient, après en avoir reçu des biens et des maux, sans doute, mais du moins la communication de la vie civilisée (1). En présence de l'idée générale et de la possession même de la civilisation, et des notions rationnelles, et des mœurs libres qui en sont les attributs essentiels, la différence des berceaux et des langages aurait dû faire valoir

(1) L'auteur ignore naturellement, ce que d'ailleurs ignoraient et ignorent toujours les nations elles-mêmes : l'unité de la race aryane, dont les divers rejetons ont peuplé presque toute l'Europe : Grecs, Latins, Celtes, Germains et Slaves.   (*Note de l'éditeur.*)

d'autant plus la profonde unité humaine, constituée par la raison et par la justice; mais ce motif ne fut bien senti qu'à certains moments et par opposition à des peuples réellement étrangers, étrangers d'idées et de mœurs, et dès lors comme insociables à notre égard, dont on éprouvait l'hostilité. Hors de là, des haines nationales se déployèrent librement par l'effet des oppositions d'intérêt, fictives ou réelles, et quelquefois même des dissidences religieuses, ainsi qu'on l'a indiqué à propos de la Gaule. Les guerres commerciales ravagèrent le monde entier, pendant le siècle même qui suivit ces croisades à l'occasion desquelles l'unité européenne s'était si vivement accusée par le fait seul de l'entreprise que tout l'Orient chrétien et musulman tentait, en s'unissant de son côté contre les républiques occidentales.

Au fond, le vrai principe de la guerre est encore plus intérieur aux États, qu'il n'existe extérieurement et entre eux. Il faut donc revenir à la politique interne, à la vie sociale, aux institutions économiques, à la manière dont se comprend et se régit la chose commune, pour se rendre compte de la persévérance de l'esprit de haine entre des peuples de culture morale sensiblement pareille, et dont l'union est en somme le plus solide intérêt. Tant que l'Italie et les nations sœurs étaient demeurées dans une condition analogue à celle des États de l'antiquité touchant le commerce et les travaux *serviles*, à cela près que l'esclavage avait été aboli; tant que la lutte des classes, ordinaire dans les républiques, s'était concentrée entre les familles des anciens propriétaires et privilégiés et celles des redevanciers ou affranchis, plus ou moins liés par un reste de servage en vertu de la loi, et plus encore en vertu des mœurs; enfin, tant qu'avait duré la période de transformation matérielle de la société, la noblesse, les gens de race et de haute éducation étaient restés en possession des charges publiques, pour la

plus grande partie ; et ceux de la nouvelle classe plébéienne
qui parvenaient aux honneurs et à l'autorité représentaient
les mêmes idées générales que leurs anciens patrons, hormis
parfois dans ce qui concernait les intérêts oligarchiques
qu'on devait s'attendre à les voir combattre. Ces idées se
rattachaient aux théories d'administration et de bien public
de l'école stoïcienne, puisque cette école avait présidé aux
grandes réformes et introduit son esprit partout, dans les
institutions civiles et militaires et dans l'enseignement public. Quant aux questions de guerre et de paix, et aux questions parallèles d'oisiveté et de travail, les stoïciens, comme
les cyniques, leur école mère, dont ils n'avaient pas entièrement dégénéré à cet égard, étaient loin de partager les
passions brutales de tant d'anciens patriotes grecs ou romains :
ils ne pensaient pas que la fonction essentiellement noble de
l'homme fût de donner la chasse à l'étranger et de vivre de
proie. On a vu la politique d'abstention qu'ils adoptèrent
contre l'Orient. Lorsque les provinces occidentales déclarèrent
leur indépendance, ils se soumirent à la nécessité, quoiqu'ils
eussent entretenu jusque là l'idéal de la *paix romaine* et de
l'unité d'administration de l'Occident. Ils se trouvèrent assez
portés par cette circonstance même, après la rupture accomplie, à favoriser les relations pacifiques entre les États divisés. Les alliances, les tentatives de fédération les eurent pour
agents. Toutefois il y avait, par le fait des traditions des
anciens, une habitude tellement invétérée, et justifiée par
l'expérience, de considérer deux peuples voisins comme devant naturellement s'assujettir l'un à l'autre, en un sens ou
en l'autre, que, de cela seul que les nations étaient séparées,
il semblait trop souvent à tous qu'elles ne pouvaient que
travailler à se nuire ; en sorte que réellement elles y travaillaient, tout le temps qu'elles ne se voyaient pas d'ennemis
communs et pressants.

Le principe de vie que les stoïciens avaient déposé dans les gouvernements et dans les mœurs publiques ne s'est pas prolongé au delà de la transformation définitive du travail et de la propriété, c'est-à-dire de la formation des classes sociales nouvelles. Après le siècle des croisades, après celui du grand développement commercial et des découvertes, l'état des villes et des campagnes s'est trouvé complétement changé : ici, la propriété divisée, encore obérée trop souvent, mais libre de redevances serviles, les dépendances personnelles abolies, au moins du côté de la loi ; là, de puissantes corporations d'artisans qui élèvent l'honneur du travail à un point jusqu'ici inconnu, et qui balancent ou dominent en plus d'un lieu toutes les autres influences sociales. Mais on a vu grandir en même temps, grâce au commerce et à certains monopoles, une sorte de noblesse nouvelle fondée sur la fortune, arrivant à des établissements territoriaux, disposant de l'autorité par de vastes patronages, par le nombre des fermiers et des salariés qu'elle entretient, par la masse de ses débiteurs, et exerçant des actions d'un autre genre sur l'opinion publique par sa clientèle lettrée. Une partie de ces nobles, ainsi qu'il arrive toujours, affecte de l'attachement pour les intérêts populaires, tandis que d'autres visent ouvertement à constituer une classe privilégiée, une oligarchie (1).

---

(1) L'auteur parle décidément au présent, après s'être exprimé déjà plus d'une fois comme si les événements allaient se rapprochant de lui et de son temps. Il est vrai que le voilà parvenu au xvi° siècle, mais au xvi° des Olympiades, selon sa manière de compter. Il se transporte donc et se suppose vivant à huit siècles en arrière. Au demeurant, il ne prophétise pas précisément après avoir tant inventé ; il ne pousse pas l'histoire fictive au delà de ce qu'il peut présumer selon l'expérience de la nature humaine. Sa modération est louable. Il présente un tableau qui ressemble assez à l'état des républiques communales du moyen âge, au moins sous le rapport politique et social, agrandies seulement, et singulièrement émancipées en fait de religion, et avancées en sciences et lettres. Si nous-mêmes, aujourd'hui, nous avions atteint ce point de civilisation, on pourrait résumer l'hypothèse de l'*Uchronie* en disant qu'elle fait gagner mille ans à l'histoire. Mais nous ne l'avons pas atteint.   (*Note de l'éditeur.*)

Le pouvoir, qu'ils se disputent, est presque toujours aux
mains des uns ou des autres, ou de leurs créatures, et
les plus populaires sont aussi les plus dangereux pour les
institutions républicaines. Elles courent même de très-sérieux
dangers, quand des mesures graves touchant l'impôt ou la
dette viennent passionner les esprits, faire espérer au peuple
une répartition des charges publiques qui tende au nivellement des fortunes, faire craindre aux riches un régime sous
lequel leurs enfants seraient contraints de travailler pour
vivre. De telles questions ont plus d'une fois, dans les républiques occidentales, comme jadis en Grèce, favorisé l'usurpation d'un homme, que l'une des deux classes rivales pousse
au pouvoir, dans l'espérance de trouver en lui un instrument
de conquête, ou de garantie, ou de vengeance, contre l'autre
classe. De là des péripéties, renouvelées en divers sens, et
qui seraient la ruine définitive des institutions libres, si quelque grande influence religieuse agissait en ce sens, ou encore
si la guerre mettait fin au balancement actuel et aux actions
morales réciproques des États; en sorte que celui dont la
suprématie militaire ressortirait des événements, perdant la
liberté nécessairement, du même coup qu'il anéantirait celle
des autres, la voie se trouverait frayée à une monarchie
universelle en Europe.

La guerre offre donc ce suprême danger, en outre des
fléaux qui la composent et de la destruction, de l'appauvris-
sement dont elle est accompagnée, et des passions de rapine
dont elle est tour à tour l'effet et la cause. Mais comment la
guerre pourrait-elle prendre fin quand ces passions continuent d'exercer tant d'empire dans la vie? La conquête du
nouveau monde par les nations européennes, les rivalités et
les luttes sanglantes qui en ont été la suite, ont fait reculer
l'esprit de paix; les idées de fédération, un moment très-
répandues, ont subi une sorte d'éclipse. Indépendamment

de ces circonstances, il faut reconnaître que la guerre des
intérêts entre les classes, la tendance des riches à se constituer des priviléges et des monopoles, afin de vivre dans l'oisiveté ou d'exercer d'injustes pouvoirs sur leurs concitoyens,
la tendance des pauvres à demander des œuvres de justice à
l'aveugle violence, sont de tristes préparations mentales pour
la paix entre les peuples. Il est naturel, il est inévitable que
si des hommes luttent pour la richesse, pour le pouvoir,
pour la prépotence personnelle, dans le corps politique dont
ils sont membres, ces mêmes hommes, sitôt que de manière
ou d'autre ils parviennent à représenter, sur le théâtre des
États, certaines unités nationales, n'aient point d'autre idée
ni d'autre volonté que de lutter pour les mêmes objets
agrandis, avec des moyens pareils ou pires, dans la mêlée
des nations. Ils sont même affranchis, suivant l'opinion de
plusieurs, des scrupules capables de les arrêter dans la vie
privée. Ainsi nulle considération d'ordre ne se fait jour, et
chaque nation voulant être la première, la grande, le tout,
est prête à commettre tous les crimes pour la domination.
Et elle les commet, sans autre obstacle ordinaire que son
impuissance ou sa crainte ; et l'anarchie des peuples est aussi
fatale à leur sécurité et à leur bien-être, quoiqu'ils y songent
moins, que l'anarchie tant redoutée des citoyens l'est à leurs
jouissances et à leur repos.

Cependant les guerres religieuses sont finies. Elles ont
conduit à la tolérance universelle, non pas à la tolérance banale, fruit de l'indifférence, mais au respect sincère et profond de la conscience. Le christianisme, rentré en Occident,
a perdu son fanatisme et l'usage des anathèmes. La Germanie
même et une partie de l'Orient méditerranéen arrivent, sous
l'influence de la pensée grecque et latine toujours plus libre,
à purger leurs croyances de la superstition des miracles et
de la magie des sacrements, et à tirer une édification plus

vraie d'une foi soumise aux conditions de la raison. Cette
religion ainsi épurée a le mérite, qu'on ne peut plus alors
méconnaître, de toucher les cœurs d'une manière très-par-
ticulière et de disposer les hommes à s'aimer dès qu'elle ne
les porte plus à se haïr.

Les guerres commerciales sont finies, ou semblent l'être,
depuis qu'elles ont paru décidément impuissantes à créer le
monopole unique que poursuivait l'avarice de chaque nation,
et depuis que chacune a dû se contenter de sa part d'exploitations coloniales, ou des profits certains que le commerce
entre elles leur assure à toutes. Les guerres nationales ou de
prééminence devraient céder à leur tour devant une juste
conception de chaque gouvernement à l'intérieur et des relations extérieures des gouvernements. Il s'agit de l'introduction de la liberté et de la moralité dans la notion de l'État.
De plus en plus, le travail est honoré comme le plus digne
exercice de l'activité humaine, et les administrations publiques sont assimilées, si ce n'est assez souvent par les gouver-
nants, au moins par les philosophes qui donnent la formule
du droit humain, à un travail d'intérêt commun dirigé par
des idées communes, inspiré par des sentiments communs,
confié à des mandataires et accompli vertueusement. Comment donc ne pas arriver de même à la notion d'une commune ordonnance des sociétés européennes, qui se proposent un même but chacune, dans la poursuite duquel il leur
est nécessaire ou de s'entr'aider ou de se nuire? Ces sociétés
ne sont-elles pas manifestement appelées à l'association,
comme des personnes, si, comme des personnes, elles reconnaissent une même justice au-dessus d'elles toutes, dictant
des devoirs, stipulant des droits, déterminant un travail d'administration générale de ceux de leurs biens qui les intéres-
sent également et ne dépendent entièrement d'aucune d'elles
en particulier? Une telle vue du monde social est la seule

qui puisse mettre le sceau à la distinction profonde de la
civilisation européenne et des États asiatiques, qui ne connaissent de loi humaine que la ruse et la violence, et de loi
divine que l'anéantissement volontaire, devenu dès lors l'u-
nique salut.

On observe au sein d'un même État une extrême diversité
d'humeurs, de caractères et de travaux ; de graves et même
irrémédiables divergences d'intérêts et de doctrines, enfin
des rivalités qui conduisent au développement des passions
les plus subversives. Ces obstacles à l'établissement d'un
ordre social autre que fondé sur la terreur n'ont point empêché d'instituer le règne de la loi. La loi égalise, garantit
et protége, permet, prohibe, réprime, a des tribunaux pour
appliquer ses prescriptions, une force armée pour exécuter
leurs arrêts. De même, à prendre en soi les choses, rien ne
s'oppose à ce que la justice, la loi, les jugements et les
moyens de contrainte franchissent les barrières des États, en
tout ce qui exige un règlement commun, fassent abstraction
de certaines différences, en concilient d'autres, et remédient
de gré ou de force aux écarts qui prennent un caractère criminel. Le tout n'est que de le vouloir, et, pour parvenir à le
vouloir, de se sentir et de s'unir, en tant qu'hommes de con
science et de raison identiques, dominant leurs législations
particulières du haut de l'idée de la législation générale
qu'elles supposent toutes. Si l'œuvre fédérative des sociétés
est plus difficile que l'œuvre sociale simple, c'est uniquement
à cause de l'intervalle qui sépare le concept de l'ordre juridique, chez des associés naturels d'un groupe de tribu, d'avec
ce même concept chez des associés naturels moins apparents,
d'un groupe plus vaste et plus disséminé, moins sensiblement
obligé de vivre en paix, mais non pas moins rationnellement
ni moins moralement obligé. Des parties considérables de
cet intervalle ont été franchies, quand se sont formés les

grands États modernes, où un même ordre légal s'étend sur
une suite de méridiens et régit, de leur propre volonté, des
populations diverses, opposées d'intérêts et souvent entraînées
par des passions qui se heurtent. On s'approchera plus encore du but lorsque, se désaccoutumant de chercher la norme
de leurs désirs, et de ce qui est possible en fait de relations
réciproques des peuples, dans les administrations, qui se
tiennent volontiers en garde contre le mieux, et dans les
diplomaties dont le métier est de dresser et d'éviter des embûches, et le sort ordinaire d'y tomber, les citoyens bien intentionnés de chaque république et les travailleurs des différentes sphères d'activité physique et mentale, regarderont
les uns vers les autres, par-dessus les frontières, et s'élève-
ront à la conscience de leurs devoirs mutuels comme simples
agents moraux, et de l'identité de leurs intérêts de paix.
Les associations spontanées et libres des hommes de labeur
probe et assidu et de bonne volonté, indépendantes des États,
seront enfin les moyens les plus sûrs de forcer ceux-ci à la
fédération, lorsqu'elles seront assez nombreuses et elles-
mêmes assez pacifiques. Quant à eux, leurs traditions les font
incliner au mensonge et à la défiance, à ne croire qu'à la
force, et à l'imposer quand ils ne la subissent pas.

Mais, après tout, les gouvernements ne sont que les émanations des peuples; ils sont les portraits dont les peuples
multiplient les originaux. Deux nations capables de préparer
entre elles un lien fédéral par une action indépendante des
gouvernements, seront capables aussi de se créer des gouvernements disposés à se fédérer. La condition unique du
succès est en définitive la force de la raison, le sentiment du
juste et de son caractère obligatoire, universel, sans restrictions d'aucune espèce, à mesure qu'il s'étend parmi les
hommes et passe par-dessus les circonscriptions petites et
grandes qui les enserrent. A bien des signes, il semblerait

que le grand jour s'annonce, le jour de la paix réelle, de la
paix des cœurs, seize siècles après l'aurore des arts, des
sciences et de la philosophie en Grèce et en Italie. Combien
différentes eussent été les destinées, si la conversion de l'Occident à la coutume orientale, un moment précipitée par les
Cæsars, n'eût été arrêtée par les fortes résolutions de quelques hommes qui restituèrent les fondements de l'État, rap-
pellèrent à la vie ce qui était toujours la pensée des bons, et
remodelèrent l'âme du peuple! Sans la propriété rendue aux
petits, et la culture libre remise en honneur, la dépopulation
suivait son cours et l'esclavage s'éternisait; la démence césarienne reprenait la succession de la sagesse antonine, et
la bassesse populaire répondait pour jamais à la folie des
princes. Alors le service des armes passait des citoyens aux
Barbares, qui de serviteurs de Rome en devenaient les maîtres. Nulle éducation publique ne soutenant l'antique civilisation, l'ignorance amenait l'oubli dans la sujétion. Une religion hostile au vrai régime civil gagnant les cœurs, les
désintéressait de la science et de la liberté. Les hommes
tournaient leurs pensées vers une théologie ou mystique ou
bizarre, et leurs goûts à recevoir des sacrements et à en
disputer. La théocratie s'établissait dans les croyances, pendant que le pouvoir substitué aux anciennes magistratures
se trouvait la proie des plus criminels, qui corrompaient
l'univers par le spectacle de tous les vices et de tous les attentats.

L'empire impossible dans ces conditions, en présence des
Barbares, serait donc tombé, et la dissolution des liens civils
aurait suivi l'invasion de la barbarie. Les sociétés seraient
retournées à leurs éléments. Des moines et des chefs de bandes armées seraient demeurés seuls à s'en disputer les
restes. Et aujourd'hui peut-être encore, après mille bouleversements, nous n'aurions pour consolation et pour espé-

rance que la morale du sacrifice, le culte du Dieu souffrant
et le rêve de l'Absolu. Mais ce n'est pas au dévouement, au
sacrifice, vains mots qui cachent souvent les langueurs et les
défaillances de l'âme, ou ses illusions, ou même l'égoïsme et
l'adoration de soi-même, que sera dû le triomphe du Bien :
c'est à la Justice et à la Raison. Et ce n'est pas une théorie
ostentatrice et creuse de l'Infini qui renferme la vérité à
l'usage des générations futures : c'est la doctrine de l'Harmonie, ou des relations parfaites accomplies dans un ordre
fini. Et ce n'est pas une grâce d'en haut, le don d'un seul ni
le mérite d'un seul qui nous apporte le salut terrestre ; c'est la
chaîne d'or des hommes de raison droite et de cœur grand,
qui, d'âge en âge, ont été les conducteurs en esprit, les vrais
rédempteurs de leurs frères. Entre tous, ils tracent le portrait d'une humanité selon le Bien et de son incessante action
pour échapper aux solidarités mauvaises et se perfectionner.
A nous de faire ce qu'ils ont fait et d'ajouter selon nos mérites à l'œuvre de la libération commune. On se sent à la
vérité bien faible quand il faut, d'un effort personnel, aider
au mouvement qui ne se produira qu'en assemblant les forces
des peuples divers et des générations successives. Mais, si
réduit que tu puisses être au sentiment de ton mince effort,
ne t'abaisse point, ô homme ! Que l'idée que tu portes en toi
te relève, et que, même dans le dernier isolement, au fond
d'un cachot, sous les ombres de la mort, ton espérance te
soutienne !

Sphæram spera.
Attends l'harmonie.

DEUXIÈME PARTIE DE L'APPENDICE
DU LIVRE D'UCHRONIE

NOTE FINALE DU FILS

SECOND DÉPOSITAIRE DU MANUSCRIT

(écrite vers 1658, en Hollande).

J'ai écrit les pages précédentes (1) au temps de la mort de mon père bien-aimé, laquelle ne tarda pas beaucoup après la communication qu'il me fit de sa vie et de ses pensées, selon ce que vous venez de lire. Avant de rendre le dernier soupir, il m'imposa le devoir d'en transmettre à mon tour la connaissance aux enfants qu'il pouvait penser que j'aurais un jour, voyant combien mon cœur était maintenant changé par ses exhortations, et tous mes jugements par ses leçons. Je promis pareillement à mon père de conserver avec fidélité le livre d'*Uchronie* et de le léguer à mes descendants. La lecture de ce livre acheva ma guérison et de faire de moi un homme nouveau, jusques au regard des plus libres de ceux de mon temps, puisque j'y appris que l'établissement politique de la religion chrétienne dans l'Occident étant un fait de ceux qu'on appelle contingents, et qui dépendent des arrangements des libres volontés humaines, il aurait pu ne pas se produire. Faisant donc cette étrange supposition, j'appliquai mon esprit à un déroulement possible entre tous ceux qu'on pourrait imaginer des événements. Les temps futurs, s'ils viennent jamais, où la foi de Christ, ainsi que tous les saints mystères seraient tenus en dehors de l'ordre et des règlements de la république

---

(1) Voyez la première partie, que nous avons détachée pour servir de préface, p. 9.   (*Note de l'éditeur.*)

m'apparurent comme des siècles présents, et je m'élevai de la
sorte au-dessus du contingent des présentes réalités par la conception de celles qui auraient pu être en leur place.

Le livre, vous le lirez à votre tour, mes enfants, et j'espère
qu'il sera pour vous un réconfort secret dans les épreuves auxquelles nous sommes tous soumis par la rivalité ardente des religions qui cherchent à se détruire les unes les autres, et chacune
à dominer l'État, pour de là s'imposer de vive force aux sujets.
Je ne peux accompagner le don que je vous transmets d'aucune
plus forte recommandation que du souvenir affaibli de ce que
m'enseigna mon père. Je veux toutefois y joindre quelque chose
de mon chef, pour quoi il n'est besoin de plus de mérite qu'il
n'en faut au moindre chroniqueur. Les présentes réalités dont je
vous parlais dans le moment, le livre d'*Uchronie* nous engage de
lui-même à les considérer dans leur enchaînement avec celles
qui les ont précédées, et à remonter pour cela le cours des temps,
jusques à ce point où le récit qu'il nous fait entre dans la fiction
en supposant que certaines grandes résolutions ont été prises
dans le conseil des empereurs Antonins. Je veux donc vous placer ici le tableau en raccourci de toute cette suite des accidents
réels, afin que vous puissiez achever votre instruction, comme j'ai
fait la mienne, par la comparaison de ce qui aurait pu être avec ce
qui a été en effet.

Le sénateur Cassie n'a donc point écrit cette fameuse lettre à
l'empereur Marc-Aurèle, qui marque, dans *Uchronie*, le commencement d'un nouveau cours des choses. Ou du moins Marc-Aurèle
ne l'a point reçue. Le général, vieux stoïcien, a été assassiné
dans son armée. Marc-Aurèle, homme du stoïcisme résigné, n'a
point résolu d'entreprendre la réforme de l'empire, de refaire par
des lois les petits héritages, ramener l'amour du travail, réduire
chaque religion en sa place et fixer ses obligations civiles, enfin
poser un fondement nouveau de la république en une éducation
publique, ainsi que tous les anciens législateurs l'ont fait, et que
tous les philosophes ont compris qu'il le fallait faire. Cet empereur n'a pas même rempli le devoir sacré que lui marquait

l'exemple de ses prédécesseurs en léguant l'administration du monde au plus digne.

Marc-Aurèle, revenant de son expédition contre Cassie, a triomphé à Rome en compagnie de *Commode, empereur;* Commode a régné non point à la suite d'une révolution qui devait amener une autre révolution, comme on le lit dans *Uchronie,* mais sans trouble, à la suite de son père et par dérogation à la coutume antonine des adoptions. Il n'a point été réduit à assouvir sur les chrétiens ses passions cruelles; au contraire, il les a protégés à cause de Flavie, sa maîtresse, et il s'est fait initier aux mystères égyptiaques, que les hommes d'État de Rome ont toujours repoussés. Il a fait périr tout ce qu'il a craint dans le sénat d'âmes libres et vertueuses. Materne, lui, le chef d'esclaves, a été pris et tué dans la plus audacieuse des entreprises. Commode, après ce règne funeste, est tombé sous les coups de ses familiers, et Pertinax, élu par les prétoriens, a été assassiné au bout de trois mois par ses électeurs dont il ne faisait point les affaires.

C'est alors qu'a été donné à l'univers le spectacle horrible de l'empire mis à l'encan, et que, bientôt décapité à l'approche des généraux mécontents, l'homme qui l'avait acheté des prétoriens à beaux deniers comptants a dû faire place à celui de trois chefs d'armée qui fut le plus avisé ou le mieux pourvu de bonnes troupes. De ces trois, les mêmes que dans *Uchronie,* le prétendant venu d'Orient a été battu, comme ce fut toujours la coutume; le prétendant du sénat et de la constitution républicaine n'a point eu pour soutenir sa cause les intérêts et les passions soulevées dans l'Italie et les provinces par les réformes d'*Uchronie.* Il a été vaincu. Son vainqueur Septime-Sévère a licencié les prétoriens, mais c'était pour les reconstituer. Il a mis Commode au rang des dieux, malgré sa mémoire exécrée; et l'œuvre de proscription des hommes de bien, que ce gladiateur dans la pourpre n'avait conduite qu'au gré de sa démence, il l'a accomplie avec la froide scélératesse d'un prince très-habile. Quarante et une familles sénatoriales, leurs chefs, les femmes, les enfants, les clients ont été exterminés. La politique impériale a même étendu à la Gaule et à l'Espagne ce système d'épuration renversée, dont le résultat semblait devoir être définitif, et qu'il a fallu néanmoins appliquer de nouveau sous plusieurs règnes, dans la suite; tant c'était chose dure d'anéantir les semences de l'ancienne liberté romaine qui renaissaient toujours en quelque endroit, et qu'on disait entièrement corrompues dans le dessein d'achever de les corrompre.

A ce moment le sort de l'empire est décidé. Septime-Sévère est le premier qui, tout imbu des usages et des pensées de l'Orient, par lui-même ou par ses relations et alliances, met ses talents à composer une ordonnance orientale de l'empire romain. Ce n'est toutefois qu'un premier degré; Dioclétien fera le second, et Constantin le troisième. Théodose aurait fait le quatrième, si après Théodose il y avait encore eu quelque chose!

Me voilà donc tout à fait dans l'histoire, je n'ai plus rien à imaginer, je n'ai qu'à suivre en regardant aux sommités des événements. Septime-Sévère était comme Marc-Aurèle, à sa manière, un homme tenant à bien remplir sa charge. Mais, comme lui encore, il voulait que son fils lui succédât, dût son fils l'assassiner pour aller plus vite. Il l'associa donc à l'empire, et ce fut un autre Commode. Mais je laisse les monstruosités de la vie des princes qu'une puissance incontrôlée affole. Je regarde seulement à la marche des choses humaines, laquelle est fort régulière sous des princes les uns bien avisés dans leur conduite, les autres insensés allant au même but, et je vois sous Caracalla le sénat et la ville de Rome envahis par des Orientaux, le corps des prétoriens, ils sont maintenant cinquante mille, recruté parmi les barbares, la jeunesse italienne étant du tout exclue du service des armes, et le pouvoir impérial, estimé pour lors être celui de faire les lois comme de les exécuter, conservant dans le même temps son essence militaire : en telle sorte que le dicton de l'ancienne Rome, *cedant arma togæ*, se retourne et que les Romains sont régis par l'épée dans le moment où ils cessent de la porter. Les jurisconsultes, encore qu'il en reste de vertueux en leur nombre, se résignent à l'abdication du droit politique, et satisfaits du maniement du droit civil qu'on leur laisse, ils consentent à ne voir plus dans la justice qu'un des services d'une monarchie.

Les mœurs politiques de l'Orient se montrèrent bien définitivement installées dans l'empire lorsque Caracalla fit égorger son frère et cohéritier; lorsque Macrin, préfet du prétoire, fut l'assassin de Caracalla et son successeur, assassiné à son tour; lorsque les soldats allèrent prendre pour empereur, parce qu'il était fils de Caracalla, un Élagabale, prêtre du soleil, soi-disant mari d'Astarté, la lune, un prince qui portait des colliers et qui se fardait; et qu'après avoir encore massacré celui-ci et acclamé et de nouveau massacré son parent Alexandre-Sévère, qui valait mieux que lui et qui, prenant au sérieux son rôle d'empereur, tâchait à les contenir sous l'obéissance, ils portèrent leur choix sur les plus brutes de l'armée, que leur recommandaient telles qualités corporelles. Il arrivait parfois qu'entre tous les compétiteurs venus des différentes armées, certains qui l'emportaient sur leurs rivaux déployaient plus de zèle ou montraient quelques talents à s'opposer aux barbares vers les frontières de l'empire; et même il y en eut un, mais ce fut le dernier, Tacite, homme de mérite et Romain, dont le sénat fit l'élection sur les instances des troupes; mais les uns comme les autres étaient toujours égorgés à la fin. On peut en compter vingt à l'environ qui finirent ainsi, sur le nombre de vingt et deux, depuis Caracalla jusqu'à Dioclétien, l'espace de septante ans, sans y comprendre pareil nombre ou plus grand de princes de passage, que les annales appellent *tyrans* et qui ne le furent non plus que les autres, ni souvent leurs règnes beaucoup plus courts. Tout ce temps, à partir de Septime-Sévère, répond dans *Uchronie* à celui des réformes d'Albin et de Pertinax et du grand ouvrage de la reconstitution de la république sous des consuls viagers et des tribuns provinciaux. Mais la réforme militaire ayant été manquée, ainsi que la réforme agraire et celle de l'éducation publique, et le sage cantonnement des possessions de l'empire, et la participation des provinces au gouvernement, par des empereurs qui pouvaient encore entreprendre la tâche d'arranger les choses pour la paix et pour la durée, tout ce temps ne fut que le progrès d'une anarchie devenue à la fin irrémédiable. D'une part, les empereurs ayant continué, comme c'est assez le propre de gens élevés seulement pour la guerre, et aussi l'effet de la vanité des princes et de leur ambition, de prétendre à porter plus loin les frontières, au lieu d'en avoir de bonnes et de les tenir plus sûres, les forces de l'empire s'épuisent en Orient et dans des luttes contre les Perses, ingrates quand elles ne sont pas funestes; d'ailleurs au grand dommage des mœurs et croyances publiques que tout ce mélange de peuples altère et corrompt à jamais. D'une autre part, des guerres serviles en Sicile, des guerres de paysans ou bagaudes, qui sont encore des guerres serviles, en Gaule, et transportées jusqu'en Italie; des guerres de religion, des émeutes populaires horribles à Alexandrie, font bien voir que rien n'a été réglé pour porter remède aux anciens maux et empêcher les nouveaux d'apparaître. Le monde va se dépeuplant chaque jour parce qu'il n'y a nulle sûreté pour la vie ni pour le travail; et comme le dégoût vient alors à gagner les âmes, c'est l'époque où les solitaires Paul et Antoine instituent le monachisme dans la Thébaïde d'Égypte.

La fameuse tétrarchie de Dioclétien : deux Augustes, deux Césars, leurs successeurs désignés, ne fut point une vraie constitution de l'empire, car elle ne remédia pas aux compétitions des parents ni à celle des généraux, et la distribution des gouvernements militaires entre les quatre princes parut l'expédient d'une défense perpétuelle, condamnée à devenir finalement impuissante contre des agressions perpétuellement renouvelées. En outre, cet arrangement politique accusa la décomposition croissante de l'État par l'abandon de Rome, Milan et Nicomédie faisant fonctions de capitales, par l'abandon du sénat qui resta délaissé dans cet éloignement des empereurs, et par l'abandon même des prétoriens qui pouvaient encore passer pour des corps romains, au regard des légions d'élite barbares par lesquelles on les remplaça. A mesure que Rome s'en allait ainsi, les citoyens consentaient à donner à l'empereur le nom que les esclaves seuls donnaient à leurs maîtres, *Dominus*. Ils parlaient à Dioclétien de sa *majesté sacrée*, de sa *divinité*, des *oracles de sa sagesse*, et lui, dans un palais gardé par des eunuques, portant le diadème au front, la robe de soie et d'or, la chaussure constellée de pierreries, s'offrait aux adorations de ses sujets prosternés. Ne croyez pas que rien dût être changé à ces usages parce que les empereurs ne tardèrent pas à se dire chrétiens, car ils furent aussitôt regardés comme investis de la puissance de Dieu pour soumettre le monde aux bonnes doctrines et le ranger à l'obéissance des évêques orthodoxes. Auparavant l'apothéose ne leur venait que morts, et de leur vivant ils agissaient en guise de simples hommes. Ils vont être à présent le bras séculier, et c'est à dire le bras de Dieu même, sous la condition de prendre l'inspiration de leur vouloir au siége de la pensée divine que le mystère de l'ordination a placé dans la tête d'un évêque, et de ne se pas tromper dans le démêlement des vrais et des faux pasteurs.

De Dioclétien abdiquant, à cause du dégoût qui le prit de son œuvre, à Constantin seul régnant, il n'y eut que l'intervalle de la moitié d'une génération où les compétiteurs Augustes et Césars abondèrent avec des catastrophes diverses; et du second de ces empires au premier il ne se trouva nulle différence que la résolution prise par un empereur de fortifier son autorité de toute celle des sectaires que ses prédécesseurs vainement et à plusieurs reprises avaient tenté d'abattre. Cet homme dont vous avez vu la figure employée en *Uchronie* comme celle d'un ambitieux révolté et chef de parti vaincu (grâce à des circonstances créées et maintenues durant un siècle entier par la politique des réformes) il fut dans la réalité l'héritier nécessaire de la politique des dilations et vains expédients. Il amplifia son titre suranné et sans emploi de pontife suprême à Rome de la prétention plus sérieuse et efficace d'un pouvoir chargé par délégation de la Providence de réduire l'univers en l'unité forcée de la foi qu'il déclara seule bonne. Il ne renonça point à faire l'apothéose de son père Constance, selon les rites de l'ancienne religion, mais il donna l'exemple à ses peuples de se sanctifier lui-même avec les cérémonies de la nouvelle qui, au moyen d'un baptême habilement différé jusqu'à l'heure de la mort, le blanchit par opération mystique de tous les crimes qu'il avait commis. Car cette nouvelle foi n'ayant point affaire avec la vie honnête, hormis en dires et sermons, n'avait su empêcher ce grand catéchumène d'assassiner sa femme, son fils et son neveu; si c'est assassiner que faire mettre gens à mort sans forme de jugement. Où il signala son christianisme, outre son grand zèle à faire édicter la soi-disant unique et catholique doctrine de la foi, de quoi je vais parler tout à l'heure, ce fut par exemple en abolissant le supplice de la croix et ces infâmes combats de gladiateurs qu'on avait tant reprochés à la noble antiquité, quoiqu'ils ne lui appartinssent pas, mais seulement à sa corruption. Comme il n'obéissait pour une réforme de cette sorte qu'à l'attente commune dont l'humanité était le moindre motif, il ne laissa pas au demeurant de livrer des prisonniers aux bêtes dans l'amphithéâtre, et de promulguer sur le sujet du mariage, du rapt et des enfants naturels, des lois atroces de proscription et de supplices qui font frémir la plus ordinaire et mondaine charité.

La grande affaire de ces temps est de décider à tout prix et puis d'imposer ce qu'il faut croire en matière de choses divines, au lieu de rechercher ce qu'il est bon et sage de vouloir et de faire en l'ordre des choses humaines. L'empereur Constantin accepta la mission de contraindre les hommes à croire correctement, en sorte qu'il se rendit l'instrument de changer en une injuste domination ce qui n'avait paru d'abord que la revendication d'une juste liberté : paru du moins à ceux qui ne voulaient point observer ou prévoir les effets du fanatisme chez des gens tellement pénétrés de la supériorité de leurs consciences sur celles du reste du monde, et pleins de mépris pour le droit du prochain à penser autrement qu'eux-mêmes. C'était un même fait d'usurpation de renverser les *idoles*, à savoir la croyance d'autrui, par l'acte du zèle d'un particulier, au Iᵉʳ siècle, ou de les renverser par décret de la loi au IVᵉ; à cela près que la puissance publique fit sienne la violence dans ce dernier cas. Les martyrs ne furent bien souvent que des persécuteurs de fait ou d'intention persécutés, et c'est à quoi Constantin mit ordre en faisant passer toute la force de leur côté. Sans doute il ne persécuta point de prime abord les anciens cultes des cités, les adhérents des anciens dieux, car le souverain est toujours tenu de ménager les habitudes des peuples, et il fallut attendre un demi-siècle environ avant de sûrement et définitivement proscrire celles-là; mais il montra sa volonté et son savoir-faire en l'art de procurer l'unité des croyances, dans la propre enceinte de la religion qu'il avait résolu de professer. Après avoir fait établir le canon de l'uniformité de doctrine,

par les évêques assemblés en la ville de Nicée, il ordonna aux
gouverneurs des provinces de bannir loin des populations fidèles
les « loups dévorants couverts des peaux des brebis, les faux
prophètes au cœur corrompu » : par où il consacrait la maxime
d'iniquité et de haine qui n'a cessé de prévaloir depuis ce temps,
qui dit que les erreurs de croyance (étant l'erreur, au jugement
de chacun, cela que lui-même ne pense point) sont les fruits du
vice et les effets de la corruption du cœur. Cet empereur qui avait
commencé par écrire une lettre que vous avez pu lire dans
Uchronie, en laquelle il représente aux évêques combien il serait
plus expédient pour eux tous de se taire sur des questions dont
personne ne sait le fond, que de s'entre-déchirer par la rage d'en
disputer; ayant ensuite reconnu que le silence, moyen toujours
préféré des princes, était trop malaisé à obtenir et qu'il fallait
s'arrêter à un autre parti : celui de déclarer l'unique foi qu'on
aurait ordre d'appeler orthodoxe et catholique à jamais, il fit tenir
une missive aux *hérétiques*, qui étaient ceux qui ne se rangeaient
point au symbole de la foi ainsi commandée. En cette lettre que
ses panégyristes ont rapportée, il invectivait contre ces rebelles,
les nommant, en style ecclésiastique, « ennemis de la vérité et de
la vie, oppresseurs de l'innocence, perpétrateurs de crimes
énormes et contagieux qui tuent les âmes, et dont la seule pensée
corrompt la pureté de la foi. » Aussi bien et plus sincèrement il
les aurait qualifiés de criminels d'État, pour l'audace de répandre
d'autres opinions que celles qui obtiennent l'adhésion du prince,
puisqu'il allait passer en règle que les empoisonneurs des âmes,
réputés les pires de tous, seraient ceux qui leur délivreraient une
autre nourriture que celle recommandée par des maîtres spirituels
avec approbation de la part des temporels, et au besoin contrainte
d'en prendre. Ces derniers maîtres, bien malheureusement pour
la pleine réussite d'un ordre si beau, se sont montrés parfois peu
dociles à leurs conducteurs, ou en peine de discerner les vrais et
autorisés. Constantin lui-même en fut un exemple, quand il se
trouva plus embarrassé qu'il ne l'avait d'abord cru possible, de
choisir entre les très-savants et pieux évêques ariens qui gagnèrent
son oreille, et d'autres, leurs ennemis, également fort habiles. Ses

successeurs éprouvèrent même perplexité, en sorte que la persécution se porta de droite à gauche et de gauche à droite plus d'une fois. Mais comme enfin il faut toujours que quelque côté l'emporte dans les affaires humaines, toujours aussi on a cette ressource d'appeler orthodoxe l'opinion qui vient à triompher; et même encore catholique la doctrine qui n'est universelle qu'en espérance. C'est une grande et bien nécessaire ressource dans le système de l'unité et invariabilité de la croyance de l'Église.

Je n'ai point à m'arrêter à ces péripéties, desquelles vous avez pu voir dans *Uchronie* une histoire fort réelle sous des arrangements imaginaires. Nous n'aurions même nul besoin de savoir à quelle sorte d'hérétiques l'empereur Constantin adressait ces injures. Il suffit que vous remarquiez l'entrée dans le monde de cette chose nouvelle et qui se commande, appelée le dogme; la proscription appliquée à l'erreur en matières inconnues ou douteuses, et l'interdiction non-seulement de tous cultes nouveaux (bientôt après, des anciens) dans la cité, mais encore du franc pouvoir de penser ce que des prêtres n'auraient pas dit. C'était donc pour ceux-ci se déclarer infaillibles : ils n'en disconvenaient point, feignant un Saint-Esprit pour les illuminer dans celles de leurs assemblées qu'ils avaient le crédit de faire décréter seules bonnes et catholiques. Leurs contredisants étaient alors les hérétiques, ennemis de ce Saint-Esprit et dignes pour cela d'éternelle réprobation, avec effets temporels autant qu'on pourrait y en joindre. Constantin leur fit défense de s'assembler publiquement ni en lieux privés; s'ils contrevenaient à ses ordres, il voulut que leurs oratoires et maisons d'assemblées fussent confisquées et remis aux évêques fidèles et autorisés; et il commanda de saisir et détruire leurs livres, ce qui fut le commencement pour l'autorité publique de s'ingérer dans le discernement des vérités ou mensonges physiques et métaphysiques.

Sous Constantin et ses prochains successeurs, la puissance des évêques arriva fort vite à balancer la même puissance civile qui leur donnait une investiture de la vérité divine. On le vit bien quand les empereurs s'étant portés pour un temps du côté des hérétiques ariens, un simple évêque dont l'obstination et l'ardeur, avec l'appui des moines d'Égypte, furent la cause principale au catholicisme de se fixer où effectivement il se fixa, l'évêque Athanase opposa aux persécutions une résistance si longue et finalement victorieuse. Il est à croire que l'empereur Julien, dit l'Apostat, même en disposant du temps qui fut refusé à son entreprenant génie et à ses intentions pour le bien d'un empire alors matériellement très-compromis, ne serait point parvenu à rendre aux pontifes des dieux symboliques et aux aruspices un crédit dont dix-huit cents évêques étaient en possession auprès des peuples. D'ailleurs ce n'était point là de quoi rétablir une république romaine; et le temps favorable en était entièrement passé. Une république religieuse des gentils en avait pris la place, qui devait, malgré tous les efforts des administrateurs et gens de guerre, amener la ruine des institutions civiles et le retour des États à la barbarie.

Ces évêques étaient à l'élection des peuples, mais ils ne le demeurèrent point, de façon que l'autorité spirituelle sous laquelle chacun devait se courber ne dépendit bientôt plus que du sacerdoce lui-même. De l'ordination faite sans condition de rang ou de naissance il sortit une génération spirituelle de prêtres aussi puissants que les castes des mages ou les pontifes d'Égypte.

Ils étaient célibataires, ou de plus en plus le durent être; exempts des devoirs civils, soustraits à toute juridiction pour leurs délits, hormis à celles de leurs pairs, ce qui veut dire indépendants de la loi, et formaient une hiérarchie entre eux, par quoi ils composèrent une république libre dans l'empire; et ils devinrent encore fort souvent les arbitres choisis par les parties dans les contestations des citoyens, puis les maîtres d'arrêter l'action publique contre les criminels, grâce au droit d'asile accordé aux lieux saints.

Ils étaient propriétaires incommutables de biens-fonds, dont la masse allait toujours croissant, à raison de la permission qu'ils eurent par édit de Constantin, et conservèrent toujours, de recevoir des legs des particuliers pour être à perpétuité incorporés à l'Église ou à ses œuvres temporelles.

Ils joignaient enfin au privilége de prêcher, enseigner et déter-

miner seuls toutes vérités au monde la fonction de censeurs privés
et publics par la confession et la chaire, dispensateurs de pénitence, excommunicateurs d'impénitents jusques à mettre en interdit les magistrats et les villes entières. L'infaillibilité des oracles
ecclésiastiques dûment prononcés mettait le sceau à tous ces pouvoirs, qu'on peut dire avoir été sans limites, puisque ceux qui les
exerçaient, s'ils se contenaient plus ou moins forcés dans certaines bornes, s'arrogeaient toujours le droit de seuls décider lesquelles bornes sont justes et légitimes.

Je m'arrête à définir ces points de la domination ecclésiastique,
car ils ont à la vérité treize cents ans d'antiquité au moment où
j'écris, et la grande révolte de plusieurs peuples de l'Europe au
dernier siècle, si ce n'est le temps écoulé, en a affaibli ou ruiné
en divers pays quelques-uns; mais c'est seulement d'hier que la
paix des puissances signée en Westphalie a mis fin à la terrible
guerre de religion que l'on dit la dernière et qui ne l'est peut-être
point. Car les raisons des États catholiques subsistent toujours et
gouvernent les conseils de princes très-puissants. Le sacerdoce n'a
fléchi en nulle de ses maximes, et il y a des nations qui plus que
jamais lui appartiennent; il a même inventé de nouveaux moyens
très-efficaces de les conduire. Les princes qui ont abandonné le
projet de conquérir le monde à leur religion par les armes et de
l'assujettir aux prêtres, n'ont point pour cela perdu la faculté de
reprendre un plan confondu cette fois par les événements, ni l'autorité d'imposer le culte et la foi dans leurs propres États s'ils le
veulent ou dès qu'ils le voudront. Enfin les règles du fanatisme,
l'imposition des croyances par contrainte et la confusion du crime
avec le fait de ne point soumettre sa conscience à la fantaisie
d'autrui, ont formé dans les âmes un tel établissement séculaire,
que vous voyez autour de vous les protestants eux-mêmes se persécuter entre eux, et ceux qui étendent leur franc arbitre à l'examen de toute religion autorisée, n'oser s'en découvrir à personne.
A qui ne craindriez-vous pas de montrer les pensées que je mets
ici par écrit pour vous seuls?

Je veux maintenant les poursuivre, non jusque dans l'histoire
de la formation ou de la chute des États qui furent la suite de cette

grande ruine romaine, mais pour vous représenter le tableau en raccourci des attentats, des persécutions, guerres et massacres dont les annales des peuples sont pleines, depuis le temps où il est passé en règle et coutume que chacun emploie ce qu'il a de puissance ou de moyens, qu'il soit prince ou particulier, pour forcer chaque autre à penser comme lui, ou sinon à l'attaquer et vouloir le détruire. Les persécutions commencèrent dans l'enceinte de la religion nouvelle : elles naissaient de l'esprit de ses partisans, en leurs sectes diverses et ennemies; Constantin les accrut et fortifia de tout le poids de la puissance publique, laquelle il exerça, et ses fils plus aigrement que lui, en faveur de celle qu'il embrassait, qui ne fut pas toujours la même. Un de ces derniers fit un édit contre l'ancienne religion, ordonnant la fermeture des temples et interdisant les sacrifices. Un moment les mesures de rigueur se trouvèrent ajournées, l'empereur Julien ayant porté son édit de pacification religieuse et tolérance universelle, par lequel il rendait à chaque secte son bien, la liberté à toutes personnes, et leurs siéges aux évêques qui s'étaient entre-bannis. Mais la volonté d'un homme seul ne pouvant apaiser les haines non plus que réformer les mœurs, toutes choses ne tardèrent pas à reprendre leur cours fatal; et comme le monde ne comprenait plus rien en dehors des persécutions, Julien fut déclaré lui-même avoir été un persécuteur de l'Église, parce qu'il avait tenté de la dépouiller du pouvoir de persécuter, et d'autre part essayé de remettre l'éducation des Romains à d'autres qu'aux sectaires qui s'en emparaient pour leur insuffler le fanatisme. Bientôt après les philosophes adhérents de Julien, qui avaient rappelé les catholiques et les hérétiques de l'exil, devinrent les victimes de la fureur de toutes les sectes réunies. Réduits partout à se cacher, exterminés, forcés au suicide, on les comprit, afin de les pouvoir mettre plus sûrement à mort, dans le nombre des suspects des arts soi-disant magiques, contre lesquels il y eut, sous les règnes de Valentinien et de Valens une atroce poursuite, une inquisition, des tortures et des supplices qui terrifièrent plusieurs parties de l'empire. Auparavant et de tout temps les magistrats avaient dû sévir contre des misérables, où fanatisés ou menteurs, qui abusaient la crédulité publique. Mais alors seulement commencèrent les procédures sanglantes et hideuses contre les prétendus suppôts du démon. Cette abomination a depuis infecté toutes les âmes, rempli d'horreur et de cruauté le monde et servi de prétexte pour perdre les hommes que leur esprit élevait au-dessus du commun.

L'édit définitif pour rendre le catholicisme obligatoire est celui de ce Théodose que vous avez vu figurer ironiquement dans *Uchronie* (mais plus cruelle est l'ironie de l'histoire qui l'a surnommé *grand*) comme l'exemplaire dernier et malheureux des prétendants à l'empire dans une république régénérée. Sous le règne de ce Théodose, finit, avec les jeux d'Olympie, cette ère des olympiades que l'auteur d'*Uchronie* a prise avec juste raison pour celle des hommes libres. La division de l'empire va devenir définitive, mais en telle sorte que les mœurs de l'Orient soient celles aussi de l'Occident, qui va se dissoudre. Les armées de Théodose sont des armées de barbares. Ils sont les maîtres de tout sous son nom, avec les commandements qu'il leur donne et par les secours qu'il leur achète et qui le mettent à leur discrétion, par les territoires qu'ils occupent et ne quittent plus, en attendant le moment d'inonder les autres. Des généraux, des eunuques ou autres officiers de cour, des évêques; des camps de barbares, des palais où vivent sous la protection de l'étiquette orientale les princes suspendus entre l'adoration et l'assassinat; des villes où les querelles théologiques sont des émeutes et les émeutes des massacres d'hérétiques ou de juifs; les peuples dans la misère, qui ne peuvent ni semer et récolter en paix, ni défendre contre le collecteur les maigres biens que le soudard leur a laissés, et les citoyens des villes capitales nourris dans l'oisiveté par les sueurs exprimées des campagnes, voilà maintenant le spectacle du monde grec et romain. Voilà l'ordre détruit des cités terrestres, dont les empereurs, qui n'en sont plus même les maîtres, livrent les tristes débris dans les mains des marchands de promesses de la cité du ciel, se chargeant quant à eux de forcer au besoin leurs sujets à croire ces promesses, à les payer, et ne croire plus jamais autre chose. C'est notre bon plaisir et volonté, disent-ils (car tel sera le style des lois désormais), que tous citoyens et magistrats s'abstiennent des cérémonies que la véritable religion (à savoir la mienne) défend. Il y aura peine de mort pour tous formels contrevenants, confiscations des terrains ou maisons souillés par le faux culte, et amendes pour les complices ou non-révélateurs. En conformité de cet édit fréquemment renouvelé, les temples sont détruits, les statues sont brisées, depuis l'autel de la Victoire à Rome jusqu'aux provinces les plus reculées de l'Égypte, et le nouveau sacerdoce hérite partout des biens des prêtres qu'il proscrit : à quoi les hérétiques applaudissent aussi bien que les catholiques, selon le dire bien croyable d'un docteur de la nouvelle jurisprudence de la foi, lequel enseigne un peu après ce temps qu'on doit contraindre les incrédules à croire, pour leur vrai bien et éternel avantage, et que ceux d'entre eux qui ne sont pas ingrats ne tardent point à bénir leurs persécuteurs; et que c'est bien là la propre doctrine des Évangiles. Cette doctrine se tourne contre les *hérétiques*, qui sont naturellement ceux auxquels manque la force d'en faire application aux autres qui les nomment de la sorte pour les persécuter.

L'édit défend à ces hérétiques de s'assembler et usurper le nom sacré d'Églises, à peine d'encourir les châtiments qu'il plairait à l'empereur de leur infliger à compte sur l'éternelle damnation. Il plut à Théodose d'interdire aux uns, qu'on appelait les eunomiens, d'hériter et de tester, ce qui, joint à diverses marques d'infamie, les frappait d'excommunication civile et les livrait à l'injustice et haine des particuliers. A d'autres, tels que les manichéens, il ordonna la mort. A d'autres, les priscillianistes, la mort encore et les tortures, les femmes n'étant pas même exceptées des supplices. Les peines furent spéciales et plus dures contre les relaps, afin que si quelque hérétique se convertissait par faiblesse, la crainte lui devînt une chaîne définitive et le forçât à prendre les dehors d'un vrai fidèle. On ne vit de tous côtés qu'inquisiteurs de la foi et délateurs encouragés et récompensés. Puis venaient les expéditions de guerre pour l'établissement de la religion impériale. L'arien Constance, fils de Constantin, avait le premier envoyé une telle expédition contre les novatiens de Paphlagonie, condamné les catholiques aux sacrements forcés, que

distribuaient les évêques ariens à la suite des troupes, enlevé les
enfants pour leur administrer le baptême, et torturé la constance
des femmes. Le catholique Théodose, à son tour, suivi de l'évêque
Grégoire, entre avec ses soldats dans l'arienne Constantinople
comme en une ville prise, y fait régner la terreur, confisque au
profit des catholiques les biens d'église des ariens, et rend par la
force des armes tout l'Orient à la foi de Nicée. Au reste, celui-ci
aurait pu s'intituler l'exécuteur des villes : il envoyait ses légions
décimer celles qui l'avaient offensé, et les soldats avaient mission
de lui pour massacrer des populations sans défense. C'est ainsi
qu'il fit pour Antioche, et ainsi pour Thessalonique. Ce dernier
cas, les gens qu'on égorgea n'étant point des juifs ou des hérétiques, ou du moins égorgés comme tels, fut une admirable occasion à l'évêque de Milan de montrer jusqu'où pourrait aller la
puissance du prêtre; car il soumit l'empereur à une pénitence
publique, mitigée, très-mitigée sans doute, comme il convient
toujours de la donner au chef de tant de soldats, mais humiliante
pour la sacrée majesté, si l'apparat d'une humble dévotion ne l'eût
su tourner à la gloire du pénitent et diriger vers l'utilité du prince.

Ainsi le fanatisme ne produisait plus seulement de ces tumultes
de cités, accidents de guerres civiles, exécutions populaires,
comme on en voyait depuis plusieurs siècles à Alexandrie ou en
d'autres villes d'Orient, comme naguère on en avait vu dans
Rome même, le jour où le pape Libère ayant fait sa soumission
aux autorités ariennes et obtenu sa réintégration au siége romain,
ses partisans en avaient pris occasion de massacrer les tenants de
l'autre pape Félix. Mais l'esprit de persécution et de haine pour
cause de la religion est organisé dans tous les membres de l'État:
premièrement dans les évêques, devenus les maîtres d'imposer à
chacun le culte dont ils ne réclamaient jadis que la captieuse
liberté; secondement dans les princes, étant reçu que les bons
doivent être les bras séculiers des évêques; et troisièmement dans
le menu peuple des fidèles, cette milice de volontaires conduits
par la milice épiscopale des moines, et des saints excès de laquelle,
comme autrefois des soulèvements des prétoriens, il faudra que
les princes approuvent les effets. C'est de cette manière que Théo-

dose, qui se plaignait que ses sujets eussent fait montre de leur foi en massacrant des juifs et pillant des synagogues, ce qui était entreprendre sur son autorité, eut objurgation de l'évêque Ambroise et se résigna à régulièrement remettre aux mains des catholiques les biens d'autrui que leur zèle avait usurpés sans ordre.

L'empire des croyances étant ainsi livré à la violence, celui du gouvernement et des lois ne tarda point à l'être pareillement, quand toutes les forces de l'État passèrent aux barbares, ceux-ci chassant les gouverneurs romains et puis se chassant les uns les autres et se succédant, fondant et détruisant des royaumes plus ou moins chrétiens, soumettant les peuples à des exactions imitées des empereurs, livrant incessamment les serfs à de nouveaux seigneurs qui les faisaient passer de pillage en protection et de protection en pillage, selon les hasards de la guerre, jusqu'à ce que toutes choses étant venues à dissolution, chaque homme ne sût plus rien au monde au delà du château et de l'église, dont l'un lui prenait son corps et l'autre son âme; et il fallut que les États se refissent à force de temps, en s'élevant derechef de la barbarie à l'ordre civil perdu. Voilà ce que la politique impériale et la politique ecclésiastique, l'une brochant sur l'autre, ont fait de la paix romaine et de l'empire d'Occident. L'empire d'Orient se traîne pendant ce temps, en proie aux intrigues de cour, révolutions de palais, disputes théologiques, invasions de hordes étrangères et profonde corruption intestine. Cet empire a l'art de tourner sa civilité même en barbarie, et ne possédant nulle vertu ni dans sa religion savamment puérile, ni dans son gouvernement ni dans ses mœurs, pour rayonner et agir sur les peuples qui le regardent au levant, il est destiné à assister, sans pouvoir s'y opposer, à l'invasion du mahométisme, savoir à cette révolution de la foi simplifiée, propagée (comme l'autre) par les armes, qui va les entraîner tous, et qui finalement le détruira lui-même. C'est vous en dire assez de l'empire d'Orient, puisqu'à sa place vous avez sous les yeux les nations prosternées que son christianisme, fait de métaphysique et de superstitions, et ses empereurs n'ont pas été capables de défendre.

Le catholicisme, les évêques et les moines, en achevant de con-

cert avec les empereurs romains et princes barbares la ruine de
la civilité antique dans l'Occident, en ont gardé du moins les lettres,
qui leur étaient très-nécessaires en leur propre établissement
d'administration et de doctrine ; et par là diverses traditions et connaissances dont la conservation a retenu sur son penchant le
monde croulant, et permis aux hommes de revoir de temps à
autre un éclair des choses anciennes, puis, après un laps de mille
ans, de retrouver les titres de l'humanité civile, joints à ceux de
la primitive liberté évangélique ensevelis sous la vaste construction sacerdotale. Néanmoins tout ce qui put être obtenu pour
l'affranchissement des âmes, hormis certaine culture mécanique
des lettres, le fut contrairement au désir et aux persévérants
efforts de l'Église. Sa douceur qu'elle a vantée ne laissa pas de
prêter les mains à toutes les violences qui servaient à ses fins et
de corroborer tous ceux des pouvoirs des dominateurs de la terre
qui ne nuisaient pas à sa propre domination. Les sujets de la
double puissance temporelle et spirituelle se trouvèrent ainsi
foulés doublement et par les guerres des princes, desquelles l'ambition, l'avarice et l'orgueil sont les ordinaires mobiles, et par les
persécutions de la foi, nées des mêmes causes que le fanatisme
n'exclut point ni chez les prêtres ni chez les rois, et qui occasion-
nèrent d'autres guerres et des supplices innombrables. Je ne
m'ingérerai pas de vous raconter les cruautés des temps où la
guerre en se rappetissant se multiplia sans fin et s'envenima, non
plus que celles des temps appelés de paix, dans les États où le
prince et l'Église ont tenu le glaive ou le bûcher en continuel exercice ; mais je veux vous faire bien sentir, en les définissant et les
éclairant de quelques exemples, les traits principaux qui marquent
cet âge du monde dont je vous ai expliqué l'origine et dont les
suites fatales gouvernent tant de choses encore autour de vous.

Premièrement, faites attention à l'anarchie et pour ainsi dire à
l'extinction civile que je vous ai déjà signalée. Si vous voulez vous
former une juste idée du point où la décomposition sociale et la
guerre universelle furent poussées à l'époque dite féodale, et pour
conduire à l'extrême division du monde en châteaux et paroisses,

monastères et nids de vautours, songez à la *trêve de Dieu*. Cette institution, qui marque la limite en ce temps de la puissance de pacification attribuée à l'Église, consiste en la défense de se battre à de certains jours, et par conséquent confirme l'usage universel et continuel des combats entre seigneurs ou autres chefs de bandes armées et d'expéditions de maraude. Aussi n'est-ce point sans raison que ces États, n'ayant plus rien de civil ni dans leurs traditions ni dans leurs coutumes, renoncèrent à compter les années suivant une ère civile. Les jeux olympiques avaient cessé d'être célébrés, dans le temps où le culte des dieux était interdit sous peine de mort, et où le chef gothique Alaric, mettant toute la Grèce au pillage, se préparait à saccager aussi Rome. Après l'ère des olympiades, qui est celle du monde occidental, après la ruine de l'empire d'Occident, l'ère des consulats se prolongeait à Constantinople par des noms et des ombres de consuls que l'empereur Justinien fit enfin disparaître. Les Grecs comptèrent alors les années non par les magistratures, mais à partir d'un point chimérique, *a mundo condito*, imaginé sur des chiffres de la Bible des Septante, et ratifié par des évêques. Ceux de l'Occident donnèrent la préférence à l'ère *a christo nato*, dont le point originaire n'est pas net et n'appartient pas à l'histoire authentique. Ainsi les annales furent retirées du domaine civil et suspendues à des doctrines religieuses. En effaçant les dernières traces ou plutôt la mémoire des cités libres et des magistrats électifs, l'univers, comme il était devenu, ne fit que se rendre justice.

Secondement, observez toutes les altérations que subissent l'idée même et les effets du droit, à mesure que les esprits ne connaissent plus que l'empire des superstitions pour atténuer celui de la force, ou pour le corroborer. Sans doute les traditions des jurisconsultes, recueillies au temps de Justinien, conservent un certain principe de la raison dans le droit, et maintiennent, encore que fort obscurcie par la fiction des révélations directes de Dieu, la pensée antique d'une relation naturelle de justice entre tous les êtres possédant la communauté de l'intellect; mais néanmoins la notion des obligations naturelles et de celles qui

naissent des libres contrats est et reste affaiblie durant bien des
siècles, à cause de la croyance en l'obligation supérieure qui procède des volontés divines inscrutables et des volontés des prêtres
et des puissants. Alors s'établissent des coutumes barbares que
l'Église ne peut ou ne veut réprimer, car elle met son empreinte
sur toutes, et que parfois elle encourage et dont elle profite pour
sa domination. Il faut en dénombrer quelques-unes :

C'est d'abord l'idée grossière qu'avaient les peuples envahisseurs, que le mal commis, le tort causé au prochain s'évaluent à
prix d'argent et se payent en raison du pouvoir que l'offensé
aurait de se venger et du péril où pourrait se trouver l'offenseur.
Le principe des compensations pécuniaires fut fort du goût des
évêques et moines, qui, feignant Dieu offensé par les manquements
aux prescriptions ecclésiastiques, ainsi que par les crimes communs, obtinrent des donations de biens, des érections d'églises,
des constitutions de monastères, des priviléges d'asile et autres,
sur le fondement superstitieux des injustices à réparer, qu'on ne
réparait point, et des flammes de l'enfer dont il fallait se racheter,
non par la bonne vie, mais par les services rendus à l'établissement temporel du sacerdoce.

C'est le combat judiciaire et l'épreuve judiciaire, autres prove-
nances des barbares, autres dérogations et contradictions aux idées
les plus simples de justice et de jugement, auxquelles tantôt la
superstition sincère et tantôt l'hypocrisie donnèrent couleur religieuse en imaginant de secrets *jugements de Dieu* rendus par
l'issue du combat ou de l'épreuve. Le duel, inconnu de l'antiquité,
et qu'elle n'aurait même point compris en matière de revendica-
tions ou d'injure et de litige, entra dans les mœurs sous la double
protection et de l'insolence de l'oppresseur, qui entend bien que
la force décide de tout, et de la basse crédulité de l'opprimé qui,
résigné à connaître du droit par le succès, voit le décret de Dieu
dans l'événement. On nomma chevalerie le brutal mélange de la
mysticité avec l'épée. Le chevalier s'intitula redresseur des torts,
dans la poésie, et fut ordinairement celui qui se tient prêt à soutenir par la force de son bras tous les torts qu'il a pu faire. Le
duel est toujours, d'un côté, négation de justice, aggravation d'in-

jure; des deux côtés à la fois, aveu que le vainqueur doit avoir raison. Quand donc les hommes en acceptent l'usage et l'imposent à peine du déshonneur, ils déclarent très-manifestement soumettre la justice à la violence et abaisser toutes les vertus humaines devant la promptitude à donner la mort ou à la recevoir. L'Église, il est vrai, a fini par ranger le combat singulier au nombre des péchés, mais elle n'a pas laissé d'en fournir un aliment mystique, et on ne voit pas d'ailleurs qu'elle ait excommunié les champions du combat judiciaire et les duellistes, comme elle a fait les hérétiques ou les princes qui épousaient leurs cousines. A l'égard de l'ordalie, de ces horribles épreuves de l'eau, du feu, du fer rouge ou de la croix, tenant lieu d'enquête, elles ont été de pratique fort autorisée, comme rendant témoignage à la foi et servant à la nourrir par de tels spectacles. L'éducation donnée aux nations par le catholicisme les a tenues en cela ravalées au niveau de la procédure qu'on suit chez les sauvages les plus abrutis. Il n'y a pas encore deux siècles qu'un peuple entier, dans l'une des plus riches et des plus belles cités du monde, s'assemblait avec passion pour voir deux moines se défier à qui prouverait la vérité de sa doctrine en traversant impunément les flammes d'un bûcher. L'un des deux, nommé Savonarole, y monta seul peu de temps après. Mais les débats de ces hommes et de leurs partisans sur la permission accordée ou refusée de porter des talismans sacrés avec soi en subissant l'épreuve, les craintes témoignées au sujet des pratiques de magie qui eussent pu, croyait-on, altérer le jugement de Dieu, l'intervention de toutes les autorités civiles et religieuses dans le règlement des conditions et la disposition pompeuse de la scène, enfin le fanatisme et la férocité de la foule en cette incertaine attente ou d'un miracle ou d'un affreux supplice, nous sont de grandes marques de l'entière corruption des principes du droit.

Je vous ai nommé la magie, et c'est encore un caractère de cette corruption que d'avoir introduit de faux crimes dans la pénalité, avec des procédures pour saisir la réalité de ce qui est imaginaire, avec un préjugé fait de crédulité et de peur à l'endroit des connaissances qui passent la mesure commune, avec

des peines cruelles contre la manie, estimée diablerie, et contre
la science, suspecte d'œuvres surnaturelles. Les croyances du
monde antique, au temps de la décadence principalement, avaient
été salies de bien des superstitions dont les questions de crimi-
nalité n'avaient pu tout à fait éviter l'infection. Cependant le droit
dans son ensemble était resté du domaine des réalités civiles,
tandis que sous l'empire du catholicisme on vit grandir continuellement la sphère des crimes de miracle, et les accusations de
magie et de sorcellerie, comme celles d'hérésie, se mêler à toutes
les autres, et souvent les dominer, contre les ennemis qu'on voulait perdre. C'est ainsi que Symmaque et le théologien Boèce,
accusés à la cour du roi Théodoric d'avoir *désiré la liberté de
l'Italie* gouvernée par ce barbare, entendirent motiver leur condamnation sur les crimes de sacrilége et de magie. L'usage en
demeura; sept ou huit siècles après, les templiers, dont le pape
et le roi de France avaient conjuré la ruine, furent victimes d'im-
putations pareilles. Entre les innombrables procès d'hérétiques et
de sorciers, qui ont couvert la terre de sang, il est sans doute
superflu de vous citer celui de la Pucelle d'Orléans, conduit par
l'Église elle-même. Et je ne vous rappellerai ceux d'Urbain Gran-
dier et de Léonore Galigaï que pour vous faire observer la constance et la perpétuité d'une législation si honteusement et profondément viciée, puisqu'ils sont de notre temps.

Je vous prie maintenant de réfléchir au système entier des
pénitences et des indulgences, reçu dans l'Église catholique.
Voyez-y une violation outrageuse des préceptes de justice et de
juste réparation des méfaits. L'antiquité qu'on veut appeler profane déclarait universellement par la voix de ses sages et philosophes, que le précepte de bien faire a sa signification et sa sanction en nous-mêmes, et se rapporte à nos devoirs d'hommes vis-à-
vis des hommes; que la culpabilité est personnelle, que les offenses
ne se rachètent point par de vaines pratiques, et que le mérite des
uns ne compte pas pour vertu aux autres qui prévariquent. Mais
les théologiens ont décidé que les commandements du Créateur
et révélateur, dont ils se rendent les organes, imposent des obligations dont nous ne sommes point appelés à nous rendre compte,

et qui, justes ou injustes qu'elles nous puissent paraître, sont
saintes pour cela seulement qu'elles sont sa pure volonté. Ils ont
voulu que les *œuvres* ne fussent pas avant tout des actes de bonne
vie, mais des réceptions de sacrements et accomplissements de
rites qui *justifient*, étant d'ailleurs accompagnés de certaine foi
qui est un don tout gratuit de Dieu, et que néanmoins on est
coupable de ne se pas donner. Il leur a plu de feindre l'existence
d'un mal profond inhérent à la masse humaine, non pas résultant
des fautes de tous, comme il n'est que trop vrai, et inégalement
partagé entre tous, mais absolu et commun, et imputable à crime
personnel à chacun qui ne l'a pas commis; et puis d'imaginer que
les souffrances de Dieu fait homme ont permis à toute personne
d'échapper à sa part de responsabilité, moyennant qu'elle s'applique ou qu'on lui applique, fût-ce sans son aveu, par voie de
sacrement, des mérites qui ne lui appartiennent en rien. Suivant
les conséquences d'une manière de voir si perverse, on est venu
à cette extrémité de supposer que des multitudes d'hommes morts
dans le péché, ou hors de la foi, étant actuellement livrés à des
supplices infernaux que Dieu ordonne, et, d'autre part, les macérations ou les prières des saints et le sacrifice du Sauveur consti-
tuant des mérites réversibles, on peut en faire profiter les pécheurs quand ils ne sont damnés qu'à temps et trouvent quelqu'un
pour les recommander. On peut également les reverser sur les
vivants et leur faire ainsi remise des pénitences dont ils sont rede-
vables. Or celui qui opère la *réversion*, c'est le prêtre, et la recommandation qu'on trouve auprès de lui se paye de tout ce qui
sert à fortifier son autorité; en première ligne avec de l'argent,
ce sûr et commun instrument de toutes les sortes de pouvoir.

Qui donc eût imaginé, chez les anciens, pareil renversement de
toutes les idées du droit, du mérite et de la vertu? Ils eurent
bien leurs marchands d'indulgences, *orphéotélètes* ou autres com-
merçants méprisés de divers mystères, selon les temps, mais ils
ne connurent pas l'établissement universel ou catholique de ce
commerce, avec obligation légale pour le monde de s'y fournir,
ainsi qu'il arriva par l'institution de la confession et du sacrement de la pénitence. Les anciennes réoubliques et les anciennes

religions ne donnèrent pas le spectacle scandaleux et dégradant
de gens voués par ordre à confesser perpétuellement leurs péchés,
à se les faire absoudre sans offrir aucune garantie de ne point
les recommencer, et de fait et sans cesse les recommençant
infailliblement. L'adoption d'une telle manière de vivre fait de la
pénitence une simple soumission à l'autorité du prêtre, dont elle
exalte l'orgueil, et n'est, du côté du délinquant, qu'une formelle
renonciation à la justice de la vie; d'autant plus que ce dernier,
s'il croit à l'absolution mystique en même temps qu'à l'irrémédiable faiblesse de la chair, réduit tout naturellement en coutume et système de pratique à son usage l'enchaînement régulier
des tentations, des crimes, des repentirs, des absolutions, et puis
de nouveau des tentations et des crimes. Laissons cependant ce
chapitre des illusions des petits et des faibles, et de leur corruption autorisée et absoute. Voyons les crimes des grands. On a fait
bruit et honneur au sacerdoce des pénitences des princes. Mais
quand Théodose fut contraint à sa fameuse pénitence publique,
qu'on eut soin, remarquez-le, de réduire à une vaine cérémonie,
quand on ne tira de lui ni punition, ni réparation réelle de l'of-
fense et dommage, ni garantie pour les peuples contre une puissance à laquelle tout est permis, qu'obtint-on de plus que la soumission de l'orgueil d'un empereur à la domination usurpée d'un
évêque? Quand le roi Louis, dit le *débonnaire*, qui avait cloîtré ses
frères, aveuglé son neveu et combattu ses fils que des évêques
soutenaient, revêtit le sac et le silice, et fut à plusieurs fois
dégradé et rétabli, que prouvèrent ses pénitences, si ce n'est les
succès divers de la guerre ou de l'intrigue, et la coutume de donner couleur de religion aux prétentions de chacun, et sanction
divine à tous les effets de la ruse ou de la violence? Et plus tard,
lors de la lutte des papes et des empereurs, quel autre sens
donner aux pénitences acceptées par ces derniers, que celui de
leur abaissement hypocrite, en attendant de meilleurs jours,
devant une puissance qui s'attirait la faveur des peuples en leur
distribuant les signes de la faveur céleste, et portant la volonté
de Dieu à son crédit, dans tout ce qu'il lui convenait d'entreprendre?

Cette puissance ne tendait pas à moins qu'à substituer la police ecclésiastique à tout le droit civil ou politique, comme ailleurs les déclarations et révélations des prêtres à toutes les vérités naturelles; et elle y réussit en grande partie. Puisque j'ai commencé à vous parler de l'altération ou perte même du droit chez les nations, il faut que je vous marque expressément des ingérences et usurpations aussi considérables que le furent le pouvoir de lever des taxes, le pouvoir sur les sépultures et le pouvoir sur les mariages. Les conciles ordonnèrent de fort bonne heure le payement de la dîme à l'Église, et le bras séculier ne refusant point son intervention, les contributions volontaires des citoyens pour leurs cultes devinrent un impôt forcé en faveur de la religion de contrainte. On fixa d'autorité également les jours pour travailler, et les jours pour ne rien faire que prier, et ceux où l'on s'exposerait, en ne travaillant pas, à des soupçons pouvant conduire à la prison et à la mort. Les conciles déclarèrent encore que les excommuniés ne devaient point être ensevelis, et depuis lors les pourrissoirs publics qui ont remplacé les ustrines des anciens, ou champs à brûler les morts, sont devenus des lieux de privilége, desquels le cadavre orthodoxe repousse avec outrage le cadavre hérétique. A l'égard des mariages, vous savez que l'autorité sacerdotale, et nommément celle des papes, qui ont toujours visé à l'assumer tout entière, s'est arrogé le droit de décider seule lesquels sont légitimes ou non, et de disposer ainsi de l'état civil des personnes. Cette prétention s'est élevée jusqu'à disposer des royaumes en excommuniant des rois ou empereurs, et mettant des peuples entiers en interdit, comme solidaires de leurs princes. Je ne vous citerai pas tant d'exemples dont l'histoire est pleine à ce sujet, mais je vous prierai de remarquer que les raisons, bonnes ou mauvaises qu'elles aient été dans l'Église, pour permettre ou condamner tels mariages ou tels divorces, ont cédé selon les circonstances à l'intérêt de la domination ecclésiastique; que le même pouvoir qui a forcé Philippe-Auguste à reprendre Ingelburge a permis à Henri IV converti de divorcer avec Marguerite de Valois; qu'enfin on a vu les papes trafiquer des licences qu'ils accordaient, comme quand Alexandre VI a vendu à Louis XII une

permission de divorce, au prix de territoires donnés en France à
César Borgia, fils de ce pontife.

Il n'y a point à s'étonner que le spirituel étant devenu ce qui
s'appelle un pouvoir, ce qu'il n'était nullement chez les Grecs et
chez les Romains, le spirituel ait été pris pour instrument temporel et moyen d'enrichissement de ses dépositaires. De là est née
la simonie. Simonie est échange du spirituel contre le temporel et
vente de ce qui ne saurait être vénal. Or comment aurait-il été
possible que pareil échange ne s'opérât pas communément et continuellement, alors que le spirituel réclamait pour ses agents des
domaines et bénéfices, indispensables, disait-il, à son action, et
que, de leur côté, les agents du temporel, qui détenaient ces domaines et les pouvaient donner, avaient besoin des bénédictions
et consécrations des autres, pour se mieux imposer aux peuples
qu'ils contraignaient eux-mêmes à subir l'autorité soi-disant divine? Il est clair que de tels avantages mutuels ne peuvent manquer de donner lieu à trafic entre gens si portés au commerce
que le sont partout les hommes. S'ils ne trafiquent pas, il faut
qu'ils se battent. Aussi tout l'âge de l'Église catholique entièrement régnante est-il l'âge même de la simonie. A bien entrer en
l'esprit des choses, il n'y a donc pas simonie seulement quand
Vigile achète le pontificat romain à prix d'argent et adhère à la
doctrine alors en faveur à Constantinople; ou quand Bertrand de
Goth le reçoit des mains du roi Philippe le Bel, moyennant promesse entre autres de faire procès d'hérésie au cadavre du pape
Boniface VIII, son prédécesseur; ou quand le pape Jean XXII vend
tout couramment les offices ecclésiastiques; ou quand les Borgia
tirent si beaux profits de la foi des pèlerins de l'an 1500; ou
quand le pape Léon X fait colporter dans les foires et marchés
d'Allemagne des indulgences pour tous les crimes. Il y a simonie
lorsque des princes ou pontifes disposent comme d'objets matériels des territoires avec les âmes qui les occupent; ainsi, lorsque
la comtesse Mathilde lègue ses sujets au pape, ou que Jeanne de
Provence vend au pape la ville d'Avignon; car un pouvoir qui se
dit spirituel ne devrait point acheter ou recevoir à titre temporel
des âmes qui sont spirituelles aussi. Et il y a simonie au premier

chef dans les transactions, on ne peut les nommer autrement, dans lesquelles un empereur ou un roi est sacré par un évêque en échange de quelque terre et de la promesse de lui livrer les âmes de ses États et d'exterminer les hérétiques.

Troisièmement, après vous avoir montré la subversion du droit en son idée, je dois vous exposer la conséquence de cette subversion : C'est, la civilité se trouvant perdue dans les États, la prétention naturelle que le nouveau pouvoir, le spirituel, érigé en arbitre unique du juste et de l'injuste, introduit et peu à peu affiche à disposer des mains qui tiennent le sceptre, à faire mouvoir le glaive et placer les couronnes sur des têtes fidèles; en regard de quoi il faut mettre les actes d'oppression exercée par les princes sur les évêques et les papes, et le droit qu'ils réclament d'investir ceux-ci et de les déposer, afin de se défendre eux-mêmes et n'être pas entièrement les jouets des prêtres. D'un côté, l'excommunication est l'arme; de l'autre, c'est l'imputation d'hérésie, arme d'essence pareille, mais plus faible, vu le manque d'autorité en ce genre chez ceux qui la manient. Mais ils remédient à cette infériorité parce qu'ils commandent à des soldats, ce qui rend la partie comme égale; en telle sorte que recourant au seul moyen de prendre le dessus en tout, les papes, en qui se concentre la puissance ecclésiastique, affectent d'être, eux aussi, des possesseurs de fiefs et porteurs de glaives. Mais comme ils ne le sont pas primitivement ou de fondation, il est nécessaire qu'ils aient reçu des donations ou qu'ils feignent d'en avoir reçu.

Le premier qui prit le titre de *servus servorum Dei*, afin d'opposer le faste de l'humilité romaine au faste de la grandeur du patriarche byzantin qui s'intitulait évêque œcuménique, fut aussi le premier évêque qui parut obtenir décidément pour le siége romain, au prétendu tombeau de saint Pierre, une espèce de suprématie en Occident. Mais ce siége temporel que les Lombards assiégeaient et que les empereurs d'Orient étaient impuissants à défendre, il n'en avait qu'une jouissance fort précaire, lui qui, loin de s'en attribuer la propriété, se reconnaissait, pour le spirituel même, investi par l'empereur. Quelqu'un des successeurs de ce

pape Grégoire Ier, voulant se créer un titre à ce domaine, au milieu
de l'universelle anarchie, fit fabriquer un faux acte de donation de
Constantin, le premier empereur chrétien, à l'évêque romain de
ce temps, et l'on vit le pape Adrien Ier se prévaloir de cet acte vis-
à-vis de Charlemagne, selon la commune manière de qui veut
s'exempter de reconnaissance au besoin, en prétendant un droit
sur la chose qu'on lui donne. Le don fut plus réel que le Franc
Pépin fit au pape romain, et que son fils confirma, d'un domaine
pour l'Église, conquis sur les Lombards. Encore Charlemagne se
réserva-t-il une suprématie temporelle. Mais ce fief demeura soumis à l'ordinaire instabilité de tous les autres, et le profit mêlé de
chagrins que les papes en tirèrent, dans la suite des vicissitudes
de leurs expulsions et de leurs restaurations, ce fut d'être comptés
au nombre des petits seigneurs, d'en joindre les prétentions à leurs
autres prétentions, et de faire torturer et supplicier eux-mêmes des
gens sans être toujours tenus d'emprunter les bourreaux à des
princes amis.

Leurs véritables instruments de règne, qu'ils eussent aussi bien
manié du fond d'un monastère, ou errants de royaume en royaume,
comme ils l'ont été souvent, selon que chaque prince trouvait à
se servir d'eux, ce sont les sacres, les interdits, les excommunications, les investitures, les dons même de couronnes à des prétendants leurs créatures. Des pouvoirs que le clergé s'arrogeait
en cela, sitôt qu'on lui en ouvrait le chemin, on en voit d'anciens
et très-frappants exemples dans le royaume gothique d'Espagne,
en lequel d'arien devenu catholique, un concile décide de quel
sang un roi de ce pays doit être, et les évêques entrent avec les
grands dans les élections royales. Là s'établit le sacre au VIIe siècle.
Au VIIIe, en France, Pépin est sacré deux fois, et la seconde par
le pape, auquel il donne secours contre le roi lombard. Le pape
sacre Charlemagne, et puis Louis le Débonnaire, comme *Augustes*
et empereurs d'Occident ; il sacre comme rois des enfants du premier, encore en bas âge. Ensuite les rois capétiens sont sacrés
par des évêques ; ils sont oints d'une huile que le Saint-Esprit lui-
même a fournie lors du baptême de Clovis ; ils jurent de respecter
les priviléges ecclésiastiques et d'exterminer de leur terre les

hérétiques dénoncés par l'Église. Henri IV, hérétique relaps et reconverti, est oint comme les autres et jure comme les autres.

Des mises en interdit, l'énumération serait trop longue : il n'est point de pays catholiques sur lesquels n'ait été essayé ce moyen de forcer les princes à la soumission en soulevant contre eux leurs sujets, qu'on punissait ainsi pour des actes auxquels ces sujets étaient étrangers. Et de même pour les excommunications et dépositions de rois ou empereurs, à quoi ces derniers répondaient par dépositions de papes et créations d'antipapes. Le plus justement célèbre de ces actes est l'excommunication de l'empereur Henri IV par le pape Grégoire VII, auquel il avait lui-même donné l'investiture, et la déposition de ce pape par cet empereur qu'un autre pape, nommé tout exprès, sacre dans Rome même. Puis tous deux vont mourir : le pape, dans l'exil, haï et repoussé des Romains dont il a livré la ville aux Normands de Guiscard, autre excommunié et réconcilié ; l'empereur, persécuté de son fils et des évêques, chassé au loin, misérable et sans sépulture. Ce fils, à son tour, reprend la querelle, et met en prison le pape Pascal II, qui se soumet, le couronne, et puis de nouveau l'excommunie, et de nouveau est chassé. Bientôt après on assiste à la compétition de deux empereurs ayant chacun son pape, de deux papes ayant chacun son empereur. On fait des arrangements dont nul ne peut tenir. Voici maintenant le fameux empereur Barberousse, couronné, excommunié et recouronné par des papes divers. Tantôt ils réussissent à se faire baiser les pieds, tantôt ils n'évitent pas l'exil. Innocent III excommunie de même Othon IV; Grégoire IX excommunie Frédéric II, qui part forcé pour la croisade, revient, est encore excommunié par Innocent IV et se voit susciter deux anti-Césars, amis de l'Église. On offre de tous côtés ses États à qui veut prendre en main la cause du sacerdoce : au roi de France par exemple. Il meurt irréconcilié. La vengeance des prêtres sur sa maison s'assouvit, seize ans après, par la mort d'un enfant, son dernier rejeton, sur l'échafaud.

Les prétentions papales arrivèrent à leur dernier terme en Boniface VIII ; et aussi les humiliations. Il n'était point nouveau pour les papes de se nommer vicaires de saint Pierre, lequel apôtre

était un Dieu sur terre aux yeux des nations, comme l'avait remar-
qué Grégoire II. Benoît III en prenait déjà le titre au IXᵉ siècle.
Au XIIIᵉ, la revendication du titre divin fut plus directe : ils s'appelèrent vicaires de Jésus-Christ. Boniface VIII fit encore mieux :
tirant la conséquence logique de la fonction au pouvoir, il s'intitula
vicaire général de l'empire, pour prendre la place d'Albert d'Au-
triche qu'il ne reconnaissait point ; il traita de même l'Écosse de
fief ecclésiastique ; enfin, dans ses bulles contre le roi Philippe le
Bel, il revendiqua la suprématie universelle sur les États. D'autres
souverains s'étaient inclinés devant les simples chaires épiscopales, « ces trônes de Dieu, disait Charles le Chauve, par lesquels Dieu prononce ses arrêts » ; d'autres avaient conduit par la
bride la mule papale, s'étaient humiliés en des pénitences publiques ; celui-ci commit, par la main d'un ambassadeur, un acte de
brutalité sur la personne qui prétendait lui transmettre les ordres
mêmes du ciel. Mais ni cette entreprise violente et réussie, ni la
sujétion de la papauté qui en fut la suite, ni la vénalité, les vices,
les débauches de tant de papes d'Avignon ou de Rome, ni les
luttes prolongées des papes et des antipapes n'empêchèrent point
le rôle papal de se continuer dans les mêmes prétentions, ou les
princes de servir fidèlement le sacerdoce en poursuivant l'extermination des hérétiques. Des papes d'Avignon excommunièrent
encore par deux fois un empereur, Louis V, parvinrent à le déposer en dépit de l'antipape qu'il suscita, et lui firent donner par
des électeurs vendus un successeur, sous lequel le clergé gouverna l'Allemagne sans aucune sujétion temporelle. Vers la fin du
même siècle, qui est le XIVᵉ, la papauté se coupe décidément
en deux parts qui durent trois quarts de siècles divisées, et
l'on voit Urbain VI, pape italien reconnu par l'empereur et par
l'Angleterre, prêcher une croisade contre la France et contre le
pape français, Clément VII, reconnu par la France, l'Espagne
et Naples. Au siècle suivant, le XVᵉ, Podiebrad, roi de Bohême,
est anathématisé et déposé par des papes qui le veulent contraindre à violer sa promesse faite aux hussites. Quelque temps après,
c'est quelque chose de plus étrange, quoique moins sanglant, que
le don fait autrefois de la Prusse par l'Église aux chevaliers Teu-

toniques ; c'est le partage de toutes terres à découvrir dans le nouveau monde, entre l'Espagne et le Portugal, seuls appelés et autorisés, dont un méridien terrestre doit séparer les possessions. A la veille de notre siècle, enfin, nous avons l'excommunication de la reine Élisabeth d'Angleterre par le pape Sixte-Quint, et celle du roi de France Henri IV par ce pape, et de nouveau par son successeur. Au temps où nous sommes parvenus, les papes disposent toujours des mêmes armes, et sont prêts à s'en servir partout où l'occasion et l'utilité qui peuvent renaître le permettraient. Il suffit qu'ils occupent leur siège, qu'ils n'aient abandonné, qu'on le sache, aucune prétention, et qu'ils espèrent toujours trouver, étant, eux, perpétuels, et les princes changeants, des souverains puissants pour mettre le glaive à leur service. Ils peuvent toujours, en vertu de l'autorité baillée à saint Pierre et à ses successeurs, « laquelle surpasse toute la puissance des rois et princes terriens, et quand elle en trouve aucuns contrevenant à l'ordonnance de Dieu, les châtier et priver de leurs sièges, quelque grands soient-ils ; dégaîner le glaive de vengeance contre les enfants de colère ; déclarer les princes infidèles, génération bâtarde et détestable des plus illustres familles, hérétiques, relaps, coupables de lèse-majesté divine, et déchus, eux et leurs héritiers, de toutes principautés, domaines, dignités, seigneuries, honneurs et offices. » Ils peuvent sommer les sujets de ces princes de ne leur rendre plus aucune obéissance, à peine d'être enveloppés dans l'anathème. Ils peuvent humilier les vils convertis que fait la politique, en leur imposant les puériles pénitences du rosaire et des litanies, outre la confession et le reste, comme ils firent à Henri IV. Ils peuvent encore décréter à volonté la bâtardise en annulant les mariages, et jusqu'à ceux qu'ils ont eux-mêmes permis, en prétextant les vices de forme qu'ils ont introduits dans les autorisations qu'ils ont données ; entretenir dans les États une milice de clercs qu'ils prétendent soustraire à toute obligation temporelle et civile, comme l'a prétendu Paul V, en notre siècle même, quand il a mis Venise en interdit ; avoir dans toutes les cours catholiques des confesseurs et des nonces qui, soit dans le secret, soit ouvertement, donnent dispense aux rois d'observer les traités jurés aux héréti-

ques ; comme si les hérétiques n'étaient pas même des ennemis,
envers lesquels toute foi, tout honneur et toute paix sur terre veulent que les serments obligent. Avec de tels principes de religion et
de morale il n'y a nul droit possible et nulle justice entre les nations. Celles d'entre elles qui se sont affranchies par la Réforme
restent des États illégitimes, selon les vues des autres, et celles-ci
sont incessamment poussées à la croisade contre celles-là par les
pontifes romains, aux yeux desquels les plus solennelles paix ne
sont que des trèves, tant qu'ils n'ont pas atteint le but dernier de
leur suprématie, comme arbitres uniques du bien et du mal et
organes de la volonté de Dieu.

Quatrièmement, afin de se former une juste idée de l'altération
des esprits qui vint avec le régime sacerdotal, et des conséquences qu'elle eut, il faut se rappeler les actes de destruction
qui signalèrent moins l'époque des édits constantiniens et théodo-
siens qu'ils ne furent eux-mêmes les signes du dégoût et de la
haine dont les peuples s'étaient pris pour la culture antique ; et
les signes aussi de la destruction lente, et peut-être plus efficace,
qui dès lors ne cessa de s'opérer des restes de cette culture. La
ruine des temples et des autres admirables ouvrages des artistes
grecs et romains s'accomplit, en Italie, par l'action continuelle des
peuples abandonnés à l'ignorance et à l'incurie de la plus basse
vie, sans police aucune, encore plus que par les édits des derniers
empereurs et le pillage répété des barbares. Dans l'Orient, les
incendies de Constantinople et d'Alexandrie et les ravages des
musulmans eurent leurs effets continués par le zèle des iconoclastes, une secte longtemps régnante et plusieurs fois renouvelée,
dont le fanatisme trouvait bon de se venger sur les images du
fanatisme des adorateurs d'images. Quant aux livres, leur perte
irréparable est à imputer dans le fond à l'abandon des études,
au mépris ou à la peur des sciences et à la proscription des
œuvres de l'esprit, avant de devoir l'être à la ruine des grandes
bibliothèques. A l'égard de celles-ci, la perte est principalement
pour nous. Mais depuis longtemps les anciens n'en faisaient plus
qu'un nul ou ridicule usage. Les théologiens d'Alexandrie, qu'ils

fussent des nouveaux platoniciens ou des gnostiques, des manichéens ou des catholiques, n'avaient presque plus rien de commun
avec les savants géomètres, astronomes, physiciens, grammai-
riens et historiens de l'époque des Ptolémées, et ne se servaient
du trésor amassé qu'ils avaient dans les mains que pour en tirer
de grossières compilations ou pour appuyer de preuves et arguments misérables les imaginations dans lesquelles ils se plaisaient
à tout défigurer et à tout confondre. Ce n'est pas le tout d'avoir
des livres, il faut encore s'en vouloir servir avec étude assidue,
bon jugement et scrupule. Mais ces hommes nouveaux n'avaient
recours aux anciens que pour la forme. Ils en condamnaient les
opinions et les méthodes, ce qui ne les empêcha point, dans la
suite des temps, de revenir aux erreurs de religion qu'ils leur
avaient le plus aigrement reprochées. La répudiation qu'ils faisaient de toutes doctrines de raison est la seule qu'ils maintinrent
constamment, en jetant l'anathème sur les explications et interprétations de leurs propres articles de foi, autant qu'il s'en présenta que le bon sens et droit jugement pouvait avouer. C'est ce
que je vais vous montrer en peu de mots.

Ils s'étaient emportés avec la dernière violence contre les cultes
qui ne prenaient point Dieu même pour objet, mais qui s'attachaient à des créatures ou à des représentations inanimées; mais
dès le siècle IVe et en même temps que les temples tombaient, ils
commencèrent un culte des reliques des martyrs de la foi : la
superstition promena dans l'empire des têtes de malfaiteurs suppliciés qu'on disait être de saints. Dans la première année du
Ve, on vit une procession solennelle, avec un grand concours
de peuple, depuis la Palestine jusqu'à Constantinople, porter
pieusement l'impossible relique du prêtre Samuel. Peu après un
songe révéla le lieu, ou la fraude l'assigna, auquel se trouvèrent
les reliques de Gamaliel, d'Étienne, premier martyr, et de maître
Nicodème. L'idée se répandit vers ce temps que les saints ne
partageaient point l'éternel repos des âmes communes après la
mort, mais vivaient, et pouvaient intercéder pour les pécheurs; en
sorte qu'il s'introduisit un nouveau genre de pluralité divine, et
des prières à l'adresse de ces façons de dieux. Les apothéoses de-

vaient naturellement suivre, et en effet les reliques de l'évêque
Chrysostome, mort dans l'exil, ayant été transportées à Constantinople, l'empereur Théodose II dut marcher à leur rencontre et se
prosterner, implorant le pardon du saint pour sa mère Eudoxie
et son père Arcade qui l'avaient cruellement persécuté. Ce culte
des morts n'est pas bien éloigné d'un culte des vivants. Aussi,
bien des évêques n'étaient pas loin d'être adorés : leurs bénédictions ou malédictions passaient pour des déterminants de la volonté du Sauveur dont ils avaient l'oreille. Vivants, les saints faisaient des miracles; morts, ils en faisaient encore; il s'en opérait
à leurs tombeaux; ceux de Pierre et Paul à Rome, celui de Martin
à Tours, puis de Jacques à Compostelle, et tant d'autres, furent
tout semblables à ces lieux des légendes divines et des oracles, à
ces siéges consacrés des superstitions des nations, à raison desquels on avait versé l'outrage sur l'antiquité tout entière. Et
comme il convenait de fixer par l'autorité les objets de la piété
populaire, et en outre de l'alimenter, on établit des règles et une
procédure pour créer des saints positifs, indubitables habitants
du ciel, agents et conseillers de la Providence pour la répartition
des grâces entre les mortels. Les papes s'assurèrent le droit
exclusif de conférer aux morts ces bénéfices célestes. Ce fut vers le
temps où ils se préparaient à revendiquer un autre droit qui leur
donna plus de peine : celui de disposer des siéges des princes
sur la terre.

Le culte des images et des reliques, interrompu violemment
par les succès des iconoclastes en divers lieux, alla gagnant et
s'étendant partout, depuis l'invention de la *vraie croix* par la mère
de Constantin, et le don que fit l'impératrice Athénaïs des chaînes
de saint Pierre et du portrait de la prétendue vierge Marie aux
Byzantins, jusqu'au moment où le pape Grégoire, dit le grand, établit un colportage dans tout l'Occident des parcelles de la chaîne
de saint Paul, alliées à de petites croix d'or, et jusqu'à celui, six
ou sept siècles après, où le roi de France éleva un temple à la
prétendue sainte épine, et où le monde fut couvert de sanctuaires
dans lesquels toutes sortes de vilenies précieusement enchâssées
ont servi à guérir des malades, à implorer des saints son propre

bien et le mal d'autrui, et à donner aux serments qu'on prêtait la consécration la plus propre à tromper ceux qui les demandaient. Toutefois, de tous ces cultes il y en a un qui a obtenu la prééminence, et celui-là s'est attaché à quelque chose de plus encore qu'à des reliques, à savoir à la mère vivante des grâces et faveurs, à la vierge imaginaire qui enfanta Dieu, et qui, ayant été déclarée par le pape Sixte IV exempte en sa naissance de la souillure et état commun de péché des fils d'Adam, est passée au vrai rang de déesse ; ou l'on ne sait plus ce que déesse veut dire.

Joignez maintenant à cela les fables courantes de la vie et des œuvres des saints, les ridicules imaginations telles que celle des sept dormeurs d'Éphèse, qu'on a inscrits au calendrier, les superstitions odieuses de ceux qui imputent à la présence des païens ou hérétiques les fléaux naturels et l'inclémence des saisons, comme l'ont osé des empereurs et comme on l'apprend aux peuples, et enfin l'habitude contractée par les puissants de s'attirer la complicité du ciel pour leurs crimes, ainsi que faisait le roi Louis XI, ainsi qu'a fait le roi Henri III, quand il a commandé à son chapelain une messe pour la réussite de l'assassinat des Guises, et vous commencerez à prendre une juste idée du ferment de scélératesse introduit aux croyances de religion chez les peuples nourris dans l'Église papale. Souvenez-vous aussi des thèses des théologiens qui justifient le poignard et le poison pour le service de la cause déclarée bonne, et de la solennelle célébration ordonnée par le pape Grégoire XIII de la journée de la Saint-Barthélemy, et de l'approbation donnée aux assassins Balthasar Gérard, Jacques Clément et autres, qui jeûnèrent et prièrent pour se préparer aux horribles entreprises qu'on leur avait enseigné à regarder comme le chemin assuré des couronnes célestes.

Je vous ai dit que toutes les explications qu'un droit jugement pouvait permettre des articles de la foi chrétienne, l'autorité dans l'Église les avait invariablement réprouvées, s'acharnant à en persécuter les auteurs. C'est de quoi un bref sommaire va vous éclaircir.

Un point, le premier de tous pour l'agencement de la théologie avec la morale, est le pouvoir de Dieu de nous rendre bons ou

méchants pour nous sauver ou pour nous perdre, joint au pouvoir
qu'a l'homme de faire le bien ou le mal en dirigeant son arbitre et
volonté propre. Sitôt qu'on eût commencé dans l'Église à réfléchir
à la contrariété de Dieu qui fait tout et de l'homme qui fait quelque chose, il y en eut, qu'on appela, du nom de leur auteur Pélage,
les pélagiens, qui se mirent à penser que le pouvoir de l'homme
était réel, encore que le péché infectât toute la race humaine.
Ceux-là tinrent en conséquence que le pouvoir de Dieu devait
recevoir quelque atténuation, et également sa connaissance des
futurs. Mais l'autorité du clergé décida qu'elles n'en recevaient
aucune, et que, cela nonobstant, Dieu n'était point l'auteur du mal.
De cette manière on obligea l'esprit du pécheur à ne se croire libre
qu'en acceptant de se contredire. La controverse ne pouvait finir,
elle dure depuis douze cents ans. La vraie essence de la commune foi, autant qu'on y peut pénétrer, c'est l'esclavage éternel
des âmes, les unes dans la damnation et les autres dans le salut;
et l'unique ressource que la métaphysique ait trouvé de nous
feindre néanmoins les auteurs de nos actes, est d'imaginer que
nous sommes tels en une fois, en l'éternité, cette apparente succession n'étant rien au fond, laquelle Dieu renferme en un présent
indivisible.

Les théologiens nommés ariens voulant expliquer l'incarnation
d'une personne divine, ou verbe de Dieu, sans que Dieu même
s'incarne en ses trois personnes, ont trouvé naturel de penser que
cette personne du Fils est faite par Dieu au commencement. Mais
l'autorité a décidé de forcer les nations à croire que le Fils et le
Père sont une même éternelle essence; en sorte que la séparation
des personnes dont l'une s'incarne et l'autre non, et qui ne sont
point deux Dieux mais un Dieu, est restée un scandale pour la
logique. Il a été convenu d'appeler cela un mystère; il ne dépend
pourtant pas d'un pur nom de changer la nature d'un concept contradictoire, auquel rien n'oblige à se porter.

Nestorius et ses adhérents, désireux de comprendre l'incarnation
par rapport à l'homme, ont jugé que de même qu'en l'homme
Jésus il y a deux natures, à savoir celle d'un homme et celle d'un
Dieu, comme on le croyait, il doit y avoir deux personnes, à sa-

voir la personne d'un homme et la personne d'un Dieu. Mais les théologiens vainqueurs dans les conciles et qui ont fait l'autorité ont arrêté qu'il y aurait en Christ une seule personne, et que le Verbe avait dû s'unir ce qu'on appelle hypostatiquement avec la nature humaine. Comment pareille identification des personnes peut-elle permettre à l'homme personnel d'avoir en Christ son jeu et sa fonction? Autre mystère gratuit, semblable au précédent. Les nestoriens furent persécutés et finalement exterminés comme les ariens et comme les pélagiens. Pour plus sûrement imposer au monde ce qu'on décréta de substituer aux opinions de ces sectes et à la théologie des platoniciens, on fit bien de fermer ce qui restait des grandes écoles de logique de l'antiquité. L'empereur Justinien en eut la charge. On fut amené plus tard à interdire la connaissance même des origines et des fondements de la foi, c'est-à-dire la lecture des saintes Écritures, et non plus seulement les études philosophiques, parce qu'on apprenait de l'expérience à se défier de l'application de la logique naturelle de l'esprit aux textes sur lesquels on prétendait appuyer l'enseignement convenu.

Au reste, les mêmes opinions ou interprétations naturelles se reproduisaient de temps à autre et s'attiraient des anathèmes renouvelés. Abailard en proposant de voir dans la Trinité divine un assemblage des attributs de la Divinité réellement indivisible, revenait, dans le XIIe siècle, à l'explication fort simple que Sabellius avait rencontrée, au IIIe, et on ne manquait pas de l'accuser aussi d'être un arien, un nestorien et un pélagien, et de le condamner en conséquence. A mesure aussi qu'une superstition nouvelle s'ajoutait aux anciennes, dans le faisceau des dogmes, il ne manquait pas de s'offrir un interprète qui tâchait de la conformer au bon sens. C'est ainsi que Bérenger de Tours ou ses disciples tentaient d'expliquer l'eucharistie, soit en niant le sens matériel qu'on résolvait alors de donner à la présence du Christ dans le sacrement, soit au moins en évitant de croire au changement miraculeux des substances du pain et du vin. Enfin, après que les prétentions des papes au gouvernement de la terre se furent montrées entièrement à découvert, le prêtre Arnauld de Bresce essaya d'un retour à la vraie antiquité ecclésiastique et pure doctrine, en soutenant

que le clergé ne doit point amasser des biens et que la religion
est étrangère au régime civil. Joignant l'acte à la parole, il renou-
vela le souvenir de la république romaine à Rome en expulsant
le pape. Mais victime d'une réconciliation passagère du pape et de
l'empereur, il fut livré par ce dernier et monta sur le bûcher dans
la ville même qu'il avait tenté d'affranchir.

La protestation continuée fermement, et sans rupture de tradition, contre le mal triomphant de l'Église tant orientale que romaine, fut celle des pauliciens, précurseurs des réformés de notre
âge. Ils se distinguaient des autres chrétiens par la simplicité du
culte, l'exclusion du sacerdoce et la libre interprétation de l'Écriture. Ils n'adoraient ni la Vierge, ni les saints, ni les images. Ils
s'attiraient la haine du peuple et du clergé tant par là que par la
pureté de leurs mœurs qui étaient un affront à la religion des autres, et par une doctrine fort éloignée de la commune en ce qu'ils
aimaient mieux chercher dans l'origine et la conduite du monde
un propre principe du mal, que de faire un Dieu tout bon l'auteur
de toutes choses comme elles sont et comme elles vont. Peut-être
estimerez-vous qu'une telle manière de penser, si elle n'est point
vraie, a pourtant, si vous la comparez aux misérables arguties des
inventeurs de la prédestination, et de ceux qui trouvent excellent
et irréprochable un régime de la divine Providence où nous serions
presque tous et d'avance décrétés pour l'éternelle damnation, le
mérite de se pouvoir compter au nombre des opinions de bon
sens dont je vous ai parlé. Aussi cette doctrine du double princi-
cipe a-t-elle plus qu'aucune autre excité la fureur sanglante des
prêtres, auxquels elle retirait le privilége infiniment avantageux
de vendre les dispenses des effets de la colère de Dieu.

Les pauliciens, qui s'étaient d'abord réunis dans quelques provinces de l'Asie Mineure, furent en butte aux atroces persécutions
de l'empereur Justinien et de ses successeurs, même de ceux qui
tenaient pour les iconoclastes. Toutefois, un de ces derniers, un
Constantin dont la mémoire a été salie de contes ridicules et du
nom de Copronyme, et qui pensait à peu près comme les pauliciens, installa une de leurs colonies dans la Thrace, et ils y devinrent un moment maîtres du pays. Au siècle suivant, le IXe, une impé-

ratrice d'Orient, sainte Théodora, extermina ceux de l'Arménie, en fit supplicier cent mille, et força ce qu'il en subsistait encore à passer en terre de musulmans. Mais ceux de la Thrace, encore que toujours persécutés, se maintinrent dans les vallées du mont Balkan, assez pour plus tard envoyer des leurs en Italie et en France, y semer leur esprit de liberté spirituelle ; et de ceux-là on pense retrouver les traces dans ces autres Églises libres que les papes et les rois détruisirent cruellement et qui nous conduisent à la veille du grand éclat de la Réforme.

Cinquièmement, le gouvernement des évêques et des papes s'étant toujours prévalu d'un mérite spécial pour l'éducation des hommes et pour l'enseignement de l'humilité et douceur évangélique, opposées à la dureté de cœur des anciens, je suis obligé de vous faire penser à ce que furent en réalité les mœurs du peuple et des princes, dans toute la durée de cette ère sacerdotale. Songez bien à tant d'actes violents et pervers de souverains que ne retient plus aucun sentiment de responsabilité envers des citoyens leurs juges, ni même envers aucune autre opinion que celle de la nécessité d'apaiser la colère de Dieu, ce qui se fait par pénitences, fondations monastiques et persécutions d'hérétiques. Les nations tantôt vénèrent les grands comme des représentants de la Providence commis pour les défendre, tantôt comme des fléaux envoyés de la même pour les décimer. Elles sont instruites dans tous les cas à respecter en leurs personnes un caractère sacré, et l'on peut dire à l'adorer, quand on observe les usages de prosternation et basse adulation que ne connaissaient ni les anciens ni les barbares, et des cérémonies telles que celle des sacres et couronnements par les évêques. Les peuples cessent donc de porter intérêt à des affaires publiques en lesquelles ils ne sentent rien que leur impuissance, et qui d'ailleurs se réduisent à guerres et trahisons, traités conclus et aussitôt violés, invasions et ravages, conquêtes sans durée, complots et crimes de palais, assassinats et parricides. Les horreurs mérovingiennes en France, qui ne le cèdent point à celles qu'on cite des tyrannies de l'antiquité ou de l'Orient, sont d'un temps où les évêques balançaient les rois en puissance, et où ces derniers,

fort croyants et fort pieux, raisonnaient parfois sur la théologie,
et couraient sus à quiconque leur était dénoncé par l'Église. Les
attentats des personnes, la corruption des familles et cours impé-
riales, et l'avilissement du peuple entier, dans toute la suite de
plus de mille ans de l'empire byzantin, dénoncent clairement
l'inefficacité des lois et règlements ecclésiastiques et du pouvoir
des prêtres, non moins que de l'ardente foi dans les dogmes,
pour l'établissement des bonnes mœurs et la saine direction des consciences. Quant à l'Occident, on chercherait en vain
l'époque où il se pourrait dire avec quelque apparence de preuve
que les particuliers ou les princes aient honnêtement pratiqué les
vertus chrétiennes. La terre a ruisselé de sang, les innombrables
supplices ont fait foi pour des crimes innombrables et privés et
publics. En cette partie même des mœurs à l'égard de laquelle la
religion des moines a prétendu réformer le mieux la vie corrompue
de l'antiquité grecque ou romaine en sa décadence, il est assez manifeste que le changement qu'on a pu obtenir a consisté plutôt
à enseigner aux hommes à cacher certains actes qu'à ne les point
commettre ; et puis à souiller les imaginations au delà peut-être de
ce qu'on avait jamais vu, comme il advient des choses, même naturelles et saines qui, rejetées dans l'ombre, sont réduites à ne
plus oser s'avouer.

Au reste, les crimes des grands conducteurs spirituels des nations ne l'ont cédé nullement à ceux des autres princes de la
terre ; ce qui n'est point étonnant, puisqu'ils ont été longtemps et à
diverses reprises élevés à leurs siéges ou renversés par les mêmes
moyens de brigue ou de violence que les autres seigneurs terriens.
On peut vous citer, entre beaucoup, Jean X, Jean XI, Jean XII,
Benoît IX, Grégoire VI, dans les xᵉ et xıᵉ siècles. Il y en a tels
qui sont créatures de plus grands seigneurs qu'eux, faits et défaits
au hasard de l'intrigue et de la fortune, tels qui vendent leur
charge, un plus grand nombre qui l'achètent à toutes sortes de
conditions. Il y en a même un qu'on voit être pape dès l'enfance.
Leurs débauches les signalent entre des princes qui ont sur eux
cet avantage de trouver dans la guerre un ressort d'activité plus
virile, et de commettre plus aisément leurs crimes à front décou-

vert. Puis vous avez la longue suite des papes et des antipapes suscités par le double intérêt de la domination impériale et de celle qui se fait de la superstition des peuples un instrument pour s'établir. Puis viennent ces autres papes rivaux et mutuellement excommuniés, jouets de la rivalité des rois qui se les opposent les uns aux autres, et toutefois maîtres de donner carrière à leur orgueil et à leur avarice, en la distribution des grâces divines aux sujets prosternés. Puis encore ceux qui ne servent qu'au soutien et à la lutte des ambitions de quelques familles seigneuriales, comme les Ursins et les Colonnes dans Rome, et ceux qui sur le propre théâtre de l'Église sont exaltés ou déposés par les conciles dont ils reçoivent ou nient la suprématie, selon ce qu'ils se rencontrent avoir de puissance pour affirmer la leur. Je ne vous ferai point le détail des pontifes empoisonneurs et sanguinaires, ou de ceux qui ont vécu dans les délices, ou qui ont fait du pontificat le marchepied d'élévation de leurs familles. Ce sont choses maintenant assez connues. Si je voulais pourtant dérouler les annales de leurs crimes privés, le droit ne me manquerait point de remonter haut dans l'histoire, et de m'attacher entre autres exemples à celui d'un pape qui, ayant fait condamner à mort son prédécesseur, après le décès de ce dernier, ordonna que son cadavre fût dégradé et décapité. Et en effet, n'avons-nous pas au commencement du dernier siècle les crimes fameux des Borgias, et à l'approche du nôtre la complicité des pontifes romains dans les plus cruels assassinats et massacres, pour nous prouver que l'Église papale n'a point amendé la vie de ses principaux agents, non plus d'ailleurs que ses maximes, desquelles nous avons encore tout à craindre de ce qu'on vit d'elle au passé le plus lointain?

Les nations qui reçoivent tels exemples de leurs princes et de leurs pontifes, quelles coutumes pensez-vous qu'elles puissent suivre, quelle justice connaître? Ignorance, superstition, fanatisme, cruauté, sous ces quatre chefs tout est renfermé. Il me suffira de vous citer quelques grands traits de loin en loin dans l'histoire, et quelques autres de ceux qui furent incessamment renouvelés en tous pays chrétiens durant tant de siècles. Après la période du heurtement des peuples, tassement des invasions et décomposition des pouvoirs civils, rappelons-nous cet état d'universelle injustice et violence, et corruption de mœurs, qui fit assigner à l'avance l'an mille pour l'inévitable fin d'un monde entièrement perdu. Lorsque la panique est passée, de laquelle a usé le clergé pour couvrir la terre d'églises et monastères, assistons, si vous le voulez, au spectacle de cette longue folie des nations de l'Occident, qui, songeant au salut pour un autre monde et non point à la justice et à la paix en celui-ci, cherchent ce salut dans la violente entreprise de conquérir un tombeau et d'exterminer des infidèles. Pensons aux misères et catastrophe de la première croisade, aux infinies souffrances des autres. Elles ne sont pas encore terminées par une irrémédiable défaite et la perte de tous les territoires conquis, que la rage de se croiser se tourne et s'exhale contre les infidèles de l'intérieur même de l'Europe, et nous rencontrons les horreurs de la croisade albigeoise. C'est toujours et plus que jamais l'Église romaine qui stimule ici le zèle des âmes fanatiques. Il continue à se porter fidèlement partout où le rebelle à la foi lui est signalé. Franchissons deux ou trois siècles, ce zèle sacré se déploie en Espagne dans les forfaits de l'inquisition de la foi, dans l'extermination des juifs de ce royaume, et, après la découverte de l'Amérique, dans un amoncellement de crimes commis par des aventuriers ou gouverneurs royaux, et dont la conversion des Indiens est le motif ou le prétexte. Les guerres de religion, les complots, les massacres, les assassinats juridiques, en France, en Angleterre et aux Pays-Bas, sont des effets de ce même fanatisme populaire, puisqu'on ne saurait imaginer que les princes appellent au service de leur ambition, ou pour aider au maintien de leur autorité, d'autres passions que celles qu'ils connaissent chez leurs sujets et que parfois ils partagent avec eux. Nous retrouvons ces passions sanguinaires dans la guerre que nous appelons de Trente ans, où l'Europe entière a été mêlée, qui est finie d'hier, et que rien ne nous prouve encore ne se devoir pas reprendre plus tard avec des incidents nouveaux.

Par les traits que j'ai dit qui se montrent toujours les mêmes, et se renouvellent chez les nations de nom chrétien, je comprends les effets spontanés de la rage vindicative et persécutrice engendrée et nourrie en imitation de ce qu'on dit de l'enfer et de ses peines ; l'ardeur et curiosité féroce apportée au spectacle de supplices multipliés et raffinés ; les massacres de juifs, car quel royaume n'a eu les siens ? les actes cruels inspirés de la vaine croyance en la magie et sorcellerie, et les abominables pratiques de ces arts dont la fiction n'ôte point le crime, et la contagion de cette folie et les hideux procès qui en sont nés ; la haine et les persécutions auxquelles sont en butte les esprits élevés au-dessus du vulgaire, ou qui se livrent aux sciences et recherchent les secrets de la nature ; et enfin les émeutes prêtes en tout temps à s'élever contre quiconque ose avoir des pensées différentes de celles du commun et de l'Église. Ce fléau de l'intolérance ne s'est même point affaibli, mais irrité à mesure que les non-conformistes ont augmenté en nombre et en pouvoir, et l'on a vu le régicide, par exemple, bien différent de ce tyrannicide ancien qui était la revendication de la liberté des citoyens et l'œuvre des plus nobles d'entre eux, sortir maintenant des rangs du plus bas populaire et servir d'instrument au maintien de la servitude des âmes. Or les princes ne sont point les auteurs de ce caractère des peuples, encore qu'ils puissent bien le seconder ; mais en voyant qu'il persiste après tant de siècles de l'éducation des hommes, dont l'Église romaine a pris la charge, il faut penser que l'ignorance, la superstition, le fanatisme et la cruauté qui en sont les traits ou doivent être l'œuvre même de cette Église, œuvre volontaire, ou sont les marques certaines de son impuissance à élever les âmes en intelligence et bonne moralité.

Peut-être penserez-vous, sans que je vous y fasse songer, que les spectacles des bûchers et des estrapades auxquels se complaisaient la ville et la cour sous les rois François I⁰ʳ et Henri II, ou les processions d'hérétiques à tenailler et à brûler de l'inquisition d'Espagne, ces fêtes solennelles de la foi où se portent les foules et que les rois, le cierge à la main, décorent de leur présence, valent bien pour la cruauté, et à titre d'attentats contre la vie humaine, les combats de gladiateurs, ordinairement volontaires, qu'avait institués la férocité guerrière des Romains. De même les cachots et les oubliettes des châteaux et des couvents, où tant d'innocents ont

gémi, et les tortures prodiguées au fond des palais ou sur les
places publiques n'ont rien à reprocher à l'infâme spectacle des
criminels livrés aux bêtes, duquel Rome en sa décadence avait
introduit l'usage. Cette décadence, la seconde domination de Rome
l'a héritée de la première et l'a continuée. La cruauté publique n'a
fait que se déplacer et changer de théâtre. Et ne croyez même pas
qu'elle ait de bon cœur abandonné l'ancien. Il est vrai qu'au
siècle v⁰ et sous le très-pieux empereur Honorius, un combat de
gladiateurs, le dernier qui fut donné, dit-on, fut interrompu par
l'intervention d'un moine que ce spectacle révolta, mais les combats d'animaux, et d'hommes contre les animaux, se sont continués
afin de fournir un aliment à la passion d'assister au danger d'autrui et voir verser le sang. Dans le Colossée même, au siècle xiv⁰,
de nombreuses victimes tombèrent en un de ces combats de tau-
reaux dont les peuples catholiques du Midi ont fidèlement conservé la tradition, comme pour bien montrer que le sang des
criminels n'est pas le seul dont la vue leur plaise, et que les
supplices des hérétiques ne sont pas encore assez multipliés pour
contenter le goût qu'ils ont des spectacles cruels.

Je vous ai déjà parlé, sur un autre propos, des défis et combats
singuliers où s'est tant complue la chevalerie chrétienne. Il m'est
permis de vous citer ici les tournois comme des espèces de combats de gladiateurs, qui diffèrent des anciens en ce que les seigneurs
y sont aux prises, et non les esclaves, mais qui ne témoignent pas
moins du culte barbare de la guerre et du mépris de la vie
humaine et de la justice.

En regard de ce monde cruel, livré à la violence et à toutes les
trahisons, que peut devenir la vie chrétienne et où va-t-elle se
réfugier? Vous le savez, dans le monachisme, parce que les maux
de la vie engendrent le dégoût de la vie, parce que les hontes et
misères de la chair insinuent dans les esprits de ceux qui en
usent mal la pensée que la chair est mauvaise; au lieu qu'il n'y a
que la volonté qui peut l'être; et parce que les veilles, les jeûnes
et les disciplines sont ressources plus faciles aux blessés et exaltés
de ce monde que ne sont la droiture de la vie et le saint combat
pour la justice. Joignez à cela que les monastères étant aussi des

espèces de sociétés, ils prêtent un nouveau théâtre à l'intrigue et à l'ambition des plus pieux, qui ne sauraient détruire en eux-mêmes les semences de ces vices ; ils ouvrent à l'hypocrisie une carrière, et ils donnent par l'esprit corporatif un aliment à d'autres passions meilleures. Mais les vertus des moines, quand ils ont des vertus, sont perdues pour le monde ; leurs exemples ne le touchent point, si ce n'est pour provoquer certains à le quitter ; leurs exhortations à la bonne vie, venues comme du dehors, ne produisent non plus d'effet que celles de ces lointains missionnaires de nos jours, adressées à des peuplades des Indes dont les coutumes diffèrent étrangement des nôtres et nous tiennent leurs oreilles closes.

Le monachisme se distinguait dès le siècle v⁰, au temps où Chrysostome et Jérôme s'en firent les soutiens et les panégyristes, par ces règles ou attributs qui lui sont restés pour la plupart attachés : le célibat, l'obéissance passive aux supérieurs, les macérations, les flagellations, la saleté, la solitude, la prière mécanique, la prison pour les fautes, l'inquisition sur la pensée, les visions, les tentations sataniques et les habillements bizarres. La solitude est le seul des principes de vie monacale qui, fléchissant dans la suite, à cause de la pensée qui vint d'instituer des milices ecclésiastiques, ait entraîné de nombreuses licences, au point de remplacer en grande partie les anciens anachorètes et les anciens cœnobites par les ordres errants et prédicants qui remplissent nos villes. A l'égard du célibat, loin que la règle s'en soit atténuée, elle s'est étendue à toutes les sortes de clercs par l'action continuée des conciles et des papes, désireux d'assurer des âmes damnées à l'Église. De là sont nés beaucoup de désordres, mais le pire de tous fut l'établissement de la direction des âmes, et puis de la confession auriculaire, des gens sans famille étant de la sorte introduits au gouvernement des mœurs, au secret des personnes et règlement d'une chasteté qu'ils ne sauraient connaître. Joignez à cela l'injustice des vœux perpétuels. Il est certes imprudent pour une personne d'aliéner sa liberté par serment, touchant l'usage de facultés qui, licites d'elles-mêmes et selon la nature, peuvent ensuite donner lieu à d'ardentes passions, en soi légitimes, qu'on n'a point prévues, et devenir de terribles occasions de chute et principes de perversité. Mais que dire des institutions et des législations par lesquelles la contrainte matérielle et la puissance publique sont employées à sanctionner de tels serments? Et peut-on imaginer de plus monstrueux abus que ceux qui consistèrent à changer les couvents en lieux d'esclavage pour les déshérités des familles, hommes et femmes, en nombre immense, que leurs parents « offraient à Dieu », même enfants, afin de garder leurs biens ou de les réserver à de plus favorisés?

Je ne vous parle point des ordres qui parurent fondés sur le principe du travail et culture des terres, puisque malheureusement les moines de cette vocation ne sont point ceux qui jouèrent un grand rôle sur la terre. Mais vous pouvez diviser ces derniers en quatre classes, desquelles la définition seule doit fixer vos pensées sur le jugement qu'il convient d'en porter.

Ce sont : 1° Les ordres les plus fidèles au sentiment premier des Paul, des Antoine et des Stylites; voués à la solitude, à la macération, à la contemplation. Le caractère de cette sorte de vie monacale est le renoncement à la vie active et à la santé de l'âme, la recherche du salut dans le rêve plein de visions funèbres et d'imaginations sinistres.

2° Les ordres de guerre, tels que ceux des Templiers, et de Malte et les chevaliers Teutoniques. La mutuelle répugnance entre la vie chrétienne, et même en la plus basse idée qu'on s'en puisse faire, et les actes et mœurs militaires, à savoir des tendeurs de piéges et tueurs d'hommes de profession, est une contradiction telle qu'on ne l'eût pas crue du tout surmontable. Aussi n'a-t-elle point été surmontée, et les ordres guerriers sont un produit de la corruption religieuse qui a fait regarder le salut des âmes comme une œuvre à demander à la violence. Quand les inquisiteurs et les princes allumaient les bûchers pour la foi, les chevaliers moines pouvaient bien, pour la foi, faire métier de corsaires dans l'Orient ou massacrer des nations entières en Prusse et en Lithuanie. Ils pouvaient même combattre les uns contre les autres : ou du moins ces serviteurs de Dieu ne se sont pas toujours interdit de donner ce spectacle aux impies.

3° Les ordres enseignants, prédicants, confessants, etc., tels que les franciscains, en leurs nombreuses tribus, et les dominicains aux zèle et science desquels l'inquisition a principalement emprunté ses agents. C'est une vaste milice spirituelle qui s'est vouée depuis quatre siècles, à partir de l'époque où les mobiles et ressorts de la puissance ecclésiastique ont pu paraître usés, à soutenir l'oppression de la foi dans le monde, à souffler le fanatisme, renouveler les miracles, rajeunir les superstitions, fortifier les doctrines et poursuivre l'extermination des incrédules, encore plus des hérétiques.

4° Il convient de réserver en cette énumération une classe entière aux seuls jésuites, aux plus zélés promoteurs et missionnaires spéciaux du précepte de la pure obéissance et foi passive, à ces janissaires du siège romain dont ils dirigent ordinairement en maîtres les conseils et prétendent faire un centre d'unité tel que n'en obtint encore nulle domination au monde. Ceux-là n'ont conservé des anciens moines que ce qu'il fallait d'apparences pour sauver la tradition toujours précieuse, car ils ont, au contraire de la solitude et renoncement des premiers, une discipline qui est un esprit d'universelle ouverture à toutes choses mondaines afin de les gagner à eux et fortement enserrer. Cet esprit occupe l'intérieur des familles par la confession et direction des personnes pieuses qui désirent accommoder les voies du salut avec la satisfaction des communes passions temporelles. Il occupe les avenues des palais, et autant qu'il peut les centres mêmes des cours catholiques, en donnant des confesseurs aux princes. Il assiège l'enseignement public et tâche à s'en rendre seul maître, désirant et s'estimant capable de construire pour les âmes encore tendres un moule uniforme de pensée, et de leur insinuer pour principale religion et morale la soumission de chacun à son directeur et la remise des consciences aux mains de la compagnie. Il va du petit au grand, ne dédaigne nulle conquête domestique et étend son ambition à l'univers, que par le moyen des missions étrangères il ne désespère point de ranger à la sujétion du pape et à la sienne. Au reste, je ne veux point vous détailler, touchant cet esprit de la compagnie, des choses destinées à demeurer inscrites en l'histoire

des doctrines théologiques et à la fois en celle des assassinats cé-
lèbres; la divulgation desquelles vient aussi de se faire avec un
éclat si grand par la publication des Petites Lettres de M. Pascal.
Mais il entre dans mon dessein de vous faire apercevoir la grande
conséquence et la libre et entière figure du plan de composition
et direction du monde catholique, selon la plus pure pensée de
cette nouvelle aristocratie sacerdotale, ou monarchie, si vous le
préférez ainsi, puisque elle-même a son instrument d'unité dans
l'infaillible monarque spirituel de Rome. Je songe aux missions
du Paraguay et à ce vaste État indien que les prêtres jésuites gouvernent en ce moment et dont ils ont réduit la civilité, qu'ils se van-
tent, non sans raison d'ailleurs, d'avoir mis en la place de la vie
sauvage, à un régime d'exact et minutieux commandement des
personnes et mœurs sous la sanction du fouet, et d'uniforme distribution des travaux et des fruits de la terre suivant l'arbitre des
Pères des missions. Voyez dans un tel gouvernement la fidèle
image de ce que peuvent et veulent faire de l'institution catholique
ceux qui, opérant sans contrôle sur des âmes neuves, ont la pleine
liberté de vaquer à l'imitation de leur franc exemplaire politique.
C'est en un mot nullité et néant de régime civil, et droit d'universelle dispensation de toutes les sortes de biens et de grâces, reconnu
aux serviteurs de Dieu qui en reçurent les titres en ce seul titre
supérieur de dispensateurs des sacrements.

Le monachisme ainsi épandu, transformé de ses origines et dirigé non plus à l'abandon, mais à l'enserrement et conduite du
monde, est, à le bien nommer, l'organe de la servitude des âmes.
Pensez-vous du moins avoir bonne et solide garantie contre l'esclavage des corps? Réfléchissez bien à ceci que le renoncement
des consciences à leur propre direction et l'écartement des citoyens
de la vie publique et de leur mutuel contrôle, livre les affaires
humaines sans défense à toutes les entreprises : je ne veux pas
dire seulement à l'omnipotence de ceux-là en faveur desquels ont
été abdiqués les droits des personnes, mais aux entreprises même
des plus méchants et abandonnés, dont les desseins et les actes
ne sauraient être suffisamment contenus par un gouvernement de
prédication, confession, pénitence et police ecclésiastique. Je sais

qu'il y en a qui pensent que l'institution servile du monde ancien a été abolie par l'œuvre de la religion chrétienne. Il en aurait été ainsi, que ce ne serait point une raison de penser que la religion des apôtres, devenue celle de Constantin et de Théodose, celle des évêques, des moines et des papes, n'a pu autoriser à une époque avancée de son cours ce qu'elle avait déconseillé en d'autres temps. Toutefois les légistes qui ont fait une étude des lois et coutumes des Romains en leur décadence, et des révolutions des mœurs en matière de régie de domaines et condition des personnes, estiment que le commun changement qui s'est fait du régime des serfs antiques à celui des serfs chrétiens, lequel consiste en ce que leurs corps sont attachés à la glèbe et que les domaines ne se vendent pas généralement sans que se vendent les hommes qui les cultivent, était commencé depuis longtemps et suivait le progrès et la marche que voulaient les lois fiscales et les misères croissantes de l'empire, quand les prédications de charité et égalité devant Dieu vinrent s'ajouter, de la part de la religion, aux préceptes d'égalité naturelle et humanité qu'avait dès auparavant enseignés la philosophie. Ces prédications ne purent point, pour l'affranchissement de la classe des hommes qui ne s'appartenaient pas à eux-mêmes, davantage que n'auraient peut-être pu ces préceptes, s'ils avaient été continués longtemps et appuyés de la grande autorité des stoïciens dans l'empire sans être joints à des réformes politiques; car il est accordé malheureusement moins de succès qu'on ne croit d'ordinaire aux pures doctrines contre les habitudes envieillies des nations. En ce qui touche la douceur des traitements qu'on pourrait imaginer que les vertus prêchées de charité et humilité chrétiennes auraient pu engager les nouveaux maîtres, à savoir les barbares, à mettre en la place de la dureté reprochée aux Romains, chacun en jugera, s'il le veut, par la connaissance que nous avons de l'esprit de justice et de paix que la religion fut capable de leur communiquer, sur d'autres matières où leurs coutumes sont plus explicitement inscrites en l'histoire. Comme il n'y eut jamais ni plus de violence ni plus d'injustice au monde, ni âmes plus féroces et plus perverses que celles de ces dominateurs barbares, jamais aussi, l'on peut en être certain, les dénués

suspendus à leurs volontés sans frein ne durent être plus misérables. Nous avons d'ailleurs de leurs lois qui nous montrent clairement ce que pesait à leur jugement une de ces âmes d'esclaves,
encore que rachetées du sang d'un Dieu, à ce qu'on leur prétendait dire.

Mais je vous parle des serfs de la terre, et parce que je vous ai
dit que les serfs étaient communément devenus des dépendances
fixes des domaines, au lieu de paraître seuls dans les marchés,
comme autrefois à la suite de grandes guerres, ou selon que le
comportait le vaste commerce des anciens et le luxe inhumain de
leurs maisons, vous allez croire peut-être que les serfs domestiques avaient entièrement disparu, à tout le moins à ce temps où
la religion put se dire en état de commander aux mœurs, ainsi
qu'elle faisait, par exemple, en matière de naissances, mariages
et sépultures. Ce serait une erreur; car vous observerez premièrement que ce ne fut qu'à l'époque féodale, et après l'an mille, que
l'établissement du servage de la glèbe, en sa régularité plutôt
interrompue et retardée qu'avancée par la chute de l'empire et le
désordre des invasions, se trouva le mode universel d'arrangement des propriétés et cultures; secondement, que le droit de
s'approprier et vendre des personnes, par fait de guerre, se conserva et constamment s'exerça selon les erremeuts antiques, ce
dont fait foi la coutume des *rançons*, à savoir *rachats* des prisonniers, lesquels, quand leurs vainqueurs ne les ont point estimés
rachetables à bon prix d'argent, ont été tués par eux sur le champ
dans toutes les guerres, en sorte que le manque de marchés
publics où se pussent vendre les serfs était une cause d'inhuma-
nité et privation de garantie de la vie pour les vaincus, au lieu de
devoir s'imputer simplement à amélioration de mœurs et progrès
de justice et de bonté chez les gens; troisièmement, que la
suppression de ces marchés publics provenait du commun anéantissement du commerce et insécurité des transactions et des
chemins, et de ce que les nobles hommes, vivant non point en
des villes, mais sur leurs terres, avaient serfs à suffisance pour
cultiver ces terres et servir leurs personnes de tout ce qui leur
était utile et consommable en lieux mêmes, attendu le nombre

des colons qui héréditairement y demeuraient, et de ceux qui errants par la misère dès temps, et affamés, venaient s'offrir en service aux puissants à n'importe quelles conditions, bientôt tournées à celle d'entière servitude; quatrièmement, que n'y ayant nulle garantie publique pour les serfs, ils étaient aussi bien esclaves domestiques de leurs seigneurs, à toute réquisition de ces derniers, qu'ils étaient artisans pour fabrique d'armes et autres ustensiles à leur usage, ou bâtisse d'églises et forteresses, ou labour de terre, qui est sans contredit le cas le plus commun; cinquièmement, enfin, qu'il n'est point vrai que la vente non plus que l'usage des serfs domestiques ait jamais entièrement cessé en temps chrétiens, les causes qui diminuaient l'importance et extension de ce commerce n'étant point de telle nature qu'elles le fissent du tout interdire; et, dans le fait, vous savez bien que quand des causes nouvelles sont survenues dans le monde, desquelles une passion et intérêt puissant est né, en même temps qu'une possibilité de rétablir les grands marchés d'esclaves, nul sentiment chrétien ni défense de l'Église ne sont venus y faire obstacle.

Les seigneurs ont toujours eu tant de serfs domestiques qu'ils ont voulu pour leurs besoins personnels; et qui eût pu les empêcher de leur donner tels ordres ou assigner tels emplois qu'il leur convenait, ou de les mener à se repentir de toute négligence à s'y soumettre? Ils ont échangé entre eux ou vendu leurs serfs quand ils y ont trouvé de l'avantage, ce que seulement la disposition des choses alors ne pouvait rendre fréquent. Ils se sont arrogés sur eux des privilèges entraînant d'aussi horribles abus de seigneurie que les anciens en aient pu connaître. Après même que l'établissement des juridictions civiles ressortissant à des pouvoirs protecteurs, et l'émancipation partiale des communes, d'une autre part, ont apporté aux opprimés des garanties dont les bonnes paroles du clergé en leur faveur ne tenaient point lieu, il est resté des propres serfs domestiques en divers pays, tels que l'Italie, l'Espagne et le Portugal. Un commerce de serfs a continué de se faire avec les contrées du Levant, des hommes libres ont été de tout temps enlevés et vendus, même par leurs compatriotes, là où le voisinage de la mer en favorisait le négoce. D'autres, pris

aux Levantins ou de leurs mains, ont été introduits dans nos ports
et arsenaux, et le roi de France en a dans ses galères. Mais ce
sont là des traits épars qui servent seulement à montrer que le
régime catholique romain, qui a gâté les coutumes du monde en
tant de choses, ne les a point améliorées en celle-là autant qu'on
voudrait bien le croire. Malheureusement il y a pis, et nous voyons
aujourd'hui le fléau de la servitude s'étaler en d'aussi vastes proportions, et embrasser par le commerce des régions de plus d'é-
tendue, en terres et en mers, qu'il ne fit lors des grandes conquêtes
de l'antiquité. Au siècle xvᵉ, et cinq siècles après qu'il semblait
que l'esclavage de la glèbe était le seul qu'on pût dire être d'institution universelle, et coutume entièrement commune, les Portu-
gais ont été conduits par les enlèvements d'hommes blancs, qu'ils
pratiquaient sur les côtes africaines, à faire procéder dans les pays
des noirs à des enlèvements de naturels qui n'ont plus cessé, et
puis à établir un grand trafic de ces derniers. Les autres nations de
l'Europe ont suivi leur exemple. Isabelle la Catholique et le roi
très-chrétien Louis le treizième ont donné leur consentement à ce
commerce et à l'aménagement des sources qui l'alimentent, sous
l'hypocrite prétexte, plus odieux que le franc aveu du crime, de
sauver de l'idolâtrie les âmes de ces misérables en enchaînant
leurs corps. Il a servi à repeupler ces royaumes des Indes dont
les Espagnols ont mis sur leurs fins les premiers et faibles habitants, en les soumettant aux plus durs traitements des esclaves.
Nous voyons ainsi, d'une part, s'être institués de nouveaux États
dans le monde dont la servitude est le pur principe et l'unique
ressort; le peuple ouvrier desquels se vend, s'achète et entretient
en conditions plus brutales que jamais n'en a relaté l'histoire;
et, d'une autre part, s'être fondé un négoce qui non-seulement
demande la marchandise humaine à la guerre, mais aux plus injustes entreprises de guerre qu'il soit possible de concevoir, et
dirigées contre des nations inoffensives, pour ce seul objet d'en
tirer des esclaves. Nos vieux États à leur tour sont menacés par
cette lèpre, car les agents de la traite des noirs, se voyant encouragés en leur œuvre par les primes que des souverains leur accordent en considération de leurs colonies, la doivent estimer

licite, et sont en instance auprès des polices des royaumes pour obtenir licence d'ouvrir marchés d'esclaves partout où se trouveraient acheteurs : à quoi il n'y a guère de doute qu'ils ne parviennent en l'état présent des choses (1). Certes, pour arrêter, principalement en son origine, un mal si horrible, l'autorité catholique romaine aurait obtenu plus d'efficacité de ses moyens ordinaires d'action qu'elle ne leur en a trouvé pour sa tentative d'usurper le règne entier des lois. C'est donc qu'elle ne l'a point voulu.

Mais pourquoi nous étonnerions-nous de ce qu'elle ne l'a point voulu? Pensons bien à toute la distance qu'il y a, et à la différence de nature, pour ainsi parler, entre la doctrine de l'égalité devant Dieu, que prêche l'Église, et la doctrine de l'égalité naturelle selon la justice et la raison, qui appartient à l'ancienne philosophie. Ceux qui considèrent qu'il y a des droits naturels des gens, non comme l'a fait notre Grotius, pour les sacrifier en presque toute occasion à la coutume et justifier l'esclavage une fois institué, mais pour penser, au contraire, que ce qui est éternellement juste et bon est fait pour être recherché par les hommes, ou rétabli quand il a été perdu, à l'aide de tous justes moyens capables d'y conduire, ceux-là doivent demander au législateur de restituer la nature humaine en son intégrité par l'œuvre de la politique, en tant que les voies à ce faire lui sont ouvertes; et telle aurait été, s'ils avaient conservé la suprême direction des affaires humaines, la volonté de plus en plus efficace de ces anciens stoïciens dont les principes touchant la raison et la nature étaient bien connus, et auxquels les esclaves de l'empire romain ont dû l'extension continuelle des garanties que leur assuraient les lois. Mais ceux dont l'essentielle doctrine porte la soumission de l'homme tombé et humilié aux puissances de bon plaisir (sauve seulement l'espérance de la religion au ciel, pour rétablissement de justice et saine nature de l'homme) ne peuvent point se proposer la poursuite de l'équité sur cette terre, en tant que régime à déclarer par raison et fonder par lois volontaires. Ils doivent donc enseigner à chacun la convenance de se tenir fidèlement en la place et condi-

---

(1) Voir Wallon, *De l'esclavage dans les colonies*, p. LXXXV.

(*Note de l'éditeur.*)

tion que la Providence lui a, disent-ils, assignée ; puis les engager tous, à renfort de conseils, exhortations et comminations célestes, à s'acquitter honnêtement de leurs charges : les riches en leurs richesses, les maîtres en leurs seigneuries, les pauvres en leur dénûment et les esclaves en leur servitude. Leurs injonctions soutenues du bras séculier sont celles-là qui rangent les inférieurs à l'autorité des supérieurs, nommément ecclésiastiques, et les éloignent de toute hérésie et libre jugement. Les autres sont matière de sermon ; et cette morale parénétique a naturellement l'effet sur les âmes qu'elle peut avoir et qu'on lui connaît : à savoir nul, ou de bien peu s'en faut. Toutes les corruptions de la matière civile et des États et gouvernements temporels trouvent chemins ouverts. L'histoire de l'esclavage restitué vous en donne la preuve sans réplique.

Sixièmement, vous devez ajouter à ce que je vous ai représenté du régime des lois et des mœurs, ce fait considérable, déjà indiqué, mais sur lequel on ne saurait insister trop, qui est un caractère de tous ces temps, et qui les oppose fortement à celui des fondations, rivalités et guerres des antiques cités : ce fait, que le sang versé dans les entre-choquements des princes, et pour la constitution ou destruction des nations, l'a été principalement sur motifs de religion, soit vraies causes, soit prétextes de haine et d'extermination ; que les actes d'oppression de peuples, la servitude, les tributs ont pris volontiers le même fondement ; et qu'à l'intérieur de chaque peuple établi, car une telle cause d'aigres divisions ne se gouverne point aisément, dans quelques limites que ce soit, chaque secte a travaillé à exterminer les sectes rivales, selon qu'elle disposait de la puissance publique. De la sorte, il s'est fait que les anciennes unités de nations et de lois ont fait place à des unités de religion, mais seulement prétendues. La chrétienté, qu'on disait être venue faire des hommes un seul corps en Christ, abaissant pour cela les barrières des nations, a empêché les nations mêmes de faire chacune un corps uni, et leur a apporté, moyennant le ferment de l'intolérance, un levain très-actif de guerres intestines aussi bien qu'étrangères.

Nous pouvons, pour trouver des exemples des premières, remonter jusqu'à ce moment où ceux qui n'avaient d'abord demandé que la liberté de leur foi sous les lois de la république, à savoir en ce temps de Césars, s'étant faits eux-mêmes Césars, on vit bien que la liberté qu'ils avaient réclamée n'était que celle d'attenter à la liberté des autres. Or, depuis les édits de Constantin, de Valens, de Théodose et de Justinien contre les adorateurs des dieux anciens et les philosophes; depuis les persécutions mutuelles des catholiques et des ariens, les expéditions de guerre qui se font contre ces derniers là où ils occupent des provinces, la destruction des Samaritains, les supplices cruels ordonnés des donatistes, priscillianistes et autres hérétiques; les émeutes, massacres et proscriptions de ces donatistes en Afrique; les excommunications et bannissements des catholiques par les eutychiens et des eutychiens par les catholiques; et les conciles qu'on appelle des *brigandages*, et les armées et batailles de moines, et les assassinats et les incendies dont les évêques donnent au peuple le signal; depuis lors jusques aux bûchers ou meurtres des protestants, et aux guerres des catholiques et protestants en Allemagne, France et Pays-Bas, douze siècles plus tard, et aux horreurs qui les ont signalées encore de notre temps, et aux querelles sanglantes que nous avons vues nous-mêmes ici des arminiens et des gomaristes, vous pouvez dire que la guerre civile a été, dans tous les États soi-disant chrétiens, sans autres interruptions que celles que causaient çà et là l'étouffement obtenu plus entier des pensées libres et naturelles des hommes et la terreur imprimée dans les esprits par la secte dominante. Et les guerres entre nations sont nées continuellement des mêmes motifs, qui envenimaient les passions communes de la guerre ou imposaient silence aux intérêts de la paix.

Ces horreurs n'embrassent pas moins en l'espace qu'en la durée. Partant des confins des royaumes de l'Orient pour venir à nous, vous voyez les proscriptions de chrétiens chez les Perses, ou dans les lieux de leurs conquêtes, répondre à l'extermination qui se poursuit chez les chrétiens de toute doctrine ayant quelque rapport aux opinions des Perses. De là vient une cause ordinaire des guerres entre les rois de la Perse et les empereurs de Constantinople.

En Afrique, les Vandales, qui sont des ariens, rendent aux catholiques les atroces persécutions que cette secte en a reçues, transportent des peuples entiers dans les déserts; à d'autres, administrent de force le baptême arien, et infligent à tout relaps le dernier supplice. Les musulmans couvrent à leur tour une grande partie du vaste champ des dissensions de religion. Toutefois, plus humains que les autres sectaires, s'ils n'admettent à l'égalité avec eux que les fidèles, ils n'imposent à ceux-ci rien qu'une brève formule d'adoration de Dieu seul; et aux infidèles, ils laissent l'existence civile, et leurs foi et coutumes, hormis à ceux qui n'ont point de « loi écrite », lesquels comme idolâtres ils s'accordent avec les chrétiens à juger dignes de mort. Ils ne soumettent donc l'infidèle, juif ou chrétien, qu'au tribut et à une sorte de servitude, aggravée seulement par le profond mépris dont ils l'accablent, et par les avanies que le maître a toujours la force et l'occasion de faire subir à l'esclave. Ils établissent ce régime en une partie du monde; leurs luttes incessantes avec l'autre sont un bien grand et bien long chapitre de l'histoire. C'est à titre d'infidèles, beaucoup plus que d'envahisseurs, que sont dirigées contre eux les croisades et ces guerres moresques, en Espagne, qui se terminent par la cruelle extermination des plus policées de leurs nations, et par une persécution surpassant de bien loin tout ce que les chrétiens eurent jamais à souffrir. Et quand toute la querelle des croisades prend fin en un succès définitif des musulmans, maîtres de la Syrie et de l'Asie Mineure, entrés vainqueurs à Constantinople, vous remarquerez que c'est encore pour cause de religion et de secte que les Latins refusent d'aider les Grecs à défendre le boulevard commun contre l'infidèle; car ils mettent à leurs secours cette condition que le schisme des deux Églises se termine au profit du pape de Rome, et ils laissent ainsi périr ceux qu'ils ne peuvent soumettre et ranger à l'obéissance où ils sont eux-mêmes.

Revenons aux premiers royaumes des conquérants barbares. C'est encore la religion qui les divise et s'ajoute aux autres causes de leurs collisions, chaque roi qu'ont instruit les évêques estimant juste et méritoire de servir Dieu par la force de son bras, en courbant son ennemi sous le bon baptême, qui est le sien. Les Francs, qui sont de tous ces barbares les plus brutaux, mais catholiques, sont stimulés par leurs guides spirituels à conquérir les terres des princes bourguignons et visigoths, infiniment plus policés, mais ariens. Ainsi se fonda le royaume des Français, nous disent les historiens ; mais ce royaume fut de tous le plus perdu de crimes et d'anarchie pendant plusieurs siècles, et jusqu'au moment où ils tombèrent tous en la même décomposition finale, à laquelle ne put mettre empêchement Charlemagne avec ses conquêtes et le grand nombre de ses ordonnances. Celui des Visigoths se trouva contraint, sous le roi Récarède, à la conversion catholique, par le pouvoir des intrigues qui avaient soulevé le fils catholique et la bru de naissance franque, contre le roi leur père, durant le règne précédent, et ensanglanté la cour. De ce temps à celui de l'invasion des musulmans en Espagne, on peut dire que les prêtres gouvernèrent ce pays, destiné à redevenir encore plus tard leur principale citadelle. En l'an 612, ils y montrèrent l'étendue de leur pouvoir par la proscription des juifs, dont ils baptisèrent quatre-vingt-dix mille de force, soumettant les autres à la torture et confisquant leurs biens avec défense de s'exiler. Ils en vinrent toutefois ensuite au bannissement, et ne cessèrent de les persécuter, comme ils firent aussi les Maures, sitôt que les siècles écoulés leur en apportèrent les moyens, et avec le ferme propos de ne rien laisser subsister en cette contrée de ce qui pouvait en élever les habitants dans la vie civile et franche culture des lettres.

En ce même siècle, nous rencontrons, passant du midi au nord, un précieux exemple de la façon dont se comprenait alors, et dont n'a cessé au fond de se comprendre la conscience chrétienne chez les maîtres de la terre, prêtres ou princes qu'ils fussent : je veux parler d'un certain roi de Sussex qui, vaincu par un roi de Mercie, en la Grande-Bretagne, en accepte pour condition de paix l'obligation de recevoir le baptème ; et ses sujets avec lui, qui sont réputés avoir leurs âmes en sa dépendance. Certes un tel exemple en vaut mille, mais si vous le trouviez trop singulier, vous devez songer que ce qu'un prince impose de la sorte à un autre prince est cela précisément que tout particulier aussi

veut obtenir d'un autre particulier, et obtenir par contrainte s'il
ne le peut autrement, selon la mesure de ce qu'il a de pouvoir : je
veux dire de le faire croire en ce que lui-même croit, ou du moins
agir comme s'il y croyait. C'est le propre principe de l'intolérance.
Voyez la grande querelle des iconoclastes, qui se prolonge durant
trois siècles au moins, depuis le vi° jusqu'au ix°, et qui ne
se termine que pour se reprendre au temps des albigeois,
puis à celui des protestants, pour être toujours la cause de tant
d'actes sanglants et de tant d'autres de destruction violente,
jusques à couvrir la terre de ruines. Écartez de cette querelle ce
qui appartient aux moyens que les contendants y peuvent trouver,
les uns pour asseoir la domination sacerdotale sur les superstitions, et les autres pour s'en affranchir violemment ; n'y considérez
rien que les passions populaires soulevées pour ou contre les
images, contre les personnes de leurs sectateurs ou de leurs
contempteurs, et vous reconnaîtrez alors que l'unique fond qu'il y
ait à tout cela, c'est qu'un homme qui s'adresse aux objets de
son culte par l'entremise de certaines effigies n'admet point qu'il
lui soit possible de vivre en paix et justice avec celui qui rejette
ce moyen d'édification ; et réciproquement l'autre est en guerre
avec lui sur ce fait. Tels que ces rois de Mercie et de Sussex, ces
deux hommes se proposent en condition de paix la soumission
des sentiments de chacun à la volonté d'autrui. C'est donc la servitude spirituelle ou d'un côté ou de l'autre, laquelle sera transmise par le plus faible à ses descendants, jusqu'à ce que l'habitude
la leur ait rendue naturelle. Et ainsi il serait vrai que la religion
est venue apporter le glaive et non la paix sur la terre, en attendant le jour où il pourra être donné au glaive de soumettre toutes
les âmes à un même et inébranlable esclavage.

Les plus grands princes sont naturellement ceux à qui il appartient d'opérer sur les plus vastes proportions, en distribuant aux
peuples la foi ou la mort. L'empereur Charlemagne, le fondateur
de la papauté politique, fut l'un des plus grands. Son père Pépin
avait forcé les Saxons à recevoir des missionnaires chargés de
leur administrer d'une main le baptème en leur montrant, de l'autre, à l'Occident, les Francs qui avaient résolu qu'ils le rece-

vraient, quoi qu'il en coûtât. Lui, comme ils résistaient, en une première expédition, porte l'incendie et la ruine dans leur pays; en une seconde, en une troisième, en baptise des tribus entières; en une quatrième, distribue leurs terres aux évêques et aux moines qui furent capables dès lors de donner du poids à l'enseignement de l'Évangile, et sont les prédécesseurs de tant de prêtres souverains de l'Allemagne. En une dernière expédition, Charlemagne fait de nouveau des prisonniers par milliers que cette fois il massacre, le baptême n'ayant point tenu, et se résout enfin à transporter dix mille familles saxonnes au fond des Gaules, lesquelles il remplace en Saxe par des Francs fidèles. C'est le prix dont fut payé le baptême de Witikind et la conversion des Germains à la loi d'amour.

Il semblerait donc qu'aux temps catholiques, la religion dût être un fruit de la violence! Rappelons-nous encore les travaux étrangement apostoliques de ces missionnaires qui, sous le nom de chevaliers Teutoniques, évangélisèrent la Prusse et la Lithuanie; et les exploits des ordres militaires des croisades, et puis les croisades mêmes contre les hérétiques, et, plus près de nous, les massacres dont la charge est confiée à des armées, sous le prétexte du bien de la religion, dans la Bohême, dans la Valteline, dans le pays des Vaudois. Et afin que nous comprenions que ce ne sont pas là les effets seulement des entreprises ordinaires des princes les uns contre les autres, mais bien de la persuasion où sont aussi les particuliers que la paix sociale exige la communauté de religion (ce qui revient à dire qu'on demandera cette communauté à la guerre), considérons la part que prennent les peuples, depuis les grands seigneurs jusques aux plus petites gens, à ces passions de fanatisme qui les poussent les uns contre les autres et contre leurs propres patriotes. Les guerres de religion de France et des Pays-Bas nous en sont le dernier exemple, et achèvent de nous montrer une vérité aussi longue que l'histoire, depuis la décadence du premier empire de Rome : à savoir que l'établissement du catholicisme romain a été l'œuvre de la force. Aussi notre affranchissement est-il une œuvre pareille en tous lieux où il peut se tenter, laquelle malheureusement garde un fort levain des mêmes passions dont les réformés ne triomphent qu'en les partageant. Il est même vrai de dire que les princes se sont servis de la passion de l'intolérance chez leurs sujets plus souvent qu'ils n'en ont eux-mêmes senti les atteintes. On n'expliquerait point autrement l'alliance du roi François Ier avec le Turc infidèle, durant qu'il faisait monter au bûcher les meilleurs chrétiens qui fussent en son royaume; ou la politique de son fils Henri II, allié des protestants d'Allemagne, et qui menait les dames de sa cour au spectacle des estrapades; ou l'accord d'Henri III avec Henri de Navarre contre la sainte Ligue; ou enfin les guerres de Richelieu, ministre d'un roi dévot, et cardinal de l'Église romaine, hardi défenseur du protestantisme à l'étranger, et destructeur en son pays des garanties que les protestants y avaient conquises contre les persécutions de l'autorité et du peuple. Ainsi ces mêmes souverains qui prouvaient leur liberté et ouverture d'esprit dans les affaires des autres, autant du moins qu'ils pensaient y voir leur intérêt, étaient bien loin d'entendre à diminuer les semences ou à s'opposer aux fruits du fanatisme en leurs propres États. Ils l'auraient pu, rien qu'en employant la puissance publique à conserver la liberté à quelques-uns qui, ne pensant point comme le vulgaire, étaient portés d'un grand zèle à enseigner la vérité et la charité à tous; ils ne le voulaient point, à cause qu'ils estimaient que leur franc et absolu pouvoir serait mieux secondé par l'abaissement commun des esprits et caractères, sous le poids d'une règle et coutume unique de foi populaire, à laquelle nul n'eût jamais droit d'objecter. Cette remarque me conduit à la dernière considération que j'ai désiré vous soumettre.

Septièmement donc, vous observerez que la religion ayant été, dès les commencements du système catholique, une telle puissance non pour unir les hommes, ainsi qu'on l'aurait voulu croire, mais pour les diviser, et détruire les États, les souverains ont pris le parti de travailler par tous les moyens à leur portée, justes ou injustes, à établir l'unité de religion parmi leurs sujets, et exterminer quiconque osait croire au delà ou à côté, aussi bien que contre la croyance autorisée en chaque chose. Les uns pou-

vaient recevoir leurs domaines des mains des évêques, et servir
fidèlement une foi jurée, en chassant d'autres évêques et combat-
tant d'autres princes ; les autres pouvaient résister à telles injonctions des prêtres, à telles ingérences des moines, et même dégrader et emprisonner des papes : ils ne laissaient pas de se
réclamer tous de la vraie religion et décret même du ciel, et de
contraindre chacun à les imiter en ce qu'il leur plaisait à eux
d'affirmer ou nier de la substance de ce décret. Ils ne pouvaient
toutefois d'ordinaire éviter de retomber d'une autorité dans une
autre, également de nature ecclésiastique, n'étant point réputés
aptes à fournir d'eux-mêmes aucunes décisions ou interprétations
de conscience, ni seulement à marquer les limites du spirituel et
du temporel, puisque c'est acte spirituel de les définir. C'est
donc par le seule intérêt, si vous allez au fond, qu'ils réduisaient
les prêtres à se renfermer envers eux dans certaines bornes ; et
le prix dont ils payaient la condescendance de ceux-ci, c'était de
livrer les peuples à leur direction et commandement pour tout le
surplus, en quoi ils mettaient alors volontiers le sceptre à leur
service. De cette alliance, troublée, non rompue, par la persévérante ambition d'une Église qui, de ce qu'on la reconnaissait
unique autorité dans l'esprit, prétendait très-justement devoir
être encore l'unique pour la conduite du corps et de la vie, de
cette alliance toujours subsistante avec des compromis divers,
sont nés les deux plus grands fléaux qui ont désolé toutes les
terres de la chrétienté, par l'appréhension que les princes ont
eue de voir leurs sujets se courber moins docilement sous eux
si une fois ils échappaient au joug d'un sacerdoce, leur allié,
encore qu'incommode, pour s'adonner à des croyances qui,
embrassées plus librement, rendent toujours l'âme plus fière. Ces
deux pestes sont l'inquisition exercée sur la foi, et les épurations
de religion pratiquées de vive force au sein des peuples.

L'inquisition catholique n'est pas seulement celle dont vous pourriez confondre l'institution avec le tribunal effroyable en lequel
s'est engendré, après douze cents ans d'incubation, son plus parfait exemplaire ; mais c'est l'esprit catholique lui-même, tel qu'il
s'est montré dès le commencement dans l'histoire de Saphire et

Ananie retranchés de l'Église par mort violente, et pour avoir essayé de mentir « non aux hommes, mais à Dieu »; puis dans les haines qui poursuivirent l'apôtre Paul et tentèrent de l'exclure comme hérétique; et dans les accusations mutuelles des gnostiques, et dans ce flot d'outrages et d'anathèmes dont les Pères de l'Église non-seulement accablèrent leurs adversaires, mais se couvrirent les uns les autres. A mesure que les dogmes étaient libellés en formules de métaphysique pour ainsi dire juridique et prétorienne en quelque concile, chaque évêque et chaque moine exerçait de son chef une inquisition sur les écrits ou les paroles de chacun autre, tâchait à le prendre en faute, afin d'obtenir contre lui une condamnation que ce dernier travaillait ensuite à tourner contre ses accusateurs, à l'aide d'autorités alléguées, de raisonnements et d'intrigues; jusqu'à ce que le tout vînt aboutir, pour ceux-ci ou pour ceux-là, au triomphe, à l'exil ou à la soumission hypocrite. Tel est le propre fond de l'esprit de l'inquisition : il repose sur la pensée que l'erreur obstinée, à savoir résistance à l'autorité en matière de foi, est le fait d'un ennemi de Dieu, et que l'ennemi de Dieu doit être recherché, mis hors d'état de répandre sa pestilence et puni. Vous n'avez plus qu'à ajouter ce qui vient avec le temps : je veux dire l'extension de la recherche à tous les sujets d'une république, et non pas aux seuls prêtres ou docteurs, les moyens de contrainte accordés aux inquisiteurs pour obtenir révélations des secrètes pensées, l'encouragement donné aux délateurs, les ruses de la procédure, l'horrible emploi des tourments et la cruauté des supplices.

Lorsque Trajan et d'autres empereurs de ceux qu'on nomme païens furent consultés sur la politique à suivre envers les chrétiens, qui étaient alors ennemis des autres religions et de la liberté de ceux qui les professaient, et, en cela, méritaient d'être réprimés, ils ordonnèrent qu'on n'en fît point de subtiles recherches, mais que, s'ils étaient dénoncés par leurs actes ou autrement, on ne les poursuivît qu'au cas où ils refuseraient leur soumission extérieure aux lois ou usages des autres religions répandues dans l'empire, desquels usages d'ailleurs, non plus que l'auteur d'*Uchronie*, je n'entends point prendre la défense. Mais l'empereur chrétien Justinien, informé de l'existence des païens qui se cachaient encore dans les rangs les plus élevés comme les plus bas, au mépris des édits de ses plus zélés prédécesseurs, désigna un évêque de sa cour pour en faire l'inquisition universelle; en suite de quoi soixante et dix mille sacrements de baptême durent être conférés d'autorité à personnes soumises, et quatre-vingt seize églises bâties et dotées pour recevoir ces bons néophytes. La province de Samarie, qui résista, ce que ne font pas si facilement des hommes isolés, perdit quarante mille habitants, les uns massacrés, les autres vendus comme esclaves, et devint de ce jour un désert. C'est ainsi que les épurations de peuples, dont je vous ai parlé, marchent du même pas que l'inquisition de la foi : celle-ci étant toujours employée à retrancher la matière peccante des individus, et celles-là appelées à opérer sur des masses telles que samaritains, pauliciens, Saxons, Maures, albigeois, vaudois et protestants, par guerres, transportations, bannissements ou massacres. Je ne dis rien ici des juifs; vous savez qu'en tous pays chrétiens la persécution contre eux n'a jamais cessé, et qu'il serait presque impossible de dénombrer les faits d'exil, assassinats, confiscations de biens dont ils ont été les victimes, comme aussi de compter le nombre des judaïsants, ou des mauresques suspects d'être relaps, que les tribunaux de l'Inquisition ont fait périr.

Suivons cependant le progrès de cette œuvre abominable assidûment poursuivie pour l'unité de la foi. Au cours d'une première époque, qui se prolonge jusque vers la fin du siècle XIIᵉ, ce sont les évêques, confirmés au besoin par les conciles, qui connaissent du crime d'hérésie. Aux condamnations qu'ils prononcent, les princes attachent des effets temporels, lesquels vont jusqu'à la peine du feu, quand il s'agit des hérétiques du genre très-vaste et très-divers appelé manichéen, que l'on suppose invincible de sa nature. Des exemples sont ceux des pauliciens brûlés devant l'église de Sainte-Sophie à Constantinople, ou des treize de semblable espèce brûlés en la ville d'Orléans devant le roi Robert et la reine Constance, au nombre desquels était le propre confesseur de cette reine, qu'elle eut la bassesse de frapper de sa main

durant qu'il marchait au supplice. D'autres hérétiques recevaient
le fouet, perdaient leurs biens et restaient courbés sous l'infamie,
dans l'abandon où tout excommunié était inévitablement voué.
Parfois aussi on les exilait, parfois on les renfermait étroitement.
Aux judaïsants, notamment en Espagne, après qu'on les avait
fouettés, on enlevait leurs enfants, suivant décret d'un concile de
Tolède. Aux peuples convertis on imposait des prêtres et des
juges, ainsi que fit Charlemagne à ceux des Saxons laissés en leur
pays. On leur ramenait de force des princes baptisés, s'ils venaient à les chasser, comme les Bohêmes, qui pendant si longtemps et à bien des reprises ont subi la violence du fanatisme
étranger jusques à tant qu'ils soient devenus en tout semblables à
leurs oppresseurs. Mais ce qui rendait surtout horrible, dans
toutes les contrées soumises au contrôle du prêtre, la condition
des hommes qu'on pouvait soupçonner, après une abjuration
extérieure de leurs anciennes opinions ou coutumes, ou façons
particulières de voir, n'être point attachés fidèlement du fond du
cœur aux doctrines de ceux qui faisaient ainsi violence à leurs
consciences, c'est que les dénonciations et persécutions étaient
imputées à mérite aux particuliers, et que même l'Église comptait
à ceux-ci, au vu de tels titres de foi, des avances sur leur salut
éternel. De même que des indulgences apostoliques, et jusques à
l'entière rémission des péchés avaient été promises par les papes
aux chrétiens engagés dans la « guerre sainte », lesquels commirent, après avoir ainsi « pris la croix » pour enseigne de viols et
d'assassinats, des crimes plus abominables que ceux qui sont la
commune étoffe dont toute guerre est faite ; de même des biens
spirituels, sans parler des temporels qui provenaient de la confiscation des biens des hérétiques, furent proposés en gain aux
dénonciateurs de tous actes ou paroles contre la foi ; et la délation
eut promesses de récompenses d'ordre divin que les tyrans les
plus inhumains n'auraient jamais rêvé qu'on pût faire servir de
soutien à la tyrannie. Des peuples entiers et d'innombrables familles de juifs ou Maures convertis par la force traversèrent
ensuite les âges, courbés sous la terreur qu'entretenaient le zèle
d'inquisition soufflé dans toutes les âmes fidèles et les fréquents

exemples des bûchers où montaient les relaps en présence de la foule et des rois.

Voilà les principes invariables du papisme, et qui ont leur application constante partout où la milice papale exerce librement son métier des armes spirituelles. La croisade albigeoise a montré ces principes en toute leur force et pleine expansion. De cette guerre dont la mémoire souille le nom même de la guerre, est sorti le tribunal à proprement parler de l'Inquisition. Tous les caractères que je vous ai signalés de l'âge du monde succédant à l'empire romain, et qui ont été en continuelle croissance jusqu'au temps de cette croisade et au delà, s'y trouvent réunis. Ce sont : la foi prétendue dont les décisions seules du prêtre arrêtent les points, et dont la contrainte est l'instrument sous la sanction des supplices; la torture employée à procurer les aveux de l'hérésie; la lecture des Écritures, défendue par ceux-là même qui les nomment Saintes, n'ayant aucuns titres dont ils puissent se prévaloir hormis en elles; toutes opinions ou pensées de raison et de bon sens pour explications des croyances, durement condamnées et proscrites; les seigneurs tant spirituels que temporels, et ceux-ci sous peine d'encourir eux-mêmes les traitements des hérétiques, obligés sous serment d'exercer une surveillance continuelle et rigoureuse et de prêter main-forte à l'Église; les villes rendues solidaires du crime de ceux de leurs citoyens qui vivraient ou penseraient d'autre manière que le commun des papistes; les dénonciations obligatoires pour toutes personnes, et même des pères par leurs fils, qui, en ce cas, conservaient les biens et honneurs dont la condamnation de leurs parents les eût autrement fait déchoir; la milice spéciale de l'ordre de Dominique de Guzman appelée, sans préjudice de l'action de tant d'autres milices, à poursuivre avec des prérogatives sacrées l'œuvre complexe de la prédication et de la persécution; l'aveugle fanatisme des provinces poussées les unes contre les autres, animées à la destruction de celles d'entre elles où la vie s'est conservée intellectuelle et civile et les pensées plus libres; enfin le brigandage des seigneurs que précipitent dans les horreurs de la guerre de religion l'appel du pape, la passion de la rapine et celle de l'unité de la foi. Il n'y a pas jusqu'aux engagements qui peuvent être pris envers des hérétiques et que les papes osent déclarer nuls; en sorte que la religion, dans ses procédés de conquête, tombe au-dessous même de la barbarie.

Des princes qui étaient ceux de leur temps qu'on soupçonnait au meilleur droit d'être des ennemis du sacerdoce, un Frédéric Ier, un Frédéric II, donnèrent leur sanction aux conciles où fut organisée cette universelle croisade. Je dis universelle, parce que la guerre des Albigeois n'est que le parfait exemplaire des entreprises que les prêtres conduisirent ou fomentèrent en tous lieux contre la liberté des âmes. Le tribunal de l'Inquisition en provint, duquel les attributs principaux sont l'institution d'une juridiction spéciale, remplaçant celle des évêques pour les délits contre la foi, et l'établissement d'une procédure où sont réunies toutes les iniquités qui peuvent perdre, je ne dis point un innocent, mais celui-là même qui jamais ne songea à ce dont on l'accuse. Mais ce sont choses assez connues chez nous et que je ne vous rappellerai pas, si ce n'est par simple mention. Ce tribunal fut institué par le pape Innocent III dans le midi de la Gaule, rendu plus régulier par ses successeurs, et bientôt transporté en Italie, puis en Espagne et en d'autres pays de l'ancien et du nouveau monde dont il décime encore les habitants, retranchant de génération en génération d'hommes tous ceux dont l'esprit se relève assez pour faire ombrage au papisme. En Espagne seulement, au dire des bien informés dont nous avons quelques-uns dans nos provinces, seize tribunaux de l'Inquisition, durant le dernier siècle, qui est le seizième, et durant les dix-huit dernières années du quinzième, qui sont celles où fut inquisiteur général le fameux Torquémada, auraient fait périr par le supplice du feu plus de vingt-cinq mille accusés. Plus de deux cent cinquante mille auraient été condamnés pendant ce même temps à la peine de l'infamie, à la prison perpétuelle et à la confiscation des biens; et en joignant à ces nombres ceux des personnes brûlées après leur mort, ou en effigie, après leur fuite, on trouverait le nombre approchant de deux cent mille familles détruites dans cet intervalle. Si l'on était curieux de connaître l'ensemble de la mutilation de ce royaume, il faudrait ajouter encore à ceci les huit cent mille juifs qui furent

bannis de l'Espagne sous le règne de Ferdinand le Catholique ;
les autres juifs très-nombreux, ou Maures, qui ayant été baptisés,
mais vivant depuis lors en de perpétuelles alarmes à cause de
l'Inquisition et des délations intéressées des familiers du Saint-
Office, trouvèrent à vendre leurs biens malgré les défenses, et
quittèrent le pays ; et enfin le million de Mauresques, car ils ne
furent pas moins, dont la multitude a été bannie tout d'une fois,
avec d'infinies misères, il y a cinquante ans à peine, sous le roi
Philippe III. On achèverait de se former une idée de l'œuvre de
l'Inquisition, en joignant à ce total celui des victimes de la première
période de cette institution pendant les siècles XIII°, XIV°, XV°, en
France, Italie, Espagne et Allemagne ; et puis, pour la seconde
période, des victimes de Mexico, Lima et Carthagène des Indes, et
de Naples, Milan et des Flandres, toutes contrées soumises à la
couronne d'Espagne, soit que les inquisiteurs aient pu s'y établir
à demeure ou que des flots de sang aient coulé pour les y installer.
Mais ce qui ne saurait se compter et n'est point matière d'é-
numérations, ce sont tant de gémissements, de larmes, de san-
glots, et d'imprécations et de prières, dans les cachots, dans les
familles, dans la misère et dans l'exil ; ce sont les tortures des
innocents et la continuelle décimation des nations du sein desquelles on retranche tout ce qui ose penser, jusqu'à ce qu'elles deviennent, entre les mains de leurs conducteurs, des troupeaux sans
force et sans vertu.

Vous n'ignorez pas, puisque c'est l'histoire du pays où votre
aïeul fuyant l'Inquisition romaine a trouvé quelque peu plus de
liberté, comment le papisme et la couronne d'Espagne ont perdu
ces Provinces-Unies, comme aujourd'hui nous les nommons, dans
lesquelles ont été commises tant d'atrocités vainement pour les
soumettre au régime de la pure unité de la foi. Je ne vous rappellerai donc pas le Conseil de sang, la guerre des Gueux, les deuils
de vingt mille familles, et la fuite de tant de nos meilleurs citoyens
obligés de chercher au loin des terres où il ne se forge point encore de chaînes pour les consciences. Vous connaissez aussi, de
l'histoire du pays d'origine de notre famille, ces soixante années des
travaux assassins des nobles papistes, des monarques et des

parlements, pour l'unité de la foi, depuis les supplices d'Anne du
Bourg et des autres luthériens ou calvinistes, sous les rois François I⁰ʳ et Henri II, jusqu'à l'édit de Nantes, à la veille de notre siècle ; la condamnation à mort de tout un peuple, par arrêt du parlement d'Aix en Provence, et cette expédition militaire qui, par
ordre du roi, détruisant vingt-quatre villes ou villages dans le comtat Venaissin, livra au fanatisme des soldats et de la populace papiste, c'est-à-dire au massacre, au viol, à l'incendie, aux galères,
à l'esclavage même des particuliers, les débris des persécutés
d'Innocent III et des papes ses successeurs : le très-peu qui s'en
sauvèrent devant être exterminé quelques années après, avec
d'autres des vallées du Piémont, par un gouverneur du Milanais,
pour le service de la politique grandissante du roi Philippe II, et
durant que le vice-roi de Naples en détruisait d'autres encore,
avec leurs villes qui avaient pu subsister jusque-là dans les Ca-
labres ; puis cet abominable massacre des réformés, dans le temple de Vassy en France, qui fut le signal des guerres de religion,
donné par l'ambition du duc François de Guise et la violence des
prédicateurs catholiques ; puis cette trahison et ce massacre du
jour de la Saint-Barthélemy, dont il n'est pas de nom capable de
qualifier l'horreur en aucune langue des hommes ; et puis ce temps
dit de la Sainte-Ligue qui est celui, non de la folie d'un peuple
seulement, mais des assassinats commandés par des princes,
ou tramés au sortir du confessionnal et justifiés par l'Église ; et
puis enfin, et pour couronner le tout, l'apostasie du roi Henri, sa
soumission si basse aux momeries à lui prescrites par les éternels
persécuteurs et meurtriers de ses amis. Il est certain que ce roi
voulut *mal faire pour faire du bien*, la reine Élisabeth lui en a dit
le mot, mais c'est un jeu dangereux, outre qu'il n'est pas permis.
Il donna à ceux de la religion qu'il abjurait les libertés de l'édit
de Nantes, il est vrai ; mais les libertés qu'un roi donne, un autre
roi peut les ravir, tant que dure la même politique : la politique
de l'unité, toujours bonne aux monarques, parce qu'elle est propre
à leur faire de leurs sujets des esclaves ; la politique qui ne peut
guère manquer d'être celle d'un petit-fils d'Henri IV, aussitôt qu'il
se sentira bien assuré sur son trône.

Les mêmes fureurs religieuses ont désolé la Grande-Bretagne, avec une issue toutefois plus heureuse, on le dirait, si l'on pouvait être certain que l'homme d'État qui gouverne sous le nom de Protecteur cette grande nation réformée, aura la puissance d'accomplir une œuvre qui se poursuive au delà de sa tombe, comme il a eu celle de mettre un arrêt à la guerre civile. Mais souvenons-nous que l'Angleterre a subi le règne catholique de Marie la sanglante, après que le roi et le parlement d'accord semblaient y avoir détruit l'autorité du pape ; et qu'encore après les règnes de la grande reine Élisabeth et de Jacques Stuart, disputeur acharné en théologie, qui prêchait au moins d'exemple pour la liberté de conscience, ce royaume a été désolé par les persécutions d'un roi décidé à établir le pouvoir absolu de la couronne et des évêques ; que les hommes les meilleurs ont été réduits à fuir leur patrie, à chercher des établissements pour leurs familles au delà de l'Océan, et que le demeurant des sujets a dû choisir de se soumettre à la servitude épiscopale et royale, ou de se jeter, tête baissée, en une de ces révolutions et guerres civiles dont le sort commun est de guérir les peuples de leurs maux en leur en apportant plusieurs autres, et sans les garantir du retour des mêmes. Qui nous assure que des rejetons de cette ancienne famille d'Ecosse, ramenés sur le trône après la mort du Protecteur, ne trouveraient plus les moyens de reprendre l'œuvre de Charles Stuart et peut-être même celle de Marie Tudor? La doctrine fanatique de l'obéissance implicite aux prêtres ou aux rois a conservé des adhérents de toutes sortes ; et de nouveaux arguments non sans force lui viennent du spectacle des inévitables désordres des révolutions. Lisez, si vous voulez connaître ces arguments travaillés par un esprit tout à la fois fort roide et fort subtil, les livres du Citoyen et du Léviathan, que Mr. Hobbes, précepteur dans la maison des Stuarts, a donnés dernièrement au public durant son exil en France.

Je n'ai nulle intention de vous dissimuler, et pourquoi le ferais-je? les injustices par lesquelles il est arrivé aux réformés, comme à tous autres opprimés de l'Église ou des princes, de répondre aux attentats de leurs persécuteurs. Les violences des mo-

dernes iconoclastes ne sont point à pallier, non plus que les crimes
des chefs de bandes de tous côtés durant les guerres, ou les disputes acrimonieuses des théologiens, lesquelles se résolvent aisément pour eux en arguments de fer ou de feu, dès qu'ils ont puissance effective les uns sur les autres. Ce sont effets de fermentation
d'un seul et même levain dans les cœurs des hommes, et ce levain
est celui qui, s'étant formé dans l'Occident il y a déjà tant de
siècles, au temps et dans les circonstances que l'auteur d'*Uchronie*
vous a décrites savamment, a été ensuite soigneusement conservé
et nourri par toutes les autorités de l'Église papiste, défendu par
la plume, l'épée et le bûcher contre tout mélange qui aurait pu
l'affaiblir, et enforcé jusque dans le sang des générations des
sujets des princes catholiques. Comment serait-il possible que des
révoltés pussent de bien longtemps et dans leurs révoltes mêmes
user d'autres leçons que de celles qu'ils ont reçues? A peine
ont-ils une autre science et d'autres préceptes que leurs maîtres,
et les mêmes passions les poussent aux mêmes pratiques. Il vous
est donc loisible de mettre au même rang le supplice de Servet,
ordonné par Calvin dans Genève, ou tant d'autres persécutions
moindres dont nous n'avons que trop connaissance de nos côtés,
et les supplices d'un Jordan Brunus et d'un Vanin, pour ne citer
que ces deux de notre siècle, et l'abjuration forcée de Galilée à
genoux devant le tribunal du Saint-Office de Rome. Il n'y a de part
et d'autre qu'une tradition et qu'un système, à savoir celui de la
contrainte des consciences et de l'unité de la foi. Mais dussions-
nous oublier que les échafauds, les massacres et les trahisons,
depuis le concile de Constance jusqu'à la Saint-Barthélemy, ont été
les actes accoutumés du parti qui avait possession de l'autorité
contre ceux qui revendiquaient les droits de leurs âmes et qui
n'ont jamais fait qu'user de représailles, quand toutefois ils l'ont
fait, nous devons remonter plus haut dans l'histoire et nous souvenir toujours que l'Inquisition, si ce n'est son propre tribunal,
ses dogmes, ses maximes et ses arrêts, dans les mains des évêques
et des princes, ont été les seuls précepteurs des esprits depuis
Constantin jusqu'à Philippe II. Il faut une autre éducation pour
changer le monde, et le monde est obligé de se la donner seul, à

cause de la corruption et méchanceté de la plupart des conducteurs des peuples.

C'est encore par une violation de la foi jurée aux protestants,
par la conquête de la Bohême au bénéfice du papisme, par la
distribution des terres et des magistratures au clergé, par le massacre des protestants dans une province des Alpes convoitée de la
maison d'Espagne, que commença cette grande guerre d'Allemagne dont vous vîtes il y a dix ans la fin. Cette fois, grâce à la
descente des nations réformées du Nord et à l'intervention d'un
ministre étranger qui a su, étant prêtre, n'être point catholique,
hormis dans les États de son maître, la guerre, la croisade, car
ç'en fut encore une, puisque les moines y brandirent le crucifix à
la tête des bataillons, la guerre en laquelle il n'y eut peut-être
guère moins de crimes commis par les chefs, ni d'excès causés par
l'indiscipline des troupes, ni de misère et d'horreurs pour les gens
paisibles, qu'autrefois dans la croisade albigeoise, ou du fait des
bandes de pèlerins de Pierre l'Hermite dans la Hongrie, s'est ter-
minée en telle sorte pourtant que l'empire et le pape alliés n'ont
point eu à se féliciter. L'Allemagne protestante, les cantons suisses,
les Provinces-Unies ont conservé leurs libertés ou les ont vues
augmentées ou garanties, et nombre de grands biens et domaines
ecclésiastiques ayant été sécularisés sont entrés en des États où
le pape et les évêques n'ont plus jurjdiction directe. Devons-nous
croire, parce que nous avons assisté à la paix de Munster, que
cette lutte terrible de toute l'histoire, la seule, la vraie et fondamentale entre tant d'accidents qui en troublent ou en interrom-
pent le cours sans l'arrêter, est venue ainsi finir sous nos yeux ;
que le papisme renoncera à son système de la foi contrainte, ou ne
rencontrera plus au temporel que des instruments indociles, et
que les peuples marcheront sans obstacle désormais dans ces
voies de liberté et de justice d'où l'Église et les princes les écar-
tèrent violemment quand ils y entraient, au temps des albigeois
et de l'institution des communes ? Croire cela serait s'abandonner
à l'illusion de gens qui veulent voir en leur siècle seul l'aboutis-
sement de tous les siècles, et trouver les premiers la paix et le
contentement, où leurs ancêtres n'ont eu que les combats et la

douleur. Ce serait aussi se montrer satisfaits de peu, car la
Réforme, l'application aux lettres et l'étude des sciences n'ont
point élevé leurs suivants à une condition où, n'ayant plus rien
à craindre des entreprises de ceux qui les haïssent, ils puissent
eux-mêmes quelque chose pour changer les pensées et coutumes
de ceux qui sont en possession d'user de la force. Les passions de
l'intolérance étant d'ailleurs demeurées presque les mêmes, et les
principes que la plupart des esprits avouent étant toujours propres
à justifier ces passions, ce qu'il y a de liberté dans l'Europe est de
constitution précaire. D'une part, si vous regardez aux États catholiques, il y en a plusieurs qui, continuent d'être régis par l'Inquisition et gouvernés par des princes qui servent d'instruments au
papisme et à ses milices, pensant eux-mêmes avoir le papisme
pour instrument de pouvoir : chez ceux-là le crime organisé ne
cesse de fonctionner et se nomme bon ordre et vie catholique ; et
chez les autres, ce qu'il y a de liberté de croire, de penser et de
parler, et qui n'empêche point qu'on n'assiste en plusieurs cas, à
présent même, aux plus cruels supplices de quelques imprudents,
est un effet de simple permission de monarques ou ministres,
pourvus de pleine autorité pour défendre ce qu'un temps ils
jugèrent utile de permettre. Les circonstances pourront plus tard
leur sembler favorables à mettre fin à cette tolérance, et le fanatisme de beaucoup de leurs sujets pourra leur faciliter un attentat
contre les autres, à quoi ne manqueront pas de les pousser, outre
la constante sollicitation des évêques, la passion aveugle des politiques férus de l'unité de l'État et prêts à la payer de sa ruine.
D'une autre part, si vous regardez aux États protestants, il vous
est aisé de voir que leurs sectes ou dominantes ou dissidentes sont
animées des sentiments d'exclusion et de haine qu'elles ont héri-
tés du papisme, et disposées mutuellement à s'interdire par les
lois, ou se détruire par le bras du souverain ; lequel, de son côté,
pour la même passion de l'unité que j'ai dite, a communément
le ferme propos de chasser ceux qui ne partagent pas sa croyance ;
et non pas de chasser les catholiques seulement, ce qui pourrait
se justifier en tant qu'ils seraient les seuls à ne vouloir point souffrir d'autres sectes que la leur et à les menacer toutes et l'État,

mais encore de persécuter les sujets qui n'envient que la liberté
de rendre à Dieu un culte selon leur cœur et répandre leurs sentiments par la parole. Enfin ce n'est pas le tout ici de se peindre les
conditions de chaque république, à l'égard des servitudes où ses
propres sujets sont retenus les uns par les autres et par la puissance des rois ou magistrats qui les gouvernent ; il faut songer
aussi que les traités par lesquels elles ont fait trêve à leurs guerres
tant d'ambition que de religion, les ont placées en un état d'équilibre non stable. On est bien loin de cette paix solide ou profonde
que favoriserait un aveu commun de principes de civilité commune,
et unique justice politique, avec établissement d'universel droit
des gens. Au contraire, la carrière demeure ouverte aux entreprises qu'on voudra renouveler de la monarchie universelle ; et le
papisme a gardé, même en quelques points il a fortifié la position
qui lui permet de fournir les moyens les plus efficaces, et d'espérer
de cueillir les fruits les plus certains d'une conquête qu'il appelle
afin de réaliser l'unité de foi et d'empire. *Una fides, unum impe-
rium,* telle est la constante devise de Rome, toujours prête à
sacrer le conquérant qui voudra mettre à ses pieds ses conquêtes.

Voilà donc la triste substance dernière, voilà le résidu de ce
règne de mille ans, et de bien plus de mille ans, que nous avons
eu en la place de celui des Saints, que les anciens chrétiens espéraient avec la venue prochaine de Christ sur les nuées du ciel !
Et voilà la vérité de l'histoire, que vous pouvez maintenant com-
parer aux imaginations si belles, et si désespérantes, des possibles
que se complaisait à édifier en son cachot l'auteur d'*Uchronie*,
prisonnier de l'Inquisition romaine, à la veille de monter sur le
bûcher. Il rêvait de ce que les hommes auraient pu faire, en leur
liberté, s'ils avaient exercé leur liberté à temps, en s'inspirant de
bons conseils. Et je viens de vous dire ce qu'ils ont fait, et quel
enchaînement ils ont créé, qui nous a conduits, après la perte de
la civilité antique, au bout de tant de siècles, au point de confusion où nous sommes, avec l'image de l'ordre et de la vérité
politiques en un lointain passé seulement, et de faibles espé-

rances en un avenir lointain de notre Occident où la religion des bûchers cesserait de répandre par le monde ses flammes et sa fumée.

Le mot de religion, mes chers enfants, est le dernier qui vient ici sous ma plume, et tout à propos pour commencer avec lui une remarque dernière, et bien nécessaire, que je vous prie de méditer. Vous pourriez penser, en lisant ces pages que j'écris pour vous, et malaisément vous vous en défendriez si vous connaissiez moins bien mes sentiments sur Dieu et l'âme et mon respect pour toute foi sincère, que c'est contre la religion que je les ai écrites. La lecture du livre d'*Uchronie* vous causerait la même appréhension, au cas où vous ne sauriez point peser l'intention que l'auteur a eue quand il vous a montré le retour de la religion de Christ dans l'Occident, après que l'affermissement définitif des saines institutions politiques l'aurait apurée de fanatisme et réduite en son état de divin mystère, où il n'y a place ni pour aucune foi contrainte ni pour l'ambition de faire et gouverner des empires. Ainsi notre livre de famille vous serait une occasion de scandale, et si, par respect de vos aïeux, vous n'osiez le détruire, au moins craindriez-vous de le placer auprès de celui des familles chrétiennes, dans lequel elles ont trouvé à s'instruire en la justice et résistance contre nos oppresseurs. Mais ce serait mal comprendre ma pensée, celle de mon père et du maître de mon père. Nous aurions écrit contre la religion ! Comment serait-ce possible, alors que nous n'avons point écrit du tout sur la religion, mais seulement contre les règlements d'injuste autorité et police despotique, qui se parent de ce nom, et tout au plus contre des superstitions propres à abaisser les âmes et diviniser la puissance usurpée des prêtres, lesquelles toutes nos églises réformées sont d'accord à bannir de leur sein. Ayez donc toujours présente en vos esprits la distinction profonde entre ces deux choses : d'une part, le sentiment de la foi, ses objets saints, l'union des cœurs dans les familles et les Églises de ceux qui, étant élevés dans le même culte divin et les mêmes croyances touchant la destinée de l'homme, s'y maintiennent de leurs libres volontés ; et, d'une autre part, les institutions que l'orgueil, l'ambition, l'erreur et le mensonge ont introduites au monde, à l'effet soit d'employer la foi comme simple instrument d'un empire injuste à prendre sur les hommes, soit de faire servir un tel empire à l'établissement d'une foi contrainte et religion fausse et forcée qui ne peut être qu'abomination devant Dieu. Une différence tellement énorme de la religion à ce que nos magistrats et nos pasteurs nomment ainsi tant qu'ils ne souffrent point eux-mêmes la persécution, me confond d'étonnement à voir combien chacun la méconnaît, et ce que peut la coutume pour déformer les connaissances les plus naturellement imprimées en nos âmes. Et comme il n'est donné qu'au temps de détruire ce qu'a fondé le temps, je ne saurais espérer que les pensées que je vous confie puissent être bientôt exposées au monde utilement; non plus que l'aveu n'en serait certainement sans danger pour ceux qui les divulgueraient. Mais vous du moins vous pouvez les bien comprendre et leur rendre justice, si, les joignant aux autres leçons que vous avez reçues de moi, et ne négligeant point la distinction que je vous recommande, vous lisez le livre d'*Uchronie* et les remarques d'histoire dont je le fais suivre, avec la même persuasion que l'auteur de ce livre avait et qui est aujourd'hui partagée dans plusieurs de nos Églises; à savoir que l'homme n'est point déterminé de nécessité, en chaque cas, à agir précisément comme il agit, mais que beaucoup de choses qui ont été par son fait, auraient pu ne pas être, et beaucoup qui n'ont point été auraient pu être, entraînant d'infinies conséquences après elles, qui nous feraient à nous, hommes de ce siècle, un monde différent de celui que nous avons, et peut-être meilleur.

FIN DE LA DEUXIÈME PARTIE DE L'APPENDICE.

TROISIÈME PARTIE DE L'APPENDICE
DU LIVRE D'UCHRONIE

NOTE FINALE DU PETIT-FILS

TROISIÈME DÉPOSITAIRE DU MANUSCRIT

(1709)

Tu viens de voir, lecteur de ce manuscrit, qui que tu doives être, dans quelle crainte était resté celui dont je reprends ici la plume en un temps d'extrême affliction. Il connaissait que la paix à demi favorable par laquelle on venait de voir se terminer la lutte de la France et des princes protestants contre les visées persévérantes de la politique papiste au milieu du siècle dernier, laissait l'Europe avec des garanties encore faibles envers de nouvelles entreprises, et les peuples qui vivent à l'ombre du sacerdoce exposés autant que jamais à servir d'instrument à tout monarque dont les pensées conquérantes et d'universelle domination se sentiraient appuyées de l'ambition des prêtres et de l'ardeur de ses sujets. Cinquante années se sont écoulées depuis le moment où mon père entretenait ces appréhensions dans son cœur mal assuré; mais il s'en était passé à peine le quart de ce nombre, que déjà le roi très-chrétien Louis XIV envahissait la Hollande et la forçait de se submerger afin d'échapper à ses armes; et ce roi, dans cet acte d'usurpation insolente, avait la complicité d'un roi protestant d'Angleterre qu'il pensionnait pour trahir son peuple. Après ce temps, mon père a encore assez vécu pour assister à l'apogée des grandeurs et prospérités d'une sorte de cour d'Asie séant à Versailles, et du déroulement de ce que la France abusée a nommé sa gloire, si chèrement payée alors et depuis; et pour voir l'orgueil délirant du potentat, maître des personnes comme des biens, ne se satisfaire pas à moins que de les contraindre toutes à régler leurs consciences sur la sienne propre, les obligeant à violer pour cela leur foi vis-à-vis de Dieu, ainsi qu'il violait la sienne ou celle de son aïeul, donnée à ses sujets à la face du monde. La pensée qu'on ne peut dire qu'infernale de l'unité spirituelle et temporelle à obtenir et à cimenter par la force, cette passion et cette idolâtrie de l'Un qui n'est pas selon Dieu mais selon l'Ennemi des hommes, ont donné à l'Europe, et par les mains du pauvre peuple qui aima toujours à se dire, en ses abominations, le soldat de Dieu, un affreux spectacle de sang et de larmes, digne d'être compté par la noirceur et par la durée au dessus même des massacres de la Saint-Barthélemy, et inscrit en premier rang aux vastes annales des crimes de la religion sanctifiés dans le papisme. De ce sang et de ces larmes ma famille a payé sa grande part. Mon père a vu de son lit de mort la ruine et la misère des siens acccompagner les calamités publiques, dont il avait si bien suivi la trame dans l'histoire et redouté des atteintes futures.

Il n'avait pas tenu à lui que ses enfants ne demeurassent en pays de liberté, à son exemple et à celui de son propre père. Ce dernier, qui avait fui Rome en abjurant le papisme, était Français, comme vous devez vous le rappeler, et de là nous était resté dans notre famille avec l'usage et le goût de notre langue originaire et la fréquentation de ses écrivains, un attrait pour y rentrer, si l'occasion s'en offrait d'accord avec les moyens d'y gagner sa vie honnêtement; et peut-être encore d'y servir la cause de la Réforme. Mon père voyait cela difficile autant que peu sûr, sachant les obsessions où étaient les Français de tous rangs jusqu'à ce qu'ils eussent consenti de se faire instruire, ce qui en France signifie passer par la messe. Je suis forcé de dire de plus qu'étant ministre du Saint Évangile, encore très jeune alors, et non sans quelque vocation, je puis bien m'en rendre le témoignage, mon père que vous pouvez juger par son écrit n'avoir pas eu dans ce temps le même zèle que j'avais, pensait avec déplaisir aux devoirs d'une espèce particulière et aux dangers plus grands que je rencontrerais en ce pays-là. La réponse à ces difficultés, bonne à ce qu'il paraissait, mais que les événements ne tournèrent point à bien, se présenta dans l'offre qui me fut faite, à peine appelé au ministère, d'être donné à l'église d'Orange; cet avantage s'y trouvant de surcroît que mon frère me devait accompagner pour occuper au même lieu le poste de notaire pour le Prince. Tout le monde sait, en effet, que la principauté d'Orange, à vrai dire enclavée dans les domaines du Roi, qui dispose comme et quand il veut du Comtat venaissin, territoire papal, était de droit dans la maison de Nassau et appartenait à notre grand Frédéric-Henri. Ce prince alors mineur est celui-là même qui plus tard a servi de sa tête et de son bras l'Europe entière, après avoir porté secours au peuple anglais contre la tyrannie de Jacques II, Stuart, papiste relaps, vendu au Roi de France, et comme lui convertisseur de force, autant qu'il pouvait, des âmes qu'il ne trouvait pas vénales à ses offres. Malheureusement cette situation de la principauté donnait au Roi, violateur accoutumé des droits et des traités en toutes circonstances, des tentations d'intervenir dans ce qui ne le regardait point, et de grandes facilités de ce faire, y étant surtout poussé par le fanatisme d'une partie de ses sujets. C'est ce que la suite ne nous fit voir que trop bien, et longtemps même avant l'époque lamentable où ce roi résolut que partout où son bras pourrait s'étendre et ses dragons porter la persécution et la débauche, quoi qu'il en dût coûter et de pertes pour lui-même et d'injustices démesurées, criantes, il ne tolérerait pas que d'autres que des papistes respirassent sous le ciel.

Mais je ne vous mettrai qu'en bref l'enchaînement de ces misères. Dès l'année 1660, et quand j'étais installé depuis peu dans mon ministère, le Roi, prétextant d'une mésentente entre les princesses qui exerçaient la tutelle du souverain, se rendit maître de la principauté, à la réserve du château; et ce fut déjà comme la prise d'assaut d'une ville ennemie, car nos réformés soutinrent un siége dans le grand temple, et il y eut pillages et tueries dans la cité. En cette occasion, la prépotence royale fit démolir les bastions qui n'avaient pourtant pas arrêté les troupes de l'envahisseur, afin peut-être de mieux marquer l'injustice, et de lui donner des gages pour de futures et plus définitives entreprises.

Après ce temps, les sujets du Prince commencèrent d'être victimes des mêmes obsessions et mauvais traitements dont l'étaient par toute la France ceux du Roi qui refusaient de partager sa messe. On enleva des enfants des familles réformées d'Orange, à telle enseigne qu'une maison fut même fondée tout exprès en Avignon pour les nourrir dans la foi papiste : les uns que l'on séduisit, les autres que l'on eut de vive force. Et il est bon que vous sachiez ceci, afin de prendre une idée de la jurisprudence de ces convertisseurs, en matière de responsabilité des mineurs et d'autorité des parents, qu'on en vint à décider par déclaration du Roi, en 1681, que les enfants pourraient se convertir à l'âge de sept ans. Les supplices non plus n'attendaient pas le nombre des années, pour ceux qui se montaient la tête à mépriser publiquement la messe, car nous vîmes à Orange un enfant de neuf ans, le petit Louis Villeneuve, conduit la hart au cou par le bourreau, garrotté, puis fustigé en spectacle public de la ville et de la garnison, pour quelque irrévérence commise en un lieu de culte papiste. La terreur régna pendant cinq ans sur nos réformés, car on apostait contre eux de faux témoins, s'il ne s'en trouvait point de vrais, pour affirmer qu'ils avaient manqué de respect, soit au Saint-Sacrement de telle église, en face leurs maisons, soit au Roi, qui pourtant n'était pas leur souverain ; ou qu'ils n'avaient point assez témoigné la joie de commande pour la naissance du Dauphin de France. En suite de telles dénonciations, nous eûmes des arrêts du parlement d'Orange, prononçant amendes et bannissements pour plaire à la cour. Nombre de nos bourgeois s'exilèrent, d'autres furent plongés dans les cachots, et il y en eut qui allèrent ramer sur les galères du Roi, l'un desquels y mourut bientôt, excédé de ses souffrances.

C'est durant cette période que le pauvre royaume reçut par la publication du fameux édit des relaps, en l'année 1663, le premier avertissement de la révolution qui se préparait contre la liberté des églises. L'édit de Nantes avait arrêté, en son article 19, que « ceux de la religion prétendue réformée ne seraient aucunement astreints, ni demeureraient obligés, pour raison des abjurations, promesses ou serments qu'ils auraient ci-devant faits » pour retourner à la catholique. Certes, soixante-cinq ans qui s'étaient écoulés depuis ce moment avaient assez confirmé que la liberté d'abjurer définitivement le papisme subsistait pour les réformés dont les séductions ou les menaces avaient pu ébranler un temps la constance, et que cet article avait plus que la portée d'un privilège, en manière de pardon, pour ceux des compagnons d'Henri IV qui ayant été relaps en protestantisme comme lui ne l'avaient pas été comme lui en catholicisme. Mais ceci n'empêcha pas le petit-fils de ce roi au faible cœur de déclarer que l'article 19 « n'était que pour le passé et point pour l'avenir » et que « l'indulgence que sondit ayeul eut pour les relaps de ce temps-là ne se pouvait étendre jusqu'aux relaps du temps présent ». Nous voulons, ajouta-t-il, et nous plaît que nul de nosdits sujets de ladite religion prétendue réformée qui en auraient une fois fait abjuration pour professer la religion catholique, apostolique et romaine, ne puisse jamais plus y renoncer et retourner à ladite religion prétendue reformée pour quelque cause ou prétexte que ce soit. » Le demeurant de la déclaration concerne les prêtres, ou liés par des vœux à des maisons religieuses, et leur fait défense de quitter le papisme pour se marier ou autrement, « sur peine d'être procédé contre les coupables suivant la rigueur des ordonnances ». Mais il y a, quant aux relaps, quelque chose de terrible et d'infâme à la fois qui se joint à l'effet des cruelles ordonnances, c'est que ce n'est point *relaps* qu'il faut dire, pour parler selon la vérité des persécutions du Roi : il faut dire malheureux qu'on a circonvenus et torturés dans l'âme et le corps jusqu'à tirer d'eux une ombre de promesse en présence de témoins apostés, et qui de ce moment, s'ils ne se convertissent en effet, sont estimés relaps et mis en danger des dernières peines.

Ainsi l'injustice de la déclaration n'était que le moindre mal : le pire était le plan formé par des politiques sans scrupule pour conduire les réformés séparément à de premiers faux pas, si timides ou feints qu'ils pussent être, pour de là leur interdire tout remords et retour à bonne conscience, sur peine capitale. D'ailleurs l'invention n'avait coûté nulle peine à ces politiques, le maniement des lois contre les relaps ayant été de tradition pour toutes les administrations persécutrices depuis plus de mille ans, depuis l'établissement temporel du christianisme. Et jamais arme plus funeste ne put être mise aux mains d'officiers royaux ou d'église, sous des maîtres résolus, qu'on savait en état de punir la mollesse ou récompenser le zèle de chacun.

Ce fut donc à cette loi qu'on essaya de soumettre, en arguant de la volonté du Roi, des sujets qui n'étaient même point les siens. Et même encore après que la principauté eût été rendue au gouverneur légitime pour le Prince (ce qui fut en 1665 et pour peu d'années), après l'amnistie générale et les fêtes publiques, l'évêque d'Orange et la cour de France tentèrent d'arracher de la principauté un moine italien défroqué qui mettait fin à ses erreurs et balancements en divers sens, et se faisait de nouveau recevoir en notre communion, avec pénitence publique. Ces spectacles des effets naturels de la liberté de croire et de celle d'abjurer sont insupportables à ceux qui ne connaissent que la foi par ordre et contrainte, et l'invariable soumission. Il fallut que nos papistes usassent de tolérance pour l'heure. Mais c'est un parti qui n'abandonne jamais ses prétentions.

Pour moi, le temps si court où il consentit à les modérer me fut, quoique moins dur, aussi pénible en quelque sens, à cause de la constante conspiration des papistes autour de nous, et des grands airs de suprématie affectée par l'évêque. Ces catholiques qui, à la suite du massacre horrible des protestants, excité par des prêtres agents du fanatisme dans Orange, en 1571, dix-huit mois avant les tueries générales de la Saint-Barthélemy, avaient été exclus de la principauté, et qui n'y étaient rentrés que par la tolérance du Prince, se regardaient comme seuls maîtres de la place, ainsi qu'ils font partout, et se livraient à d'incessantes manœuvres. Quant à l'évêque, ce n'était pas de ses mauvaises manières, car ils n'en ont même point de telles en une persécution déclarée, que j'aurais pu me plaindre; c'était plutôt de ses manières insidieusement bonnes, de ses accolades et de ses larmes, que l'on sait leur être faciles et familières, puis d'une certaine confraternité étudiée, mêlée à des airs de grand seigneur et de favori du peuple, avec des paroles, pour faire entendre qu'on serait évêque aussi bien qu'eux si l'on était sage, au lieu qu'on peut aller aux galères par le chemin que l'on suit; et qu'enfin il n'y a de salut temporel comme spirituel qu'à sceller sa conscience sous l'anneau du pêcheur, puisque ainsi le Roi l'ordonne. Il est vrai que devant cette bassesse d'âme, étalée avec des façons de grandeur, je pouvais sans être pharisien remercier Dieu de n'être point semblable à un de ces hommes. Mais la dissimulation polie de mes vrais sentiments, à quoi me contraignaient ces scènes de comédie · épiscopale, coûtait à mon caractère de ministre. La persécution, quand elle vint, me causa de cruels tourments, mais peut-être avec plus de tranquillité pour la conscience, n'étant plus tenu à rien déguiser pour le bien de la paix.

Le Roi se décida à jeter entièrement le masque en 1673. Il était alors en guerre avec les Provinces-Unies, et bien éloigné de penser qu'il pourrait être dangereux pour lui-même d'ulcérer par une injustice ouverte, insultante, le grand cœur du prince d'Orange; encore moins que ce petit prince qu'il voyait serait un jour le roi appelé d'une Angleterre dont les peuples se lasseraient de servir une religion ennemie. Loin de telles craintes, le Roi proclamait fièrement, devant les puissances catholiques, que le vrai motif de l'invasion de la Hollande était le ferme dessein qu'il avait conçu de détruire un arsenal et fermer une grande école d'hérésie, afin de préparer la définitive extirpation du protestantisme de l'Europe; et pour cette œuvre, il conduisait enchaînés à ses pas et à ses armes un roi, des ministres et des amiraux pensionnés, traîtres à leur pays et à leur religion. C'est un menu détail, en un projet si vaste, que de nous approprier le bien d'autrui qui nous accommode. Toutefois le Roi daigna colorer son usurpation, en chargeant son conseil d'État d'adjuger la principauté, à titre de représailles, au comte d'Auvergne, que la guerre avait dépouillé de son fief en Hollande. Sur cet arrêt, l'intendant de Provence, avec ses archers, son prévôt et son bourreau, s'introduisit dans Orange; et bientôt après, comme le gouverneur militaire pour le Prince gênait encore, étant retiré dans le château, le Roi donna ordre au comte de Grignan de marcher contre lui avec le ban et l'arrière-ban de sa noblesse de Provence, outre son régiment des galères. Notre commandant reçut de son souverain la nécessaire autorisation de céder à la force. Cette fois ce ne furent pas seulement des bastions qui furent démolis, mais le château fut rasé, jusques au puits comblé, et la malheureuse ville réduite en un état de désolation et de ruine qui la fait aujourd'hui plus semblable à un tas de tristes masures qu'à la noble cité souveraine qu'elle était (1).

Dans cette occasion, comme dans les autres pareilles, la joie insultante des papistes se traduisit, entre autres effets, par menaces de mort contre les réformés; et le principal de nos pasteurs d'Orange, M. Pineton de Chambrun, encore que présent dans la ville, eut l'honneur d'être brûlé en effigie avec Bèze et Calvin, morts illustres qu'on brûlait et rebrûlait sans cesse en ces sortes de rencontres. Nous fûmes heureusement préservés du massacre par la présence de tant de gentilshommes ou autres gens ayant autorité, qui n'avaient pas encore commandement du roi pour telle besogne. Mais quant aux avanies que nous eûmes à souffrir, elles furent reprises et continuées, soit d'instinct, soit de système de la part de leurs auteurs, sans aucune interruption, non pas même celle qui semblait naturellement nous devoir être apportée, en 1678, par la paix de Nimègue qui rendit encore une fois la principauté à son gouverneur légitime.

C'est à dire qui parut rendre; car il devint assez manifeste par

(1) Ce témoignage et bien d'autres traits du récit de notre auteur sont confirmés, par le pasteur même dont il va nous citer le nom tout à l'heure, dans le beau, dans l'incomparable livre que ce dernier nous a laissé sous ce titre : « Les larmes de Jacques Pineton de Chambrun, pasteur de la maison de Son Altesse Sérénissime, de l'Église d'Orange, et professeur en théologie, qui contiennent les persécutions arrivées aux églises de la principauté d'Orange depuis l'an 1660, la chute et le relèvement de l'auteur. A LA HAYE, 1739. » Chambrun emprisonné et traîné de place en place après le retrait de l'édit de Nantes, en proie à des tortures physiques et morales qui dépassaient ses forces, et circonvenu par les archers et les dragons sur son lit de douleur, eut la faiblesse de prononcer devant l'exempt ces mots : JE ME RÉUNIRAI. L'évêque de Valence s'empressa de faire signer aux assistants un procès-verbal de promesse de conversion, qui pouvait constituer Chambrun à l'état de *relaps*, s'il refusait ensuite de se *réunir*. Le pasteur n'alla toutefois point au delà, et c'est ce qu'il appelle sa *chute*. Il parvint à se sauver après beaucoup de souffrances.

(*Note de l'éditeur.*)

les suites données à cette restitution apparente, qu'il s'y agissait d'un de ces articles de traités de paix, dans lesquels des puissances de mauvaise foi font par écrit de certaines concessions (non sans en stipuler et recevoir le prix), mais avec l'intention comme avec la puissance de ne rien mettre en acte de ce qu'elles accordent, et sachant ou comptant bien que l'inexécution n'amènera point un cas de rupture. Le roi qui rendait ainsi la principauté s'opposa à ce que le possesseur relevât les murailles d'Orange. Rompant toutes négociations, il introduisit, quatre ans après, et pour une dernière fois, ses dragons dans la ville qui se vit pillée, ses meilleurs habitants mis à rançon, d'autres, qu'on prétendait relaps, arrêtés ou bannis, soumis à mille extorsions ou violences. De peur de contagion religieuse, sans doute, le séjour d'Orange fut alors interdit « aux Français »; comme si déjà les malheureux habitants n'avaient pas reçu lettres de naturalisation suffisantes, en subissant les mêmes injustices et mauvais traitements que les Français de la religion dans les différentes provinces! Ce fut donc un blocus après une invasion. Il fallut toutefois colorer une si outrageuse violation du traité de Nimègue, et c'est ce qu'on fit en intentant, au nom de la maison de Longueville, une action en revendication de la principauté contre « Guillaume de Nassau, demeurant à Amsterdam en Hollande », comme parlait l'acte insolemment.

Je ne pensais pas d'abord descendre dans ces détails où mon récit m'entraîne, mais ils serviront à vous montrer sur un exemple la politique du Roi, et l'effet des instructions qui se donnaient dans tout le royaume pour réduire au désespoir les personnes de la religion, puisqu'il est constant qu'il n'existait point d'autre cause de tout ce qu'Orange avait à souffrir. Pour la même raison, je veux que vous sachiez à quels bas et sinistres moyens de persécution recouraient contre nous un clergé sans scrupules, servi par la haine de la fraction papiste des habitants. Ce vous sera d'ailleurs une indication des tourments que je devais ressentir et traverser avant les derniers événements, dont le moment approche, qui ont entièrement ruiné ma famille. Les grands moyens employés pour nous nuire se tiraient, d'une part, des conversions que nous faisions parmi les papistes, et qui ne manquaient jamais de nous attirer de très-méchantes affaires, et, d'une autre part, de celles qu'on alléguait des nôtres pour retourner au papisme, et qui, vraies ou fausses qu'elles fussent, ou demi-vraies et flottantes, à cause de la faiblesse de quelques-uns et des tentations auxquelles on les soumettait, devenaient toujours des occasions de triomphe pour l'adversaire, et d'intimidation pour nous, ou bien pis encore. Mais tout ceci est œuvre d'autorité, et je veux vous parler des excitations populaires. A plusieurs fois, dans cette ville où j'exerçais mon ministère, nous vîmes des croix élevées sur les murs ou bastions démolis, et cela non certes point par œuvre de piété, et pour être objets légitimes de culte en des lieux appropriés, mais uniquement pour insulter à la Réforme : élevées dès lors avec toute la pompe militaire et sacerdotale, après avoir été portées solennellement en de longues processions où le régiment des dragons marchait avec les *pénitents* à sacs multicolores, aux sons d'une musique amenée de terre papale. Et ceci eût encore été peu de chose, même en ajoutant que les consuls protestants de la ville étaient forcés d'assister à telles cérémonies pour éviter de plus grands malheurs. Mais il ne les évitaient pas tous ; ils n'empêchaient pas que ces croix venant à être renversées nuitamment, le méfait, par un noir complot de quelques papistes ses auteurs, ne fût imputé aux protestants, ce qui avait des suites terribles ; ou que des *pénitents noirs*, congrégation établie tout exprès pour nous provoquer, ne fissent des processions armés de bâtons ; que certaine populace n'assaillît de pierres nos maisons, et qu'enfin, le bruit d'un meurtre se prenant à courir, la ville ne devînt tout d'un coup affolée et livrée à la plus dangereuse sédition. Voilà quel état de choses fut entretenu pendant vingt-cinq ans, sauf de rares intermittences, dans un gouvernement usurpé par le Roi, et avec le triple accord du clergé, des magistrats et d'une partie ignorante et fanatisée du peuple. Il fallait donc s'attendre à ce que le définitif dessein conçu pour le royaume entier s'appliquât à la principauté qu'on soumettait à la même indigne et violente administration des faits de religion.

Ce dessein n'était depuis longtemps que trop facile à connaître.

J'ai parlé de la déclaration contre les relaps et de l'usage qui s'en faisait, et aussi des enlèvements d'enfants et conversions puériles, réelles ou feintes. De nombreux arrêtés venaient témoigner chaque jour d'un ferme propos de rendre le séjour de leur patrie odieux aux protestants. On les dépossédait des droits les plus naturels des sujets, et de ceux qui reviennent de nécessité à un culte, dès là qu'il est toléré : droit de vendre leurs biens, droit de se trouver plus qu'en un certain nombre dans leurs cérémonies de famille; droit d'entrer à plusieurs en telles corporations; droit d'embrasser certaines professions, telles que d'avocats ou de médecins; droit de tutelle; droit de faire instruire leurs enfants au delà de ce qu'il y a de plus élémentaire, et de créer des écoles pour eux au nombre voulu; droit de lever des fonds pour entretien de leurs ministres et envois dans les synodes; droit de récuser les juges suspects, comme le peuvent faire d'autres citoyens dans les affaires qu'ils ont; droit d'assister religieusement leurs malades dans les hôpitaux; droit d'enterrer leurs morts, hormis à la pointe du jour ou à la tombée de la nuit, avec rares assistants, comme s'il s'agissait d'une œuvre impure; enfin, droit de relever les temples démolis, ou de se réunir en plein air quand il n'y a plus de temples. Beaucoup de nos églises nous avaient été fermées en divers lieux par des arrêts arbitraires, et dans ces lieux-là notre culte, qu'on ne disait pourtant pas encore nous être interdit, nous était impossible, à peine pour nous d'être bannis après avoir fait amende honorable, étant conduits la corde au cou par le bourreau : car cet infâme traitement était réservé à ceux qu'on surprenait à prier en assemblées illicites. Bannis du royaume, en vérité cela se conçoit, après que des lois ont été faites tout exprès pour vous rendre insupportable l'habitation du royaume; mais, en même temps, il y avait interdiction signifiée aux sujets du Roi (1669) de s'habituer en pays étrangers, s'ils ne voulaient avoir leurs biens confisqués; ordre à ceux qui y auraient formé des établissements de retourner dans les six mois « avec leurs femmes, enfants, familles et biens ». Ce sont là de ces contradictions qui jettent de sombres lumières sur ce qui se peut d'iniquités dans les conseils des tyrans!

Le retrait de l'édit de Nantes était donc bien préparé. Il semblait l'être assez, grâce à des abjurations achetées, à d'autres simulées, à d'autres supposées, et à tous les genres d'interdictions lancées précédemment, pour que l'hypocrisie royale pût feindre que ce retrait constaterait chose faite et ne pousserait point au delà l'injustice. « Nous voyons présentement, c'est ainsi qu'on osait parler, avec la juste reconnaissance que nous devons à Dieu, que *nos soins ont eu la fin que nous nous sommes proposée*, puisque la meilleure et la plus grande partie de nos sujets de ladite religion prétendue réformée ont embrassé la catholique : et d'autant qu'au moyen de ce, *l'exécution de l'édit de Nantes et de tout ce qui a été ordonné en faveur de ladite religion prétendue réformée demeure inutile*, nous avons jugé que nous ne pouvions rien faire de mieux, pour effacer entièrement la mémoire des troubles, de la confusion et des maux que le progrès de cette fausse religion a causés dans notre royaume et qui ont donné lieu audit édit..., que de révoquer entièrement ledit édit et tout ce qui a été fait depuis en faveur de ladite religion. » Après ce préambule, le roi retirant sans exception aucune les moindres libertés auparavant reconnues aux réformés, ordonnait, comme un nouveau Théodose exterminant les païens : 1° qu'il serait incessamment procédé à la démolition de tous les temples, en terres et seigneuries de son obéissance; 2° que les assemblées privées pour le culte seraient interdites, et même tout exercice à chacun en sa propre maison; 3° que les ministres auraient à vider le royaume dans les quinze jours, et ce sans s'arrêter à prêcher en aucune part, à peine des galères; si mieux ils n'aimaient abjurer leur foi, auquel cas ils auraient leurs pensions accrues, avec bien d'autres avantages soigneusement spécifiés; 4° que les enfants des réformés ne pourraient être élevés dans des écoles particulières, et que ceux qui naîtraient dorénavant seraient baptisés par les curés des paroisses, ensuite tenus d'être instruits catholiquement, à peine de fortes amendes; 5° que les biens des réformés absents qui ne rentreraient pas en France dans les quatre mois de la publication de l'édit seraient confisqués; 6° qu'à l'égard des réformés présents qui tenteraient de porter hors du royaume, eux, leurs familles et leurs biens, il y aurait punition, savoir « pour les hommes, des galères, et de confiscation *de corps* et de biens pour les femmes. » (Édit de 1685.) L'auteur de l'édit avait l'audace de donner pour conclusion à cet arrêt scélérat d'esclavage définitif des protestants de France, la permission laissée à ces gens à qui l'État, le Roi, volait leurs enfants, leur culte, la protection commune des lois et le droit d'émigrer, la permission, dis-je, de demeurer paisibles en leurs maisons et commerces, sans être autrement inquiétés, jusqu'à ce qu'il plût à Dieu les éclairer (1)!

Vous savez que cette mesure prise « pour effacer la mémoire des troubles et des maux » a fait perdre à la France, assez aveugle pour y applaudir, des centaines de milliers de Français, et des meilleurs, épuisé le royaume d'argent, ruiné le commerce, et voué à mille peines ou à la mort une infinité de personnes ou massacrées, ou pendues, ou dans les prisons, dans les galères, en Amérique, où on les a transportées et livrées aux tourments de la faim. Et les catholiques complices d'un si grand crime d'État n'ont pas songé qu'ils reconnaissaient au Roi l'autorité que le Grand Seigneur n'a point prise, de dire : « Je veux qu'il n'y ait qu'une religion dans mon empire ; je veux que tous mes sujets soient de ma religion ! » Ils n'ont pas réfléchi que ce roi qui n'a plus ni états ni parlements à regarder, qui a des prisons et des basses fosses où il fait pourrir qui bon lui semble, ce roi qui gouverne la religion avec des évêques de cour, desquels le bas clergé est l'esclave humilié et misérable, réduit en toutes choses à service et attitudes de valet; ce roi qui tient, ce qu'on n'avait pas vu jusqu'à ce jour, des troupes immenses sur pied, en paix comme en guerre,

(1) Qui pourrait croire que cette clause dérisoire de l'édit fut encore interprétée comme une reconnaissance de la liberté de conscience ; qu'en plusieurs lieux les conversions s'arrêtèrent! Il fallut mettre l'hypocrisie de côté : « Sa Majesté désire, écrivit à cette occasion Louvois au duc de Noailles (nov. 1685), que l'on essaye par tous les moyens de leur persuader (de persuader aux protestants) *qu'ils ne doivent attendre aucun repos ni douceur chez eux*, tant qu'ils demeureront dans une religion qui déplaît à Sa Majesté; et on doit leur faire entendre que ceux qui voudront avoir la sotte gloire d'y demeurer des derniers pourront encore recevoir des traitements plus fâcheux, s'ils s'opiniâtrent à y rester. »   (*Note de l'éditeur.*)

dont il foule ses sujets encore plus et plus constamment que l'étranger, et dont il tire ses abominables missions dragonnes; ce roi enfin qui n'avouant ni droits ni traités au-dessus de lui, réduit en cette même servitude les villes qu'il reçoit libres et promet de garder libres (1), et s'attire, même auprès des puissances les moins scrupuleuses, la réputation et le reproche du plus grand violateur qu'il y ait de la parole donnée, expose le royaume aux extrémités les plus terribles, tant de ce qui peut advenir du gouvernement arbitraire ainsi passé en coutume du pays de France, que des représailles que l'ennemi ne manquera pas d'exercer contre les guerres injustes et entreprises de conquêtes. Et qui ne devient pas ennemi à la fin d'un peuple ainsi conduit, et consentant d'être opprimé dans ses foyers, pourvu qu'il serve d'instrument à un despote pour peser lui-même sur le monde, et appelant cela de la gloire !

Sans doute, on s'est laissé éblouir par ce grand éclat des lettres et ce rayonnement de la langue française en Europe. Longtemps encore peut-être, ceux qui ne pèseront pas toutes choses appelleront ce siècle le grand siècle, à cause du Grand Roi et de la noble langue des écrivains qu'il a gagés et qui l'ont célébré. Les continuateurs de ces panégyristes ne songeront pas à chercher dans le siècle des guerres civiles, où du moins la licence et la révolte donnaient des fruits de liberté inconnus à la tranquille servitude, les causes et semences réelles de tout ce qui est venu fleurir à la cour et que nous voyons déjà se flétrir à ce faux soleil. Encore

---

(1) L'auteur, à cet endroit, fait évidemment allusion aux cessions ou réunions faites à la France de villes et de provinces dont les libertés et priviléges, reconnus par leurs anciens souverains, ou même réservés et stipulés dans les traités, en Alsace, en Lorraine, dans les Flandres, vinrent se noyer dans l'universel despotisme. Nos historiens ont cru trop facilement que toute réunion au royaume, et tout fait de centralisation en conséquence, n'avaient pu être que progrès pour l'humanité. Ils ont pensé, il est vrai, à la révolution française qui allait venir; mais ils ne se sont pas dit, ou du moins ce n'est que depuis peu qu'ils commencent à se dire, que la centralisation de l'ancienne monarchie, conservée à travers tous les changements de gouvernement, deviendrait un obstacle insurmontable à tous les progrès attendus de la révolution, et, de plus, un moyen persistant de tenter le retour à l'ancien régime après les différents moments de convulsions. (*Note de l'éditeur.*)

moins se demanderont-ils quel spectacle de grandeur et de vertus, et quelle littérature, aussi belle, aussi sereine, aussi pompeuse peut-être, mais plus ouverte aux sincères et libres pensées, aurait pu offrir au monde une France mère de tant de beaux génies et de grands caractères, que l'oppression papiste a étouffés, quand la persécution ne les a pas exterminés, si cette forte nation, se laissant toucher à la voix, aux larmes et au sang de ses martyrs, avait eu tout entière le courage de briser le joug de ses prêtres et de rendre à la liberté tant de victimes du fanatisme, tant d'âmes qui doivent apprendre à se tenir debout. L'Angleterre, qui a fait cela, n'a pas eu ensuite à s'agenouiller devant ses rois. Toutefois comment peuvent-ils, ces mêmes panégyristes à qui l'on ne défend pas d'être sensibles aux pompes du « grand siècle », si l'on devait les considérer en elles-mêmes, comment peuvent-ils ne pas les opposer aux misères du peuple? Les splendeurs de la cour, les somptueuses constructions de Versailles, les représentations théâtrales, les nobles exercices des poëtes, tout ce monde artificiel a un triste pendant : c'est la souffrance du paysan ruiné par la guerre et l'impôt, qui vit sur le sillon et meurt dans la tanière, mal racheté de l'abêtissement par l'institution du prêtre ; et c'est l'emmaillottement de toutes pensées de l'homme et de toutes aspirations à la vie libre, en un système de liens sacerdotaux et royaux qui doivent tout perclure à la longue. Ni les courtisans, ni les poëtes pour la plupart n'ont ressenti mieux qu'indifférence pour ces maux, ni pour une persécution dont ils osaient bien croire que profitait le royaume, et dont, à la vérité, certains d'entre eux tiraient parti pour s'enrichir, obtenant du roi le don gracieux des biens confisqués de leurs proches! Que dire de l'horrible froideur montrée par ces adorateurs de la mammone d'iniquité, devant les cruautés qui souillent et ensanglantent le royaume? On ne saurait oublier que, durant que les nobles filles de Saint-Cyr, élèves de la douce Maintenon, interprétaient par la déclamation et le chant, devant la cour ravie, les pieuses et tranquilles créations du génie, les malheureux réfugiés, à qui tout ordonnait de sortir et que l'on empêchait de sortir, périssaient l'épée à la main, dans la neige des montagnes, ou sur de frêles barques, livrées à la tempête, ou marchaient à pied, à travers mille insupportables douleurs, dans la chaîne des galériens, pour aller s'assurer de leurs yeux, à Marseille ou à Dunkerque, de combien la charité des esclaves turcs surpasse celle des maîtres chrétiens. Et leurs jeunes enfants, leurs mères et leurs femmes gémissaient dans les couvents, étant confisqués de leurs corps, comme parlait l'édit, pour être mieux et plus sûrement instruits dans la religion des bourreaux de leurs pères, de leurs fils et de leurs époux !

Les bourgeois des villes eux-mêmes, il serait inutile de le nier, j'entends le plus grand nombre de ceux qui se disent catholiques, et se montrent férus des avantages de l'unité forcée de la foi dans le royaume et pénétrés des mérites de la raison d'État, ont partagé jusqu'à ces derniers temps l'éblouissement de la cour et du monarque, et cédé au prestige de la gloire. Peut-être commencent-ils à en revenir. Mais leur étrange insensibilité vis-à-vis de nos misères, leur connivence avec nos persécuteurs, les bas conseils qu'ils nous ont donnés en toute occasion (1), ne sont guère à l'honneur de leur nation. On sera longtemps à oublier les réjouissances qui furent ordonnées à Paris par la police, et qui se propagèrent comme une traînée dans le royaume, à la nouvelle controuvée de la mort du noble roi Guillaume, dans le moment même que le misérable Jacques II s'apprêtait à prendre ses quartiers et tenir une cour à Saint-Germain. On a brûlé, pendu, écorché, écartelé dans les boucheries, et fait porter en enfer par des diables, les

---

(1) Les bas conseils ! Les bourgeois n'étaient pas seuls à les donner. Croirait-on qu'un des plus grands seigneurs de ce temps, un homme alors et encore à présent renommé par dessus tous pour sa haute vertu, le duc de Montausier, enfin, écrivant à Jean Rou, protestant réfugié, osait écrire ces mots en post-scriptum : « Si vous reveniez, comme je le souhaite » (à savoir en France et au catholicisme), « M. le chancelier m'a assuré que vous trouveriez encore des avantages considérables. *Ne les négligez pas.* » On peut lire la belle réponse de Rou dans ses mémoires publiés par M. F. Waddington, t. I, p. 211. Au reste Montausier passait pour avoir abjuré lui-même par ambition, étant amoureux de mademoiselle de Rambouillet. Il est facile de croire qu'il avait obéi en effet, dans sa conversion, à des motifs du genre de ceux qu'il recommandait : *Ne les négligez pas!*

On peut voir sur le même sujet, parmi les documents de cette époque, des lettres de Louvois que nous jugerions volontiers ironiques, avec nos sentiments d'aujourd'hui, si nous ne savions très-bien que, dans l'espèce, elles ne peuvent

corps en effigie de Guillaume et de Marie (1) : grand témoignage de bassesse de cœur! et faible ressource, hélas! pour les temps où la haine papiste serait bien définitivement justifiée par les suites de la grande révolution d'Angleterre! Ils sont venus ces temps; les Français peuvent aujourd'hui connaître qu'en liant si étroitement leur cause de nation à l'ambition conquérante et dominatrice et à l'esprit d'un culte proscripteur, le Roi a travaillé à la décadence du royaume et en a préparé la chute. Ils peuvent voir que la fausse gloire a semé la misère, et que la puissance insolemment exercée a engendré la faiblesse. Ce qu'ils ne savent peut-être pas encore, parce que la dernière chose qu'apprenne l'homme enflé de sa prospérité est l'utilité des afflictions, quand elles le frappent, c'est que la misère est salut et bénédiction pour eux, en comparaison de la destinée qu'ils se préparaient en leurs rêves de splendeur. Le monarque de qui la fortune veut être nourrie d'une si grande dépense en hommes et en argent, et qui est assez fou, dans le moment où il peut apercevoir déjà le fond de ses ressources, pour bannir de ses terres l'ouvrier, l'industrie mère de richesse, et tant de familles recommandables au-dessus des autres par les vertus domestiques d'où dépend la saine multiplication des hommes, ce monarque aveugle détruit de ses propres mains tout son pouvoir, achève de ruiner son système, ce que la suite des événements montrera certainement en sa personne ou en celles de ses enfants, et délivre ainsi sa patrie et l'Europe, au prix de très-grands maux, du plus grand de tous dont ses succès nous menaçaient : la descente de la chrétienté au régime oriental des princes arbitraires et des prêtres élevés au rang divin.

De la contemplation de ces grands intérêts il faut à présent que

---

être que grossières. Ce ministre engage un de ses affidés, Gunzer, de Strasbourg, à faire, en se convertissant « un pas si important pour les affaires de l'autre monde et de celui-ci », et « j'apprends, continue-t-il, que des principaux bourgeois de Strasbourg se font instruire; s'ils faisaient abjuration, je craindrais que le roi ne jugeât à propos de leur confier les soins dont vous êtes chargé ». (Rousset, *Histoire de Louvois*, t. III, chap. VII.)   (*Note de l'éditeur.*)

(1) Voyez les *Soupirs de la France esclave*, édition de 1690, p. 224. — Les écoliers des Jésuites, travestis en démons, furent à Paris les acteurs de cette farce indigne.   (*Note de l'éditeur.*)

je revienne à la petite principauté où la Providence ne m'avait
pas placé pour être le témoin sans dommage des horreurs que
causa l'édit de la funeste année 1685. Les intendants du roi et
les évêques avaient commencé déjà le cours des prédications par
la bouche des dragons, dans tout le royaume, que l'on se flattait
encore à Orange de sortir indemnes d'une si grande abomination,
à cause du privilége de libre culte que semblaient nous assurer
les anciens droits et souveraineté du pays. Mais cette espérance, à
mes yeux, était bien infirmée par la volonté si déclarée du Roi, qui
d'ailleurs avait toujours affecté de vouloir nous réduire aux mêmes
devoirs que ses autres sujets. La volonté du Roi — d'un si grand
Roi, — à laquelle nul ne peut s'opposer, disaient-ils, était l'unique
argument des évêques auxquels on objectait l'infamie sacrilége de
la communion forcée, et des tortures pour obliger les gens à croire
de cœur, plus déraisonnables cent fois que celles que les anciens
martyrs avaient souffertes pour le refus d'encens; et cet argument, ils le donnaient pour définitif et sans réplique. Car, comme
l'Église, même la papiste, à son dire, n'a que des armes spirituelles, et comme néanmoins celle-ci oblige en conscience les princes
à persécuter, et professe la persécution bonne et nécessaire, elle
peut, d'une part, assurer qu'elle n'est point persécutrice, et que
même on ne saurait imaginer rien qui soit plus éloigné que la
persécution de sa douceur naturelle et charité sans bornes pour les
pécheurs, et, d'une autre part, animer les persécuteurs à l'œuvre
et les aider de tous les moyens personnels et temporels de ses
membres, même à cheval, où j'ai vu des évêques monter pour les
missions de dragons (1). De cette manière elle allègue auprès du

(1) « Les évêques, disait l'évêque de Valence au ministre Chambrun, ne
sont pas la cause de la manière qu'on se prend aujourd'hui pour la réunion...
« Nous avons représenté là-dessus ce que nous devions. Mais c'est la volonté
du Roi, à laquelle personne ne se peut opposer »... Il n'était pas plus tôt hors
de chez moi que j'apprenais qu'il était monté à cheval à la tête des dragons
pour aller tourmenter dans son diocèse ceux qui n'avaient point abjuré ou qui
ne voulaient pas aller à la messe. » (*Les larmes de Jacques Pineton*, p. 212.)
  Si l'on veut être certain que l'évêque mentait impudemment (*mentiris im-
pudentissime*, comme parlent les *Provinciales*) en assurant que l'Église ne demandait pas la persécution, on n'a qu'à voir la liste chronologique des principales demandes contre les protestants, adressées au roi par les assemblées du

prince l'intérêt de la religion et la volonté de Dieu, et auprès des sujets la volonté du prince : ce qui fait aussi qu'il lui faut des princes très-puissants, très-dévots à son service, et bien résolus de persécuter en sa place. Cet indigne sophisme, colporté par toute la France, nous fut donc offert à nous aussi, pasteurs et théologiens d'Orange, par des casuistes de la compagnie de Jésus et autres, mais qui eurent soin de l'appuyer, comme partout ailleurs, de l'autorité de la cavalerie (1).

clergé de France de 1660 à 1685. On la trouvera dans Rousset, *Histoire de Louvois*, t. III, p. 437.   (*Note de l'éditeur.*)

(1) Au sujet de cet « indigne sophisme » il faut citer un des traits curieux des *Mémoires d'un protestant condamné aux galères de France*, p. 357-362. Un père Garcin, prédicant des galères, soutient à Jean Martheile, le jeune martyr auteur des mémoires (il avait seize ans quand on le conduisit au bagne) que les réformés « ne sont point persécutés pour cause de religion ». Ils sont, dit ce bon supérieur des lazaristes, persécutés, l'un pour s'être trouvé dans une assemblée que le Roi a défendue, l'autre pour avoir voulu quitter le royaume malgré ses ordres, un troisième pour avoir déclaré au prêtre, étant malade, qu'il voulait vivre ou mourir dans la religion réformée, ce qui est également contraire aux ordres du Roi, lequel veut que tous ses sujets vivent et meurent dans la romaine... Mais toutefois, réplique Jean Martheile, si tous ces gens veulent ouïr la messe ils seront délivrés; sinon, ils demeureront dans l'esclavage? — Sans doute, répond le père Garcin; et c'est ainsi, reprend Martheile, qu'ils ne sont point persécutés pour cause de religion !

Voici le sentiment de Bossuet sur ce sujet (Lettre à M. de Vrillac, avril 1686) : « J'ai vu dans une lettre que vous écrivez à mademoiselle de Vrillac que la vraie église ne persécute pas. Qu'entendez-vous par là, monsieur? Entendez-vous que l'Église par elle-même ne se sert jamais de la force? Cela est très-vrai, puisque l'Église n'a que des armes spirituelles. Entendez-vous que les princes, qui sont enfants de l'Église, ne se doivent jamais servir du glaive *que Dieu leur a mis en main pour abattre ses ennemis?* L'oseriez-vous dire?... Ne voyez-vous pas clairement que vous vous fondez sur un faux principe? Et s'il était véritable, c'était donc les ariens, les nestoriens, les pélagiens qui avaient raison contre l'Église, puisque c'était eux qui étaient les persécutés et les bannis, et que les princes catholiques étaient alors ceux qui persécutaient et qui bannissaient; et à présent encore les catholiques qu'on punit de mort en Suède et en tant d'autres royaumes auraient raison contre ceux qui se disent évangéliques, et *chacun à son tour aurait raison et tort* : raison en un endroit et tort en un autre; et *la religion dépendrait de ces incertitudes...* Considérez seulement s'il est vraisemblable que Dieu qui a permis qu'il y eût tant de profondeurs dans l'Écriture, et que de là il soit arrivé tant de schismes entre ceux qui font profession de la recevoir, n'ait laissé *aucun moyen à son Église de les pacifier;* de sorte qu'il n'y a plus de remède aux divisions que de *laisser croire chacun à sa fantaisie,* et conduire par là insensiblement les esprits à l'indiffé-

Durant les fêtes de la première de ces terribles années qui datent de l'édit, et depuis celle de Pâques, il y eut dans la principauté une affluence extraordinaire des réformés que l'interdiction des exercices, plus tard les dragons, chassaient du Vivarez, du Dauphiné, de la Provence et de bien d'autres lieux plus éloignés, et qui venaient nous demander la communion à travers d'infinies souffrances, ensuite nous restaient, comptant sur les secours que nous leur pouvions donner, au moins sur la liberté

rence des religions, qui est le plus grand de tous les maux... Si les chrétiens, quand ils ne seront pas d'accord sur le sens de l'Écriture, ne reconnaissent *une autorité vivante et parlante*, à laquelle ils se soumettent, l'Église chrétienne est assurément *la plus faible de toutes les sociétés qui soient au monde*, la plus exposée à d'irrémédiables divisions, la plus abandonnée aux novateurs et aux factieux. »

Le vrai destinataire de cette lettre était le réformé Jean Rou (Voyez ses *Mémoires*) dont le marquis de Vrillac n'était que le prête-nom, et qui n'y répondit que bien faiblement, empêtré qu'il était lui-même dans les vieilles traditions de l'intolérance. Pour nous qui en trouvons les formules singulièrement franches et instructives, nous ne voulons qu'en tirer quelques leçons pour nous confirmer dans l'opinion que nous avons toujours eue de la faible différence qu'il y a au fond entre la logique religieuse du « grand évêque » et celle que l'école de Joseph de Maistre professe avec éclat.

Selon Bossuet, Dieu a mis aux princes le glaive en main pour abattre les ennemis de l'Église, ce qui fait que, s'ils croient eux-mêmes cela, étant d'une autre Église que la catholique, ils peuvent et doivent persécuter les catholiques.

Selon Bossuet, pour que chacun n'ait pas raison et tort à son tour et que la religion ne dépende pas de ces incertitudes, il faut que la force impose la religion. Il ne resterait plus qu'à savoir comment on fera pour assurer à l'action de la force plus d'autorité et d'unité qu'on ne peut en assurer à la religion même ou aux « armes spirituelles. »

Selon Bossuet, la guerre aux croyances et aux opinions est l'unique moyen de les *pacifier*. La paix, c'est la guerre.

Selon Bossuet, dès que chacun croira « à sa fantaisie » nul ne voudra plus croire, et, en d'autres termes, il n'y a croyance qui vaille que celle qu'on tient de l'habitude ou de la force qui vous l'imposent. Toutes les religions possibles qui ont la force en main, ou la coutume pour elles, peuvent évidemment invoquer ce précepte au même titre, et les Chinois font bien de lapider nos missionnaires.

Enfin, selon Bossuet, la société catholique qui veut, cela n'est pas douteux, n'être pas une société « faible », doit aviser à se donner une « autorité vivante et parlante. » Où s'arrêtera-t-elle dans sa recherche d'une parole et d'une autorité que rien ne puisse diviser? Nous le savons aujourd'hui.

(*Note de l'éditeur.*)

de leurs âmes. Les faux rapports faits à la cour sur les effets de cette affluence des protestants servirent d'abord de prétexte à une invasion qui, par l'amas des crimes prémédités qui la suivirent, cessa bientôt d'avoir besoin d'en invoquer aucun. Ces milliers de pauvres misérables *étrangers* étant premièrement expulsés par arrêt du parlement, et pour aller tous, errant par les chemins et les montagnes, à la rencontre de leurs destinées diversement sombres ou mortelles, il y eut promesse de Grignan et autres officiers du roi de respecter nos droits. Mais après cela les villes d'Orange, de Courthezon et Jonquières se virent investies par les dragons de Tessé. Ceux des ministres qui essayèrent de fuir furent arrêtés et bientôt jetés dans des basses fosses. Les temples furent démolis, même avec la mine, afin d'aller plus vite et répandre mieux la terreur, et les dragons, logés suivant l'ordre de la cour (1) chez les protestants, et chez eux seuls, après les premières scènes de désordre et de pillage, firent de nos maisons le théâtre de cette méthode des conversions par menaces, mauvais traitements et tortures infligées de toute imagination, pour laquelle une telle réputation est venue à leur prince et à leur nation par toute l'Europe (2). Ah! si quelques-uns de ces hommes qui

(1) Voir la lettre de Louvois à l'intendant Marillac, en date de mars 1681, quatre ans avant le retrait de l'édit de Nantes; il n'y est encore question que de loger chez les protestants « le plus grand nombre » des cavaliers : « Si suivant une répartition juste, les religionnaires en devaient porter dix, vous pouvez leur en donner vingt, et les mettre tous chez les plus riches des religionnaires, prenant pour prétexte, etc. » Il y eut ensuite des hésitations, ordres et contre-ordres donnés, jusqu'à ce que, sous la pression des intendants les plus zélés, on se fixât à l'idée de ruiner d'honneur et de biens des familles réformées, en installant à leurs foyers les soudards avec permission de tout faire. Il arriva souvent que les hommes étant en prison, par exemple ceux qui ayant promis de se convertir n'allaient pas assez vite à la messe, les femmes restaient seules à la maison avec les dragons.   (*Note de l'éditeur.*)

(2) On pourrait croire que les ordonnateurs des dragonnades se bornaient à compter sur la licence des soldats, comme en effet ils avaient bien raison de tabler là-dessus. Mais on se tromperait, car on vit cette chose inouïe de la licence expressément commandée. Louvois écrit ceci en novembre 1685 : « Le roi a été informé de l'opiniâtreté des gens de la R. P. R. de la ville de Dieppe, pour la soumission desquels il n'y a pas de plus sûr moyen que *d'y faire venir beaucoup de cavalerie et de la faire vivre chez eux fort licencieusement...* Vous ne devez garder à leur égard aucune des mesures qui vous ont été pres-

donnent du fond de leurs cabinets ces ordres froidement cruels pouvaient faire l'effort de descendre de leurs fausses grandeurs, par la pensée, aux rangs communs de l'humanité, imaginer leurs familles dispersées dans l'ouragan de la persécution, leurs enfants en fuite, arrêtés, mis aux galères, pendus, leurs femmes cloîtrées, données en proie à la haine fanatique des nonnes et au zèle convertisseur des abbesses, et quelque vieux père demeuré seul à la maison, sur un lit d'agonie, au milieu des insultes et dans le tumulte de jour et de nuit des cavaliers, obsédé, aux seuls moments de repos, par les offres corruptrices et les vains propos théologiques d'un évêque infâme, peut-être prendraient-ils une plus juste idée du rapport qu'il y a entre l'édit d'un prince auguste sur son trône et les crimes des plus bas scélérats de la terre. Ce supplice des malades qu'on n'ose ou qu'on ne peut jeter en prison sans risque de mort toute prochaine, et qu'on torture à domicile, c'est celui qui fut infligé à notre patriarche d'Orange, le ministre Chambrun, qui m'en fit à moi-même, et depuis au monde entier, le récit véridique, en son livre des *Larmes de Pineton*. Étant resté dans sa maison parce qu'il avait la jambe cassée et souffrait en outre des intolérables douleurs de la pierre à la vessie, pendant que ses collègues étaient dans les cachots, il reçut d'abord du comte de Tessé promesse de ménagements sur ce qu'il était gentilhomme, puis, sur son refus de se convertir, menaces d'être *exécuté rigoureusement*. Et, dit M. de Chambrun, « il fut homme de parole à cet égard. Sans être touché d'aucune compassion de l'état où il m'avait vu, il envoya chez moi, dans moins de deux heures, quarante-deux dragons et quatre tambours qui battaient nuit et jour tout autour de ma chambre pour me jeter dans l'insomnie et me faire perdre l'esprit... Dans peu d'heures ma maison fut toute bouleversée, toutes les provisions ne suffirent pas pour un repas, ils enfonçaient les portes de tout ce qui était sous la

crites, et vous ne sauriez rendre trop rude et trop onéreuse la subsistance des troupes chez eux... Au lieu de vingt sous par place et de la nourriture, vous pouvez en tirer dix fois autant, et *permettre aux cavaliers le désordre nécessaire pour tirer ces gens-là de l'état où ils sont* et en faire un exemple dans la province... » *(Note de l'éditeur.)*

clef, et faisaient un dégât de tout ce qui leur tombait sous la main. Mon épouse tâchait de subvenir à tout avec un courage intrépide... Elle essuya toutes les insolences qu'on se peut imaginer. Les menaces, les injures de p..., de c... et d'autres, mille discours d'impudicité que ces malheureux prononçaient à tous moments... La nuit ne fut pas venue que les dragons allumèrent des chandelles par toute ma maison. Dans ma basse-cour, dans mes chambres, on y voyait comme en plein midi, et l'exercice ordinaire de ces malhonnêtes gens était de manger, de boire et de fumer toute la nuit. Cela eût été supportable s'ils ne fussent venus fumer dans ma chambre pour m'étourdir ou m'étouffer par la fumée du tabac, et si les tambours avaient fait cesser leur bruit importun pour me laisser prendre quelque repos. Il ne suffisait pas à ces barbares de m'inquiéter de cette manière, ils joignaient à tout cela des hurlements effroyables, et si pour mon bonheur la fumée du vin en endormait quelques-uns, l'officier qui commandait, et qu'on disait être proche parent de M. le marquis de Louvois, les éveillait à coups de canne afin qu'ils recommençassent à me tourmenter... » Après des tourments de cette sorte, longtemps prolongés, qu'on ne suspendait quelquefois que dans la crainte de voir le malade passer tout à fait en quelqu'une des pamoisons qu'il avait, on transporta ce martyr de diocèse en diocèse pour le soumettre aux voies de douceur des évêques, dont l'un crut un moment se pouvoir attribuer l'honneur de l'œuvre des dragons dont les travaux alternaient avec les siens; mais il n'en fut rien finalement. Si M. de Chambrun était mort dans les mains de ses persécuteurs, après quelques paroles de faiblesse aussitôt retirées, et qu'il eût refusé, ce que certainement il eût fait, les sacrements des papistes, on aurait pu feindre qu'il les avait reçus; car le mérite en était grand auprès de la cour; ou si la feinte n'eût point été possible, par le trop grand nombre des témoins, on aurait pu intenter le procès comme relaps à son cadavre. Une déclaration du roi contre les *nouveaux convertis* portait que ceux qui auraient refusé les sacrements durant leurs maladies seraient condamnés premièrement aux galères, avec confiscation des biens, s'ils venaient à guérir; secondement, s'ils mouraient, seraient traînés sur la claie, ou déterrés s'il y avait lieu, et jetés à la voirie. C'est ce qui s'est fait quelque temps en certaines provinces, telles que Lorraine, Champagne, Bourgogne, etc. (1). A Metz même, où la réforme pouvait se croire plus qu'ailleurs des garanties, le peuple épouvanté put voir entre beaucoup d'autres, hommes et femmes, le corps nu d'un vieillard de quatre-vingts ans jugé et condamné et traîné sur la claie avec les intestins auprès, qu'on avait arrachés auparavant (2). Des peuples entiers de quelques villes tombaient sous le coup de telles horribles ordonnances, que les tyrans les plus détestés n'ont jamais surpassées; car il y avait des cités que la terreur des dragons « convertissait » en masse, en vingt-quatre heures de temps; et celles-là se trouvaient tout d'un coup peuplées de gens en passe d'être punis comme relaps. On peut bien juger, en effet, de ce qu'il y avait à faire fonds sur la bonne qualité des professions de papisme obtenues à telles enseignes. Notre ville malheureuse d'Orange fut du nombre de ces dernières. Ses ministres emprisonnés, desquels j'étais, et le principal d'entre eux soumis aux mêmes tortures qui se répétaient dans toutes les maisons, une assemblée générale des citoyens fut réunie, en

(1) Nous avons dans la *France protestante*, t. X, p. 433, une liste de ces cadavres condamnés et exécutés. Elle ne contient pas plus de soixante et quelques noms, parce qu'on s'aperçut bientôt que l'Église tirait plus d'infamie que de profit de ces sortes de procédures. En revanche les listes des galériens, des déportés et des prisonniers d'État, quoique nécessairement incomplètes, dans le même ouvrage, sont interminables. Que serait-ce si l'on pouvait faire le dénombrement des fugitifs qui trouvèrent la mort en cherchant l'exil?

(*Note de l'éditeur.*)

(2) Voyez la *Persécution de l'Église de Metz décrite par le sieur Jean Olry, notaire royal, Hanau* 1690, rééditée par le pasteur Othon Cuvier, Paris 1859, p. 102-108. Jean Olry fut déporté en Amérique, sa femme et ses deux filles confisquées de corps et mises au couvent. A Metz, on vit un garçon de seize ans pendu avec son père et deux autres personnes, un homme et une femme, qui les avaient aidés à fuir. Il y avait eu conversions en masse dans cette ville, sous l'action toujours efficace des dragons. Mais ensuite il avait fallu envoyer un missionnaire botté pour forcer les nouveaux convertis à la messe, où ils n'allaient pas. C'est le chevalier, plus tard marquis, duc, maréchal de Boufflers qui se chargea de cette mission. Ce grand homme de guerre, alors gouverneur des *trois évêchés*, assistait de sa personne, entouré de ses gardes et des principaux magistrats, aux catéchismes auxquels étaient contraints d'envoyer leurs enfants les pères de famille qui ne voulaient pas recevoir une seconde fois les dragons à leurs foyers (Olry, p. 128). (*Note de l'éditeur.*)

laquelle se fit une commune abjuration de la religion réformée, sous promesses toutefois de concessions et adoucissements dans le culte, mais qu'on ne songea pas un seul instant à tenir. Il fallut donc que tous ceux qui n'entendaient point se courber entièrement sous les fourches caudines des jésuites et des autres bons pères, tenues par les dragons, recourussent à des moyens de fuite. On ne saura jamais quelles peines et quelles misères attendirent les malheureux qui prirent ce parti, ni le nombre de ceux qui trouvèrent la mort. Et ce qui fut à Orange en ce temps fut partout aux portes de villes et aux frontières du royaume.

Pour moi, voyant venir en partie les événements, non pour m'en mettre à l'écart, me connaissant le devoir de soutenir et consoler jusqu'au bout nos frères, mais pour songer à la sûreté des membres les plus tendres de ma famille, j'avais pu faire passer depuis quelque temps ma femme avec mes filles et mes nièces en Hollande, usant pour cela des facilités et du prétexte d'une parenté que ma femme avait dans la maison de M. de Starenbourg, alors ambassadeur de L. H. P. en cour de France. Je les sauvai d'un long supplice, et les plus jeunes au moins des séductions que le papisme, en ses couvents, est habile à mettre en œuvre et composer avec les mauvais traitements. Mes fils avaient refusé de s'éloigner, jusqu'au dernier moment que je leur ordonnai de partir avec mon frère, que j'ai dit ci-devant avoir été notaire à Orange et qui, malheureusement pour nous tous, demeura trop longtemps à se persuader qu'il n'y avait nulle raison de rester ferme à son poste qui ne le cédât aux raisons de fuir, depuis la situation faite aux sujets du Prince et aux protestants. Dans la nuit même de l'investissement de la ville par les dragons de Tessé, mon frère avec deux fils qu'il avait et les deux miens put gagner les champs, et de là, sans trop de dangers dans un pays qui lui était bien connu, les montagnes du Dauphiné. Mais il fallait par après quitter le royaume, et les passages des frontières étaient gardés. La troupe infortunée, à laquelle s'étaient joints d'autres fugitifs, et à la fin des femmes même, dont on n'avait pu refuser la compagnie, fit marché avec un guide qui devait la conduire par des chemins sûrs dans les États du duc de Savoie. Cet homme dont les

exigences s'élevèrent à proportion du danger et du besoin
qu'on avait de lui, et au delà beaucoup de ses premières demandes, étant imprudemment refusé, trouva plus avantageux de
vendre ceux qu'il avait promis de sauver. Il soupçonnait plusieurs
d'entre eux de n'être pas sans biens. Or les édits, d'une part,
portaient la peine de mort contre ceux qui favoriseraient l'éva-
sion des protestants, et d'une autre part assuraient les hardes et
effets des religionnaires en fuite à ceux qui les arrêteraient ou
les dénonceraient. Une autre déclaration royale accordait aux dénonciateurs la moitié des biens des dénoncés. De tels encourage-
ments publics à la trahison multiplièrent en tous lieux les
crimes (1). Le guide infidèle de nos fugitifs ameuta donc contre
eux une troupe de paysans, les uns simplement avides et les
autres échauffés par les prédications papistes, qui les vinrent as-
saillir en armes, nuitamment, pendant que certains allaient éveiller les soldats d'un poste peu éloigné. Dans une si terrible extrémité, on mit l'épée à la main et il y eut du sang versé. Mon frère
blessé tout d'abord d'un coup de feu, avant d'avoir même
songé à se mettre en défense, fut porté par ses fils jusqu'à une
chaumière, où ils ne tardèrent pas tous trois à être livrés. Ce
martyr est mort des suites de sa blessure à Grenoble, avant que

(1) Le drame que l'auteur nous rapporte en termes concis s'est reproduit
mille fois dans ces années de 1685 à 1689. On en trouve, par exemple, un récit
tout semblable quant aux principaux points, dans les *Mémoires de Dumont de
Bostaquet, gentilhomme normand*, écrits par lui-même en Irlande et en Angleterre, où ils ont été retrouvés. Bostaquet fut marié trois fois et eut au
moins vingt enfants, dont la postérité existe en France et en Angleterre. Lors
du retrait de l'édit de Nantes, il se débattit, gagna du temps et finit, comme la
plupart des familles normandes de ses proches et amis, par signer une promesse de conversion, sous la menace des dragons. Ne pouvant se résoudre à
la rendre effective, il prit le parti de la fuite en 1687. Une troupe de trois
cents personnes, au nombre desquels étaient sa mère, très-âgée, sa sœur, sa
nièce, son gendre, ses enfants, fut attaquée pendant qu'elle attendait sur les
galets de Saint-Aubin le vaisseau qui devait la prendre. La trahison paraît
avoir été principalement du fait d'un certain Vertot d'Aubeuf qui avait assemblé une troupe de paysans pour s'opposer à l'embarquement; et c'était de la
part de ce gentilhomme une simple entreprise de pillage. Bostaquet blessé
dans la lutte et forcé de fuir, parvint à se sauver de château en château ami,
portant sa blessure jusqu'à la frontière de Flandre. Il entra au service du
prince d'Orange et fut à la bataille de la Boyne. A la suite du procès qui

fût instruit le procès de cette troupe malheureuse. Mes deux neveux ont été condamnés aux galères à perpétuité, quoique n'étant
pas sujets du Roi, comme en effet ils prouvaient ne pas l'être,
pour avoir voulu quitter le royaume à main armée; et tous deux
sont morts des traitements inhumains que leurs corps ne purent
endurer. L'un de mes fils, encore vivant, a partagé leur condamnation, sur ce que n'étant âgé que de seize ans il se pouvait dire
en quelque sorte excusable de s'être armé en compagnie de ses
parents. Mais comme un paysan avait été tué dans la mêlée, au
moment de l'attaque qui dispersa la troupe des fugitifs, avant
l'arrivée des soldats qui les arrêtèrent presque tous, il y eut
peine capitale pour plusieurs, et mon fils aîné fut de ceux qui subirent la mort qu'on peut appeler ignominieuse, mais seulement
quand elle n'est point reçue pour la conscience, et comme un gage
de la gloire céleste.

Pour moi, je ne vous entretiendrai point de mes souffrances, elles
sont légères auprès de celles de mes nobles fils. Porté longtemps
de cachot en cachot, obsédé tour à tour mais non pas tenté par des
évêques et des colonels de cavalerie, je fus enfin tiré du château
de Pierre-Encise, grâce à l'intervention des autorités de Hollande
qui firent représenter à la cour que je n'étais ni sujet du roi ni

naquit de cette échauffourée, il y eut six femmes rasées et cloîtrées, deux
hommes condamnés à trois ans de galères; dix, contumaces, aux galères à
perpétuité, une femme contumace au couvent à perpétuité. Confiscation des
biens, après prélèvement des amendes. Nous avons le jugement, divers rapports sur l'affaire et autres pièces de procédure. Ce qui nous frappe et nous
paraît instructif, c'est le contraste du ton visiblement apologétique des rapports
envoyés à la cour, et duquel ressortent les dispositions les plus favorables envers la famille persécutée, avec la cruauté forcée des conclusions judiciaires :
couvent et galères. La faveur, partout ailleurs si puissante, ici ne pouvait plus
rien. La sœur et la nièce de Bostaquet furent en effet cloîtrées, et persévérè-
rent dans leur religion, au couvent des *Nouvelles Catholiques* de Rouen. Sa
mère, octogénaire, obtint de demeurer libre, à force de démarches, *en donnant caution d'un catholique pour ne pas quitter le royaume.* Un drame épi-
sodique touchant se rattache à l'action principale. (*Mémoires de Bostaquet*,
p. 177.) Ce sont les aventures d'une enfant, fille de Bostaquet, que l'on fait
sauver de Dieppe en la descendant du haut du mur de ville, qu'on embarque,
qu'on égare à la suite d'une tempête et d'un changement de direction du
navire, et qui se retrouve enfin inespérément en Hollande dans les bras de
son père.   (*Note de l'éditeur.*)

même appartenant à la principauté d'Orange par mon origine. Ce fut à la paix de Ryswick, il y a douze ans, que j'obtins ainsi la liberté, sous la condition de quitter pour jamais la terre de persécution, la terre de mes ancêtres.

1715

J'ai écrit les lignes précédentes dans la solitude de ma vieille maison d'Amsterdam, mon fils aîné, mon frère et mes neveux étant morts pour la foi, ainsi que je l'ai dit, et mon dernier fils étant monté sur les galères du roi, où je sais que grâce à Dieu et malgré sa jeunesse, sa conscience chrétienne a résisté courageusement aux obsessions et aux mauvais traitements.

On aura de quoi juger, à quelques traits que je veux rapporter, des misères qu'on ne saurait ni nombrer ni décrire qu'il a souffertes durant vingt-sept années de cet esclavage où il gémit encore, auquel une mort cruelle a du moins soustrait ses germains. Car ayant été conduits à Paris après leur condamnation, à cause de certaines conjonctures du procès de fuite à main armée, dans lequel il y eut diverses gens impliqués, et des croisements de juridiction, ils furent enfermés dans l'affreuse prison de la Tournelle, qui est le lieu de cette ville où les condamnés aux galères attendent le départ de la chaîne. Ils ont été vus là par des personnes pieuses, de celles qui ayant succombé au cours de la persécution, tâchaient de se rendre leur faiblesse moins reprochable en secourant par des œuvres de charité leurs frères dans les tourments. Cinq cents malheureux, s'il y en a ce nombre, y sont enchaînés en une même salle souterraine, ronde et fort spacieuse, rangés les uns près des autres, en telle sorte que dans une posture à demi-renversée, mais sans pouvoir ni se coucher entièrement, ni s'asseoir, partie de leur corps soit libre de porter sur le carreau, leurs têtes

à tous étant prises dans des colliers de fer. Ces colliers sont tenus
par de courtes chaînes qui s'attachent toutes à de grosses poutres
de bois où vingt têtes à la file peuvent ainsi s'appuyer. C'est
après quatre mois d'un tel supplice que soixante de nos martyrs,
en la compagnie de plusieurs centaines de criminels, quittèrent
la Tournelle pour traverser toute la France à pied, traînant ensemble la chaîne à laquelle leurs fers étaient rivés. Au mois de
décembre 1687, que cette chaîne s'arrêta pour sa première étape
à Charenton, sur le soir, les hommes furent dépouillés et enfermés
tous nus dans une cour close de hauts murs, dans la neige fon-
dante et la fange, durant deux heures que prit la visite de leurs
vêtements et saisie de tout ce qu'ils auraient pu céler sur eux à ce
commencement de leur voyage. L'un de mes neveux tomba malade
sitôt après, et mourut en peu de jours dans une charette où le ca-
pitaine de la chaîne avait été contraint de le faire monter, ne pouvant obtenir que ce corps exténué marchât. On doit savoir que de
la manière dont toute l'affaire de la chaîne est arrangée, son conducteur trouve plus d'avantage à laisser des morts en route, desquels il est quitte pour tirer procès-verbal des curés les plus voisins
qui ont charge des cadavres, qu'à porter des malades sur les cha-
riots dont la dépense est mise à son compte. Il arrive de là que les
hommes les plus épuisés sont accablés de coups jusqu'à ce qu'ils
tombent, leur faiblesse mortelle étant facilement réputée mauvaise volonté. Le second de mes neveux survécut, aussi bien que
mon fils, à ces intolérables souffrances d'une marche qui, malgré
la descente du Rhône sur des bateaux plats, ne fut pas moins que
d'un mois entier : les corps accouplés portant leurs chaînes sous
la pluie et dans la boue, pourrissant la nuit dans le fumier pour
s'y réchauffer, rongés par les poux et la gale. Ils montèrent à la fin
tous deux sur les galères de Marseille, après avoir vu périr je ne
puis dire quel nombre de réformés et de leurs autres compagnons de misère. Mais mon neveu, à son tour, était réservé au martyre, car ayant été longtemps bâtonné et laissé pour mort, à cause
qu'ayant la garde de la bourse commune des réformés, il refusait
avec constance de faire connaître à leurs bourreaux les personnes
charitables de la ville qui s'entremettaient pour faire passer les

secours d'argent de l'étranger dans les galères, il ne fit depuis que languir et mourut plus d'un an après sans avoir jamais recouvré la parole. Telles sont donc les douleurs que mon plus jeune fils, encore de ce monde, a contemplées, et endurées depuis notre séparation funeste (1).

J'ignore s'il me sera donné de revoir ce fils bien-aimé, encore qu'on me fasse aujourd'hui concevoir quelque espérance, sur ce que la reine Anne, à la sollicitation des cours du Nord et des autres Puissances protestantes, dont le réfugié M. le marquis de Rochegude a recueilli de place en place les demandes, après d'infinies démarches et peines, interviendrait auprès du Roi enfin humilié, pour obtenir la délivrance des martyrs. J'attends, avec beaucoup d'autres malheureux réfugiés leurs parents, les effets du zèle de ce simple particulier, qui travaille ainsi à réparer l'impiété des oublis des négociateurs de la paix pour les Puissances protestantes à Ryswick et à Utrecht (2).

Une consolation que je trouverais, dans cette misère de ma vie parvenue à l'extrême déclin, s'il y en avait pour moi de possibles hormis en Dieu et au retour de ce fils, c'est que les sentiments d'entière tolérance et universelle charité qu'on me connait depuis ma rentrée en ce pays de Hollande n'ont point nui à la bonne renommée de ma foi chrétienne, non plus qu'au libre exercice du ministère sacré qui m'a été conservé; ce que j'attribue à la constance que Dieu m'a prêtée dans mes longues épreuves et

(1) Voyez sur le régime des galères et sur la chaîne des galériens, les *Mémoires* de Martheile, surtout aux pp. 315-340.   (*Note de l'éditeur.*)

(2) La demande de la reine Anne à Louis XIV, provoquée par les autres nations réformées, et la délivrance des forçats pour la foi sur les galères de Marseille, en dépit des obstacles et tracasseries de tout genre suscités par les missionnaires lazaristes, sont des faits de l'année 1713. (Voir les *Mémoires* de Jean Martheile.) Nous ne pouvons savoir si le fils de l'auteur de cette dernière apostille de l'Uchronie à l'adresse de la postérité sortit vivant de cet enfer, ou s'il mourut peu après des suites du supplice qu'il avait souffert. Nous ignorons même son nom. S'il survécut à son père, en tout cas il n'ajouta rien du sien aux manuscrits, qui durent passer en des mains étrangères après l'extinction de cette famille malheureuse. Le respect des héritiers probablement, ensuite l'indifférence les ont heureusement conservés jusqu'au moment où le hasard les a mis sous les yeux d'un lecteur capable d'y prendre intérêt.

à l'horrible persécution durant laquelle il n'a pas tenu aux ennemis de la conscience que je ne tombasse aux rangs des apostats
par crainte ou par faiblesse.

Je sais par les communications que j'ai pu avoir, et dont je
rends grâces à la charité des correspondants des banquiers d'Amsterdam à Marseille, que mon fils, en refusant les offres des scélérats convertisseurs des missions, n'a pas seulement obéi à
l'honneur qui nous défend de vendre à quelque prix que ce soit le
consentement apparent de la conscience à des vérités prétendues,
et d'apposer notre signature au mensonge, mais qu'encore il croi-
rait manquer à ce qu'il doit à Dieu s'il consentait à prendre pour
sa Parole, qu'il connaît, les impostures papistes. Mon fils étant
donc un chrétien, je lui dois compte, ministre moi-même du
Christ, des motifs que je me suis trouvé de lui transmettre, au cas
que Dieu permette qu'il en prenne connaissance, le recueil entier
des manuscrits à la suite desquels j'écris présentement ces pages.
J'ai quelque temps hésité, je l'avoue, sachant bien que les pensées
de mon père, et celles surtout du maître de mon grand'père, ne
pourraient manquer d'être accusées de libertinage, et les feuilles
qui les contiennent d'être irrémissiblement vouées au feu par tout
conseil de nos pasteurs auquel on les soumettrait. Et peut-être ce
qu'un héritage de famille a de sacré, pour qui estimerait à bon
droit n'en être que le dépositaire, n'avait point de quoi prévaloir
contre la crainte de nuire au particulier héritage de la foi du père
au fils. Mais j'aperçois, y regardant mieux, d'autres fortes raisons
que je veux consigner ici, de ne point supprimer des œuvres où
se marque la haine vigoureuse de l'injustice, mais au contraire de
les léguer fort fidèlement à mes descendants.

Je confesse ingénument que le livre d'*Uchronie*, s'il ne porte
peut-être point d'attaque directe contre la possibilité des vérités
évangéliques, ne laisse pas d'expliquer toutes sortes de moyens
humains de leur naissance et de leur établissement, et nous fait
voir une indifférence, et comme une ignorance affectée, au sujet
de ce qui pourrait encore demeurer de foi légitime en une parole
révélée, après qu'on aurait fait le départ juste et rigoureux de tout
l'alliage humain et naturel, et puis de la corruption née des super-

stitions et de la fanatique tyrannie. Il est donc assez manifeste que l'auteur, au milieu de la sanglante intolérance publique et du secret déchaînement athéiste de son temps et de son pays, ne voyant plus, à bien parler, de religion nulle part, avait dû perdre toute croyance en la vérité et mission d'une Église du Christ. D'une autre part, la force de la haine et du mépris qui s'exhalent des termes de cet auteur, toutes les fois qu'il pense à l'établissement mondain du christianisme, à son esprit oppresseur, à la triste métamorphose des croyances en décrets, puis des martyrs en bourreaux, et à la sacrilége alliance du glaive et de la croix, est telle, qu'elle rejaillit nécessairement du catholicisme sur l'évangile même, puisqu'il est constant que le second a été recouvert par le premier dans l'histoire, et qu'il devint comme impossible, après quelques siècles, de discerner l'œuvre de la grâce d'avec celle des persécuteurs, ou l'institution de Dieu d'avec le théâtre de l'inquisition et des bûchers. Néanmoins, ce qui marque très-clairement l'intention profonde de l'*Uchronie* en ceci, et la justice de l'écrivain qui finit par ne pouvoir méconnaître la sainteté d'une foi chrétienne dans la sphère des âmes unies librement à la vérité, c'est ce qu'il feint être arrivé à l'issue de ce moyen âge écourté de son invention, quand il rapporte que l'église du Christ, autrefois proscrite civilement à cause de ses usurpations du domaine civil, et rejetée dans l'Orient, rentra sans opposition dans le monde européen, après que le progrès des temps et des pensées des hommes l'eût enfin dépouillée en quelque pays de son levain d'intolérance, et purifiée de la partie superstitieuse et odieuse de son mystère.

Quant à ce tableau des principes et des faits du vrai moyen âge, ajouté par mon père, en contrepartie des tableaux fictifs de l'*U-chronie*, son esprit, que je ne veux point d'ailleurs me permettre de sonder, était plein de tant d'horreurs et de mensonges qu'il avait à disposer en forme compendieuse, et tellement pénétré, que, soit la pente naturelle de ses pensées, soit artifice de l'écrivain, il semble que nulle place libre ne lui demeurât pour rapporter ce qui pouvait s'être produit au monde, durant ce temps, qui fût selon la grâce ou selon la nature non souillée, et non point défi-

guré par de subtiles et fausses sciences, déshonoré par la basse
crédulité, haïssable aux meilleurs à cause des persécutions. Ce
devrait être une leçon pour toute personne capable d'entendre
l'*Uchronie* et la suite qu'y a mise mon père, de voir combien tout
ce qui peut s'appeler foi sincère et œuvre de Christ en nous est
recouvert et masqué, dans la marche des choses humaines, je dis
des choses religieuses, pour l'observateur et pour l'historien qui
ne se paient point de mots et n'ont pas l'esprit obscurci par l'autorité des jugements imposés. Ce masque sanglant et lugubre que
les siècles ont porté, le papisme l'ayant tenu pour l'aspect véritable et juste de la religion et du bien public, il est facile de connaître à l'empire des croyances et de la politique papistes, usurpé
et continué violemment d'âge en âge, si nos auteurs se sont
trompés, ou s'ils ont bien vu, et clairement, ce qu'ils nous ont
dépeint.

Cet enseignement à tirer de leurs écrits, quelle qu'en soit la
pensée secrète à l'endroit de la religion, ou même le venin du
premier, si l'on voulait à toute force en juger ainsi, cet enseignement est assez précieux pour être conservé. Jamais peut-être on
ne vit figurée avec des couleurs plus sincères, ni combattue au
fond par des raisons si palpables, encore que sans aucun génie,
mais par la seule vertu de la fiction où l'on s'attache, la doctrine
de la contrainte religieuse, et cette commune et corruptrice pensée
d'un établissement politique de théologie obligatoire, où la grâce
et la foi trouvent leur tombeau. Nulle part, si j'en crois ma mémoire, vous ne trouverez présentée, sous cet aspect d'un renversement des faits qui ont été, la thèse du franc arbitre, qu'un tel
renversement met en œuvre. Cette espèce de plaidoirie contre le
système des fatalités de l'histoire me paraît bien propre à nous
prémunir contre une erreur à laquelle toutes nos églises ont un
penchant marqué, à cause des opinions de nos premiers réformateurs touchant la prédestination, lesquelles se sont introduites
dans la plupart de nos confessions de foi.

Vous parler ainsi, c'est assez vous dire que, dans la querelle qui
s'est émue récemment entre nos ministres, et qui nous menace
d'un nouveau déchaînement de l'esprit de persécution, je me range

du côté d'Arminius et des remontrants, non-seulement quant au principe de pleine tolérance et charité, et à la faculté d'interprétation de la Sainte Écriture par les simples particuliers, mais encore en rejetant la damnation préétablie, l'irrésistibilité de la grâce et l'imputation du péché aux créatures naissantes, comme des imaginations de la pire espèce. Ceux qui liront sans prévention ce peu que mon grand-père, en son récit, a rapporté des thèses de son maître — ce peu mais qui fournit de vives lumières, — iront peut-être plus loin dans la pensée d'une réforme de toute la théologie que nous tenons d'une tradition sans vraie autorité divine, et ne seront pas éloignés de regarder, ainsi que je le fais moi-même, cette partie de nos dogmes en lesquels s'étalent des contradictions qu'on ne saurait lever, comme n'étant que des inventions de l'École et non point des révélations de l'auguste Vérité aux Pères des Conciles.

Mais tout cet enseignement n'est pas encore à la portée d'un grand nombre, et il n'est point à espérer que le livre d'*Uchronie* puisse être utilement ou sûrement présenté au monde avant plusieurs générations. Auquel de nos amis oserais-je le communiquer? Pierre Bayle, ce grand homme que nous avons perdu naguère, nous laisse une œuvre extrêmement hardie pour son temps, humble toutefois si l'on considère les ménagements auxquels il s'est condamné. Mais que d'injures a vomies contre lui le dogmatique Jurieu! Et Bayle est appelé sceptique, parce qu'ayant mis aux prises, en sa dialectique, les doctrines de ceux qui prétendent tout savoir, il a montré qu'elles se détruisaient les unes par les autres. Toute la philosophie est cartésienne, c'est-à-dire platonicienne avec Malebranche, Alexandrine avec Spinoza, dit l'athée, qui ne nous parle que de Dieu, fataliste encore avec Leibniz, et obscurcie en outre par bien des considérations mondaines. Je vois poindre quelque lueur du côté de l'Angleterre; est-ce une aurore, et la fin de ce siècle entendra-t-elle l'annonce du jour? La religion répudiera-t-elle enfin ses dogmes d'oppression, soi-disant révélés, et la philosophie, non moins ambitieuse et tenace, ses doctrines de contradiction, soi-disant évidentes? Une certaine fausse alliance de la théologie et de la philosophie convenues, pour tenir les esprits dans la sujétion, fera-t-elle place à une liberté saine et qui s'exerce à mieux qu'à ces négations arbitraires, téméraires, suite commune de la révolte à découvert ou de celle qui est forcée de se cacher?

La défaite et l'humiliation du Grand Roi devant la coalition européenne pourraient préparer aux peuples un avenir meilleur, après tant de guerres du siècle dernier et du nôtre, où la politique des Puissances a pris prétexte de la religion, et tiré du fanatisme une partie de ses instruments. Toutefois ni la persécution n'a rendu ses armes, même dans les lieux les plus favorisés, ni le principe du papisme ne songe à s'abandonner lui-même, ni la politique pure ne doit changer beaucoup ses procédés, si l'on en juge aux leçons de droit de gens que donnent les philosophes les plus éclairés et les mieux intentionnés de nos jours, puisqu'il y paraît encore des traces de barbarie si profondes et un tel asservissement aux habitudes d'esprit des citoyens et à la raison d'État des princes! Il est donc bien à craindre que l'équilibre des Puissances continue à être sujet à des ruptures et rétablissements périodiques, sans beaucoup de fondement à l'espoir d'une fédération future des États, telle que l'a rêvée l'auteur de l'*Uchronie*. Qui sait même si l'entreprise de la monarchie européenne ne pourra point se reprendre dans la suite, et avec plus de succès, au bénéfice de quelqu'un des peuples maintenant victorieux, ou de celui-là même qui vient à présent d'être vaincu? Je dis au bénéfice, mais à vrai dire à son dam, et pour le plus grand malheur de l'Europe entière, qui se verrait ramenée par l'unité de l'administration à celle de tous les pouvoirs, y compris à la fin le spirituel, et vouée en conséquence à l'universel abaissement des âmes.

Ce qu'on a dit si souvent dans les états monarchiques, afin de s'y mieux opposer à la Réforme, que son esprit est un esprit républicain, est une vérité qu'il ne me convient pas ici de déguiser. Comment ne seraient-ils pas des républicains dans toutes leurs dispositions secrètes, tout en accordant ce qu'on doit à la puissance de la coutume et à la présente incapacité des peuples, ou de la plupart d'entre eux et des plus considérables, à s'adminis-

trer d'eux-mêmes, les hommes qui apprennent de leur religion à
juger selon leur propre judiciaire, à se régler par leurs propres volontés, la grâce de Dieu sauve seulement, et à ne point consentir
de maîtres à leurs âmes sur la terre ni pour se faire mener au
ciel? Il est donc fort à croire que si, d'une part, les rivalités des
Puissances tournent décidément et de plus en plus au désavan-
tage des papistes, et si d'une autre part l'esprit de la Réforme, en
se sécularisant, en revêtant des formes non plus de religion seulement, mais de philosophie et de politique, pénètre dans les États
catholiques pour y désagréger les forces que le fanatisme prête en
ces pays-là à l'alliance du sacerdoce et des princes, nos descendants assisteront à quelque vaste mouvement semblable à celui
qui a tout ébranlé dans l'avant-dernier siècle. Mais des révolutions
plus universelles que tout ce que nous avons vu, une émotion des
peuples les plus turbulents de l'Europe, s'arrachant cette fois à
fond, et non pas seulement en l'élite de leurs plus fiers génies et
plus fermes consciences, à des habitudes de mille ans, enfin l'effort nécessaire pour vaincre et déraciner du sol même où il s'est
enfoncé profondément ce qu'il y a de plus résistant au monde,
un pouvoir de prêtres, tout cela ne peut aller sans de grands
bouleversements qui traînent après eux une longue anarchie. Je
ne sais si le moment serait favorable, même alors, pour livrer aux
méditations des esprits troublés par la lutte et aveuglés de tant
de passions diverses, les pensées consignées dans notre livre de
famille et mises à l'adresse des sages. Car le sage devra se tenir
longtemps à l'écart (1). Jusqu'à ce jour, le fanatisme fut son prin-

(1) *Le sage à l'écart!* Est-ce bien le martyr de la persécution du Grand Roi
qui parle ainsi, lui qui en confessant sa foi sur la paille des cachots de Pierre-
Encise a maintenu la liberté religieuse contre la proscription dont un peuple
entier se faisait complice, lui dont le frère et les neveux ont tenté de s'évader
du royaume à main armée, et dont le fils rame encore sur les galères royales!
Comme ministre de la parole, n'a-t-il pas, outre le devoir de défendre sa conscience, celui de travailler par tous les moyens légitimes à l'affranchissement
de la conscience d'autrui et de l'âme du peuple? Mais le martyre même, c'est
bien vainement qu'on le nie, on ne le sait que trop par expérience, le martyre,
après que les premiers temps d'exaltation sont passés, a pour effet un certain
affaiblissement de la victime qui a survécu. Ceci est vrai d'un peuple, d'un
parti, d'une religion persécutée, quand la persécution a été assez dure et assez

cipal ennemi; mais après même que le fanatisme aura désarmé trois champions reprendront la cause perdue. Ce sont l'habitude,

prolongée. Je ne pourrais m'expliquer autrement, par exemple, l'attitude humiliée et les airs de victime que le protestantisme a toujours gardés en France depuis que l'état civil lui a été rendu, et encore après que des constitutions lui ont conféré l'égalité nominale avec son cruel persécuteur. L'ardeur prosélytique et la méthode agressive contre les « superstitions papistes », en elle-même fort légitime, et qui d'ailleurs serait juste par représailles, ont fait place aux allures timides et résignées de gens qui n'existeraient que par simple tolérance, et qui le sentiraient trop.

Le sage à l'écart! Ce n'était certes la pensée ni du « P. Antapire » ni de son disciple immédiat. Celui-ci s'était retiré de la lutte, on peut le croire, comme il est digne et moral que s'en retire tout homme obligé de subir dans sa conviction nouvelle, s'il l'étalait, le discrédit d'un démenti donné à des opinions anciennes et toutes contraires, surtout si elles furent ardentes. Mais qui donc obligeait le fils, et surtout le petit-fils de ce disciple, à tourner si ce n'est en prudence mondaine, au moins en isolement philosophique la réserve douloureuse du père? Le dernier, après sa sortie des prisons de France, vivait dans un temps et dans un pays où Locke avait publié librement ses vues sur le christianisme et sur la tolérance, et où l'arminianisme accoutumait les esprits à l'expression publique de doctrines parfois très-hardies. Nous autres, où en serions-nous si le notaire au Châtelet avait inculqué au jeune Arouet la maxime du *sage à l'écart?* si Rousseau s'était confiné dans la musique, et ainsi des autres? Et pourtant ces hommes ont bravé des dangers fort réels de l'espèce la plus terrible. Il est bien à regretter que l'un des dépositaires de nos manuscrits, au commencement du XVIIIᵉ siècle, n'ait jugé digne d'aucun risque à courir, et pas même de celui de l'inopportunité, l'avantage de joindre aux théories appelées à faire l'éducation de la pensée publique jusqu'à l'heure de la révolution française, et encore après, un mémoire à consulter aussi important que celui qui combat le déterminisme historique par le plus instructif de tous les paradoxes. Mais le successeur de notre anonyme alors très-âgé et affaibli a dû, quel qu'il ait été, subir l'influence du siècle apaisé où Spinoza lui-même écrivait ces lignes, en tête du livre terrible dans lequel il inaugurait la critique des livres saints :

« Je ne recommande pas ce traité au vulgaire; il ne lui plairait point. Je sais avec quelle ténacité les âmes défendent ce qu'elles ont embrassé sous ombre de piété. Je sais aussi qu'il est également impossible de guérir le vulgaire de la superstition et de la peur... Je désire donc que mon livre demeure étranger à ces lecteurs qui, sans utilité pour eux-mêmes, portent préjudice aux libres philosophes *... »

Guérir le vulgaire de la superstition et de la peur est une œuvre fort ardue, et qu'il faudrait entreprendre pourtant, ne fût-ce que pour l'utilité de la phi-

---

* TRACTATUS THEOLOGICO-POLITICUS, in quo ostenditur libertatem philosophandi non tantum salva pietate et reipublicæ pace posse concedi : sed eandem nisi cum pace reipublicæ, ipsaque pietate tolli non posse; Præfatio, sub fin.

l'ignorance et la peur, et ceux-là, le monde les verra longtemps debout.

losophie, à moins que celle-ci ne veuille se rendre absolument personnelle et solitaire et abandonner la politique, ce qui n'était point le cas pour Spinoza. Les libres philosophes auront beau se trémousser entre eux, ils ne sépareront pas leur liberté de celle du vulgaire, et tant que le vulgaire restera en proie à la superstition et à la peur les maîtres du vulgaire seront aussi leurs maîtres.

FIN DE L'APPENDICE

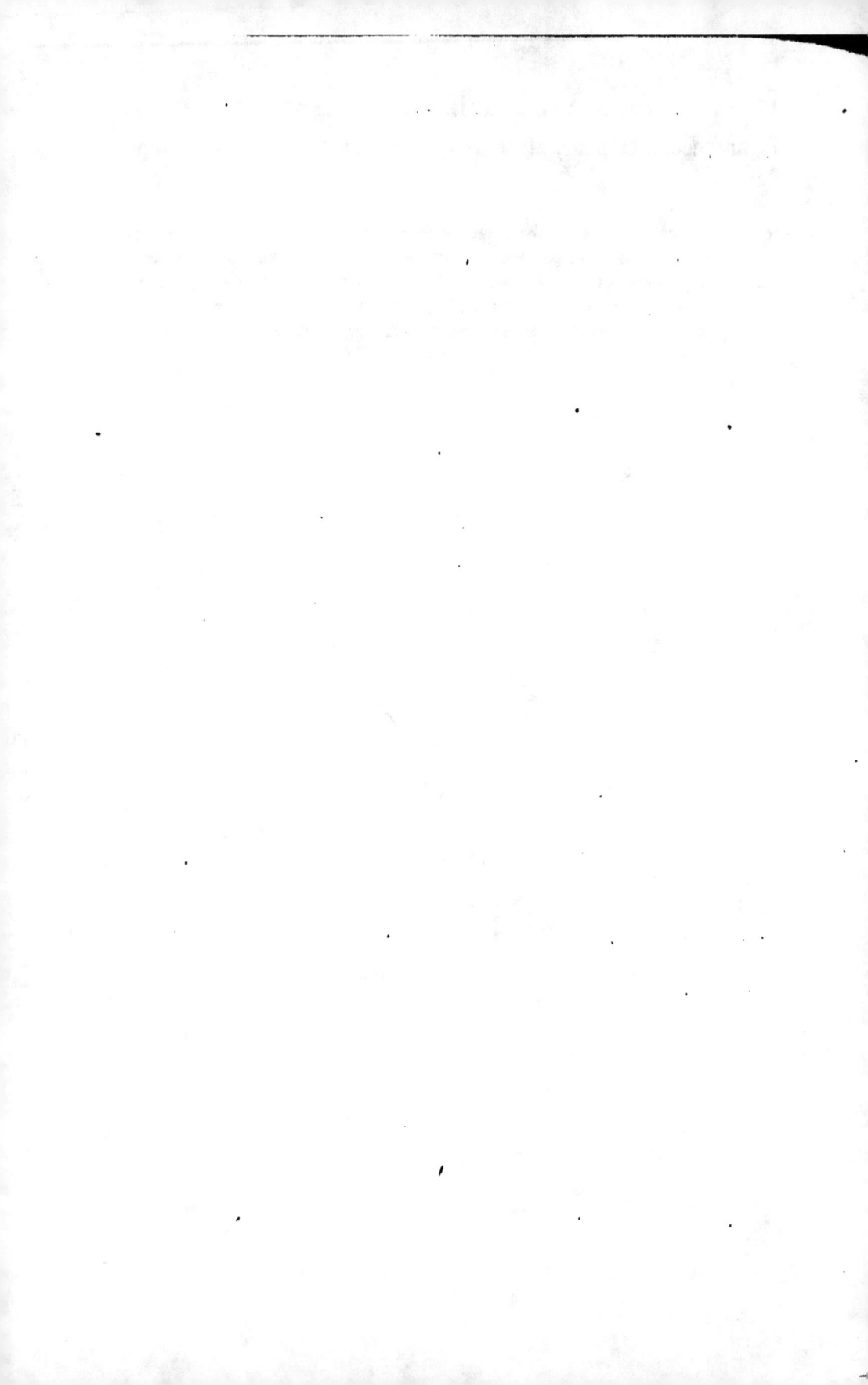

POSTFACE DE L'ÉDITEUR

EXCUSEZ LES FAUTES DE L'AUTEUR : — Si jamais formule convint à un livre, c'est, à celui que nous publions, cette formule par laquelle les vieux poëtes espagnols ont coutume de prendre congé de leurs lecteurs.

Nul ne peut connaître mieux que nous les difficultés d'une construction imaginaire comme celle qui est le sujet de l'*Uchronie*. Critiquer l'auteur parce qu'il n'a pas su imiter la variété infinie de la vie, le reprendre sur la pénurie des faits qu'il a inventés, sur leur agencement controversable, et sans doute aussi sur des contradictions qu'il n'a pas su éviter en les arrangeant, ce serait perdre complétement son temps et sa peine. Les historiens de la réalité ne parviennent pas eux-mêmes à satisfaire les divers critiques, en cette part de l'histoire qui ne vise qu'à établir des vraisemblances ; comment le conteur doublement apocryphe, qui n'existe pas, et qui, du point de vue d'un temps où le lecteur doit se transporter, raconte la chose qui n'a pas été, comment ce conteur pourrait-il espérer de remplir sa tâche à la satisfaction commune, quand les vérités de fait elles-mêmes ne se rangent pas d'un commun accord en un système où tout paraisse clair et cohérent à tous? Atteindre trop bien son but, serait pour lui une autre manière de le manquer, puisque la première de ses thèses est la possibilité de concevoir en différentes façons la série des événements. Il faut donc bien que celle qu'il a conçue puisse être rejetée en faveur d'une autre.

A vrai dire, il faudrait parler de l'impossibilité, et non des simples difficultés d'une exécution satisfaisante, si l'on songeait à la multitude et à l'enchevêtrement des hypothèses qui se pressent sur les pas de l'uchroniste, aussitôt qu'il a pris le parti de remplacer, en un point O de la série effective

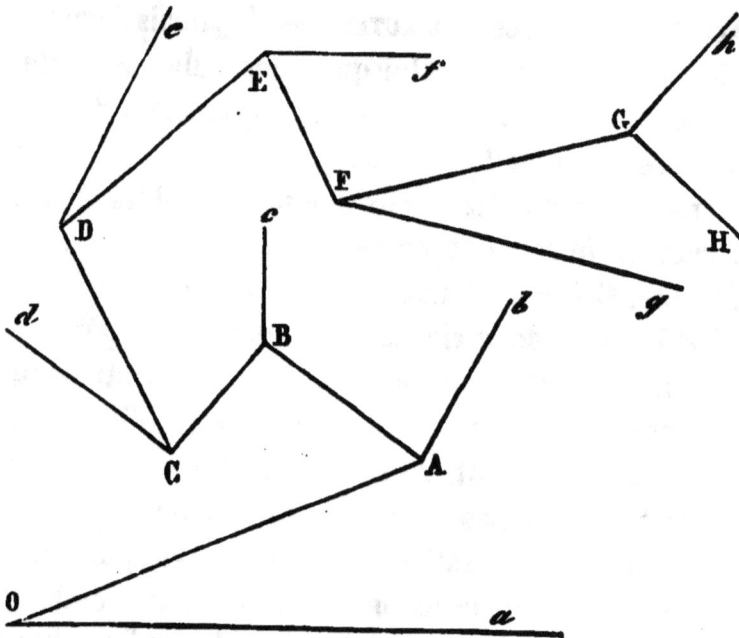

des événements passés, et dès lors en une quantité d'autres, la direction réelle O*a* de la trajectoire historique en ce point, par la direction imaginaire OA de cette trajectoire. La substitution supposée du fait qui aurait pu être à celui qui, ayant pu être aussi, a de plus le privilége unique d'avoir été, introduit tout d'abord la question scabreuse de savoir si la direction OA est bien vraisemblablement celle qui serait venue comme résultante commune : 1° du fait modifié lui-même, 2° des faits corrélatifs qui ont dû changer en même temps, 3° de ceux que l'on conserve à titre de circonstances et conditions données. La réaction à attendre des volontés possibles, les unes sur les autres, et le degré auquel on peut croire que les conditions générales du monde et la solidarité humaine admettent ou rejettent l'intervention efficace des coefficients particuliers qu'on se permet de changer, sont des inconnues qui obligent l'uchroniste à des décisions multipliées, arbitraires, incontrôlables.

Dès qu'une première déviation de la ligne effective a été introduite, la trajectoire OABCDE... devient entièrement imaginaire, et toutefois on ignore si elle ne tendra pas en vertu du seul effet des conditions conservées à se confondre, dans la suite des événements, entièrement ou à peu près, avec la trajectoire réelle. Celle-ci serait une figure polygonale, approchant *sensiblement* et presque partout d'une courbe, à cause de la fréquence et de la quasi-continuité des changements de direction dus aux forces qui se composent à tout moment pour la déterminer (1). Mais l'autre, la trajectoire imaginaire, ne peut se figurer pour l'uchroniste que comme un polygone à angles quelconques et à grands côtés, déterminés grossièrement. Celui qui chercherait à le construire d'une manière sérieuse devrait, pour se conformer à sa propre méthode, s'arrêter aux points de la suite OABCDE... dans lesquels il aperçoit comme autant de nœuds de cette histoire qui n'a pas été; et ses embarras redoubleraient étrangement.

En effet, suivant l'hypothèse de l'égale possibilité de

(1) Le lecteur qui réclamerait la précision complète des définitions, dans le *schème* dont on présente ici l'esquisse, voudrait savoir ce que c'est que cette *trajectoire*, et ce que représentent les directions successivement modifiées dont elle se forme. On fixerait les idées, assez pour l'objet qu'on se propose — qui est symbolique et non rigoureusement mathématique — en imaginant que les angles représentent des écarts variables, comparativement à un certain axe dont la direction serait celle de la tendance imaginée vers un état social qu'on définirait sous quelque rapport.

déterminations diverses aux points O, A, B, C, etc., on doit à chacun de ces points tenir compte de la double direction possible : OA, Oa; AB, Ab; BC, Bc; CD, Cd, etc.; encore est-ce beaucoup simplifier que de parler d'une direction simplement double. Cette fiction est permise à un certain point de vue, à raison de la facilité que la logique et la morale nous donnent de dichotomiser les résolutions humaines en les ramenant en chaque cas à la question de *faire ou ne pas faire* un acte défini. Mais, au vrai, les manières possibles d'agir sont multipliées et se croisent en bien des sens avant d'aller à un résultat net. On voit quelles abstractions sont nécessaires.

On achèvera de se rendre compte de ce qu'il y a de chimérique dans les uchronies — en pratique, entendez bien — si l'on prend la peine de songer un moment aux déviations en divers sens et aux inimaginables croisements auxquels donneraient lieu les déterminations également possibles telles que BC et Bc, CD et Cd, etc., suivant que supposant celle-ci ou celle-là réelle ou fausse, on supposerait simultanément cette autre fausse ou réelle, et cette autre encore, et ainsi de suite, avec des combinaisons à la fois très-multipliées et poursuivies dans l'ordre du temps, au milieu de l'accumulation croissante des incidents. Il est impossible à l'esprit humain d'entrer dans cette voie, et il ne lui est pas même facile d'imaginer simplement la complication des causes, ou la résultante de la moindre partie d'entre elles, pour amener une trajectoire ou une autre.

Mais puisqu'il en est ainsi, va-t-on dire, et que vous reconnaissez si bien la difficulté, et ce mot même est trop faible, la chimère, d'une construction uchronique, comment se peut-il que vous vous y soyez amusé un seul instant?

Pour toute réponse, nous demanderons d'abord la permission de tirer du schème que nous venons de présenter une conclusion à laquelle on ne s'attend peut-être pas. Ce schème démontre, il est vrai, l'impossibilité de la construction en question. Mais *démontrant* cela, il *explique* l'illusion du fait accompli, je veux dire l'illusion où l'on est communément de la *nécessité préalable qu'il y aurait eu à ce que le fait maintenant accompli fût, entre tous les autres imaginables, le seul qui pût réellement s'accomplir.* La fiction d'une telle nécessité répondrait au sentiment bien justifié de l'impossibilité de feindre avec succès une série différente de celle qui s'est produite.

Dès qu'il s'agit d'une illusion, et qu'elle s'explique, il doit être permis de la dissiper, non pas en atteignant radicalement sa cause invincible, mais en réclamant le droit d'introduire dans la série effective des faits de l'histoire un certain nombre de déterminations différentes de celles qui se sont produites. En les choisissant bien, on rendra suffisamment vraisemblable que le cours des choses eût pu être modifié gravement, au cas où elles se seraient produites. On pourra imaginer en quel sens, et les désigner telles, que les variations aient lieu en un sens voulu. L'auteur qui apporterait à l'exécution de son plan beaucoup d'érudition et de science, avec une pénétration à l'égal, commencerait par fixer un point de scission, au nœud de l'histoire le mieux choisi entre tant d'autres pour rendre un grand changement historique concevable et probable sous la simple condition d'un changement supposé de quelques volontés. Ensuite il aurait à prendre parti sur ceux des faits futurs, à dater de ce point, qu'on doit juger avoir été dès lors déterminés et inévitables, à raison des événements acquis, des causes données et des tendances invincibles. Il devrait combiner ces faits avec ceux qu'il introduirait par hypothèse, et disposer enfin les séries de faits subséquents de manière à obtenir une sorte de minimum des déviations de la réalité, parmi tous les arrangements imaginables qui peuvent le conduire pareillement au but proposé. L'auteur qui n'a pour lui ni la pénétration exigée ni la science, mais seulement le principe et l'idée, commettra beaucoup de fautes en modifiant les faits plus arbitrairement qu'il ne faudrait, combinant maladroitement les réels et les supposés, et manquant, sans utilité pour son œuvre, à telles ou telles grandes vraisemblances : et c'est ce qui a dû nous arriver. Mais il aura forcé l'esprit à s'arrêter un moment à la pensée des possibles qui ne se sont pas réalisés, et à s'élever ainsi plus résolûment à celle des possibles encore en suspens dans le monde. Il aura combattu et, qui sait ? peut-être ébranlé les préjugés dont le fatalisme ouvert ou déguisé est la racine. Il aura fait, même en un livre chimérique et défectueux dans l'exécution, un livre utile. Si c'est à cela que notre réussite se borne, elle est de celles dont on peut encore se contenter.

CH. RENOUVIER.

FIN

TABLE DES MATIÈRES

PARIS. — IMPRIMERIE DE É. MARTINET, RUE MIGNON, 2.